sefer hayashar

The Book of the Righteous

סֵפֶר הַיָּשָׁר

תּוֹכַחַת מוּסָר וְעִנְיָנֵי תְשׁוּבָה יִרְאָה וּפְרִישׁוּת

בִּשְׁמוֹנָה־עָשָׂר שְׁעָרִים

sefer hayashar

The Book of the Righteous

Edited and translated by

SEYMOUR J. COHEN

**A CENTENNIAL PUBLICATION OF THE
ANSHE EMET SYNAGOGUE**
1873-1973
5633-5733

KTAV PUBLISHING HOUSE, INC.

NEW YORK

1973

SBN 87068-197-4

LIBRARY OF CONGRESS CATALOG CARD NUMBER: 72-5818
MANUFACTURED IN THE UNITED STATES OF AMERICA

CONTENTS

The issuance of this volume was made possible by
a contribution to The Anshe Emet Publication Fund

In Memory Of

SAMUEL   JOSEPH   FEINBERG
(1958-1970)

BY   HIS   FAMILY

לעדות נצח אשר לא תופר

מהדורה זו של ספר הישר מוקדשת לזכרו של אבי מורי

שהיה בכל מדותיו התרומיות אדם ישר

INTRODUCTION

Sefer Hayashar

Several years ago, I was privileged to publish the *Orchot Tzaddikim* in a bi-lingual edition.[1] The fine reception afforded to the work encouraged me to continue my efforts in bringing Hebrew classics to the attention of the English-reading public.

Sefer Hayashar, the *Book of Righteousness,* was probably written in the 13th century. The title is a Biblical one. In Joshua 10:13 we read concerning the miracle of the sun standing still: "Is not this written in the Book of Yashar?" Again in Second Samuel, we have the lament of David for King Saul and Jonathan: "Behold, it is written in the Book of Yashar." In the 11th century, there appeared a *Sefer Hayashar* which retold the Biblical account from creation to the time of the Judges.[2] Our *Sefer Hayashar,* a most popular ethical text in the Middle Ages, was first printed in Constantinople around 1520, in Venice in 1554, in Cracow in 1584, in Prague in 1588 and in Amsterdam in 1708.[3] Since these earlier editions, there have been almost fifty other editions.

A renewed interest in *Sefer Hayashar* was stimulated by the Mussar ethical teachers in the 19th century.[4] Among Hasidic circles, this work was used in home study groups. *Sefer Hayashar* was widely cited by other moral teachers. Thus a commentary on *Tanna D'be Eliyahu* contains numerous references to this work.[5]

The earliest reference which we have to our work was the commendation given by Rabbi Judah ben Asher, (1270-1349) who advised his heirs: "Read regularly in the *Duties of the Heart* and in the *Book of the Upright (Sefer Hayashar)* and the *Epistle on Repentance* of Rabbenu Jonah and similar tracts."[6] Originally, no citation of authorship was given. The earliest references attributed the work to Rabbi Jacob ben Meir (c. 1100-1171) (Rabbenu Tam).

Rabbenu Tam had composed a legal work with the same title. It should be pointed out that one of the most vexing problems of any student of Hebrew literature arises "from the multiplicity and variety of books bearing the same title, although entirely different in origin, worth and purpose." [7]

The earliest attribution to Rabbenu Tam is in the *Zeror Hamor* (Bundle of Myrrh), a 16th century commentary on the Pentateuch. When speaking of repentance, Abraham ben Jacob Saba (d.c. 1508) commends this work and notes that "some people say it was composed by Rabbenu Tam." [8]

Elijah de Vidas (16th c.) cited our work in his *Reshit Hokhmah* and speaks of Rabbenu Tam as the author. These early references were to the famed Rabbi Jacob ben Meir Tam of Ramerupt, a grandson of Rashi. In the Amsterdam edition, 1708, Rabbenu Tam, however, is identified as Rabbi Jacob Tam of Orleans (d. 1189).

Menahem de Lonzano (1550-1624?) mentions our work in his *Shete Yadot*.[9] He states that *Sefer Hayashar* is ascribed incorrectly to Rabbenu Tam. "This is not so. The truth is that Rabbenu Tam composed a work and called it *Sefer Hayashar,* but that is a Talmudic work which is no longer extant. I have heard that this *Sefer Hayashar* was published once in Constantinople and once in Venice, and was written by Zerahiah Ha-Yevani."

Hardly anything is known about Zerahiah Ha-Yevani. The Jewish Encyclopedia describes him as being a "Byzantine ethical writer of the 13th or 14th centuries." [10] The Encyclopedia Judaica has a reference to him in the article describing our work, marked with an asterisk, which connotes items that are included in the Encyclopedia. However, there is no description of Zerahiah Ha-Yevani. To add to the mystery of Zerahiah's identification, there were some who confused Zerahiah Ha-Yevani with Zerahiah Ha-Levi, the author of *Ha-Maor,* a super-commentary on the Talmud.[11]

The difficulty of identification continued. Thus, in *Schem Hag'dolim* there are two conflicting references.[12] In Part 1, Hayyim Azulai speaks of Zerahiah Ha-Yevani as being the author of our text. In Part 2, however, he clarifies that the *Sefer Hayashar* should be ascribed to R. Tam of Orleans. "Now, I have seen in the

Seder ha-dorot that the author is R. Tam of Orleans, one of our masters, the Tosafist. If this is the tradition, we must accept it."

In 1927, Jacob M. Toledano of Morocco reported that he had seen a manuscript of the *Sefer Hayashar* ascribed to Rabbi Jonah the Hasid.[13] He reported that the manuscript of *Sefer Hayashar,* written in Spain between 1390 and 1440, had recently come to his attention. The manuscript was ascribed to Rabbi Jonah the Hasid, of blessed memory. Toledano argued that "if we compare the language of *Sefer Hayashar* with the language of Rabbi Jonah in his *Shaare Teshuvah* and *Sefer Hayirah,* we will be able to judge immediately that all of these works came from one author." He offers additional information in that "at the end of *Sefer Hayashar,* the author speaks against the philosophers 'who interpreted the stories of the Bible in their own way.'" This was indirectly intended against Maimonides to whom Rabbi Jonah was opposed. Toledano thought that the gates mentioned in *Shaare Teshuvah* (Gates of Repentance) may have referred to our work. According to Toledano, the first part of Rabbi Jonah Gerondi's work was the *Sefer Hayashar* and the second was the *Shaare Teshuvah.* A. T. Shrock accepts Toledano's identification.[14] He mentions that some years ago while searching in the library of the Jewish Theological Seminary for manuscripts of Rabbi Jonah, his "attention was drawn by the late Professor Marx to a manuscript of the *Sefer Hayashar.*" The title read *"Sefer Hayashar L'Rabbi Jonah He'Hasid."* [15] It was impossible for Shrock to determine the origins of this manuscript or whether it was identical with the one referred to by Toledano. After offering some other indirect evidence, Shrock finishes his case by saying: "Meanwhile, and until further evidence will be forthcoming, one is justified, in view of what has been written above, to declare that in all probability the author of the *Sefer Hayashar* was none other than R. Jonah b. Abraham of Gerona. If, in addition, it could be shown that the style is clearly that employed by the last-mentioned in his ethical works, and furthermore that its ideas are paralleled by those found in these books, then very little doubt should remain. It is the present writer's intention to address himself to this task in the near future." [15a]

Regarding the thesis that Rabbi Jonah Gerondi was the author of our work, we must recall the observations of Isaiah Tishby[16]. Tishby discusses the use of the words "Hasid" and "Zaddik" in Aggadic literature. After discussing the use of these terms in Bahya's *Duties of the Heart,* he points out that "Zaddik" and "Hasid" ("righteous" and "pious") are used interchangeably in the first nine chapters of our work. The righteous ones and the pious ones are contrasted with the wicked. So much for the first nine chapters of our work; however, from Chapter 10 on, and particularly in Chapters 10, 11 and 18, the "Hasid" is considered less important than the "righteous." Our text treats the deficient worship of God and speaks of the worship of the pious of former generations. This treatment of the pious differs sharply from the commentary of Rabbi Jonah Gerondi who uses the word "righteous" almost always as a generic name. Thus, in his commentary on the *Ethics of the Fathers,* when he discusses the quality of "Hasidut" ("piety"), his principal term is "righteous." This terminological difference, Tishby asserts, is sufficient to negate J. M. Toledano's thesis. Tishby adds that there are other reasons to dismiss Toledano's argument.

In examining various manuscripts of the *Sefer Hayashar,* I studied one that is in the Oxford Library. Adolf Neubauer describes MS Oxford No. 2521.6 as follows: "Greek Rabbinical characters (No. 6 by another hand and in larger characters)".[17] Dr. Menahem Schmelzer, the librarian of The Jewish Theological Seminary of America, was kind enough to get me a photocopy of this manuscript. The manuscript bears the inscription: "Sefer Hayashar L'Haham ha-Yevani Rabbenu Zerahiah." The photocopy of this manuscript was shown to experts in the manuscript department of the Jewish National and Hebrew University Library in Jerusalem. They described it as a 15th or 16th century manuscript in a Spanish hand and felt quite certain that it was not in a Greek hand as described by Neubauer.

As I have included in this edition two addenda on our work, I shall not go into any lengthy analysis of the work save for several observations on the background of the author. Aside from two references to Bahya Ibn Paquda, (where incidentally, he uses the

Arabic pronounciation of "Baquda"), two citations from Judah Ha-Levi and a reference to *Kalila v'Damna*, a cycle of Indian fables, there are no direct leads which might help in the identification of the author. He used Aristotelian phraseology and was familiar with contemporaneous philosophical ethical writings. Some of these are traced in the notes to this edition.

There are some scholars who have suggested that our author was a Kabbalist who tried to hide his identity. "This practice", Joseph Dan observed, "would be in line with that of other contemporary Kabbalists who, wanting to hide their mystical tendencies, couched their ideas in philosophical language." [18]

There is a *Zohar* passage, "When the Holy One loves a man, He sends him a gift, and what is it? A poor man, so that he may become meritorious through him." [19] This passage is related to the one in *Sefer Hayashar*,[20] "As the wise man has said, 'When the Holy One wishes to send a gift to His saintly ones, He prepares a poor man at his door.' " Tishby observed that "there is no doubt that the words of the wise man which are found in the *Zohar* are either from the *Sefer Hayashar* itself or its source." [20a]

Another practice recorded in our text which may possibly link it with Kabbalistic customs was discussed by Gershom Scholem.[21] Speaking of the custom of midnight lamentation, as well as the additional practice of singing hymns and songs at midnight, Scholem observes that "it was among the Kabbalists in Gerona, roughly in the year 1260 (if, as I presume, the text to which we owe our information originated in Spain in that year) that a rite combining these two themes first came into existence." Scholem then cites[22] how "the Hasidim of the highest rank rise at midnight to sing hymns at every vigil; amid prayer and supplication they fling themselves to the ground, lie sobbing in the dust . . ." [23]

Joseph Dan has pointed out that several ideas in *Sefer Hayashar* are related to the ethical concepts of the Ashkenazi Hasidic Movement. He finds a similarity between passages in the *Sefer Ha-Hayyim,* an anonymous Ashkenazi Hasidic treatise, and *Sefer Hayashar.*[24]

It must be pointed out that there are variations in the arrangements of the chapters and even in the contents of both the manuscripts and the printed editions, as well as different identification of authorship. The Paris manuscript 719/10 is described in the following way:[25] "Our copy differs from the printed text even as far as divisions of the chapters. The manuscript presents an entirely different redaction frequently, as well as passages which are not found in the printed text." A British Museum manuscript, Add. 27,174[26] written in 1707, includes an additional chapter after what is the 18th and concluding chapter in this edition.

Some day, with God's help, I hope to prepare a critical edition of this work. Such a study might indeed prove to be helpful, both in identifying the authorship of this work and in clarifying further its ethical and philosophical teachings.

In preparing this translation, I used the earlier German translation of Isaac Kauffmann. The Hebrew text which he included differs considerably from our printed text.

As I noted earlier, I have included two addenda of significant discussions of our work by earlier authors.

I am grateful to Professor Georges Vajda for his permission to include chapter 8 "The Love and the Fear of God in the Sefer Hayashar" from his *L'Amour de Dieu dans la Theologie Juive du Moyen Age* (1957). This selection as well as the article by Jacob Guttmann (Monatschrift, Volume 63) were translated by William Wolf.

Over the years, I have had the opportunity of discussing this project with a number of precious friends. They gave freely of themselves. I include among them: Ben Aronin, Professor Max Arzt, Professor Joseph Dan, Professor Seymour Feldman, Professor David Graubart, Professor Seymour Siegel and Rabbi David Wolf Silverman. Dr. J. Rosenwasser of the British Museum and Dr. Menahem Schmelzer of the Library of The Jewish Theological Seminary of America were most helpful in making available the vast resources of their libraries.

I express my appreciation to Mrs. Marian Schultz and Mrs. Judith Schwartz Sherwin who have typed this manuscript through several drafts and to Isaiah Berger and Elliot Lefkovitz who read the page proofs. These fine people to whom I will ever be thankful are, of course, innocent of any errors or shortcomings in the final text.

I express my thanks to Rabbi Yaakov Weinfeld who made it possible for me to use the vocalized Hebrew text of this work.

This bi-lingual edition was made possible largely through a most generous gift to The Anshe Emet Synagogue Publication Fund by the family of the late Samuel Joseph Feinberg. We express our gratitude to his parents, Mr. and Mrs. Reuben Feinberg, his uncle and aunt, Mr. and Mrs. Richard Crain and his uncles, Barney Goldberg and Louis Goldberg.

I record my most profound gratitude to all who sustained The Anshe Emet Publication Fund over the years. The rabbis of our Synagogue and many authors were aided in their literary activities by this Fund. I am delighted that the publication of this work is the first fruit of the Anshe Emet Centennial year. How worthy of our Congregation, which has always delighted in promoting the study of Torah in the fullest sense of the word!

May the Almighty sustain all who study this classic.

SEYMOUR J. COHEN

NOTES

Sefer Hayashar

1. Seymour J. Cohen *Orchot Tzaddikim, The Ways of the Righteous* (Jerusalem: Feldheim, 1969).

2. *Dictionary Catalog of the Jewish Collection The New York Public Library Reference Department* (Boston: G. K. Hall & Co., 1960), Vol. 2, p. 1375—Jacob Ilive, *Book of Jasher,* Bristol 1829. A British Abbot claimed to have discovered the Biblical *Sefer Hayashar* in the Holy Land. It was published several times in England and the United States.

3. C. D. Friedberg, *Bet Eked Sefarim* (Tel Aviv: M. A. Bar-Juda, 1951), Vol. 2, p. 451, No. 1116.

4. Dov Katz, *T'nuat Ha-Mussar* (Tel Aviv: Bitan Ha-Sefer, 1952), Vol. 1, p. 50.

5. "Ramataim Zofim" *Sefer Tanna D'be Eliyahu,* (Jerusalem: Lewin-Epstein, 1970) reprint, pp. 18, 51, 69, 76, 93, 104, 209.

6. *Hebrew Ethical Wills,* Israel Abrahams, ed. (Philadelphia: Jewish Publication Society of America, 1948), Vol. 2, p. 174.

7. Henry Malter, *"Shem Tob ben Joseph Palquera"* (*Jewish Quarterly Review,* new series, 1935), p. 451. Gershom G. Scholem, *Les Origines de la Kabbale* (Paris: 1966), p. 120, speaks of an earlier mystic book with the same title. *The Catalogue of Hebrew and Samaritan Manuscripts in the British Museum* (London: 1865), Part 2, mentions a Karaite work with the same title. There was a medieval medical text with a similar sounding name called *Sefer Hayosher.* See *Bibliography of Medieval Arabic and Jewish Medicine and Allied Sciences* (London: Wellcome Institute of the History of Medicine, 1971). R. Y. Ebied cites a section of Oxford MS No. 180 and Paris MS No. 1122 of the *Sefer Hayosher* (Koroth, 1953, 1 (34), pp. 108-109). Abraham Ibn Ezra's commentary uses the name *Sefer Hayashar, Mikraot G'dolot, Genesis.* (New York: Pardes 1951), 2a.

8. Abraham ben Jacob Saba, *Zeror Hamor* (Venice: 1567), p. 153b.

9. *Shete Yadot* (Venice: 1618), p. 122. Moritz Steinschneider, *Die Hebraischen Ubersetzungen Des Mittelalters und Die Juden Als Dolmetscher* (Graz, 1956) (Reprint), p. 883 "Der vf. des Ethischen B. ha-Jaschar, vielleicht Serachja ha-Jewani."

10. Vol. XII, p. 661. See Meyer Waxman, *A History of Jewish Literature* (New York: Bloch Publishing Company, 1943), Vol. 2, p. 276.

11. Hayyim Joseph David Azulai, *Schem Hag'dolim* (Vienna: 1864), ed. Yitzchak ben Jacob, Vol. 1, p. 22b ("The statement made in a printed edition . . . that some hold that the book was written by R. Zerahiah Ha-Levi, the author of *Ha-Maor,* cannot be maintained.") On *Schem Hag'dolim* see *Proceedings Rabbinical Assembly of America* (New York: 1939) Theodore Friedman, *Hayyim Joseph David Azulai,* Preliminary Sketch, pp. 276-287. Meir Benayahu, R. Hayyim Yosef David Azulai (Jerusalem: Mossad Harav Kook 1959).

12. Ibid, p. 22b, p. 41, Part 2.

13. *Ha'zofeh Lehokmat Israel,* Vol. 11, p. 239.

14. "The Authorship of the Ethical Treatise Entitled Sefer Hayashar", *Jewish Quarterly Review* (New Series), Vol. LXI, No. 3, (January 1971), pp. 175-187, C. D. Friedberg, *op. cit;* Ibid., p. 451. "and in fact the author is R. Jonah Gerondi."

15. Ibid. p. 183.

15a. Ibid. p. 187.

16. Isaiah Tishby, *Mishnat Ha-Zohar* (The Wisdom of the Zohar) texts from the *Book of Splendor.* (Jerusalem: Bialik Institute, 1961), Vol. 2, p. 657, Note 12.

17. Adolf Neubauer, *Catalogue of the Hebrew Manuscripts in the Bodleian Library* (Oxford: Clarendon Press, 1886-1906), Vol. 1, p. 906.

18. In an oral explanation given to me.

19. *Sefer Ha'Zohar* with commentary by Reuben Margoliot (Jerusalem: Mosad Harav Kook, 4th ed., 1964), Vol. 1, p. 104a, f.n. 1, Vol. 2, p. 198a, f.n. 1.

20. Chapter 13.

20a. Tishby, op. cit., pp. 694-95.

21. Gershom G. Scholem, *On the Kabbalah and its Symbolism* (London: Routledge and Kegan Paul, 1965), p. 147.

22. Chapter 2, p. 54. (Incidentally, the citation in Scholem's footnote, p. 147, Note 2, should read "Chapter 2", rather than "Chapter 3.")

23. Tishby, *Mishnat Ha-Zohar,* Vol. 2, p. 662, f.n. 12, disagrees with Scholem and claims that there is an earlier reference to the merging of the two practices of reciting lamentations and Psalms together at night. Tishby recalls the description of this practice in *Shaare Shamayim* written in 1246.

24. Joseph Dan, *The Esoteric Theology of Ashkenazi Hasidism* (Hebrew) (Jerusalem: Bialik Institute, 1968) p. 211, Note 4. Discussing the views of Rabbi Eleazar of Worms (c.1165-c.1230), on the teleological purpose for the creation of the world, Dan points out that Eleazar of Worms believed that "indeed the world was created with the evil impulse and it reigns therein, nonetheless the teleological (final) cause for the creation of man is the righteousness of God for this righteousness would have been deficient had He not brought righteous men into being (literally if He had not caused these righteous men to be drawn from a state of potentiality to that of actuality)." Dan adds "a similar concept is found in *Sefer Ha-Hayyim,*

an anonymous Ashkenazi Hasidic treatise, and also in *Sefer Hayashar*, Chapter 1."

26. G. Margoliouth, *Catalogue of the Hebrew and Samaritan Manuscripts in the British Museum,* (London: British Museum 1915), Part III, p. 168.

27. Isaac Kauffmann, *Sefer Hayashar* with a German translation in Hebrew characters, (Frankfurt: 1850).

THE TEXT

INTRODUCTION

Let us praise our God and bless our Maker Who created us and summoned us to do that which will improve our souls. Before we came into existence, His kindness to us was great. From nothing He produced us, and He brought us forth from that which was not to that which is. He enlightened us with laws, statutes and righteous judgments. Through His servants, the Prophets, He informed us which path was luminous so that our darkness might be transformed into light, so as to convert the darkness of our eyes to light so that we may walk in the path of His goodly Torah which is a tree of life to them that take hold of it. Into our nostrils He breathed a soul, i.e., the rational soul to give wisdom to the simple, so that we might know the good and cleave to it and set a distance from evil and turn away from its path. He cautioned us through His pleasant statutes and judgment, by means of two witnesses by reason first and by the Prophets afterwards. As He says concerning understanding (Jeremiah 9:23), "But let him that glorieth glory in this that he understandeth and knoweth Me." And it is said by the Prophet (Hosea 12:11), "I have also spoken unto the Prophets and I have multiplied visions." (He did this) in order that our awe of Him might show forth and His Torah be set between our eyes so that both constitute the cause for attaining the will of God and the ladder upon which to ascend to the uttermost chariot and a key to the gates of the improvement of the soul. Hence we are obligated to be grateful to Him for everything that He has conferred upon us and for the goodness which He has allotted us. We are also obligated to implore His help to do what is right in His eyes, to tell His greatness, and attain the utmost felicity through our performance of His Commandments. For it is for this that we were created. Not to (achieve) that which is (desirable) or useful of His own. As it is said (Job 35:6, 7), "If thou hast sinned what doest thou against Him? and if thy transgressions be multiplied what doest thou unto Him? If thou be righteous, what givest thou Him? Or what receiveth He of thy hand?" Indeed He created us (only) to show forth and serve His glory and to make manifest the force of His power and His great worth, as it is said (Isaiah 43:7), "Everyone that is called by My name whom I have created for My

2

הַ קְ דָּ מָ ה

נוֹדֶה לֵאלֹהֵינוּ, וּנְבָרֵךְ יוֹצְרֵנוּ, אֲשֶׁר בְּרָאָנוּ, וּלְהוֹעִיל לְנַפְשֵׁנוּ קְרָאָנוּ. טֶרֶם הֱיוֹתֵנוּ, גָּבַר חַסְדּוֹ עָלֵינוּ, כִּי מֵאֶפֶס הִמְצִיאָנוּ, וּמֵאַיִן לְיֵשׁ הוֹצִיאָנוּ. וַיָּאֶר פָּנָיו אֵלֵינוּ בְּתוֹרוֹת וְחֻקִּים וּמִשְׁפָּטִים צַדִּיקִים, וְהוֹדִיעָנוּ בְּיַד עֲבָדָיו הַנְּבִיאִים, אֵיזֶה הַדֶּרֶךְ יִשְׁכָּן־אוֹר, לָשׂוּם מַחְשַׁךְ־עֵינֵינוּ לְאוֹר, לָלֶכֶת בְּדֶרֶךְ תּוֹרָתוֹ הַטּוֹבָה, אֲשֶׁר עֵץ חַיִּים הִיא לַמַּחֲזִיקִים בָּהּ. וַיִּפַּח בְּאַפָּיו נְשָׁמָה, הִיא הַנֶּפֶשׁ הַחֲכָמָה, לָתֵת לִפְתָאִים עָרְמָה, לָדַעַת הַטּוֹב וּלְדָבְקָה בוֹ, וּלְהִתְרַחֵק מֵרָע וְלָסוּר מִנְּתִיבָתוֹ. וְהִזְהִירָנוּ חֻקָּיו וּמִשְׁפָּטָיו הַנֶּחֱמָדִים, עַל פִּי שְׁנַיִם עֵדִים, עַל פִּי הַשֵּׂכֶל רִאשׁוֹנָה, וְעַל פִּי הַנְּבִיאִים אַחֲרוֹנָה. כַּאֲשֶׁר אָמַר בַּשֵּׂכֶל, (ירמיה ט כג) כִּי אִם־בְּזֹאת יִתְהַלֵּל הַמִּתְהַלֵּל הַשְׂכֵּל וְיָדֹעַ אוֹתִי. וְאָמַר בַּנָּבִיא, (הושע יב יא) וְדִבַּרְתִּי עַל־הַנְּבִיאִים וְאָנֹכִי חָזוֹן הִרְבֵּיתִי. לְבַעֲבוּר תִּהְיֶה יִרְאָתוֹ עַל פָּנֵינוּ וְתוֹרָתוֹ בֵּין עֵינֵינוּ, אֲשֶׁר שְׁתֵּיהֶן תִּהְיֶינָה סִבָּה לְהַשִּׂיג רְצוֹן הָאֵל וְסֻלָּם לַעֲלוֹת אֶל הַמֶּרְכָּבָה הָעֶלְיוֹנָה, וּמַפְתֵּחַ לְשַׁעֲרֵי הַתַּקָּנָה. וְעַל כֵּן חוֹבָה עָלֵינוּ לְהוֹדוֹת לוֹ עַל כֹּל אֲשֶׁר גְּמָלָנוּ, וְהַטּוֹבָה אֲשֶׁר הִנְחִילָנוּ, וְלִשְׁאוֹל מֵאִתּוֹ לְעָזְרֵנוּ, לַעֲשׂוֹת הַיָּשָׁר בְּעֵינָיו וּלְהַגִּיד גְּדֻלָּתוֹ, וּלְהַשִּׂיג תַּכְלִית הַשְּׁלֵמוּת בַּעֲשׂוֹתֵנוּ מִצְוֹתָיו, כִּי עַל כֵּן יְצָרָנוּ, לֹא לְתִקְוָה וּלְתוֹעֶלֶת, כַּאֲשֶׁר אָמַר (איוב לה ו־ז) אִם־חָטָאתָ מַה־תִּפְעָל־בּוֹ וְרַבּוּ פְשָׁעֶיךָ מַה־תַּעֲשֶׂה־לּוֹ, אִם־צָדַקְתָּ מַה־תִּתֶּן־לוֹ. וְאוּלָם בְּרָאָנוּ לִכְבוֹדוֹ וּלְהַרְאוֹת תֹּקֶף גְּבוּרָתוֹ

glory." Therefore I entreat Him to accept my work. Perhaps He will reward me in proportion to my desire and not in accordance with the inadequacies of my capacity and performance. For how can a lowly and transitory man conceive the greatness of his Creator? For what can man do that cometh after the King? (See Ecclesiastes 2:12).

I begin with God's help and say that I have seen many worthy books concerning the service of God; for example, "The Duties Of the Heart", by the pious Bahya Ibn Pakuda, of blessed memory, and many other worthy books. However some of the matters they deal with are profound, and the people of our time with limited exception do not occupy themselves with them. Every heart is empty of knowledge; lust grows strong and reason grows weak. That is the profane path and not the sacred one, and since the inclination of man's heart is evil, these books will not dissolve their chains nor heal their wounds. With every passing day the mighty men of piety grow fewer. There is scarcely a pious one left, and the believers are no more. Each man pursues wealth, lust, honor, and pride. The heart is pulled between them like a drunkard, like a man whom wine has overcome, a man of envious eye, confused by wealth, who does not obey teachers and does not give ear to those who warn him. I almost became ill as they. I compared to them, for I hoped when I read these books that my uncircumsized heart would be subdued, but it is stronger than flint and will not move from its place. As I beheld my pain grow more and more vile and my reason was sold as slave to my vanity, I said to my heart, "Will you not seek for yourself a rest which will be good for you. Open your eyes. See and strengthen your thoughts; gird your loins; prepare provisions for yourself before the reckoning comes, for there will be no opportunity for a second plea to put other words in your mouth and give another answer to your tongue. Do not rely on what those who have come before you composed, but only on what your own thoughts composed, for the wound of your heart will not recognize any healing except your own; no other person will recognize the wound of your heart. There is no

וְחִין עֶרְכּוֹ, כַּאֲשֶׁר אָמַר (ישעיה מג ז) כֹּל הַנִּקְרָא בִשְׁמִי וְלִכְבוֹדִי בְּרָאתִיו. וְלָכֵן אֶתְחַנֵּן לוֹ לִהְיוֹת פְּעֻלָּתִי לְפָנָיו רְצוּיָה, אוּלַי יִגְמְלֵנִי עָלֶיהָ כְּפִי רְצוֹנִי, לֹא לְפִי קֹצֶר יְכָלְתִּי וְאוֹנִי, כִּי אֵיךְ יַשִּׂיג גְּדֻלַּת בּוֹרְאוֹ אֱנוֹשׁ נִבְזֶה וְהֵלֶךְ, כִּי מֶה הָאָדָם שֶׁיָּבוֹא אַחֲרֵי הַמֶּלֶךְ?

וַאֲנִי מַתְחִיל בְּעֶזְרַת הָאֵל וְאוֹמֵר, כִּי רָאִיתִי סְפָרִים רַבִּים וְנִכְבָּדִים בְּעִנְיַן עֲבוֹדַת הָאֵל, כְּגוֹן סֵפֶר חוֹבוֹת־הַלְּבָבוֹת לֶחָסִיד רַבִּי בַּחְיֵי בֶּן בַּקּוּדָה זִכְרוֹנוֹ לִבְרָכָה, וּסְפָרִים אֲחֵרִים רַבִּים וְנִכְבָּדִים, אַךְ מִקְצָת עִנְיְנֵיהֶם עֲמֻקִּים, וְלֹא יִתְעַסְּקוּ בָהֶם אַנְשֵׁי דוֹרֵנוּ כִּי אִם מְעַט מִזְעָר, וְכָל לֵב מִדַּעַת נִבְעָר, כִּי הַתַּאֲוָה מִתְגַּבֶּרֶת וְהַשֵּׂכֶל נֶחֱלָשׁ, וְהוּא דֶרֶךְ חֹל וְלֹא יִקְדָּשׁ, וְיֵצֶר לֵב הָאָדָם רַע מִנְּעוּרָיו, וּבַסְּפָרִים הָאֵלֶּה לֹא יִמַּסּוּ אֲסוּרָיו, וְלֹא יֵרָפְאוּ מְזוֹרָיו, כִּי כָל יוֹם יָרְדוּ לַמִּצְעָר אַנְשֵׁי־חֶסֶד הָאֵיתָנִים, וְגָמַר חָסִיד וּפַסּוּ אֱמוּנִים, וְכָל אִישׁ רוֹדֵף אַחֲרֵי הָעֹשֶׁר וְהַתַּאֲוָה, וְאַחֲרֵי הַכָּבוֹד וְהַגַּאֲוָה, וְלִבּוֹ בֵּין שְׁנֵיהֶם כְּאִישׁ שִׁכּוֹר וּכְגֶבֶר עֲבָרוֹ יַיִן, נִבְהָל לַהוֹן אִישׁ רַע־עָיִן, לֹא יִשְׁמַע לְקוֹל מוֹרִים, וְלֹא יַאֲזִין לְתוֹכְחוֹת מוֹכִיחִים וּמַזְהִירִים, וְגַם אֲנִי חָלִיתִי כָהֶם, אֲלֵיהֶם נִמְשַׁלְתִּי, כִּי קִוִּיתִי בְּקָרְאִי סְפָרִים הַלָּלוּ, אוּלַי יִכָּנַע לְבָבִי הֶעָרֵל, וְהוּא חָזָק מִצּוּר הַחַלָּמִישׁ, וּמִמְּקוֹמוֹ לֹא יָמִישׁ. וְכַאֲשֶׁר רָאִיתִי, כְּאֶבֶן נֶעְכָּר, וְשִׂכְלִי בְּיַד הֶבְלִי נִמְכָּר. אָמַרְתִּי לִלְבָבִי, הֲלֹא תְבַקֶּשׁ לְךָ מָנוֹחַ אֲשֶׁר יִיטַב לָךְ, פְּקַח עֵינֶיךָ וּרְאֵה וְאַמֵּץ אֶת רַעְיוֹנֶיךָ, וְאַתָּה תֶּאֱזוֹר אֶת מָתְנֶיךָ, וְהָכֵן לְךָ צֵידָה, בְּטֶרֶם בֹּא הַפְּקֻדָּה, כִּי אֵין לַשֵּׁם מַעְצוֹר לְהָשִׁיב לְךָ מַגִּיד מִשְׁנֶה, וְלָשִׂים בְּפִיךָ דָּבָר וּבִלְשׁוֹנְךָ מַעֲנֶה. וְאַל תִּבְטַח עַל אֲשֶׁר חִבְּרוּ קַדְמוֹנֶיךָ, אֲשֶׁר הָיוּ לְפָנֶיךָ, רַק עַל אֲשֶׁר יְחַבְּרוּ רַעְיוֹנֶיךָ, כִּי לֹא יֵדַע נֶגַע לְבָבְךָ זוּלָתֶךָ, וְעַל כֵּן לֹא יֵרָפֵא בִּלְתְּךָ

one to save you, to heal your wounds, as the poet says, " 'How can simpletons repent of their sins if they do not have someone to draw forth their souls?' "

My soul, my soul. Lift up your eyes to the heavens and contemplate their awesome wonders, luminaries, and their dominions, the mountains and their foundations, the lands and their inhabitants. Set your heart to know Who created them and ordered them wisely After that, consider the secret of their creation from that which was not and to what end they were created. Seek to understand the events and occurrences of the world and its happenings, as well as the benevolence of the Creator, His goodness and compassion. Seek to understand the events of this transitory world which is like a gourd which appeared over-night and perished over-night. Set between your eyes His being, His worth, the ordeal of His judgment, the retributions of His just decree. Set these things before you so that they will not be swerved from your attention; then your soul will be aroused so as to stand upon the path of wisdom, hope, and dread. Let love and reverential fear draw you towards the worship of the Creator. Both of these will enable you to attain your utmost goal and desire, while each will serve to preserve you from the pit of confusion. If you dwell upon them with diligence, they will open to you the gates of hope and salvation and save you from the depths of sin. They will serve you as tokens of remembrance. If you forget they will remind you, if you sleep they will arouse you, if you err they will warn you. With this you will then find a bountiful reward for your labor. You will not lose your just reward. Just as this work will help you, it will help every man whose provisions are like yours and whose equipment is like yours. Although the wise and the pious may not need this work, perhaps a wanderer from the true path may find help therein if he truly meditates upon it; perhaps it will rouse him from his foolish sleep, and you will receive a bountiful reward as King David, the Chosen of God, may peace be upon Him said: (Psalms 51:15), "Then will I teach transgressors Thy ways; And sinners shall return unto Thee."

And when I saw that this was the best counsel and close to God, I hastened and did not seek to delay to seek what would help me and would rescue me from *Sheol* and would draw me forth from its depths. I bestirred myself and composed topics, matters which had a portion of

מַחַץ מַכָּתֶךָ, כַּאֲשֶׁר אָמַר הַמְשׁוֹרֵר, אֵיכָה יְשׁוּבוּן הַפְּתָאִים מֵחֵטְא, אִם לֹא יְהֵא מֵהֶם לְנַפְשָׁם גּוֹעֵר?

לִבִּי לִבִּי, שָׂא נָא עֵינֶיךָ לַשָּׁמַיִם וְהִתְבּוֹנֵן נוֹרְאוֹתֵיהֶם, וְהַמְּאוֹרוֹת וּמֶמְשְׁלוֹתֵיהֶם, וְהֶהָרִים וּמוֹסְדוֹתֵיהֶם, וְהָאֲרָצוֹת וְיוֹשְׁבֵיהֶם, וְשִׂים לִבְּךָ לָדַעַת מִי בְרָאָם וְסִדְּרָם בְּחָכְמָה. וְאַחֲרֵי כֵן הִתְבּוֹנֵן סוֹד בְּרִיאוֹתֵיהֶם, מֵאַיִן וְלָמָּה נִבְרָאוּ. וְהִתְבּוֹנֵן בְּחִדּוּשֵׁי הָעוֹלָם וּמִקְרָיו, גַּם בְּחַסְדֵי הַבּוֹרֵא וְטוּבָתוֹ וְחֶמְלָתוֹ. וְהִתְבּוֹנֵן בְּחִדּוּשֵׁי הָעוֹלָם הָאָבֵד הַזֶּה, הַדּוֹמֶה לְקִיקָיוֹן שֶׁבִּן־לַיְלָה הָיָה וּבִן־לַיְלָה אָבָד, וְשִׂים בֵּין עֵינֶיךָ הֱיוֹתוֹ חֶרְדָּתוֹ, וּמַעֲמַד הַדִּין וּמְבוּכָתוֹ, וְעֹנֶשׁ מִשְׁפָּטוֹ וּשְׁוֹאָתוֹ. וְהָיוּ הַדְּבָרִים הָאֵלֶּה עֲרוּכִים לְפָנֶיךָ, וְאַל יָסוּרוּ מִנֶּגֶד עֵינֶיךָ, כִּי אָז תִּתְעוֹרֵר נַפְשְׁךָ לַעֲמוֹד בֵּין נְתִיב הַחָכְמָה, תִּקְוָה וְאֵימָה, וְיַמְשִׁיכוּךָ לַעֲבוֹדַת הַבּוֹרֵא הָאַהֲבָה וְהַיִּרְאָה, וּבִשְׁתֵּיהֶן תַּשִּׂיג תַּכְלִית רְצוֹנְךָ וְחֶפְצְךָ, וְכָל אַחַת מֵהֶן מְבוֹר שָׁאוֹן תְּרִיצֶךָ, וְאִם תִּשְׁקוֹד עֲלֵיהֶן יִפָּתְחוּ לְךָ שַׁעֲרֵי הַתִּקְוָה וְהַיֵּשַׁע, וְיַצִּילוּךָ מִמַּעֲמַקֵּי הַפֶּשַׁע, וְיִהְיוּ לְךָ לְמַזְכֶּרֶת, אִם תִּשְׁכַּח יַזְכִּירוּךָ, וְאִם תִּישַׁן יְעִירוּךָ, וְאִם תִּשְׁגֶּה יַזְהִירוּךָ. וּבָזֶה יִהְיֶה לְךָ שָׂכָר טוֹב בַּעֲמָלֶךָ, וְלֹא יֹאבַד גְּמוּלֶךָ. וְכַאֲשֶׁר יוֹעִילְךָ הַחִבּוּר הַזֶּה, יוֹעִיל לְכָל אִישׁ אֲשֶׁר צֵידוֹ כְּצֵידְךָ וְחֵילוֹ כְּחֵילֶךָ. וְאִם הַחֲכָמִים וְהַחֲסִידִים לֹא יִהְיוּ צְרִיכִים אֵלָיו, אוּלַי אָדָם תּוֹעֶה מִדֶּרֶךְ הַשֵּׂכֶל יִמְצָאֶנּוּ, וְכַאֲשֶׁר אֶל לִבּוֹ יְשִׁיבֶנּוּ, אוּלַי מִשְּׁנַת סִכְלוּתוֹ יְעִירֶנּוּ, וְיִהְיֶה לְךָ שָׂכָר טוֹב, כַּאֲשֶׁר אָמַר בְּחִיר־אֱלֹהִים דָּוִד הַמֶּלֶךְ עָלָיו הַשָּׁלוֹם (תהלים נא טו) אֲלַמְּדָה פֹשְׁעִים דְּרָכֶיךָ וְחַטָּאִים אֵלֶיךָ יָשׁוּבוּ.

וּבִרְאוֹתִי כִּי הִיא הָעֵצָה הַטּוֹבָה וְלָאֵל קְרוֹבָה, חַשְׁתִּי וְלֹא הִתְמַהְמַהְתִּי לְבַקֵּשׁ אֶת אֲשֶׁר יוֹעִילֵנִי, מִיַּד שְׁאוֹל יִגְאָלֵנִי,

wisdom to those already wise and will be understood by those who are simple. All who consider these matters will recognize the secrets of the worship of the Creator and will be elevated with them to the highest rank where dwell the pure souls. He will think upon all the obligations that he must pay to his Creator. He will remember that bitter and terrifying day when no help will be available to him. And perhaps then he will pay careful attention to these topics. He will envy the qualities of the pious, and this envy will attract him towards emulating them and their deeds. In this book I have not neglected any topic which I know and what I have learned from the wise which might subjugate souls and provoke those whose minds are peaceful. I have called its name the, "Book Of The Righteous", because it will change and bring one to the right way, to the service of God, making it a tree of life to all who take hold of it, and happiness will be the lot of those who support it.

May God Who reveals that which is hidden (and Whose power can) cause the dumb to sing be with my tongue when I speak. May He guide my thoughts and discourses and guard me from sinning with my tongue. May He place in my mouth words that are true and certain. May He guide me in paths of righteousness and faithfulness, as it is said (Psalms 23:3), "He restoreth my soul; He guideth me in paths of righteousness for His Name's sake."

I have divided this book into 18 chapters.

וּמִמַּעֲמַקֵּי שְׁאוֹל יַמְשֵׁנִי, וְנָעַרְתִּי חָצְנִי, וְחִבַּרְתִּי עִנְיָנִים, אֲשֶׁר בָּם יוֹסִיפוּ לֶקַח הַמַּשְׂכִּילִים, וְיָבִינוּ דַעַת הַכְּסִילִים. וְכָל הַמִּתְבּוֹנֵן בָּהֶם יַכִּיר סוֹדוֹת עֲבוֹדַת הָאֵל, וְיַעֲלֶה בָהֶם לְמַעְלָה הָעֶלְיוֹנָה, אֲשֶׁר שָׁם נְוֵה הַנְּשָׁמוֹת הַטְּהוֹרוֹת, וְיַעֲבוֹר עַל לִבּוֹ כָּל אֲשֶׁר יֶשׁ לוֹ לִפְרוֹעַ לְבַעַל־חוֹבוֹ, וְיִזְכּוֹר יוֹם הַמַּר וְהַנּוֹרָא, אֲשֶׁר לֹא יִמְצָא בוֹ עֶזְרָה. וְאוּלַי בְּעֵת יָשִׂים אֶל לִבּוֹ הָעִנְיָנִים הָאֵלֶּה, יְקַנֵּא בְּמַעֲלוֹת הַחֲסִידִים, וְתִמְשְׁכֵהוּ הַקִּנְאָה לְהִדַּמּוֹת אֲלֵיהֶם וְלַעֲשׂוֹת כְּמַעֲשֵׂיהֶם. וְלֹא עָזַבְתִּי עִנְיָן מִכָּל הָעִנְיָנִים, אֲשֶׁר בָּהֶם יִכָּנְעוּ הַלְּבָבוֹת, וְיִרְגְּזוּ שַׁאֲנַנֵּי־הַמַּחֲשָׁבוֹת, מִכֹּל אֲשֶׁר יָדַעְתִּי, וּמִפִּי הַחֲכָמִים שָׁמַעְתִּי, אֲשֶׁר לֹא שַׂמְתִּי בַּסֵּפֶר הַזֶּה. וְקָרָאתִי שְׁמוֹ סֵפֶר הַיָּשָׁר, אֲשֶׁר דֶּרֶךְ עֲבוֹדָתוֹ לִפְנֵי הָאֵל יְיֻשַּׁר, וְעֵץ חַיִּים הִיא לַמַּחֲזִיקִים בָּהּ וְתוֹמְכֶיהָ מְאֻשָּׁר.

וְהָאֵל הַמְגַלֶּה תַעֲלוּמִים, וּמַרְנִין לְשׁוֹן אִלְּמִים, יִהְיֶה עִם פִּי בְּהַטִּיפִי, וְיַיְשִׁיר רַעְיוֹנַי וְהֶגְיוֹנַי, וְיִשְׁמוֹר דְּרָכַי מֵחֲטוֹא בִלְשׁוֹנִי, וְיָשִׂים בְּפִי דִּבְרֵי נְכוֹנָה, וְיַנְחֵנִי בְּמַעְגְּלֵי צֶדֶק וֶאֱמוּנָה, כַּכָּתוּב (תהלים כג ג) נַפְשִׁי יְשׁוֹבֵב יַנְחֵנִי בְמַעְגְּלֵי־צֶדֶק לְמַעַן שְׁמוֹ.

וְחִלַּקְתִּי הַסֵּפֶר הַזֶּה לִשְׁמוֹנָה־עָשָׂר שְׁעָרִים.

CHAPTER I

The Mystery of the Creation of the World

It is obvious that anything that is desired testifies to the nature of him who desires it and that every deed testifies to the nature of him who performs it. It is, therefore, fitting for every intelligent person to engage in the choicest of occupations so that this will be a sign of his intelligence. From this we know that there is no occupation more choice and no deed more honored than the service of God, may He be exalted. For this testifies to the degree of intelligence that a man possesses and to his perfection. All the wise men of the world believe and understand that the intellect is able to grasp only two concepts: first, the Creator and second, that which was created. There is nothing else besides these. They thus believe that the Creator is first, and that that which was fashioned is created ex nihilo, that the Creator is without a beginning and an end, and that every living thing has a beginning and an end. They thus believe that the Creator has no need of anything. For one who is in need lacks the thing of which he is in need, and by securing the thing which he needs, he becomes complete. But since the Creator is perfect, He has no need of anything at all. Since He has no need of anything, it follows that He did not create the world to fill any need of His. Since He did not create the world for any need of His, we can deduce that He created it as a loving act to reward the good who merit such reward. Even as it is said (Isaiah 43:7), "Everyone that is called by My name, [And whom I have created for] My glory, I have formed him." Proof of this is in the way Scripture describes the Creation of the world. In the act of the Creation concerning the lights, it says (Genesis 1:17), "And God set them in the firmament of the heaven to give light upon the earth", and it does not say, "to give light to the heavens" or "toward

10

הַשַּׁעַר הָרִאשׁוֹן

סוֹד בְּרִיאַת הָעוֹלָם.

מִן הַיָּדוּעַ, כִּי כָל מְבֻקָּשׁ יָעִיד עַל מְבַקְשָׁיו, וְכָל מַעֲשֶׂה מֵעִיד עַל תְּכוּנַת עוֹשֵׂהוּ. וְעַל כֵּן רָאוּי לְכָל מַשְׂכִּיל לְהִתְעַסֵּק בְּמִבְחַר הָעֲסָקִים, לְמַעַן יִהְיֶה לְאוֹת עַל שִׂכְלוֹ. וּמִזֶּה יָדַעְנוּ, כִּי אֵין הָעֵסֶק הַנִּבְחָר מִכָּל הָעֲסָקִים וְהַמַּעֲשֶׂה הַנִּכְבָּד מִכָּל הַמַּעֲשִׂים כִּי אִם עֲבוֹדַת הָאֵל יִתְעַלֶּה, כִּי הוּא יָעִיד עַל רֹב שֵׂכֶל הָאָדָם וְעַל שְׁלֵמוּתוֹ. וְכָל חַכְמֵי הָעוֹלָם יַאֲמִינוּ וְיַשְׂכִּילוּ, כִּי הַשֵּׂכֶל לֹא יוּכַל לְהַשִּׂיג לְבַד מִשְּׁנֵי דְבָרִים. הָאֶחָד, הַבּוֹרֵא. וְהַשֵּׁנִי, הַנִּבְרָא. וְאֵין עוֹד זוּלָתָם. וְכֵן יַאֲמִינוּ, כִּי הַבּוֹרֵא, קַדְמוֹן. וְהַנִּבְרָא, מְחֻדָּשׁ. וְכִי הַבּוֹרֵא אֵין לוֹ תְחִלָּה וְלֹא תִכְלָה, וּלְכָל נִבְרָא יֵשׁ תְּחִלָּה וְתִכְלָה. וְכֵן יַאֲמִינוּ, כִּי אֵין לַבּוֹרֵא צֹרֶךְ לְדָבָר, בַּעֲבוּר כִּי כָל נִצְרָךְ הוּא חָסֵר לְדָבָר שֶׁהוּא צָרִיךְ לוֹ וּבוֹ יִהְיֶה שָׁלֵם, וְהַבּוֹרֵא שָׁלֵם, עַל כֵּן אֵין לוֹ צֹרֶךְ לְדָבָר. וְאַחֲרֵי אֲשֶׁר אֵין לוֹ צֹרֶךְ לְדָבָר, נִלְמַד מִזֶּה כִּי הוּא לֹא בָרָא עוֹלָמוֹ לְצֹרֶךְ. וְאַחֲרֵי אֲשֶׁר לֹא בְרָאוֹ לְצֹרֶךְ, נוּכַל לָדַעַת כִּי בְרָאוֹ נְדָבָה לִגְמוֹל טוֹב לַזּוֹכִים לוֹ, כַּאֲשֶׁר אָמַר (ישעיה מג ז) כֹּל הַנִּקְרָא בִשְׁמִי וְלִכְבוֹדִי בְּרָאתִיו. וְהָרְאָיָה עַל זֶה מִדֶּרֶךְ הַכָּתוּב בִּבְרִיאַת הָעוֹלָם, כִּי בְּמַעֲשֵׂה־בְרֵאשִׁית הוּא אוֹמֵר עַל הַמְּאוֹרוֹת (בראשית א יז) וַיִּתֵּן אֹתָם אֱלֹהִים בִּרְקִיעַ הַשָּׁמַיִם לְהָאִיר עַל־הָאָרֶץ, וְלֹא אָמַר לְהָאִיר עַל הַשָּׁמַיִם, וְלֹא לַשָּׁמַיִם, כִּי אִם עַל הָאָרֶץ. אִם כֵּן נֵדַע כִּי לֹא נִבְרְאוּ הַמְּאוֹרוֹת לְתוֹעֶלֶת הַבּוֹרֵא וְלֹא לְהָאִיר לַשָּׁמַיִם, כִּי אִם לְהָאִיר לָאָרֶץ וְיוֹשְׁבֶיהָ. וְעוֹד

the heavens," but "upon the earth." If this is so, we know that the luminaries were not created for any use of the Creator and not to give light to the heavens, but to give light to the earth and its inhabitants.

We can also recognize logically that if that which was created was for the benefit of the Creator, then it would be just as eternal as He, for His benefit would not be separated from Him, but would be found with Him always. But since we know that the world is created and not eternal, we know that before there was a world the Creator did not have any need of it. Just as He had no need of it before it came into being, so did He have no need of it after it came into being; but all of His intent in His creation of the world was for our benefit. Furthermore, we know and understand that the Creator did not create the world for the sake of the wicked or those who anger Him, for reason cannot lead us to such a conclusion, but He created it for the sake of the pious, who acknowledge His divinity and serve Him properly. His intent was only to create the pious, but the wicked were created by virtue of the nature of creation. Just as a piece of fruit has a peel and that which is choice is what is within the peel, so the pious are the fruit of the creation of the world and the wicked are the peel. Just as we see that the intent of the sower of the seed is to cause wheat alone to grow, but that the strength of the sprout brings forth evil weeds with the wheat and that with the rose come all sorts of thorns, thus it is the intent of the Creator to create the pious, but by the virtue of the nature of creation, the wicked are brought forth with the pious.

There is nothing that is created that cannot be divided into three parts: the choice or the purest part, which is like the finest flour; the inferior part, which consists of offal and worthless parts, such as straw or rubbish, and there is the part in between. Thus you find among human beings one part which is choice and pure, and these are the pious ones; they are like the fine flour or the choicest fruit. And then there is the less worthy and the rejected, and they are the wicked that are like the rubbish or straw. Therefore, we can say that the world was not created for the sake of the wicked, but for the sake of the pious. Just as in the case of a tree, its master did not plant it and labor for the sake of the peel, but for the sake of the choicest fruit that it will yield.

Furthermore, we see that the heavens are in motion, and every moving thing has a beginning to its motion. Since there was a beginning to its

נַכִּיר, כִּי אִלּוּ יִהְיֶה הַנִּבְרָא לְתוֹעֶלֶת הַבּוֹרֵא, הָיָה קַדְמוֹן כָּמוֹהוּ, כִּי תוֹעַלְתּוֹ לֹא נִפְרְדָה מִמֶּנּוּ, רַק הָיְתָה מְצוּיָה עִמּוֹ תָּמִיד. וְאַחֲרֵי אֲשֶׁר נֵדַע כִּי הָעוֹלָם מְחֻדָּשׁ וְאֵינוֹ קַדְמוֹן, נֵדַע כִּי טֶרֶם הֱיוֹת הָעוֹלָם, לֹא נִצְרַךְ הַבּוֹרֵא אֵלָיו. וְכַאֲשֶׁר לֹא נִצְרַךְ אֵלָיו טֶרֶם הֱיוֹתוֹ, כֵּן לֹא נִצְרַךְ אֵלָיו אַחַר הֱיוֹתוֹ, רַק כָּל כַּוָּנָתוֹ בִּבְרִיאָתוֹ הָעוֹלָם הָיְתָה לְתוֹעַלְתֵּנוּ. וְעוֹד נֵדַע וְנָבִין כִּי הָעוֹלָם לֹא בְרָאוֹ הַבּוֹרֵא בַּעֲבוּר הָרְשָׁעִים וְהַמַּכְעִיסִים אוֹתוֹ, כִּי זֶה לֹא יְחַיֵּב אוֹתוֹ הַשֵּׂכֶל, וְאוּלָם בְּרָאוֹ בַּעֲבוּר הַחֲסִידִים הַיּוֹדְעִים אֱלֹהוּתוֹ וְהָעוֹבְדִים אוֹתוֹ כָּרָאוּי, וְכָל כַּוָּנָתוֹ הָיְתָה לִבְרֹא הַחֲסִידִים, אַךְ נִבְרְאוּ הָרְשָׁעִים מִכֹּחַ טֶבַע הַבְּרִיאָה. וְכַאֲשֶׁר יֵשׁ לַפְּרִי קְלִפָּה וְהַמֻּבְחָר הוּא מַה שֶּׁבְּתוֹךְ הַקְּלִפָּה, כֵּן הַחֲסִידִים הֵם פְּרִי בְּרִיאַת הָעוֹלָם, וְהָרְשָׁעִים הֵם כְּמוֹ הַקְּלִפּוֹת. וְכַאֲשֶׁר נִרְאֶה כַּוָּנַת הַזּוֹרֵעַ לְהַצְמִיחַ הַחִטָּה לְבַדָּהּ, אֲבָל כֹּחַ הַצֶּמַח יוֹצִיא עִם הַחִטָּה בָּאְשָׁה, וְעִם הַשּׁוֹשַׁנָּה מִינֵי קוֹצִים, כָּךְ כַּוָּנַת הַבּוֹרֵא לִבְרֹא הַחֲסִידִים, אֲבָל כֹּחַ הַבְּרִיאָה יוֹצִיא עִם הַחֲסִידִים רְשָׁעִים. כִּי אֵין דָּבָר נִבְרָא שֶׁלֹּא יִהְיֶה מִמֶּנּוּ שְׁלֹשָׁה חֲלָקִים, חֵלֶק נִבְחָר וּבָרוּר כְּמוֹ הַסֹּלֶת, וְחֵלֶק הָרֶפֶשׁ וְהַפִּגּוּלִים וְהַמּוֹתָרוֹת, כְּמוֹ הַתֶּבֶן אוֹ הַפְּסֹלֶת, וְחֵלֶק בֵּינוֹנִי. וְכֵן תִּמְצָא בִּבְנֵי־הָאָדָם, חֵלֶק נִבְחָר וָזָךְ, וְהֵם הַחֲסִידִים, שֶׁהֵם הַסֹּלֶת אוֹ מִבְחַר הַפֶּרִי. וְחֵלֶק גָּרוּעַ וּמָאוּס, וְהֵם הָרְשָׁעִים, אֲשֶׁר הֵם כְּמוֹ הַפְּסֹלֶת אוֹ הַתֶּבֶן. וְעַל כֵּן נֹאמַר כִּי לֹא נִבְרָא הָעוֹלָם בַּעֲבוּר הָרְשָׁעִים, כִּי אִם בַּעֲבוּר הַחֲסִידִים, כַּאֲשֶׁר הָאִילָן לֹא נְטָעָהוּ בְעָלָיו וְלֹא יָגַע בַּעֲבוּר הַקְּלִפָּה, אֶלָּא בַּעֲבוּר מִבְחַר הַפְּרִי אֲשֶׁר יִתֵּן.

וְעוֹד אָנוּ רוֹאִים, הַשָּׁמַיִם יִתְנוֹעֲעוּ. וְכָל מִתְנוֹעֵעַ יֵשׁ לִתְנוּעָתוֹ תְּחִלָּה. וְאַחֲרֵי שֶׁיֵּשׁ תְּחִלָּה לִתְנוּעָתוֹ, נֵדַע כִּי יֵשׁ לוֹ

motion, we know that it has a beginning and that it is created, for the beginning of its motion is in fact its genesis. Since we know that it has a beginning, we know that before its creation the Creator had no need of it. Just as He had no need of it before its creation, so did He have no need of it after its creation. For the same power which the Creator had before its creation remained with Him after its creation; there was nothing lacking in it, there was nothing added to it, nor did it change it. Inasmuch as this is so, we know that just as He did not need it before its creation, so did He not need it after its creation. But if you should say that the motivation which obligated the Creator to create the world was His need for the world, we will say that the power of an obligation bends the one obligated to do the thing. With regard to the Creator, however, there is no power that can bend Him to do any act, but it was His own power that compelled the created objects to go forth from nothingness into existence. If you should ask why he obligated the created things thus, it was in order to make His divinity known and to show the glory of His greatness and to rejoice in His acts. For when the Creator creates a pious man, He rejoices in him, just as a father rejoices when he begets an intelligent and wise son, who recognizes the glory of his father and honors his father properly. [In such a case] the father rejoices and glories in him, and thus it is said (Psalms 104:31), "Let the Lord rejoice in His works!"

Now that it has been made clear that the world was not created for any need of God, we can say that the world was created for a great reason and that that reason is the service of the Creator, blessed be He. For just as a king is not called king until he has a people, as it is said (Proverbs 14:28), "In the multitude of people is the king's glory", so similarly the name "Creator" cannot be applied to one unless there is something that He has created. He is not called "God' until He has a people, as it is said (Leviticus 26:12), "And I will be your God and ye shall be My people." Even though the Divine name does not lack anything because of the lack of men nor does It gain by them, nevertheless, in the creation of the world, it was fitting that the name of the Creator should be "God." For example, the smiter can smite, but he is not

הַתְחָלָה וְכִי הוּא נִבְרָא, כִּי הַתְחָלַת תְּנוּעָתוֹ הִיא הַתְחָלָתוֹ. וְאַחֲרֵי שֶׁנֵּדַע כִּי יֵשׁ לוֹ תְּחִלָּה, נֵדַע כִּי קֹדֶם בְּרִיאָתוֹ לֹא הָיָה לַבּוֹרֵא צֹרֶךְ אֵלָיו. וְכַאֲשֶׁר לֹא נִצְרַךְ אֵלָיו קֹדֶם בְּרִיאָתוֹ, כֵּן לֹא נִצְרַךְ אַחֲרֵי בְּרִיאָתוֹ. כִּי הַכֹּחַ אֲשֶׁר הָיָה לַבּוֹרֵא קֹדֶם בְּרִיאָתוֹ, הוּא שֶׁעָמַד אַחֲרֵי בְּרִיאָתוֹ, לֹא חָסֵר וְלֹא הוֹסִיף וְלֹא הִתְחַלֵּף. וְכֵיוָן שֶׁכֵּן, נֵדַע כִּי כַאֲשֶׁר לֹא נִצְרַךְ אֵלָיו קֹדֶם בְּרִיאָתוֹ, כֵּן לֹא נִצְרַךְ אֵלָיו אַחַר בְּרִיאָתוֹ. וְאִם תֹּאמַר, כִּי הַדָּבָר אֲשֶׁר חִיֵּב הַבּוֹרֵא לִבְרֹא הָעוֹלָם הוּא צֹרֶךְ הַבּוֹרֵא לָעוֹלָם, נֹאמַר כִּי כֹחַ הַחִיּוּב כּוֹפֶה אֶת הַמְחֻיָּב לַעֲשׂוֹת הַדָּבָר, וְיָדַעְנוּ כִּי הַבּוֹרֵא אֵין כֹּחַ כּוֹפֵהוּ לַעֲשׂוֹת שׁוּם מַעֲשֶׂה, אֲבָל כֹּחוֹ חִיֵּב עַל הַנִּבְרָאִים לָצֵאת לְיֵשׁ מֵאַיִן. וְאִם תֹּאמַר, לָמָּה חִיֵּב עֲלֵיהֶם? כְּדֵי לְהַכִּיר אֱלֹהוּתוֹ, וּלְהַרְאוֹת כְּבוֹד גְּדֻלָּתוֹ, וְלִשְׂמוֹחַ בְּמַעֲשָׂיו. כִּי כְּשֶׁיִּבְרָא הַבּוֹרֵא אָדָם חָסִיד, יִשְׂמַח בּוֹ, כַּאֲשֶׁר יִשְׂמַח הָאָב בְּהוֹלִידוֹ בֵּן מַשְׂכִּיל וְחָכָם אֲשֶׁר יַכִּיר כְּבוֹד אָבִיו וִיכַבֵּד לְאָבִיו כָּרָאוּי, יִשְׂמַח בּוֹ הָאָב וְיִתְפָּאֵר בּוֹ, וְעַל זֶה נֶאֱמַר (תהלים קד לא) יִשְׂמַח יְיָ בְּמַעֲשָׂיו.

וְאַחֲרֵי אֲשֶׁר הִתְבָּאֵר כִּי לֹא נִבְרָא הָעוֹלָם לְצֹרֶךְ, נֹאמַר כִּי נִבְרָא לְסִבָּה גְדוֹלָה וְהִיא עֲבוֹדַת הַבּוֹרֵא יִתְבָּרַךְ. כִּי, כַּאֲשֶׁר הַמֶּלֶךְ לֹא יִקָּרֵא מֶלֶךְ עַד אֲשֶׁר יִהְיֶה לוֹ עָם, כְּמוֹ שֶׁנֶּאֱמַר (משלי יד כח) בְּרָב־עָם הַדְרַת־מֶלֶךְ, כְּמוֹ כֵן שֵׁם הַבּוֹרֵא לֹא נִקְרָא בּוֹרֵא, עַד אֲשֶׁר יִהְיֶה לוֹ נִבְרָא. וְלֹא נִקְרָא אֱלֹהִים, עַד אֲשֶׁר יִהְיֶה לוֹ עָם, כְּמוֹ שֶׁנֶּאֱמַר (ויקרא כו יב) וְהָיִיתִי לָכֶם לֵאלֹהִים וְאַתֶּם תִּהְיוּ־לִי לְעָם. וְאַף־עַל־פִּי שֶׁשֵּׁם הָאֱלֹהוּת לֹא יֶחְסַר בְּחֶסְרוֹן בְּנֵי־הָאָדָם וְלֹא יוֹסִיף בָּהֶם, אַךְ בִּבְרִיאַת הָעוֹלָם הָיָה רָאוּי שֶׁיִּקָּרֵא שֵׁם הַבּוֹרֵא „אֱלֹהִים". הַדִּמְיוֹן, כִּי הַמַּכֶּה יָכוֹל לְהַכּוֹת, אֲבָל לֹא יִקָּרֵא מַכֶּה עַד אֲשֶׁר יִהְיֶה לוֹ

called "the smiter" until he has smitten something. Even if there is no smitten object, there may be nothing lacking in the strength of the smiter, yet only when there is a smitten object is it proper to call the smiter by that name. Thus with the Creator, nothing was lacking in His power before the world was created, but in the creation of the world His perfection increased. This is the cause for which the world was created. Thus we know and understand that the Creation of the world was the perfection of God's name.

Just as we know that when an artisan does a task he has only one intention, to do it to the very best of his ability, and that according to the greatness of his skill will be the accuracy of his work, and since we see that the world is created with the utmost accuracy, we know that God created it with the utmost wisdom. Just as the good artisan has but one intent, to do lovely and good work, and just as a good and wise potter* whose whole intention is to fashion very beautiful vessels; if one of them should come forth unattractive, crooked or imperfect, he will reject it and he will not include it with the beautiful vessels, but he will cast it aside or will break it—so, too, the Creator, blessed be He, had only one intent, to create in His world the good and the pious. And if there exists sinners, God rejects them, for they do not perfect the work of creation. Just as the wise artisan when he produces a beautiful piece of work boasts of it to all who see him, so does the Creator, blessed be He, glory in His pious ones, as it is said (Isaiah 44:23), "And he doth glorify Himself in Israel." And it says further (ibid., 49:3), "Israel, in whom I will be glorified." He vaunts Himself in His pious ones, for they testify to the perfection of His work and offer clear evidence to the righteousness of His deeds. As for the wicked, they are the opposite of which we have spoken. They place a blemish on His creation. They are a cause of the profanation of His glorious name. So that those who see them say that the work of the Creator, blessed be He, is not good, as it is said (Ezekiel 36:20), "And when they came unto the nations, whither they came, they profaned My holy name; in that men said of them: These are the people of the Lord, and are gone forth out of His land."

If the servant (of God) should ask, "How can we compare the work

מֻכֶּה. וְאִם אֵין לוֹ מֻכֶּה, בִּשְׁבִיל זֶה לֹא יֶחְסַר כֹּחַ הַמַּכֶּה, אַךְ בַּמֻּכֶּה יִהְיֶה רָאוּי לְהִקָּרֵא מַכֶּה. וְכֵן הַבּוֹרֵא, לֹא יֶחְסַר כֹּחוֹ בְּטֶרֶם נִבְרָא הָעוֹלָם, אַךְ בִּבְרִיאַת הָעוֹלָם הוֹסִיף שְׁלֵמוּת שֶׁלּוֹ. וְזוֹ הִיא הַסִּבָּה אֲשֶׁר לְמַעֲנָהּ נִבְרָא הָעוֹלָם. אִם כֵּן נֵדַע וְנַשְׂכִּיל כִּי בְּרִיאַת הָעוֹלָם הִיא שְׁלֵמוּת שֵׁם הָאֱלֹהוּת.

וְכַאֲשֶׁר נֵדַע כִּי כָּל אֻמָּן אֲשֶׁר יַעֲשֶׂה מְלָאכָה, אֵין כַּוָּנָתוֹ לַעֲשׂוֹת כִּי אִם מִבְחַר הַמְּלָאכוֹת אֲשֶׁר הוּא יוֹדֵעַ. וּכְפִי גֹּדֶל חָכְמָתוֹ, יִהְיֶה תִּקּוּן מְלַאכְתּוֹ. וּבַעֲבוּר כִּי נִרְאֶה כִּי הָעוֹלָם נִבְרָא בְּתַכְלִית הַתִּקּוּן, נֵדַע כִּי בְרָאוֹ כְּמוֹ כֵן בְּתַכְלִית הַחָכְמָה. וְכַאֲשֶׁר הָאֻמָּן הַטּוֹב אֵין כַּוָּנָתוֹ כִּי אִם לַעֲשׂוֹת הַמְּלָאכָה נָאָה וְטוֹבָה, כְּמוֹ הַיּוֹצֵר הַטּוֹב הַמַּשְׂכִּיל אֲשֶׁר כָּל כַּוָּנָתוֹ לַעֲשׂוֹת כֵּלִים נָאִים מְאֹד, וְאִם יֵצֵא אֶחָד מֵהֶם מְכֹעָר אוֹ עָקֹם אוֹ שֶׁאֵינוֹ מְתֻקָּן יִמְאָסֶנּוּ וְלֹא יְחַבְּרֶנּוּ אֶל הַכֵּלִים הַנָּאִים רַק יַשְׁלִיכֵהוּ אוֹ יְשַׁבְּרֶנּוּ, כֵּן הַבּוֹרֵא יִתְבָּרַךְ לֹא הָיְתָה כַּוָּנָתוֹ לִבְרֹא בְעוֹלָמוֹ כִּי אִם הַטּוֹבִים הַחֲסִידִים. וּכְשֶׁיִּמָּצְאוּ הָרְשָׁעִים, יִמְאָסֵם הָאֵל, כִּי אֵינָם מִתִּקּוּן מְלֶאכֶת עוֹלָמוֹ. וְכַאֲשֶׁר הָאֻמָּן הֶחָכָם בַּעֲשׂוֹתוֹ מְלָאכָה נָאָה יִתְפָּאֵר בָּהּ לְכָל רוֹאָיו, כֵּן הַבּוֹרֵא יִתְבָּרַךְ יִתְפָּאֵר בַּחֲסִידָיו, כַּאֲשֶׁר אָמַר (ישעיה מד כג) וּבְיִשְׂרָאֵל יִתְפָּאָר, וְאוֹמֵר (שם מט ג) יִשְׂרָאֵל אֲשֶׁר־בְּךָ אֶתְפָּאָר. וְיִתְפָּאֵר בַּחֲסִידָיו, מִפְּנֵי שֶׁהֵם אוֹת גָּדוֹל עַל תִּקּוּן מְלַאכְתּוֹ וּרְאָיָה בְרוּרָה עַל יֹשֶׁר פְּעֻלּוֹתָיו. וְהָרְשָׁעִים, הֵפֶךְ מַה שֶּׁאָמַרְנוּ, כִּי הֵם נוֹתְנִים פְּגַם בִּבְרִיאָתוֹ, וְהֵם סִבָּה לְחַלֵּל שֵׁם כְּבוֹדוֹ, וְשֶׁיֹּאמְרוּ כָּל רוֹאֵיהֶם כִּי אֵין פְּעֻלַּת הַבּוֹרֵא יִתְבָּרַךְ נְכוֹנָה, כְּמוֹ שֶׁאָמַר (יחזקאל לו כ) וַיָּבוֹא אֶל־הַגּוֹיִם אֲשֶׁר־בָּאוּ שָׁם וַיְחַלְּלוּ אֶת־שֵׁם קָדְשִׁי בֶּאֱמֹר לָהֶם עַם־יְיָ אֵלֶּה וּמֵאַרְצוֹ יָצָאוּ.

וְאִם אָמוֹר יֹאמַר הָעֶבֶד, אֵיךְ נַמְשִׁיל פְּעֻלַּת הָאֵל לַנִּבְרָאִים,

of God to that of His creatures, how can we take as proof the work
of the human craftsman compared with the work of the Creator,
blessed be He, since the work of the Creator is wonderful and exalted?
Just as we cannot attribute to Him any value or image that is human,
so we cannot liken unto Him any matter or deed that is human, and
we cannot compare His works to theirs." So we answer his words
by saying: Behold, we have found that the pious ones strive and labor
with all their might to be like the Creator, may He be blessed, in works
of righteousness, as it is said (Psalm 11:7), "For the Lord is righteous;
He loveth righteousness. The upright shall behold His face." There-
fore, we know that all of His works are works of righteousness and
that in the case of the Creator, they are essential truths, *whereas* in the
case of those that are created, they are accidental characteristics.
Therefore, every righteous deed among the works of man which we
compare to Him is with man accidental, and with the Creator essential.
All the works of righteousness which are found in the universe are the
work of the Creator. From His revealed deeds we can deduce His
hidden, secret ones. Just as the Creator conducts Himself in one in-
stance with righteousness, so does He conduct Himself in all instances.
In every case where a man perfects his works, he imitates by these
good deeds the righteous deeds of the Creator. For if a man is slow to
anger, he makes himself like the Creator. If he is kind or judges with
righteousness, he makes himself, as much as he can, like the Creator.
Thus it is with all the other good qualities that are proper for men. The
closer a man is to the Creator, the more righteous will be his deeds.

Thereby, we are able to prove God's creative wisdom from the way
the human body was put together, and we say, that if there could be
found a skilled artist, who can paint any form, and we were to ask him
how it would be most proper to make the body of a man, he would come
up with the exact composition and the structure which we see in man,
not less and not more. For he would say to us: It is necessary that man
stand erect in order that there should be a difference between him and
the animal. Moreover, since the soul that is within him is lofty and
emanates from heaven and draws him towards her source, you must
stand him with an erect bearing; but as for the animal, since its soul

וְאֵיךְ נִקַּח רְאָיָה מִן הָאֻמָּן עַל הַבּוֹרֵא יִתְבָּרַךְ וְהוּא נִפְלָא וְנִשְׂגָּב. וְכַאֲשֶׁר לֹא נִצְרַךְ אֵלָיו עֵרֶךְ וּתְמוּנָה מִתְּמוּנוֹת בְּנֵי אָדָם, כֵּן לֹא נִצְרַךְ אֵלָיו עִנְיָן מֵעִנְיְנֵיהֶם וְלֹא נַמְשִׁיל פְּעֻלּוֹתָיו לִפְעֻלּוֹתֵיהֶם. נָשִׁיב עַל דְּבָרָיו וְנֹאמַר, הֲרֵי מָצָאנוּ הַחֲסִידִים יִשְׁתַּדְּלוּ וְיִיגְעוּ בְּכָל מְאוֹדָם לְהִדַּמּוֹת לַבּוֹרֵא יִתְבָּרַךְ בְּמַעֲשֵׂה הַיֹּשֶׁר, כְּמוֹ שֶׁנֶּאֱמַר (תהלים יא ז) כִּי־צַדִּיק יְיָ צְדָקוֹת אָהֵב יָשָׁר יֶחֱזוּ פָנֵימוֹ. וְעַל כֵּן נֵדַע כִּי כָל מַעֲשָׂיו הֵם מַעֲשֵׂה הַיֹּשֶׁר, וְהֵם בַּבּוֹרֵא אֲמִתִּיִּים, וּבַנִּבְרָא מִקְרִיִּים. וְעַל כֵּן כָּל מַעֲשֵׂה הַיֹּשֶׁר אֲשֶׁר נַמְשִׁיל אֵלָיו בְּמַעֲשֵׂה הָאָדָם הֵם בִּבְנֵי־אָדָם מִקְרִיִּים וּבַבּוֹרֵא אֲמִתִּיִּים. וְכָל מַעֲשֵׂה הַיֹּשֶׁר אֲשֶׁר בָּעוֹלָם, הֵם מַעֲשֵׂה הַבּוֹרֵא. וְנִקַּח רְאָיָה מִמַּעֲשָׂיו הַגְּלוּיִים, עַל הַנִּסְתָּרִים הַנֶּעְלָמִים. וְכַאֲשֶׁר יִתְנַהֵג הַבּוֹרֵא בְּמַעֲשֶׂה אֶחָד בְּמִישׁוֹר, כֵּן יִתְנַהֵג בִּשְׁאָר הַמַּעֲשִׂים. וְכָל מַה שֶּׁיְּתַקֵּן הָאָדָם מִמַּעֲשָׂיו, הוּא מִתְדַּמֶּה בָּהֶם לַבּוֹרֵא. כִּי כְּשֶׁיִּהְיֶה אָדָם אֶרֶךְ־אַפַּיִם, יִרְצֶה לְהַמְשִׁיל עַצְמוֹ בְּזֹאת הַמִּדָּה לַבּוֹרֵא. וְאִם יִהְיֶה גּוֹמֵל חֶסֶד אוֹ שׁוֹפֵט בְּצֶדֶק, הוּא מַמְשִׁיל עַצְמוֹ כְּפִי יְכָלְתּוֹ לַבּוֹרֵא, וְכֵן שְׁאָר הַמִּדּוֹת הַטּוֹבוֹת הָרְאוּיוֹת לִבְנֵי־אָדָם. וּכְפִי קִרְבַת הָאָדָם לַבּוֹרֵא, יִהְיוּ מַעֲשָׂיו יְשָׁרִים.

וְעַל כֵּן נִקַּח רְאָיָה מִמַּעֲשֵׂה בְנֵי־אָדָם עַל מַעֲשֵׂה הַבּוֹרֵא וְנֹאמַר, כִּי אִלּוּ נִמְצָא אֻמָּן חָכָם אֲשֶׁר יוּכַל לְצַיֵּר כָּל צוּרָה, וְנִשְׁאָלֵהוּ אֵיךְ הָיָה רָאוּי לַעֲשׂוֹת גּוּף־הָאָדָם, הָיָה אוֹמֵר לָנוּ זֹאת הַהַרְכָּבָה וְהַבְּנִיָּה אֲשֶׁר אָנוּ רוֹאִים בָּאָדָם, לֹא פָּחוֹת וְלֹא יוֹתֵר. כִּי הָיָה אוֹמֵר לָנוּ, צָרִיךְ שֶׁיִּהְיֶה הָאָדָם בְּקוֹמָה זְקוּפָה, כְּדֵי לִהְיוֹת יִתְרוֹן בֵּינוֹ וּבֵין הַבְּהֵמָה. וְעוֹד, כִּי הַנְּשָׁמָה אֲשֶׁר בְּקִרְבּוֹ הִיא עֶלְיוֹנָה וַאֲצוּלָה מִן הַשָּׁמַיִם, וְתִמְשְׁכֵהוּ לִפְאַת מְקוֹרָהּ, וְעַל כֵּן תַּעֲמִידֵהוּ בְּקוֹמָה זְקוּפָה, וְהַבְּהֵמָה

comes from the dust, it draws him to the earth, and he walks bent down. Moreover, this artist would say that man needs a liver to digest his food and to turn it into blood to nourish his body; since he needs veins that proceed from the liver which are like channels that go to every limb of the body, so that through them the blood may circulate to all the body, and he would say that man needs a lung to hover with her lobes over the heart in order that it should not overheat by reason of its great warmth and thus be quenched. He would say that man needs a heart to be a source of life and breath, so that his life and breath can reach all the limbs. He would say that man needs eyes that will be for him like watchmen to guard him from all injury. He needs ears to hear sound, and a nose with which to smell and through which the vapor of the lung shall go forth, and that through it there may enter pure and good air. He needs a mouth to eat and to drink, and to taste and to speak. He would say that man needs teeth in his mouth, teeth with which to grind the food, some of them sharp to cut the food, and other blunt to grind and crush and soften the food. Man needs a tongue with which to speak and with which to turn the food about. So that when it is moistened, it will be ground and crushed until it is properly thin. So that it will be easy for the palate to swallow it. He would say that the head must be of strong and firm bones, and yet hollow, in order that it be a protection for the brain, which is the dwelling place of the soul. Moreover, in addition to the bone needed for the head, he would say there must be hair upon the head in order that the cold may not enter. For the bony part of the head can thrust away from the brain an injury that is corporeal as itself, such as the blow of a stone which falls upon the head. The damage which comes by reason of cold or warmth or similar injuries can be prevented only by the hair. Therefore, it is necessary to warm it against injury done by the cold and to protect it from the heat. He would further say that it is necessary for man to have eyes to guide him along the paths and eyelids to protect the eyes from all damage, such as that caused by injury, dust, or wind. And certainly, at the time when he is asleep, for if he did not have eyelids, he would not be

מִפְּנֵי אֲשֶׁר נַפְשָׁהּ מִן הֶעָפָר, תִּמְשְׁכֶנָּה לָאָרֶץ וְתֵלֵךְ כְּפוּפָה. וְעוֹד הָיָה אוֹמֵר, כִּי הוּא צָרִיךְ אֶל הַכָּבֵד לְבַשֵּׁל הַמַּאֲכָל וּלְהָפְכוֹ לְדָם לְהַשְׁקוֹת לַגּוּף, וְלִהְיוֹת נִמְשָׁכִים מִן הַכָּבֵד גִּידִים, וּמִשְׂתָּרְגִים יִהְיוּ כְּמוֹ תְּעָלוֹת הוֹלְכוֹת בְּכָל אֵבֶר מֵאֶבְרֵי הַגּוּף לִהְיוֹת בָּהֶם מַעֲבַר הַדָּם אֶל כָּל הַגּוּף. וְהָיָה אוֹמֵר, כִּי הוּא צָרִיךְ לִהְיוֹת לוֹ רֵאָה מְרַחֶפֶת בִּכְנָפֶיהָ עַל הַלֵּב לְבַל יִשָּׂרֵף בְּרֹב עֲשַׁן הַחֲמִימוּת, וְיִדָּעֵךְ. וְהָיָה אוֹמֵר, כִּי הוּא צָרִיךְ אֶל הַלֵּב לִהְיוֹת לוֹ מְקוֹר־הַחַיִּים וְהָרוּחַ, לְהַגִּיעַ מִמֶּנּוּ אֶל כָּל הָאֵבָרִים הָרוּחַ וְכֹחַ־הַחַיִּים. וְהָיָה אוֹמֵר, כִּי הוּא צָרִיךְ אֶל הָעֵינַיִם, שֶׁיִּהְיוּ לוֹ כְּמוֹ צוֹפִים לִשְׁמוֹר אוֹתוֹ מִכָּל הֶזֵּק, וְאָזְנַיִם לִשְׁמוֹעַ הַקּוֹל, וְאַף לְהָרִיחַ וְשֶׁיֵּצֵא מִמֶּנּוּ עֲשַׁן הָרֵאָה וְיִכָּנֵס בּוֹ אֲוִיר זַךְ וָטוֹב, וּפֶה לֶאֱכוֹל [וְלִשְׁתּוֹת] (וְלִטְעוֹם) וּלְדַבֵּר. וְהָיָה אוֹמֵר, צָרִיךְ לִהְיוֹת בַּפֶּה שִׁנַּיִם לִטְחוֹן הַמַּאֲכָל, מִקְצָתָן מְחֻדָּדוֹת לַחְתּוֹךְ, וַאֲחֵרוֹת שְׁטוּחוֹת לִכְתּוֹשׁ וּלְרַכֵּךְ בָּהֶן הַמַּאֲכָל, וְהַלָּשׁוֹן לְדַבֵּר וְלַהֲפוֹךְ הַמַּאֲכָל, כִּי בִהְיוֹתוֹ שָׂרוּי*, אָז יִהְיֶה כָּתוּשׁ וְטָחוּן עַד אֲשֶׁר דָּק, עַד יֵקַל עַל הַחֵךְ לִבְלוֹעַ אוֹתוֹ. וְהָיָה אוֹמֵר, כִּי הָיָה צָרִיךְ לִהְיוֹת הָרֹאשׁ מֵעֶצֶם חָזָק וְאַמִּיץ וְנָבוּב, כְּדֵי שֶׁיִּהְיֶה לְמָגֵן חָזָק עַל הַמֹּחַ, שֶׁהוּא מְעוֹן הַנֶּפֶשׁ. וְעוֹד מִלְּבַד עֶצֶם הָרֹאשׁ יֹאמַר, כִּי הָיָה צָרִיךְ לִהְיוֹת שֵׂעָר עַל הָרֹאשׁ, לְבַל יִכָּנֵס הַקֹּר בְּתוֹכוֹ, כִּי עֶצֶם הָרֹאשׁ לֹא יוּכַל לִדְחוֹת מִן הַמֹּחַ כִּי אִם הֶזֵּק גּוּף כָּמוֹהוּ, כְּמוֹ הַכָּאַת אֶבֶן שֶׁנָּפְלָה עַל הָרֹאשׁ, אֲבָל הֶזֵּק הַקֹּר וְהַחֹם וְהַדּוֹמֶה לוֹ, לֹא יְמַנְעֵהוּ כִּי אִם הַשֵּׂעָר, וְעַל כֵּן הָיָה צָרִיךְ לוֹ לְחַמֵּם אוֹתוֹ מִן הַקֹּר, וּלְהָגֵן עָלָיו מִן הַחֹם. וְהָיָה אוֹמֵר, כִּי הָיָה צָרִיךְ לִהְיוֹת לוֹ עֵינַיִם לְהוֹרוֹת לוֹ הַדְּרָכִים, וְהָיָה צָרִיךְ לְעַפְעַפַּיִם לְהָגֵן עַל הָעֵינַיִם מִכָּל נֶזֶק וְאָבָק וָרוּחַ, וְכָל־שֶׁכֵּן בְּעֵת הַשֵּׁנָה. כִּי אִלּוּ לֹא הָיוּ לוֹ עַפְעַפַּיִם, לֹא יוּכַל

* ברוק־פיו.

able to sleep, and even if he were able to sleep many things could injure his eyes, for dust could fall upon them or insects or flies might enter them. He would say that the eyes must be in the upper part of the body in order that they may look upon everything and guard the body. Just as a watchman needs to stand at the high point of the city, so must the eyes be in the upper part of the body. He would say that man needs hands to take and to give and to do with them all sorts of tasks and occupations. He would say that the fingers of the hand need nails, because in many of the activities and occupations with which men occupy themselves, they are used, particularly so in the case of artisans. If there were no fingernails, the flesh would be injured because of the severe labor, but the fingernails are a protection and a support to the flesh to strengthen it so that it will not easily be destroyed. He would say that man needs a small head and a wide body, for the belly, the loins, and the thighs are like the structure of a tower which we see on the face of all the earth, and therefore it is necessary that these be wide, and the head of the man is like the parapet which is on top of the tower, and therefore it is thin and narrow, and the legs are like pillars upon which the whole structure rests. He would say that man needs a mouth to be an entrance for food and drink. He would say that the belly needs a stomach that should be like a small sack to receive food and drink, and that the stomach should have two mouths, one above to receive the food, and one below to thrust forth the remaining dregs. Similarly, there are many matters that have to do with the creation of the limbs of the body, concerning which every intelligent man will admit that such is proper, and that if it were possible to create a man, it would be impossible to create him in any other fashion than that which we have stated.

Furthermore, we see that the work of the Tabernacle and the order of its composition proceeds rationally. If the Creator, blessed be He, had told man to make a Tabernacle for Him, without explaining how they should make it, they would have made it in about the same way that we have here described. For, as we know that when it is necessary to build a palace for the king, it must be built worthily. Therefore, we

לִישׁוֹן, וְגַם אִם יִישַׁן הָיָה כָּל דָּבָר מַזִּיק לָהֶם, וְיִפּוֹל עֲלֵיהֶם אָבָק, אוֹ יִכָּנְסוּ שָׁם רְמָשִׂים אוֹ זְבוּבִים. וְהָיָה אוֹמֵר, כִּי הָיָה צָרִיךְ לִהְיוֹת הָעֵינַיִם בִּמְרוֹם הַגּוּף, כְּדֵי לְהַשְׁקִיף עַל כָּל דָּבָר וְלִשְׁמוֹר הַגּוּף, כְּמוֹ הַצּוֹפֶה שֶׁצָּרִיךְ לִהְיוֹת עוֹמֵד בִּמְרוֹם הָעִיר, כֵּן הָעֵינַיִם בִּמְרוֹם הַגּוּף. וְהָיָה אוֹמֵר, כִּי הוּא צָרִיךְ לְיָדַיִם לָקַחַת וְלָתֵת וְלַעֲשׂוֹת בָּהֶן הָעֲסָקִים וְהַמְּלָאכוֹת. וְהָיָה אוֹמֵר, כִּי אֶצְבְּעוֹת הַיָּד צְרִיכוֹת צִפָּרְנַיִם, מִפְּנֵי רֹב הַמְּלָאכוֹת וְהָעֲסָקִים אֲשֶׁר יִתְעַסְּקוּ בָּהֶן בְּנֵי־אָדָם וְכָל־שֶׁכֵּן הָאֻמָּנִים. וְלוּלֵא הַצִּפָּרְנַיִם, הָיָה מִתְאַכֵּל הַבָּשָׂר בְּרֹב הַמְּלָאכָה, אַךְ הַצִּפָּרְנַיִם הֵן לְמָגֵן וּלְמִשְׁעָן עַל הַבָּשָׂר לְחַזֵּק אוֹתוֹ בַּל יָמוּט. וְהָיָה אוֹמֵר, כִּי הָאָדָם צָרִיךְ לִהְיוֹת לוֹ רֹאשׁ קָטָן וְגוּף רָחָב, כִּי הַבֶּטֶן וְהַחֲלָצַיִם וְהַמָּתְנַיִם וְהַיְּרֵכַיִם הֵם כְּמוֹ בִּנְיַן הַמִּגְדָּל אֲשֶׁר עַל פְּנֵי (כָּל) הָאָרֶץ, וְעַל כֵּן צָרִיךְ לִהְיוֹת רָחָב, וְרֹאשׁ הָאָדָם דּוֹמֶה לְתַלְפִּיּוֹת אֲשֶׁר בְּרֹאשׁ הַמִּגְדָּל, וְעַל כֵּן הוּא דַּק וּמֵצַר, וְהָרַגְלַיִם הֵן כְּמוֹ הָעַמּוּדִים עֲלֵיהֶם יַעֲמוֹד הַבִּנְיָן. וְהָיָה אוֹמֵר, כִּי הָיָה צָרִיךְ לַפֶּה לִהְיוֹת מָבוֹא לְמַאֲכָל וּמִשְׁתֶּה. וְהָיָה אוֹמֵר, כִּי צָרִיךְ לִהְיוֹת בַּבֶּטֶן אִצְטוֹמְכָא, שֶׁתִּהְיֶה כְּמוֹ שַׂק קָטָן לְקַבֵּל הַמַּאֲכָל וְהַמִּשְׁתֶּה, וְשֶׁיִּהְיוּ לָהּ שְׁנֵי פִיּוֹת, אֶחָד לְמַעְלָה לְקַבֵּל, וְאֶחָד לְמַטָּה דּוֹחֶה הָרְפָשִׁים וְהַשְּׁמָרִים הַנִּשְׁאָרִים. וְכַדּוֹמֶה לָזֶה עִנְיָנִים רַבִּים בִּבְרִיאַת אֵבְרֵי הַגּוּף, אֲשֶׁר כָּל מַשְׂכִּיל יָדִין כִּי כֵן הָיָה רָאוּי לִהְיוֹת. וְאִלּוּ הָיָה יְכֹלֶת לִבְרֹא אָדָם, אִי־אֶפְשָׁר לִבְרֹא אוֹתוֹ כִּי אִם בְּעִנְיָן זֶה.

וְעוֹד נִרְאֶה, כִּי מַעֲשֵׂה הַמִּשְׁכָּן וְסֵדֶר תִּקּוּנוֹ, הוּא הוֹלֵךְ עַל דֶּרֶךְ הַשֵּׂכֶל. וְאִלּוּ אָמַר לָהֶם הַבּוֹרֵא יִתְבָּרַךְ לַעֲשׂוֹת לוֹ מִשְׁכָּן וְלֹא פֵרַשׁ אֵיךְ יַעֲשׂוּהוּ, הָיוּ עוֹשִׂים אוֹתוֹ קָרוֹב לְתִקּוּן זֶה, כִּי כַּאֲשֶׁר נֵדַע כְּשֶׁיִּהְיֶה צָרִיךְ לִבְנוֹת אַרְמוֹן לַמֶּלֶךְ, יַעֲשׂוּ

see that wise beings, to the degree of their power, are comparable to the Creator in His well-designed deeds. Therefore, we can find proof in the work of righteousness which we do, concerning the work which the Creator does. Just as we find proof in part of a thing concerning the whole thing and find proof in the smoke concerning fire, similarly in this matter. Now, it is possible that there should be insofar as the creation of the world is concerned many other mysteries and many other matters, aside from those which we have discussed. But this matter which we can apprehend with our reason certainly must be one of the secrets of creation, at least. Therefore, we see in the creation of the body that the opinion which the intelligent man has concerning his qualities is true.

Since we see that in the same way as man's work and craftsmanship proceed, so does the creation on the part of God proceed, we can learn from this matter that the service of the Creator, blessed be He, conducts itself in the same way as men serve kings and fear them. For just as the dominion of the king is not complete unless his servants are men of truth and righteousness and turn aside to do his bidding and honor him with all their might, so does the kingship of the Creator, blessed be He, take on perfection and glory by the service of men and in their fear of Him. Even though His perfection lacks nothing because of the lack of any quality in their worship, still when the servant performs completely the will of his master, the servant is in the highest degree of perfection in his power, in his intelligence, and in all matters that pertain to him. His perfection becomes a sign of the perfection of his master, even though anything lacking in his worship is no sign of anything lacking in the excellence of his master. This should be clear proof to you that the worship of the Creator, blessed be He, and the fear of Him conduct themselves in the same way as the service of men and the service of the servant to his master. Indeed, it was our intent to compare His kingdom with the kingdom of human kings in order to make His kingdom more understood to our intelligence by using material examples, and therefore we have come to clarify the mysteries of His kingdom and His worship with these illustrations so that they may be imprinted in the mind of the reader, as in comparing the light of a lamp to the light of

לוֹ כָּל תִּקּוּנוֹ כְּפִי הָרָאוּי. וְעַל כֵּן אָנוּ רוֹאִים, כִּי הַמַּשְׂכִּילִים הֵם כְּפִי כֹחָם מִתְדַּמִּים לַבּוֹרֵא בְּמַעֲשָׂיו הַיְשָׁרִים, וְעַל כֵּן נִקַּח רְאָיָה מִמַּעֲשֵׂה הַיֹּשֶׁר אֲשֶׁר אָנוּ עוֹשִׂים עַל מַעֲשֵׂה הַבּוֹרֵא, כַּאֲשֶׁר נִקַּח רְאָיָה מִקְּצָת הַדָּבָר עַל כֻּלּוֹ, וְכַאֲשֶׁר נִקַּח רְאָיָה מִן הֶעָשָׁן עַל הָאֵשׁ, וְכֵן הַדָּבָר הַזֶּה. וְאֶפְשָׁר שֶׁתִּהְיֶה בְּרִיאַת הָעוֹלָם לְסוֹדוֹת אֲחֵרִים וּלְעִנְיָנִים אֲחֵרִים לְבַד מֵאֵלֶּה, אַךְ זֶה הָעִנְיָן אֲשֶׁר נַשִּׂיג בְּשִׂכְלֵנוּ הוּא אֶחָד מֵהֶם עַל־כָּל־פָּנִים. וְעַל כֵּן אָנוּ רוֹאִים בִּבְרִיאַת הַגּוּף, כִּי הַסְּבָרָה אֲשֶׁר יִסְבּוֹר הַמַּשְׂכִּיל בְּכָל מַעֲשָׂיו הִיא אֲמִתִּית.

וְאַחֲרֵי אֲשֶׁר אָנוּ רוֹאִים כִּי עַל דֶּרֶךְ מְלֶאכֶת בְּנֵי־הָאָדָם וְאֻמָּנוּתָם כֵּן הִיא מְלֶאכֶת בְּרִיאַת הָאֵל, נוּכַל לִלְמוֹד מִן הָעִנְיָן הַזֶּה, כִּי עֲבוֹדַת הַבּוֹרֵא יִתְבָּרַךְ הִיא נוֹהֶגֶת עַל דֶּרֶךְ עֲבוֹדַת בְּנֵי־הָאָדָם לַמְּלָכִים וְיִרְאָתָם אוֹתָם, כִּי כַּאֲשֶׁר לֹא תִשְׁלַם מַלְכוּת הַמֶּלֶךְ עַד אֲשֶׁר יִהְיוּ עֲבָדָיו אַנְשֵׁי־אֱמֶת וְיֹשֶׁר וְסָרִים אֶל מִשְׁמַעְתּוֹ וּמְכַבְּדִים אוֹתוֹ בְּכָל מְאוֹדָם, כֵּן מַלְכוּת הַבּוֹרֵא יִתְבָּרַךְ, תּוֹסִיף שְׁלֵמוּת וְהִדּוּר בַּעֲבוֹדַת בְּנֵי־הָאָדָם וְיִרְאָתָם מִמֶּנּוּ. וְאַף־עַל־פִּי שֶׁלֹּא תֶחְסַר שְׁלֵמוּתוֹ לְחֶסְרוֹן עֲבוֹדָתָם, אַךְ כְּשֶׁיַּשְׁלִים הָעֶבֶד רְצוֹן אֲדוֹנָיו, יִהְיֶה הָעֶבֶד בְּתַכְלִית־הַשְּׁלֵמוּת בְּכֹחוֹ וְשִׂכְלוֹ וְכָל עִנְיָנָיו, וְתִהְיֶה שְׁלֵמוּתוֹ לְאוֹת עַל שְׁלֵמוּת אֲדוֹנָיו, אַף־עַל־פִּי שֶׁאֵין חֶסְרוֹן עֲבוֹדָתוֹ לְאוֹת עַל חֶסְרוֹן מַעֲלַת הָאָדוֹן. הִנֵּה לְךָ רְאָיָה בְרוּרָה, כִּי עֲבוֹדַת הַבּוֹרֵא יִתְבָּרַךְ וְיִרְאָתוֹ נוֹהֶגֶת עַל דֶּרֶךְ עֲבוֹדַת בְּנֵי־הָאָדָם וַעֲבוֹדַת הָעֶבֶד לַאֲדוֹנָיו. וְאוּלָם הָיְתָה כַּוָּנָתֵנוּ לְהַמְשִׁיל מַלְכוּתוֹ לְמַלְכוּת הַמְּלָכִים, כְּדֵי לְהַקְרִיב מַלְכוּתוֹ לְשִׂכְלֵנוּ בִּדְבָרִים גַּשְׁמִיִּים, וְעַל כֵּן בָּאנוּ לְבָאֵר סוֹדוֹת מַלְכוּתוֹ וַעֲבוֹדָתוֹ בְּאֵלּוּ הַדִּמְיוֹנִים, לְמַעַן יִתְיַשְּׁבוּ בְּלֵב הַקּוֹרֵא, בְּדִמְיוֹן אוֹר הַנֵּר לְאוֹר הַחַמָּה.

the sun. For if we call to mind a man who has been locked up in a dungeon under the earth from the first day of his existence, and has never seen any light save the light of a lamp alone, if he is a man of intelligence and understanding, it could be said without doubt that he would, by his own power and his own intelligence, know from the powers of the lamp about the powers of the sun, even though the strength of the one is not like the strength of the other and the essence of one is not like the essence of the other. Thus from illustrations of the powers that are lowly, we learn the strength and the power of the established orders which are superior, and from the earthly, we find proof concerning the Godly, thus, it may be said that we can, by clear proofs from Scripture and from reason, explain the mystery of the creation of the world, the mystery of the soul, and the mystery of reward and punishment in order to provide arguments for the one who raises objections, that the order of things is firmly set without breach.

One can properly say that every man wise of heart and every rational man can understand the mysteries of the upper world from the illustrations of this lowly world. For we find that most matters of this lowly world are similar to the matters of the world above, just as we know that the forms of this world are contained in the same principle. Just as we see that the forms of a tree's branches, flowers, and blossoms are found mainly under the earth, and even though they cannot be seen and cannot be found except through reason, we know that they are there. For an apple will not grow on a nut-bearing tree, nor will almonds grow on it, for that is not found in its root. Only that which is found in its root can come forth in its branches. There can come forth only nuts from a nut-bearing tree. If there were such a power in the roots of the tree, such a power that would bring forth apples or almonds, it would be evident in its fruit. For as they came up from the earth, there would be seen in them the forms of nuts. For there cannot grow forth from the branches anything except that which is found in the roots. Thus, we can understand that everything which is in this world comes from the strength of the other world, for the upper world is like a root. This world is like branches, and therefore, through the mysteries of the lowly world, we can understand the secrets of the upper world.

כִּי בְּהַעֲלוֹתֵנוּ עַל מַחְשְׁבוֹתֵינוּ, אִישׁ אֲשֶׁר יִהְיֶה סָגוּר בְּמַסְגֵּר תַּחַת הָאָרֶץ מִיּוֹם הֱיוֹתוֹ וְלֹא רָאָה אוֹר כִּי אִם אוֹר הַנֵּר לְבַדּוֹ, וְהוּא אִישׁ שֵׂכֶל וּבִינָה, יֵאָמֵר כִּי בְלִי סָפֵק יוּכַל מִכֹּחוֹ וּמִשִּׂכְלוֹ לָדַעַת מִכֹּחוֹת הַנֵּר כָּל כֹּחוֹת הַחַמָּה, אַף־עַל־פִּי שֶׁאֵין כֹּחַ זֶה כְּכֹחַ זֶה וְלֹא עֶצֶם זֶה כְּעֶצֶם זֶה. וְכֵן נִלְמַד מִדִּמְיוֹנוֹת הַכֹּחוֹת הַשְּׁפָלִים כֹּחַ הַתְּכוּנוֹת הָעֶלְיוֹנוֹת, וּמִן הַגַּשְׁמִיּוּת נִקַּח רְאָיָה עַל הָאֱלֹהִיּוּת, וְכֵן נֹאמַר, כִּי נוּכַל בִּרְאָיוֹת בְּרוּרוֹת מִן הַכָּתוּב וּמִן הַשֵּׂכֶל לְבָאֵר סוֹד בְּרִיאַת הָעוֹלָם, וְסוֹד הַנֶּפֶשׁ, וְסוֹד הָעֹנֶשׁ וְהַגְּמוּל*, כְּדֵי שֶׁנִּתֵּן טַעֲנָה לַטּוֹעֵן, אַךְ הַכֹּל שָׁמוּר בְּלִי גָדֵר נִפְרָץ וְלֹא גְבוּל נֶהֱרָס.

וְאוֹמַר, כִּי סוֹדוֹת הָעוֹלָם הָעֶלְיוֹן, יוּכַל כָּל חֲכַם־לֵב וְכָל מַשְׂכִּיל לְהָבִין אוֹתָם מִדִּמְיוֹנֵי הָעוֹלָם הַזֶּה הַשָּׁפָל, כִּי אֲנַחְנוּ מוֹצְאִים רֹב עִנְיְנֵי הָעוֹלָם הַזֶּה הַשָּׁפָל דּוֹמִים לְעִנְיְנֵי הָעוֹלָם הָעֶלְיוֹן, כַּאֲשֶׁר נֵדַע כִּי צוּרוֹת הָעוֹלָם הַזֶּה מְצוּיוֹת בְּעִקַּר הַנּוֹשֵׂא אוֹתָן, וְכַאֲשֶׁר אָנוּ רוֹאִים כִּי צוּרוֹת עַנְפֵי הָאִילָן וּפִרְחָיו וְצִיצָיו מְצוּיוֹת בְּעִקָּרוֹ תַּחַת הָאָרֶץ, וְאַף־עַל־פִּי שֶׁאֵינָן נִרְאוֹת וְלֹא נִמְצָאוֹת כִּי אִם בְּכֹחַ הַשִּׂכְלִי, נֵדַע כִּי הֵן בּוֹ מְצוּיוֹת. כִּי שֹׁרֶשׁ אִילַן הָאֱגוֹזִים לֹא יִצְמַח בּוֹ תַּפּוּחַ וְלֹא שְׁקֵדִים, מִפְּנֵי שֶׁאֵינֶנּוּ נִמְצָא בְּכֹחַ שָׁרְשׁוֹ, רַק מַה שֶּׁיִּמָּצֵא בְּכֹחַ שָׁרְשׁוֹ הוּא הַיּוֹצֵא בַּעֲנָפָיו, וְלֹא תֵצֵא מֵהֶם כִּי אִם צוּרַת אֱגוֹזִים. וְאִלּוּ יִהְיוּ נִמְצָאִים בְּשֹׁרֶשׁ הַתַּפּוּחִים אוֹ הַשְּׁקֵדִים, הָיוּ נִרְאִים בְּפִרְיוֹ כַּאֲשֶׁר עָלוּ נִרְאוּ בוֹ צוּרוֹת הָאֱגוֹזִים, כִּי לֹא יֵצֵא בַעֲנָפִים אֶלָּא מַה שֶּׁיִּהְיֶה נִמְצָא בַּשֹּׁרֶשׁ. כֵּן נוּכַל לְהָבִין כִּי כָל מַה שֶּׁבָּעוֹלָם הַזֶּה הוּא בָא מִכֹּחַ הָעוֹלָם הָעֶלְיוֹן, כִּי הָעֶלְיוֹן הוּא כַּשֹּׁרֶשׁ, וְזֶה כַּעֲנָפִים. וְעַל כֵּן נָבִין מִסּוֹדוֹת הָעוֹלָם הַשָּׁפָל סוֹדוֹת הָעוֹלָם הָעֶלְיוֹן.

---

* הטוב.

I say that just as the children of man upon this earth occupy themselves with superior matters, things loftier than they, and seek to join the angels and to do according to their deeds and to be like them, so do the angels seek things loftier than themselves and occupy themselves with seeking to know the knowledge of God and the matters concerning the Heavenly bodies and spheres; so do the legions of Heaven and the pure souls and the spheres and the Heavenly bodies find their desire and all their wish to unite themselves with a power loftier than they and that is the Creator, blessed be He. This is their service, for all of their purpose and all of their motivation is to fulfill His will by being drawn to Him and by their desire toward Him. All this derives from the power of the intelligence that every outflowing seeks and strives to return to its source. An example of this is that when we take a stone from the ground and cast it upward with the power of our hand, the stone rises by the power of this throw, and when it leaves the apex of its ascent through the power of the one who threw it, it then returns, by its very nature, from the place whence it was taken. So it is with water; if we throw it upward, it will reach the maximum limit proportionate to the power of the thrower, it will then return, by its very nature, to the place below. Thus it is with air. If you cause it to enter into an inflated bag by blowing into it and you stop up the openings, it will be contained therein by force so long as the bag is closed. But when the bag is opened, the air will quickly rush out and return to the place of its origin. Thus it is with fire. When the flame ascends, we see the flame is striving to ascend to the heights, to its source. But when the flame is bound to the wood which is being burned, it cannot ascend completely. When the flame is able to separate itself from the wood, it goes upward to its place. Thus the soul, when it is taken from Heaven and joined to the body, is like the flame of fire that is bound to the wood and cannot separate itself from it until the strength of the body which holds life is spent. Then the soul can return to its source and to its place far above.

Behold, now it has been explained that the lowly world is like the upper world, and that the work of those who dwell in this lowly world is like that of those who dwell in the upper world, and that both groups

וַאֲנִי אוֹמֵר, כִּי כַּאֲשֶׁר הֵם בְּנֵי־אָדָם עַל הָאָרֶץ מִתְעַסְּקִים בִּדְבָרִים עֶלְיוֹנִים מֵהֶם וּלְהִתְחַבֵּר לַמַּלְאָכִים וְלַעֲשׂוֹת כְּמַעֲשֵׂיהֶם וּלְהִדַּמּוֹת אֲלֵיהֶם, וְהַמַּלְאָכִים כַּאֲשֶׁר הֵם מְבַקְשִׁים דְּבָרִים עֶלְיוֹנִים יוֹתֵר מֵהֶם וְיִתְעַסְּקוּ בְּדַעַת הָאֱלֹהִים וּבְדַעַת עִנְיָנֵי הַכּוֹכָבִים וְהַגַּלְגַּלִּים, כֵּן גְּדוּדֵי־מַעְלָה וְהַנְּשָׁמוֹת הַטְּהוֹרוֹת וְהַגַּלְגַּלִּים וְהַכּוֹכָבִים תְּשׁוּקָתָם וְכָל רְצוֹנָם לְהִתְאַחֵד בְּכֹחַ הָעֶלְיוֹן מֵהֶם וְהוּא הַבּוֹרֵא יִתְבָּרַךְ, וְזֹאת הִיא עֲבוֹדָתָם, כִּי כָל תְּנוּעָתָם הוּא לְקַיֵּם רְצוֹנוֹ בְּהִמָּשְׁכָם אֵלָיו וּבִתְשׁוּקָתָם עָדָיו. וְכָל זֶה יִהְיֶה מִכֹּחַ הַנֶּפֶשׁ הַחֲכָמָה, כִּי כָל (שֶׁפַע) [דָּבָר] יִפְצַר לָשׁוּב אֶל יְסוֹדוֹ. וְהַדִּמְיוֹן עַל זֶה, כִּי כַּאֲשֶׁר נִקַּח אֶבֶן מִן הָאָרֶץ וְנַשְׁלִיכָהּ לְמַעְלָה בְּכֹחַ יָדֵנוּ, תַּעֲלֶה בְּכֹחַ הַהַשְׁלָכָה. וּבְהַגִּיעָהּ לְתַכְלִית עֲלוֹתָהּ בְּהֶכְרֵחַ הַמַּשְׁלִיךְ, תָּשׁוּב לָרֶדֶת בְּטִבְעָהּ אֶל הַמָּקוֹם אֲשֶׁר לֻקְּחָה מִשָּׁם. וְכֵן הַמַּיִם, כְּשֶׁנִּזְרְקֵם לְמַעְלָה, יַגִּיעוּ עַד תַּכְלִית מַה שֶּׁיַּגִּיעַ כֹּחַ הַזּוֹרֵק וְיָשׁוּבוּ בְּטִבְעָם לִמְקוֹמָם לְמַטָּה. וְכֵן הָרוּחַ, כְּשֶׁתַּכְנִיסֵהוּ בְּנֹאד נָפוּחַ וְתִסְתְּמֵהוּ, יִהְיֶה עָצוּר בְּהֶכְרֵחַ בְּעוֹד שֶׁיִּהְיֶה סָגוּר. וְכַאֲשֶׁר נִפְתַּח הַנֹּאד, יָשׁוּב מְהֵרָה וְיָשׁוּב לִיסוֹדוֹ. וְכֵן הָאֵשׁ, כְּשֶׁתַּעֲלֶה שַׁלְהֶבֶת, אָנוּ רוֹאִים הַשַּׁלְהֶבֶת תִּפְצַר לַעֲלוֹת לְמַעְלָה לִיסוֹדָהּ. אַךְ מִפְּנֵי שֶׁהִיא קְשׁוּרָה בְּעֵץ הַנִּשְׂרָף, לֹא תוּכַל לַעֲלוֹת לְגַמְרֵי. וְכַאֲשֶׁר תִּפָּרֵד מִמֶּנּוּ, תַּעֲלֶה אֶל מְקוֹמָהּ. כְּמוֹ כֵן הַנְּשָׁמָה, כִּי נִלְקְחָה מֵהַשָּׁמַיִם וְנִצְמְדָה בַּגּוּף, וְדָמְתָה לְשַׁלְהֶבֶת הָאֵשׁ הַקְּשׁוּרָה בָעֵץ, וְלֹא תוּכַל לְהִפָּרֵד מִמֶּנּוּ עַד כְּלוֹת כֹּחוֹת הַגּוּף הַמַּחֲזִיקִים הַנֶּפֶשׁ, וְאָז תּוּכַל הַנֶּפֶשׁ לָשׁוּב לִיסוֹדָהּ וּמְקוֹמָהּ לְמַעְלָה לְמַעְלָה.

הִנֵּה נִתְבָּאֵר, כִּי הָעוֹלָם הַשָּׁפָל כָּעֶלְיוֹן, וּמְלֶאכֶת שׁוֹכְנֵי עוֹלָם הַשָּׁפָל כִּמְלֶאכֶת שׁוֹכְנֵי עוֹלָם הָעֶלְיוֹן. וּשְׁתֵּי הַכִּתּוֹת

strive to attain a height superior to their own, and that there is no distinction in this work, for each of these two parties seeks to unite itself with one higher than it. In this lowly world, the work is weak and lowly, and in the upper world, it is strong and lofty. But, of course, the weakness of the work of those who dwell in this lowly world stems from the fact that the body is joined to the soul.

After explaining by the way of reason that the Creator created His world only that it might worship Him and not through necessity, we shall (now) explain this matter by the way of Scripture. And we have advanced the rational arguments prior to the Scriptural arguments because the mind is more likely to accept them rather than the Scriptural arguments; they are more likely to become settled convictions in the mind of whoever attends to them because they are accompanied by (probable) arguments and demonstrations. I can therefore maintain that we have Scriptural warrant for the world's creation, not by necessity, but as an act of grace and kindness. As it is said (Psalms 89:3), "For I have said that the world is created through kindness." We have discovered that every good done by the Creator, (may He be praised), for the sake of His creatures is implemented for His own sake rather than out of necessity or obligation. As it is said (Isaiah 48:11), "For mine own sake will I do it." Further it is said (Hosea 14:5), "I will heal their backsliding; I will love them freely." It is said (Deuteronomy 4:30), "Know this day and lay it to Thy heart, that the Lord, He is God." And even before this, reason has already taught us that the Creator, may He be praised, did not create His world by necessity, but only so that it might worship Him. Hence, we have explained the mystery of the world's creation by the way of Scripture and that of reason.

יִפְצְרוּ לְהַשִּׂיג הַמַּעֲלָה הָעֶלְיוֹנָה מֵהֶן, וְאֵין הֶפְרֵשׁ בַּמְּלָאכָה כִּי כָּל אַחַת מִשְּׁתֵּיהֶן תְּבַקֵּשׁ לְהִתְאַחֵד בַּגְּבוֹהָה מִמֶּנָּה. אַךְ בָּעוֹלָם הַשָּׁפָל, הַמְּלָאכָה הִיא חַלָּשָׁה וּשְׁפָלָה. וּבָעוֹלָם הָעֶלְיוֹן, הִיא חֲזָקָה וְעֶלְיוֹנָה. וְאוּלָם חֻלְשַׁת מְלֶאכֶת הַשּׁוֹכְנִים בָּעוֹלָם הַשָּׁפָל בָּאָה מִפְּנֵי חֶבְרַת הַגְּוִיּוֹת לַנְּשָׁמוֹת.

וְאַחֲרֵי אֲשֶׁר הִתְבָּאֵר מִדֶּרֶךְ הַשֵּׂכֶל כִּי לֹא בָרָא הַבּוֹרֵא יִתְבָּרַךְ עוֹלָמוֹ לְצֹרֶךְ כִּי אִם לַעֲבוֹד אוֹתוֹ, נְבָאֵר אוֹתוֹ מִדֶּרֶךְ הַכָּתוּב. וְזֶה שֶׁהִקְדַּמְתִּי רְאָיוֹת הַשֵּׂכֶל עַל רְאָיוֹת הַכָּתוּב, מִפְּנֵי שֶׁהַלֵּב יְקַבֵּל אוֹתָן מְהֵרָה יוֹתֵר מֵרְאָיוֹת הַכָּתוּב, וְיִתְיַשְּׁבוּ בְּנֶפֶשׁ הַשּׁוֹמֵעַ בַּעֲבוּר הָאוֹתוֹת וְהַמּוֹפְתִים הַבָּאִים עֲלֵיהֶן. וְעַל כֵּן אוֹמַר, כִּי בְרִיאַת הָעוֹלָם מָצָאנוּ הַכָּתוּב מֵעִיד כִּי לֹא נִבְרָא לְצֹרֶךְ כִּי אִם לִנְדָבָה וָחֶסֶד, כְּמוֹ שֶׁאָמַר הַכָּתוּב (תהלים פט ג) כִּי־אָמַרְתִּי עוֹלָם חֶסֶד יִבָּנֶה. עוֹד מָצָאנוּ, כִּי כָל טוֹבָה שֶׁיַּעֲשֶׂה הַבּוֹרֵא יִתְבָּרַךְ לִבְרוּאָיו, לֹא יַעֲשֶׂה לְצֹרֶךְ וְלֹא לְחוֹבָה, כִּי אִם לְמַעֲנוֹ, כַּאֲשֶׁר אָמַר (ישעיה מח יא) לְמַעֲנִי לְמַעֲנִי אֶעֱשֶׂה. וְעוֹד אָמַר (הושע יד ה) אֶרְפָּא מְשׁוּבָתָם אוֹהֲבֵם נְדָבָה. וְאוֹמֵר (דברים ד לט) וְיָדַעְתָּ הַיּוֹם וַהֲשֵׁבֹתָ אֶל לְבָבֶךָ כִּי יְיָ הוּא הָאֱלֹהִים. וּכְבָר הוֹרֵנוּ הַשֵּׂכֶל קֹדֶם זֶה, כִּי הַבּוֹרֵא יִתְבָּרַךְ לֹא בָרָא עוֹלָמוֹ לְצֹרֶךְ, כִּי אִם לַעֲבוֹד אוֹתוֹ. אִם כֵּן הִנֵּה נִתְבָּאֵר מִדֶּרֶךְ הַכָּתוּב וְהַשֵּׂכֶל סוֹד בְּרִיאַת הָעוֹלָם.

Chapter II

The Pillars Of The Service Of God And Its Motivation

After we have called to mind some of the matters pertaining to the mysteries of the Creation of the world and proven that the world was created for but one purpose, the service of the Creator, blessed be He, we will now explain the service of the Creator, blessed be He. We will say that the service of God, blessed be He, cannot endure except after there is knowledge of Him. This service rests on three pillars. One pillar is the good and the pure heart, for when a man is good to his fellow man, he is good with God, and he will be good with people generally as Scripture says (1 Samuel, 2:26), "And he increased in favor both with the Lord, and also with men." The second pillar is to believe that all that exists, aside from God, is defective. The third pillar is to realize that the Creator, blessed be He, is perfect. Now, when these three powers are gathered within a man, his soul is drawn by its very nature to love the Creator, blessed be He. When he loves Him, his service will be completely perfect. For from that love there will come fear, for whomsoever a man loves, he also fears. It is also possible for a man to fear someone he does not love. Therefore, I say that fear is contained within love, but love is not contained within fear. Now, we have found that the service of our father, Abraham, peace be upon him, was completely perfect, for it says concerning him (Genesis 18:19), "For I have known him, to the end that he may command his children and his household after him, that they may keep the way of the Lord." This is clear proof of his great righteousness. Moreover, the Creator, blessed be He, testified concerning him after his death, when he said (ibid., 26:5), "Because Abraham hearkened to My voice, and kept My charge, My commandments, My statutes and My laws," and we find that his service was out of love and not out of fear. This is the highest

32

הַשַּׁעַר הַשֵּׁנִי

מְפֹרָשׁ בּוֹ עַמּוּדֵי הָעֲבוֹדָה וְסִבּוֹתֶיהָ.

אוֹמַר, כִּי אַחֲרֵי אֲשֶׁר זָכַרְנוּ קְצָת עִנְיָנִים מִסּוֹדוֹת בְּרִיאַת הָעוֹלָם וְנִתְבָּאֵר כִּי לֹא נִבְרָא כִּי אִם לַעֲבוֹדַת הַבּוֹרֵא יִתְבָּרַךְ, נְפָרֵשׁ עִנְיָנֵי עֲבוֹדַת הַבּוֹרֵא יִתְבָּרַךְ וְנֹאמַר, כִּי עֲבוֹדַת הָאֵל יִתְבָּרַךְ לֹא תִתְקַיֵּם כִּי אִם אַחֲרֵי יְדִיעָתוֹ. וְהָעֲבוֹדָה יֵשׁ לָהּ שְׁלֹשָׁה עַמּוּדִים. הָעַמּוּד הָאֶחָד, הַלֵּב הַטּוֹב וְהַזַּךְ. כִּי בִהְיוֹת הָאָדָם טוֹב (עִם בְּנֵי־אָדָם), יִהְיֶה טוֹב עִם אֱלֹהִים וְיִהְיֶה טוֹב עִם אֲנָשִׁים, כַּאֲשֶׁר אָמַר הַכָּתוּב (ש״א ב כו) וָטוֹב גַּם עִם־יְיָ וְגַם עִם־אֲנָשִׁים. וְהָעַמּוּד הַשֵּׁנִי הוּא לְהַאֲמִין כִּי כָל־נִמְצָא זוּלָתוֹ, הוּא חָסֵר. וְהָעַמּוּד הַשְּׁלִישִׁי הוּא לְהַכִּיר כִּי הַבּוֹרֵא יִתְבָּרַךְ, שָׁלֵם. וּבְעֵת יִקָּבְצוּ בָאָדָם שְׁלֹשָׁה כֹחוֹת אֵלּוּ, תִּמָּשֵׁךְ נַפְשׁוֹ בְטִבְעָהּ לֶאֱהוֹב הַבּוֹרֵא יִתְבָּרַךְ. וּבְעֵת אֲשֶׁר יֶאֱהָבֶנּוּ, אָז תִּהְיֶה עֲבוֹדָתוֹ בְּתַכְלִית הַשְּׁלֵמוּת, בַּעֲבוּר כִּי מִן הָאַהֲבָה תִּהְיֶה הַיִּרְאָה. וְכָל מִי שֶׁיֶּאֱהַב הָאָדָם, יִירָאֶנּוּ. וְאֶפְשָׁר שֶׁיִּירָא אָדָם מִמִּי שֶׁלֹּא יֶאֱהָבֶנּוּ. וְעַל כֵּן אוֹמַר, כִּי הַיִּרְאָה בִּכְלַל הָאַהֲבָה, וְאֵין הָאַהֲבָה בִּכְלַל הַיִּרְאָה. וּמָצָאנוּ כִּי עֲבוֹדַת אַבְרָהָם אָבִינוּ עָלָיו הַשָּׁלוֹם, הָיְתָה בְּתַכְלִית הַשְּׁלֵמוּת, כִּי אָמַר בַּעֲדוֹ (בראשית יח יט) כִּי יְדַעְתִּיו לְמַעַן אֲשֶׁר יְצַוֶּה אֶת־בָּנָיו וְאֶת־בֵּיתוֹ אַחֲרָיו וְשָׁמְרוּ דֶּרֶךְ יְיָ, וְזוֹ עֵדוּת בְּרוּרָה עַל רֹב צִדְקָתוֹ. וְגַם, הַבּוֹרֵא יִתְבָּרַךְ הֵעִיד עָלָיו אַחֲרֵי מוֹתוֹ, בְּאָמְרוֹ (שם כו ה) עֵקֶב אֲשֶׁר שָׁמַע אַבְרָהָם בְּקֹלִי וַיִּשְׁמֹר מִשְׁמַרְתִּי מִצְוֹתַי חֻקּוֹתַי וְתוֹרֹתָי. וּמָצָאנוּ, כִּי עֲבוֹדָתוֹ הָיְתָה מֵאַהֲבָה וְלֹא מִיִּרְאָה, וְהִיא הָעֲבוֹדָה

service. The Creator, blessed be He, did not praise him for fearing Him, nor did he say, "The seed of Abraham who fears me or is terrified," but he said (Isaiah 41:8), "The seed of Abraham, My friend." We have already said that fear is contained in love. Know that the service of the Creator, blessed be He, out of fear is not the service of the truly pious, but it is the service of the wicked or the nations of the world, as He has said to the wicked (Jeremiah 5:22), "Fear ye not Me?", and He says concerning the Egyptians (Exodus 9:20), "He that feared the word of the Lord," for they were not doing His command out of love, but out of fear. But to the pious he says (Deuteronomy 6:5), "And thou shalt love the Lord, thy God," and (ibid., 11:13), "To love the Lord your God." But he says in Job (Job 1:8), "A wholehearted and an upright man, one that feareth God, and shunneth evil," and He did not say concerning him, "a lover of God." And similarly it is said (Psalms 34:10), "O fear the Lord, by His holy ones," and this is said of the wicked. For when the wicked cleave to the service of God and sanctify and cleanse themselves from their uncleanliness, they are called "holy ones" as it is said (Numbers 11:18), "Sanctify yourselves against tomorrow." Whereas of the pious ones, whose heart is pure from the first day of their existence, it is said (Psalms 31:24), "O love the Lord all ye His godly ones; the Lord preserveth the faithful." And of Enoch, it is said (Genesis 5:22), "And Enoch walked with God," and it is not said, "And Enoch feared God." And concerning Noah it is said (Genesis 6:9), "Noah was in his generations a man righteous and wholehearted." Thus the service of God through fear is not like the service of God through love.

Love can be tested in ten things pertaining to the ones who love. One is that he be a lover of the Torah of his God. The second is to enjoy the pleasure of the service of God more than any other pleasure. Third, to reject those who reject the Creator and to love those that love Him. Fourth, that his love for the best things the world has to offer be considered as nothing compared with the service of the Creator, blessed be He. Fifth, that every trial, loss, and affliction shall be sweet to him when accompanied by the love of God, blessed be He. Sixth, that no task of

הָעֶלְיוֹנָה. וְלֹא שִׁבַּח אוֹתוֹ הַבּוֹרֵא יִתְבָּרַךְ בְּיִרְאָתוֹ אוֹתוֹ, וְלֹא אָמַר זֶרַע אַבְרָהָם הַיָּרֵא מִמֶּנִּי אוֹ הַמְפַחֵד, רַק אָמַר (ישעיה מא ח) זֶרַע אַבְרָהָם אֹהֲבִי. וּכְבָר אָמַרְנוּ כִּי הַיִּרְאָה נִכְלֶלֶת בָּאַהֲבָה. וְדַע, כִּי עֲבוֹדַת הַבּוֹרֵא יִתְבָּרַךְ מִיִּרְאָה, אֵינֶנָּה עֲבוֹדַת הַחֲסִידִים, אֶלָּא עֲבוֹדַת הָרְשָׁעִים אוֹ אֻמּוֹת־הָעוֹלָם, כְּמוֹ שֶׁאָמַר לָרְשָׁעִים (ירמיה ה כב) הַאוֹתִי לֹא־תִירָאוּ. וְאוֹמֵר עַל הַמִּצְרִים (שמות ט כ) הַיָּרֵא אֶת־דְּבַר יְיָ, מִפְּנֵי שֶׁלֹּא הָיוּ עוֹשִׂים מִצְוָתוֹ מֵאַהֲבָה, כִּי אִם מִיִּרְאָה. אַךְ לַחֲסִידִים יֹאמַר (דברים ו ה) וְאָהַבְתָּ אֵת יְיָ אֱלֹהֶיךָ, (שם יא יג) לְאַהֲבָה אֶת־יְיָ אֱלֹהֵיכֶם. וְאָמַר בְּאִיּוֹב (איוב א ח) אִישׁ תָּם וְיָשָׁר יְרֵא אֱלֹהִים וְסָר מֵרָע, וְלֹא אָמַר עָלָיו אוֹהֵב אֱלֹהִים. וְכֵן אָמַר (תהלים לד י) יְראוּ אֶת־יְיָ קְדוֹשָׁיו, עַל הָרְשָׁעִים, כִּי הָרְשָׁעִים כְּשֶׁיִּדְבְּקוּ בַּעֲבוֹדַת הָאֵל וְיִתְקַדְּשׁוּ מִטֻּמְאָתָם, הֵם נִקְרָאִים קְדוֹשִׁים, כַּאֲשֶׁר אָמַר (במדבר יא יח) הִתְקַדְּשׁוּ לְמָחָר. אַךְ הַחֲסִידִים, אֲשֶׁר לִבָּם טָהוֹר מִיּוֹם הֱיוֹתָם, אוֹמֵר עֲלֵיהֶם (תהלים לא כד) אֶהֱבוּ אֶת־יְיָ כָּל־חֲסִידָיו אֱמוּנִים נֹצֵר יְיָ, וְאָמַר עַל חֲנוֹךְ (בראשית ה כב) וַיִּתְהַלֵּךְ חֲנוֹךְ אֶת־הָאֱלֹהִים, וְלֹא אָמַר וַיִּירָא חֲנוֹךְ אֶת־הָאֱלֹהִים. וְאָמַר עַל נֹחַ (שם ו ט) אִישׁ צַדִּיק תָּמִים הָיָה בְּדֹרֹתָיו. וְעַל כֵּן אֵין עֲבוֹדַת הַיִּרְאָה כַּעֲבוֹדַת הָאַהֲבָה.

וְהָאַהֲבָה נִבְחֶנֶת בַּעֲשָׂרָה דְבָרִים מִן הָאוֹהֵב. הָאֶחָד, לִהְיוֹתוֹ אוֹהֵב תּוֹרַת אֱלֹהָיו. הַשֵּׁנִי, לִהְיוֹת נֶהֱנֶה בְּתַעֲנוּג עֲבוֹדַת הָאֵל יוֹתֵר מִכָּל תַּעֲנוּג. הַשְּׁלִישִׁי, לִמְאוֹס מוֹאֲסֵי הַבּוֹרֵא וְלֶאֱהוֹב אוֹהֲבָיו. הָרְבִיעִי, לִהְיוֹת אַהֲבָתוֹ בְטוּב הָעוֹלָם חֲשׁוּבָה כְּאַיִן (לְצַד) לְנֶגֶד עֲבוֹדַת הַבּוֹרֵא יִתְבָּרַךְ. הַחֲמִישִׁי, שֶׁיֶּעֶרְבוּ לוֹ כָּל יְגִיעָה וְחִסָּרוֹן וְעִנּוּי לְנֶגֶד (לְצַד) אַהֲבַת הָאֵל יִתְבָּרַךְ. הַשִּׁשִּׁי, לְבַל יַקְדִּים עֵסֶק מֵעֲסָקָיו עַל עִסְקֵי הָאֵל יִתְבָּרַךְ.

all his occupations should come before his occupation with God, blessed be He. Seventh, to let men know of his love of God, blessed be He and to glorify himself with it. Eighth, that he should not listen to the voice of those who would entice him or thrust him away from the service of God, blessed be He. Ninth, that if there should occur upon him happenings either good or bad, he should not because of these matters leave the service of God, blessed be He. Tenth, that his service to God shall not be in order to obtain a reward, for then his service would depend upon a thing. Now, when these ten qualities are combined in a man, he is called "a lover of God," blessed be He, and he is a perfectly pious man. The Creator, blessed be He, did not say concerning our father, Abraham, peace be upon him, as it is said (Isaiah 41:8), "The seed of Abraham, my friend", until the time when there appeared in Abraham all these qualities, and I will explain them to you from Scripture.

The first quality: Know that the love of Abraham, peace be upon him, was to teach all those who came into the world the service of the Creator, blessed be He, and proclaim His name always, as it is said (Genesis 13:4), "And Abraham called there on the name of the Lord." It is also said (ibid., 12:8), "And he built an altar unto the Lord, Who appeared unto him." And it is said (ibid., 21:33), "And Abraham planted a tamarisk tree in Beersheba and called there on the name of the Lord." These verses are to let you know that every place that Abraham went he would call on the name of the Lord and would occupy himself with service to Him. He was not restrained from doing so by the fear of the nations of the world.

The second quality: The pious man gets more pleasure out of his love for his God than he would from all the pleasures of the world. For it is a well-known fact that a man has no greater joy than that derived from his children, as it is said (Proverbs 23:25), "Let thy father and thy mother be glad and let her that bore thee rejoice." Now, our father, Abraham, peace be upon him, rejoiced greatly in this service of God, blessed be He. His pleasure in the service of God, blessed be He, was mightier than the love of his sons. He sent Ishmael, his son, far away from him because of his great love of God, blessed be He.

The third quality: The pious man rejects all those who reject the

הַשְּׁבִיעִי, לְהוֹדִיעַ לִבְנֵי־אָדָם אַהֲבָתוֹ בָּאֵל יִתְבָּרַךְ וּלְהִתְפָּאֵר בָּהּ. הַשְּׁמִינִי, לְבַל יִשְׁמַע לְקוֹל מְסִיתִים וּמַדִּיחִים בַּעֲבוֹדַת הָאֵל יִתְבָּרַךְ. הַתְּשִׁיעִי, אִם יִתְחַדְּשׁוּ עָלָיו מְאֹרָעוֹת מִטּוֹב וְעַד רָע, לְבַל יַעֲזוֹב בִּשְׁבִילָם עֲבוֹדַת הָאֵל יִתְבָּרַךְ. הָעֲשִׂירִי, לְבַל תִּהְיֶה עֲבוֹדָתוֹ עַל־מְנָת לְקַבֵּל פְּרָס, כִּי אָז תִּהְיֶה עֲבוֹדָתוֹ תְּלוּיָה בְדָבָר. וְאֵלֶּה הָעֶשֶׂר מִדּוֹת כְּשֶׁיִּתְקַבְּצוּ בָּאָדָם, נִקְרָא אוֹהֵב הָאֵל יִתְבָּרַךְ, וְהוּא חָסִיד בְּתַכְלִית. וְלֹא אָמַר הַבּוֹרֵא יִתְבָּרַךְ עַל אַבְרָהָם אָבִינוּ עָלָיו הַשָּׁלוֹם (ישעיה מא ח) זֶרַע אַבְרָהָם אֹהֲבִי, אֶלָּא בְעֵת שֶׁנִּרְאוּ בוֹ כָּל הַמִּדּוֹת הָאֵלּוּ. וַאֲנִי מְפָרְשָׁם לְךָ מִן הַכְּתוּבִים:

הַמִּדָּה הָרִאשׁוֹנָה. דַּע, כִּי אַהֲבַת אַבְרָהָם אָבִינוּ עָלָיו הַשָּׁלוֹם הָיְתָה לְלַמֵּד לְכָל־בָּאֵי־עוֹלָם עֲבוֹדַת הַבּוֹרֵא יִתְבָּרַךְ וְלִקְרֹא בַּשֵּׁם תָּמִיד, כַּאֲשֶׁר אָמַר (בראשית יג ד) וַיִּקְרָא שָׁם אַבְרָם בְּשֵׁם יְיָ, וְאָמַר בְּמָקוֹם אַחֵר (שם יב ח) וַיִּבֶן־שָׁם מִזְבֵּחַ לַייָ וַיִּקְרָא בְּשֵׁם יְיָ, וְאָמַר (שם כא לג) וַיִּטַּע אֵשֶׁל בִּבְאֵר שָׁבַע וַיִּקְרָא־שָׁם בְּשֵׁם יְיָ. לְהוֹדִיעֲךָ, כִּי בְכָל מָקוֹם אֲשֶׁר הָיָה הוֹלֵךְ שָׁם, הָיָה קוֹרֵא בְּשֵׁם־הַשֵּׁם וּמִתְעַסֵּק בַּעֲבוֹדָתוֹ, וְלֹא הָיָה נִמְנָע מִפְּנֵי פַּחַד אֻמּוֹת־הָעוֹלָם.

הַמִּדָּה הַשֵּׁנִית, כִּי הֶחָסִיד הוּא נֶהֱנֶה בְּאַהֲבַת אֱלֹהָיו יוֹתֵר מִמַּה שֶּׁנֶּהֱנֶה בְּכָל תַּעֲנוּגֵי הָעוֹלָם. כִּי מִן הַיָּדוּעַ, שֶׁאֵין תַּעֲנוּג וְשִׂמְחָה לָאָדָם כְּמוֹ בְּבָנִים, כְּמוֹ שֶׁנֶּאֱמַר (משלי כג כה) יִשְׂמַח־אָבִיךָ וְאִמֶּךָ וְתָגֵל יוֹלַדְתֶּךָ. וְהָיָה אַבְרָהָם אָבִינוּ עָלָיו הַשָּׁלוֹם נֶהֱנֶה בַּעֲבוֹדַת הָאֵל יִתְבָּרַךְ, וְנִתְגַּבְּרָה הֲנָאָתוֹ בַּעֲבוֹדַת הָאֵל יִתְבָּרַךְ עַל אַהֲבַת בָּנָיו, וְהִרְחִיק מִמֶּנּוּ אֶת יִשְׁמָעֵאל בְּנוֹ מֵרֹב אַהֲבָתוֹ בָּאֵל יִתְבָּרַךְ.

הַמִּדָּה הַשְּׁלִישִׁית, כִּי הֶחָסִיד מוֹאֵס לְכָל מוֹאֲסֵי הַבּוֹרֵא

Creator, blessed be He, and he loves all those that love the Creator. For the Creator, blessed be He, said to Abraham (Genesis 12:1), "Get thee out of thy country, and from thy kindred, and from thy father's house," and he rejected his family and the house of his father because God, blessed be He, had rejected them. As it is said (ibid., 12:4), "So Abraham went, as the Lord had spoken unto him."

The fourth quality: The pious man's love for all the good things in the world is considered as nothing by him when compared to his love of God, blessed be He. Behold, the Creator, blessed be He, said to our father, Abraham, peace be upon him, (ibid., 22:2), "Take now thy son, thine only son, whom thou lovest, even Isaac." And He said "whom thou lovest" in order to show men that Abraham rejected and abandoned him whom he loved exceedingly because of his love of the Creator, blessed be He.

The fifth quality: The pious man considers every labor and trouble a pleasure and a joy in serving God, blessed be He. For our father, Abraham, peace be upon him, was afflicted with wanderings and was tried by many trials, yet he endured them and accepted everything graciously. For from his very youth, the Creator, blessed be He, tried him by journeys, and afterwards by having Sarah taken from him twice, and after that by circumcision, and after that by directing him to send Ishmael away, and after that by instructing him to slaughter Isaac. If his service had been out of fear and not out of love, it could not have endured all those trials. But because of his love for God, blessed be He, everything was sweet in his eyes. As it is said (Song of Songs 8:7), "Many waters cannot quench love."

The sixth quality: The pious man will not put any personal matter ahead of his service to God, until he has first fulfilled the commandment of his Creator, blessed be He. For we find that in any matter which the Creator, blessed be He, commanded Abraham, Abraham did not perform any one of his personal acts before fulfilling the commandment of God, blessed be He. Thus, in the covenant of circumcision, it is said (Genesis 17:22), "And God went up from Abraham." And it is further written (ibid., 17:26), "In the selfsame day was Abraham cir-

יִתְבָּרַךְ, וְאוֹהֵב אוֹהֲבָיו. כִּי הַבּוֹרֵא יִתְבָּרַךְ אָמַר לְאַבְרָהָם (בראשית יב א) לֶךְ־לְךָ מֵאַרְצְךָ וּמִמּוֹלַדְתְּךָ וּמִבֵּית אָבִיךָ, וְהוּא מָאַס בְּמִשְׁפַּחְתּוֹ וּבֵית־אָבִיו מִפְּנֵי שֶׁמָּאַס אוֹתָם הָאֵל יִתְבָּרַךְ, שֶׁנֶּאֱמַר (שם שם ד) וַיֵּלֶךְ אַבְרָם כַּאֲשֶׁר דִּבֶּר אֵלָיו יְיָ.

הַמִּדָּה הָרְבִיעִית. כִּי הֶחָסִיד אַהֲבָתוֹ בְּכָל טוֹבַת הָעוֹלָם חֲשׁוּבָה כְּאַיִן כְּנֶגֶד אַהֲבַת הָאֵל יִתְבָּרַךְ. וְהִנֵּה, הַבּוֹרֵא יִתְבָּרַךְ אָמַר לְאַבְרָהָם אָבִינוּ עָלָיו הַשָּׁלוֹם (שם כב ב) קַח־נָא אֶת־בִּנְךָ אֶת־יְחִידְךָ אֲשֶׁר־אָהַבְתָּ אֶת־יִצְחָק. וְאָמַר אֲשֶׁר־אָהַבְתָּ, לְהַרְאוֹת לִבְנֵי־אָדָם, כִּי מַה שֶּׁהָיָה אוֹהֵב בְּתַכְלִית הָאַהֲבָה, מָאַס אוֹתוֹ וְהִרְחִיקוֹ מִפְּנֵי אַהֲבַת הַבּוֹרֵא יִתְבָּרַךְ.

הַמִּדָּה הַחֲמִישִׁית. כִּי הֶחָסִיד חוֹשֵׁב, כָּל יְגִיעָה וָטֹרַח, תַּעֲנוּג וַהֲנָאָה בַּעֲבוֹדַת הָאֵל יִתְבָּרַךְ, כִּי אַבְרָהָם אָבִינוּ עָלָיו הַשָּׁלוֹם הָיָה מְעֻנֶּה בִּדְרָכִים וּמְנֻסֶּה בְּכַמָּה נִסְיוֹנוֹת, וְלֹא קָץ בָּהֶם, וְקִבֵּל הַכֹּל בְּסֵבֶר פָּנִים יָפוֹת, כִּי מִנַּעֲרוּתוֹ נִסָּהוּ הַבּוֹרֵא יִתְבָּרַךְ בִּדְרָכִים, וְאַחַר־כֵּן בִּלְקִיחַת שָׂרָה פַּעֲמַיִם, וְאַחַר־כֵּן בִּבְרִית־מִילָה, וְאַחַר־כֵּן נִסָּהוּ לְגָרֵשׁ יִשְׁמָעֵאל. וְאַחַר־כֵּן לִשְׁחוֹט אֶת יִצְחָק. וְאִלּוּ הָיְתָה עֲבוֹדָתוֹ מִיִּרְאָה וְלֹא מֵאַהֲבָה, לֹא הָיְתָה מִתְקַיֶּמֶת בְּכָל אֵלֶּה הַנִּסְיוֹנוֹת. אַךְ בְּרֹב אַהֲבָתוֹ בָּאֵל יִתְבָּרַךְ, הַכֹּל הָיָה עָרֵב בְּעֵינָיו, שֶׁנֶּאֱמַר (שיר השירים ח ז) מַיִם רַבִּים לֹא יוּכְלוּ לְכַבּוֹת אֶת־הָאַהֲבָה.

הַמִּדָּה הַשִּׁשִּׁית. כִּי הֶחָסִיד לֹא יַקְדִּים עֵסֶק מֵעֲסָקָיו, עַד יַשְׁלִים מִצְוַת הַבּוֹרֵא יִתְבָּרַךְ. כִּי מָצָאנוּ, כָּל דָּבָר שֶׁצִּוָּה הַבּוֹרֵא יִתְבָּרַךְ [אֶת אַבְרָהָם] לֹא הִקְדִּים שׁוּם מַעֲשֶׂה, עַד שֶׁהִשְׁלִים מִצְוַת הָאֵל יִתְבָּרַךְ. כִּי הִנֵּה בִּבְרִית־מִילָה אָמַר (בראשית יז כב) וַיַּעַל אֱלֹהִים מֵעַל אַבְרָהָם, וּכְתִיב (שם שם כו) בְּעֶצֶם הַיּוֹם הַזֶּה נִמּוֹל אַבְרָהָם. וְלֹא הִקְדִּים שׁוּם עֵסֶק עַד

cumcised," and he did not perform any personal act until he had fulfilled the commandment. It is said in the case of Ishmael (ibid., 21:12), "In all that Sarah saith unto thee, hearken unto her voice, for in Isaac shall seed be called to thee." It is written immediately after this (ibid., 21:14), "And Abraham arose up early in the morning, and took bread and a bottle of water, and gave it unto Hagar, putting in on her shoulder, and the child, and sent her away." We learn from this that in the dream of the night it was told to him, and therefore, he rose early in the morning before doing any other deed in order to fulfill the command of God, blessed be He.

The seventh quality: The pious man makes known to every man his love of the Creator, blessed be He, and his ways. For thus our teachers, of blessed memory, have said that our father, Abraham, peace be upon him, from his very youth would warn the people of his generation and would make known to every man his love of God, blessed be He. Just as it is said (ibid., 18:19), "For I have known him, to the end that he may command his children and his household after him, that they may keep the way of the Lord." By these words, He wishes to say that He will make known to them that they should love God with as great a love as his own. Note that it does not say, his children only, but his children and all his household. That is to say, all those who accompanied him, over whom he had authority.

The eighth quality: The pious man would not worry about the laughter of those who scoff and the shame of those who would shame him. Our sages have said that from his earliest youth, our father, Abraham, peace be upon him, began to cleave to the service of God, blessed be He. Though the men of his generation reviled him, he did not pay any attention until finally they cast him into the fiery furnace. And the Creator, blessed be He, saved him, as it is said (ibid., 15:7), "I am the Lord that brought thee forth out of Ur of the Chaldees."

The ninth quality: The pious man, even when good or evil happenings occur does not nullify his service. Thus our father, Abraham, peace be upon him, throughout everything that occurred to him, whether good or evil, was faithful in his heart, as it is said (Nehemiah 9:8), "And thou foundest his heart faithful before thee."

הַשְׁלִים הַמִּצְוָה. וְאָמַר בְּיִשְׁמָעֵאל (בראשית כא יב) כֹּל אֲשֶׁר תֹּאמַר אֵלֶיךָ שָׂרָה שְׁמַע בְּקֹלָהּ כִּי בְיִצְחָק יִקָּרֵא לְךָ זָרַע, וּכְתִיב אַחֲרָיו (שם שם יד) וַיַּשְׁכֵּם אַבְרָהָם בַּבֹּקֶר וַיִּקַּח־לֶחֶם וְחֵמַת מַיִם וַיִּתֵּן אֶל־הָגָר שָׂם עַל־שִׁכְמָהּ וְאֶת־הַיֶּלֶד וַיְשַׁלְּחֶהָ. וְלָמַדְנוּ מִזֶּה, כִּי בַחֲלוֹם הַלַּיְלָה נֶאֱמַר לוֹ הַדָּבָר, וְעַל כֵּן הִשְׁכִּים בַּבֹּקֶר בְּטֶרֶם שֶׁיַּעֲשֶׂה שׁוּם מַעֲשֶׂה לְהַשְׁלִים מִצְוַת הָאֵל יִתְבָּרַךְ.

הַמִּדָּה הַשְּׁבִיעִית. כִּי הֶחָסִיד יוֹדִיעַ לְכָל אָדָם אַהֲבָתוֹ בַּבּוֹרֵא יִתְבָּרַךְ וּדְרָכָיו. כִּי כֵן אָמְרוּ רַבּוֹתֵינוּ זִכְרוֹנָם לִבְרָכָה, כִּי אַבְרָהָם אָבִינוּ עָלָיו הַשָּׁלוֹם מִנְּעוּרוֹתוֹ הָיָה מַזְהִיר אַנְשֵׁי דוֹרוֹ וּמוֹדִיעַ לְכָל אָדָם אַהֲבָתוֹ בָּאֵל יִתְבָּרַךְ. כִּי כַּאֲשֶׁר אָמַר הַכָּתוּב (שם יח יט) כִּי יְדַעְתִּיו לְמַעַן אֲשֶׁר יְצַוֶּה אֶת־בָּנָיו וְאֶת־בֵּיתוֹ אַחֲרָיו וְשָׁמְרוּ דֶּרֶךְ יְיָ, רְצוֹנוֹ לוֹמַר, יוֹדִיעֵם שֶׁיִּהְיוּ אוֹהֲבִים לָאֵל כְּאַהֲבָתוֹ. וְלֹא אָמַר „אֶת־בָּנָיו" לְבַד, רַק „אֶת־בָּנָיו וְאֶת־בֵּיתוֹ", כְּלוֹמַר, כָּל הַנִּלְוִים אֵלָיו וַאֲשֶׁר יֵשׁ לוֹ רְשׁוּת עֲלֵיהֶם.

הַמִּדָּה הַשְּׁמִינִית. כִּי הֶחָסִיד לֹא יִדְאַג לְלַעַג הַלּוֹעֲגִים וּלְחֶרְפַּת הַמְחָרְפִים. אָמְרוּ, כִּי אַבְרָהָם אָבִינוּ עָלָיו הַשָּׁלוֹם, מִנְּעוּרָיו הֵחֵל לִדְבּוֹק בַּעֲבוֹדַת הָאֵל יִתְבָּרַךְ, וְהָיוּ אַנְשֵׁי דוֹרוֹ מְחָרְפִים אוֹתוֹ וְלֹא הָיָה מֵשִׂים לִבּוֹ אֲלֵיהֶם, עַד שֶׁהוֹלִיכוּהוּ לְכִבְשַׁן־הָאֵשׁ, וְהִצִּילוֹ הַבּוֹרֵא יִתְבָּרַךְ, כְּמוֹ שֶׁנֶּאֱמַר (שם טו ז) אֲנִי יְיָ אֲשֶׁר הוֹצֵאתִיךָ מֵאוּר כַּשְׂדִּים.

הַמִּדָּה הַתְּשִׁיעִית. כִּי הֶחָסִיד כְּשֶׁיִּתְחַדְּשׁוּ עָלָיו מְאֹרָעוֹת טוֹבִים אוֹ רָעִים, לֹא יְבַטֵּל עֲבוֹדָתוֹ. וְכֵן עָשָׂה אַבְרָהָם אָבִינוּ עָלָיו הַשָּׁלוֹם, כִּי בְּכֹל אֲשֶׁר הָיָה מִתְחַדֵּשׁ עָלָיו הֵן טוֹב הֵן רָע, הָיָה נֶאֱמָן לְבָבוֹ, שֶׁנֶּאֱמַר (נחמיה ט ח) וּמָצָאתָ אֶת־לְבָבוֹ נֶאֱמָן לְפָנֶיךָ.

The tenth quality: The love of the pious man for God, blessed be He, is not dependent upon anything or given in order to receive a reward. And because Abraham sought no reward for his service to God, therefore God, blessed be He, said to him (Genesis 15:1), "Thy reward shall be exceedingly great." For such is the way of God, blessed be He, with His pious ones. When they serve Him, not for the sake of receiving a reward, He doubles their reward and gives them a double portion of goodness. As He said to King Solomon, peace be upon him, (1 Kings 3:11), "Because thou hast asked this thing, and hast not asked for thyself long life, neither has asked riches for thyself." And it is written after this (ibid., 3:13), "And I have also given thee that which thou has not asked, both riches and honor."

These then are the foundations of love. And every man who has in him these ten qualities, his love can be called a complete love. And concerning these qualities, it is said (Deut. 6:5), "And thou shalt love the Lord thy God with all thy heart, with all thy soul, and with all thy, might." And know that according to the love of man for God may He be exalted, such is the love of God for him. And thus they asked one of the wise men and said to him, "A man serves God with all his might and when does God, may He be extolled, desire to see him?" He said to them, "When a man casts the world behind his back and all its delights and abhors his life and longs for his own death. In such a case, God may yearn to see him. That is to say, if a man loves the Creator exceedingly, then the Creator will love him exceedingly."

And now since I have called to mind the matters concerning love, I will mention all the matters concerning fear. We will say that the difference between serving God from love and serving from fear is very great, for the service of God through fear departs when fear departs, and even in the service of God through love, if it be founded on hope, then it departs when the hope for reward is attained or when that hope is lost. But if the service through love does not depend upon hope, or upon some gain, it will remain forever. For the circumstance that causes love because of hope is an accidental one, and when the temporal cause departs, then all the things which are derived from it or come from its

הַמִּדָּה הָעֲשִׂירִית. כִּי הֶחָסִיד, אֵין אַהֲבָתוֹ בָּאֵל יִתְבָּרַךְ תְּלוּיָה בְדָבָר אוֹ עַל־מְנָת לְקַבֵּל פְּרָס. וּבַעֲבוּר שֶׁלֹּא בִקֵּשׁ אַבְרָהָם שָׂכָר מֵעֲבוֹדָתוֹ, עַל כֵּן אָמַר לוֹ הָאֵל יִתְבָּרַךְ (בראשית טו א) שְׂכָרְךָ הַרְבֵּה מְאֹד. כִּי כֵן מִנְהַג הָאֵל יִתְבָּרַךְ עִם חֲסִידָיו בְּעֵת יַעַבְדוּהוּ עַל־מְנָת שֶׁלֹּא לְקַבֵּל פְּרָס, יִכְפּוֹל לָהֶם שְׂכָרָם וְיִתֵּן לָהֶם טוֹבָה כְּפוּלָה, כַּאֲשֶׁר אָמַר לִשְׁלֹמֹה הַמֶּלֶךְ עָלָיו הַשָּׁלוֹם (מ״א ג יא) יַעַן אֲשֶׁר שָׁאַלְתָּ אֶת־הַדָּבָר הַזֶּה וְלֹא־שָׁאַלְתָּ לְּךָ יָמִים רַבִּים וְלֹא־שָׁאַלְתָּ לְּךָ עֹשֶׁר, וּכְתִיב אַחֲרָיו (שם שם יג) וְגַם אֲשֶׁר לֹא־שָׁאַלְתָּ נָתַתִּי לָךְ גַּם־עֹשֶׁר גַּם־כָּבוֹד.

וְאֵלֶּה הֵם יְסוֹדוֹת הָאַהֲבָה. וְכֹל שֶׁיִּהְיוּ בוֹ עֶשֶׂר מִדּוֹת הַלָּלוּ, נִקְרֵאת אַהֲבָתוֹ אַהֲבָה גְמוּרָה. וְעַל אֵלֶּה הַמִּדּוֹת נֶאֱמַר (דברים ו ה) וְאָהַבְתָּ אֵת יְיָ אֱלֹהֶיךָ בְּכָל־לְבָבְךָ וּבְכָל־נַפְשְׁךָ וּבְכָל־מְאֹדֶךָ. וְדַע, כִּי כְּפִי אַהֲבַת הָאָדָם בָּאֵל יִתְעַלֶּה, כֵּן תִּהְיֶה אַהֲבַת הָאֵל יִתְעַלֶּה בּוֹ. וְכֵן שָׁאֲלוּ לְאֶחָד מִן הַחֲכָמִים וַיֹּאמְרוּ לוֹ, הָאָדָם עוֹבֵד הָאֱלֹהִים בְּכָל מְאוֹדוֹ, וּמָתַי יִתְאַוֶּה הָאֵל יִתְעַלֶּה לִרְאוֹתוֹ? אָמַר לָהֶם, בְּעֵת שֶׁיַּשְׁלִיךְ אַחֲרֵי גֵווֹ הָעוֹלָם וְכָל חֶמְדָּתוֹ, וְיָקוּץ בְּחַיָּיו וְיִתְאַוֶּה לְמוֹתוֹ, אָז יִתְאַוֶּה הַשֵּׁם יִתְעַלֶּה לוֹ לִרְאוֹתוֹ, כְּלוֹמַר כְּשֶׁאוֹהֵב מְאֹד הַבּוֹרֵא, אָז יֶאֱהָבֶנּוּ הַבּוֹרֵא מְאֹד.

וְאַחֲרֵי אֲשֶׁר זָכַרְתִּי עִנְיָנֵי הָאַהֲבָה, אַזְכִּיר כָּל עִנְיָנֵי הַיִּרְאָה. וְנֹאמַר, כִּי הַהֶפְרֵשׁ אֲשֶׁר בֵּין עֲבוֹדַת הָאַהֲבָה וְהַיִּרְאָה הוּא גָדוֹל מְאֹד, כִּי עֲבוֹדַת הַיִּרְאָה תָסוּר בְּסוּר הַיִּרְאָה. וַעֲבוֹדַת הָאַהֲבָה, אִם תִּהְיֶה לְתִקְוָה, תָּסוּר בְּהַשָּׂגַת הַתִּקְוָה אוֹ בַאֲבוֹד הַתִּקְוָה. וְאִם אֵינֶנָּה לְתִקְוָה וְלֹא לְתוֹעֶלֶת, תַּעֲמוֹד לָנֶצַח. כִּי הַסִּבָּה הַגּוֹרֶמֶת לְאַהֲבַת הַתִּקְוָה הִיא סִבָּה מִקְרִית, וּבְסוּר הַסִּבָּה הַמִּקְרִית יָסוּרוּ כָּל הַדְּבָרִים הַנִּמְשָׁכִים מִמֶּנָּה

power depart as well. But the cause that motivates service through love that is not based upon hope is a fundamental and enduring cause and will not depart forever. Therefore, the things that come from the power of the sustained love will never depart. Know that in the service of him who loves God, there are these ten qualities which we have mentioned. But in the service of God through fear, you will not find one of these qualities unless his fear comes because of his love and from its power. But if his fear is combined with love and both of them are equal, there will be in his service a small quantity of the qualities which we have called to mind, for love will lead a man to fear of God. But if these two are not equal and fear is foremost and love diminishes, then there will not be found in him even one of all the qualities which we have called to mind. If fear grows very strong and love grows very weak, so that it cannot be discerned in him, then in such a man there will be the opposite of all the qualities which we have called to mind. These are the righteous scales and the just weights through which men can be tested. Therefore, they say concerning most of the pious ones, in whom is found the fear of the Creator, blessed be He, at times this is said of the fear which is combined with love, and at times it is said of the might of the fear which comes from the power of love, and this fear endures because it comes from the power of love. If this is so, then the service which comes from the power of love is a true one and that which comes from fear is an imperfect service, unless it be fear which comes from love.

Now that we have spoken of the matters of love and fear and how they are gates to the pillars of the true service of God, I will call to mind the matter of wisdom which is the third pillar that constitutes true service to God. We will say that the pillars of love, fear and wisdom are three powers that are joined together and are companions, each with the other, and from these three arises the complete service to God, and not from only one of them, and not from two of them. You will not find in any two of them one that suffices to itself and does not need its companion, except love, alone. For if the service of man to his Creator is

וְהַבָּאִים מִכֹּחָהּ. אֲבָל הַסִּבָּה שֶׁהִיא גוֹרֶמֶת הָאַהֲבָה אֲשֶׁר אֵינֶנָּה לִתְקָוָה, הִיא סִבָּה עִקָּרִית קַיֶּמֶת וְלֹא תָסוּר לָנֶצַח, וְעַל כֵּן לֹא יָסוּרוּ הַדְּבָרִים הַבָּאִים מִכֹּחַ הָאַהֲבָה הַנִּמְשֶׁכֶת. וְדַע, כִּי עֲבוֹדַת הָאוֹהֵב, יֵשׁ בָּהּ אֵלּוּ עֶשֶׂר מִדּוֹת אֲשֶׁר זָכַרְנוּ. אַךְ בַּעֲבוֹדַת הַיִּרְאָה, לֹא תִמְצָא אַחַת מֵהֶן אֶלָּא אִם תִּהְיֶה יִרְאָתוֹ בָּאָה מִצַּד אַהֲבָה וּמִכֹּחָהּ. אֲבָל אִם תִּהְיֶה יִרְאָתוֹ מִמְשֶׁכֶת בְּאַהֲבָה וּשְׁתֵּיהֶן שָׁווֹת, יִהְיֶה בוֹ מְעַט מִזְּעֵר מִן הַמִּדּוֹת אֲשֶׁר זָכַרְנוּ, כִּי הָאַהֲבָה תְּבִיאֶנּוּ בְּיִרְאַת הַשֵּׁם. וְאִם לֹא יִהְיוּ שָׁווֹת וְתִכְבַּד הַיִּרְאָה וְתֶחֱלַשׁ הָאַהֲבָה, לֹא יִמָּצֵא בוֹ דָבָר מִכָּל הַמִּדּוֹת אֲשֶׁר זָכַרְנוּ. וְאִם תִּתְחַזֵּק הַיִּרְאָה וְתֶחֱלַשׁ הָאַהֲבָה מְאֹד עַד אֲשֶׁר לֹא תִוָּדַע בּוֹ, יִהְיֶה בוֹ הֵפֶךְ הַמִּדּוֹת אֲשֶׁר זָכַרְנוּ. וְזֶהוּ מֹאזְנֵי הַצֶּדֶק וּמִשְׁקַל הַיֹּשֶׁר אֲשֶׁר בּוֹ יִבָּחֲנוּ בְנֵי־אָדָם. וְעַל כֵּן אוֹמְרִים, כִּי רֹב הַחֲסִידִים אֲשֶׁר נִזְכַּר בָּהֶם יִרְאַת הַבּוֹרֵא יִתְבָּרַךְ, לִפְעָמִים הוּא נֶאֱמַר עַל הַיִּרְאָה הַמְּמֻשֶּׁכֶת בְּאַהֲבָה, וְלִפְעָמִים נֶאֱמַר עַל תֹּקֶף הַיִּרְאָה אֲשֶׁר תָּבוֹא מִכֹּחַ הָאַהֲבָה, וְזֹאת הַיִּרְאָה קַיֶּמֶת מִפְּנֵי שֶׁבָּאָה מִכֹּחַ הָאַהֲבָה. אִם כֵּן הָעֲבוֹדָה הַבָּאָה מִכֹּחַ הָאַהֲבָה, הִיא הַנְּכוֹנָה. וַאֲשֶׁר בָּאָה מִיִּרְאָה, הִיא עֲבוֹדָה חֲסֵרָה, לְבַד אִם תִּהְיֶה הַיִּרְאָה מֵאַהֲבָה.

וְאַחֲרֵי אֲשֶׁר דִּבַּרְנוּ עַל עִנְיְנֵי הָאַהֲבָה וְהַיִּרְאָה שֶׁהֵם שַׁעֲרֵי [שְׁנֵי] עַמּוּדֵי הָעֲבוֹדָה, נַזְכִּיר עִנְיַן הַחָכְמָה שֶׁהוּא הָעַמּוּד הַשְּׁלִישִׁי מֵעַמּוּדֵי הָעֲבוֹדָה. וְנֹאמַר, כִּי עַמּוּדֵי הָאַהֲבָה וְהַיִּרְאָה וְהַחָכְמָה הֵם שְׁלֹשָׁה כֹּחוֹת מִשְׁתַּתְּפִים וּמִתְחַבְּרִים זֶה בָזֶה. וּמִשְּׁלָשְׁתָּן תְּקוּם הָעֲבוֹדָה הַשְּׁלֵמָה, וְלֹא מֵאַחַת מֵהֶן, וְלֹא מִשְּׁתֵּיהֶן. וְאֵין בְּכָל שְׁתֵּיהֶן אַחַת שֶׁתִּסְתַּפֵּק לְעַצְמָהּ שֶׁלֹּא תִצְטָרֵךְ לַחֲבֶרְתָּהּ, אֶלָּא הָאַהֲבָה לְבַדָּהּ. כִּי, אִם תִּהְיֶה

from love, it is impossible that there should not be fear joined with it. Even though he who loves God does not intend to fear the Creator, blessed be He, it is impossible that there be love without fear. But you should know that wisdom is a great pillar in the service of God. When wisdom combines with love, every desirable goal is made perfect and every worthy character trait is attained. Without wisdom, love is not complete, for the fool who is empty of wisdom, even though he loves his Creator, he does not know how to do His will, and he does not know the ways of God, and he will forbid what is permitted and will permit what is forbidden. And because he does not know, he will do wrong. His love will be like a branch without roots, like a building which has no foundation. But if he has love and acquires wisdom, then he will know the proper places for the service and the place where it is proper to add or to diminish, and he will know the mystery of the service of God, its method and its ways. This is similar to any task which a man is accustomed to do and knows well. If he is a fool, he will not do it properly. For times will come when in the matter and the task that he is occupied with, things will arise that are completely new and which he has not studied and which were not known at the time of his studies. If he is wise, this will not harm him, for he has learned the principles. And from knowing the power of the principle, he can derive the rest of the branches and can understand those matters which are new. But if he is a fool, he will not know how to arrange the matters of his task when some novel happening comes upon him. Therefore, we know in truth that in these three happenings (i.e. love, fear, and wisdom) the service of God can be complete and true, and it is impossible that when love and wisdom are joined together there should not be found fear included with them.

Now that it has been explained that the pillars of love are three and we have explained each of them briefly, we can now say that the foundation of the book and its intent is a service in which man can reach the level of fulfilling God's will till he purifies his heart from its wickedness and cleanses it from its uncleanliness. Then his heart will cleave to the service of God. It is like a garment which you wish to dye. If it is soiled,

עֲבוֹדַת הָאָדָם לְבוֹרְאוֹ מֵאַהֲבָה, אִי־אֶפְשָׁר שֶׁלֹּא תִהְיֶה הַיִּרְאָה נִצֶּמֶדֶת עִמָּהּ. וְאַף־עַל־פִּי שֶׁלֹּא יִתְכַּוֵּן הָאוֹהֵב לְיִרְאַת הַבּוֹרֵא יִתְבָּרֵךְ, אִי־אֶפְשָׁר שֶׁתְּהֵא אַהֲבָה בְּלִי יִרְאָה. אֲבָל יֵשׁ לְךָ לָדַעַת, כִּי הַחָכְמָה הִיא עַמּוּד גָּדוֹל לַעֲבוֹדָה. וְכַאֲשֶׁר תִּתְחַבֵּר הַחָכְמָה עִם הָאַהֲבָה, יְשַׁלֵּם בָּהֶם כָּל חֵפֶץ, וְתַשֵּׂג כָּל תְּכוּנָה. וּמִבְּלִי חָכְמָה, אֵין הָאַהֲבָה שְׁלֵמָה. כִּי הַכְּסִיל, אֲשֶׁר הוּא רֵיק מִן הַחָכְמָה, אַף־עַל־פִּי שֶׁהוּא אוֹהֵב לְבוֹרְאוֹ, לֹא יֵדַע לַעֲשׂוֹת רְצוֹנוֹ, וְלֹא יֵדַע דַּרְכֵי הַשֵּׁם, אֶלָּא יֶאֱסוֹר הַמֻּתָּר וְיַתִּיר הָאָסוּר, וְלֹא יָדַע וְאָשֵׁם, וְתִהְיֶה אַהֲבָתוֹ כְּעָנָף בְּלֹא שֹׁרֶשׁ וּכְבִנְיָן מֵאֵין יְסוֹד. אֲבָל אִם הָיְתָה לוֹ אַהֲבָה וְיִקְנֶה חָכְמָה, אָז יַכִּיר מְקוֹמוֹת הָעֲבוֹדָה וּמְקוֹם הָרָאוּי לְהוֹסִיף וְלִגְרוֹעַ וְלֵדַע סוֹד עֲבוֹדַת הָאֵל וְאָפְנֶיהָ וּדְרָכֶיהָ, וְכֵן כָּל מְלָאכָה אֲשֶׁר יַרְגִּיל בָּהּ הָאָדָם וְיֵדָעֶנָּה הֵיטֵב. וְאִם יִהְיֶה כְּסִיל, לֹא יַעֲשֶׂנָּה כַּמִּשְׁפָּט, מִפְּנֵי שֶׁיִּזְדַּמְּנוּ עִתִּים אֲשֶׁר יִתְחַדְּשׁוּ בָעִסְקָה וּבַמְּלָאכָה הַהִיא חִדּוּשִׁים אֲשֶׁר לֹא לְמָדָם וְלֹא יְדָעָם בִּשְׁעַת לִמּוּדוֹ. וְאִם יִהְיֶה חָכָם, לֹא יַזִּיק לוֹ זֶה, אַחֲרֵי אֲשֶׁר לָמַד הָעִקָּרִים. כִּי מִכֹּחַ הָעִקָּרִים, יוֹצִיא שְׁאָר הָעֲנָפִים וְיָבִין הָעִנְיָנִים הַמִּתְחַדְּשִׁים. וְאִם יִהְיֶה כְּסִיל, לֹא יֵדַע לְסַדֵּר עִנְיָנֵי הַמְּלָאכָה כְּשֶׁיָּבוֹא עָלָיו שׁוּם חִדּוּשׁ. וְעַל כֵּן נֵדַע בֶּאֱמֶת, כִּי בִשְׁלֹשָׁה אֵלֶּה תִּהְיֶה הָעֲבוֹדָה שְׁלֵמָה וּנְכוֹנָה. וְאִי־אֶפְשָׁר שֶׁיִּתְחַבְּרוּ הָאַהֲבָה וְהַחָכְמָה שֶׁלֹּא תִמָּצֵא הַיִּרְאָה בְּתוֹכָן וּבִכְלָלָן.

וְעַתָּה אַחֲרֵי אֲשֶׁר הִתְבָּאֵר כִּי עַמּוּדֵי הָאַהֲבָה שְׁלֹשָׁה וּפֵרַשְׁנוּ כָּל אֶחָד בְּדֶרֶךְ קְצָרָה, נֹאמַר, כִּי יְסוֹד הַסֵּפֶר וְכַוָּנָתוֹ הִיא עֲבוֹדָה אֲשֶׁר בָּהּ יַשִּׂיג הָאָדָם רְצוֹן הָאֵל, עַד יְטַהֵר לִבּוֹ מֵרִשְׁעָתוֹ וִינַקֵּהוּ מִטֻּמְאָתוֹ, וְאָז תִּדְבַּק בְּלִבּוֹ עֲבוֹדַת הָאֵל. כְּמוֹ הַבֶּגֶד אֲשֶׁר תִּרְצֶה לִצְבּוֹעַ אוֹתוֹ, אִם יִהְיֶה מְטֻנָּף, לֹא

then the dye will not be fast until you first wash it well and remove all of its stains; then the dye will be fast. Concerning this, Isaiah, the prophet, peace be upon him, said (Isaiah 55:7), "Let the wicked forsake his way, and the man of iniquity his thoughts; and let him return unto the Lord, and He will have compassion upon him, and let him return to our God, for He will abundantly pardon." And Samuel the prophet said (1 Samuel 7:3), "If ye do return unto the Lord with all your heart, then put away the foreign gods from among you."

Now that it has been made clear that our intent is to further the service of the Creator, blessed be He, for because of that the world was created, we say that the service of God is an obligation upon us to fulfill, both from Scripture and from reason. From Scripture, we learn that the Creator, blessed be He, created the world for no other reason than for the Torah, as it is said (Jeremiah 33:25), "If My covenant be not with day and night, if I have not appointed the ordinances of heaven and earth." And it says further (Proverbs 3:19), "The Lord by wisdom founded the earth; by understanding He established the heavens." And it says further (Proverbs 8:22), "The Lord made me the beginning of His way, the first of His works of old." We can say that the service of God is an obligation upon us, for the Creator gave the Torah to Israel at Mount Sinai, only as the means to serve Him, as it is said (Exodus 20:17), "God is come to prove you, and that His fear may be before you, that ye sin not." And it is written (ibid., 3:12), "When thou hast brought forth the people out of Egypt, ye shall serve God upon this mountain." And it is said (Deuteronomy 6:13), "Thou shalt fear the Lord thy God; and Him shalt thou serve." Scripture placed "fear" before "service" to teach that if there is no fear there can be no serving of God. Thus it is said (ibid., 10:12), "And now, Israel, what doth the Lord thy God require of thee, but to fear the Lord thy God. . . ." Now that we know that the world was created only for the sake of the Torah, we also know that the world was created for no other purpose than the service of God. As long as service to God and righteousness stand, the world will stand upon them. As it is said (Proverbs 10:25), "But the righteous is an everlasting foundation." Since it has been explained that the service of God is what we are obligated to do according to Scripture, we will now explain how it is derived by way of reason. We

יִדְבַּק בּוֹ הַצֶּבַע, עַד אֲשֶׁר תִּרְחָצֵהוּ הֵיטֵב וְתָסִיר כָּל כְּתָמָיו, וְאָז יִדְבַּק בּוֹ הַצֶּבַע, וְעַל זֶה אָמַר [יְשַׁעְיָהוּ] הַנָּבִיא עָלָיו הַשָּׁלוֹם (ישעיהו נה ז) יַעֲזֹב רָשָׁע דַּרְכּוֹ וְאִישׁ אָוֶן מַחְשְׁבֹתָיו וְיָשֹׁב אֶל־יְיָ וִירַחֲמֵהוּ וְאֶל־אֱלֹהֵינוּ כִּי־יַרְבֶּה לִסְלוֹחַ. וְאָמַר שְׁמוּאֵל הַנָּבִיא (שמואל א ז ג) אִם־בְּכָל־לְבַבְכֶם אַתֶּם שָׁבִים אֶל־יְיָ הָסִירוּ אֶת־אֱלֹהֵי הַנֵּכָר מִתּוֹכְכֶם.

וְאַחֲרֵי אֲשֶׁר הִתְבָּאֵר כִּי כַוָּנָתֵנוּ בַּעֲבוֹדַת הַבּוֹרֵא יִתְבָּרַךְ כִּי בִשְׁבִילָהּ נִבְרָא הָעוֹלָם, נֹאמַר, כִּי הָעֲבוֹדָה חוֹבָה עָלֵינוּ לַעֲשׂוֹת מִן הַכָּתוּב וּמִן הַשֵּׂכֶל. מִן הַכָּתוּב, כִּי הַבּוֹרֵא יִתְבָּרַךְ לֹא בָרָא הָעוֹלָם אֶלָּא בִּשְׁבִיל הַתּוֹרָה, כְּמוֹ שֶׁנֶּאֱמַר (ירמיה לג כה) אִם־לֹא בְרִיתִי יוֹמָם וָלָיְלָה חֻקּוֹת שָׁמַיִם וָאָרֶץ לֹא־שָׂמְתִּי. וְאוֹמֵר (משלי ג יט) יְיָ בְּחָכְמָה יָסַד אָרֶץ כּוֹנֵן שָׁמַיִם בִּתְבוּנָה. וְאוֹמֵר (שם ח כב) יְיָ קָנָנִי רֵאשִׁית דַּרְכּוֹ קֶדֶם מִפְעָלָיו מֵאָז. וְנֹאמַר, כִּי הָעֲבוֹדָה חוֹבָה עָלֵינוּ, כִּי הַתּוֹרָה לֹא נְתָנָהּ הַבּוֹרֵא לְיִשְׂרָאֵל בְּסִינַי כִּי אִם לַעֲבוֹד אוֹתוֹ, שֶׁנֶּאֱמַר (שמות כ כ) כִּי לְבַעֲבוּר נַסּוֹת אֶתְכֶם בָּא הָאֱלֹהִים וּבַעֲבוּר תִּהְיֶה יִרְאָתוֹ עַל־פְּנֵיכֶם לְבִלְתִּי תֶחֱטָאוּ. וְאוֹמֵר (שם ג יב) בְּהוֹצִיאֲךָ אֶת־הָעָם מִמִּצְרַיִם תַּעַבְדוּן אֶת־הָאֱלֹהִים עַל הָהָר הַזֶּה. וְאוֹמֵר (דברים ו יג) אֶת־יְיָ אֱלֹהֶיךָ תִּירָא וְאֹתוֹ תַעֲבֹד, הִקְדִּים הַיִּרְאָה לַעֲבוֹדָה, לְלַמֶּדְךָ, כִּי אִם אֵין יִרְאָה, אֵין עֲבוֹדָה. וְכֵן אָמַר (שם י יב) וְעַתָּה יִשְׂרָאֵל מָה יְיָ אֱלֹהֶיךָ שֹׁאֵל מֵעִמָּךְ כִּי אִם־לְיִרְאָה. וְאַחֲרֵי אֲשֶׁר נֵדַע כִּי הָעוֹלָם לֹא נִבְרָא אֶלָּא בִשְׁבִיל הַתּוֹרָה, נֵדַע כִּי הָעוֹלָם לֹא נִבְרָא אֶלָּא בִּשְׁבִיל הָעֲבוֹדָה. וּבְעוֹד אֲשֶׁר תַּעֲמוֹד הָעֲבוֹדָה וְהַצְּדָקָה, יַעֲמוֹד הָעוֹלָם עֲלֵיהֶם, שֶׁנֶּאֱמַר (משלי י כה) וְצַדִּיק יְסוֹד עוֹלָם. וְאַחֲרֵי אֲשֶׁר הִתְבָּאֵר כִּי הָעֲבוֹדָה אָנוּ חַיָּבִים לַעֲשׂוֹתָהּ מִדֶּרֶךְ הַכָּתוּב, נְפָרֵשׁ אוֹתָהּ

will say that it is well known that with regard to a mortal king, his kingdom is not firmly established except by the faithful service of his servants. If his servants do not serve him or fear him, then he has no sway over them, and there is no way in which his authority over them can be known. We see that such a king rewards his servants according to their service and their fear of him. If a king of flesh and blood must show his dominion and authority over his servants who are creatures such as he, and who may even be better than he, how much more is it fitting that the dominion of the Creator, blessed be He, should be apparent from our fear of Him. In what way can it be known that He is our Creator and we His servants, and that He endures forever, while we are transitory? How can we make all of this known except by doing His will and by our fear of Him? In this way, we will know what we are and what our lives are.

Since we know that the service of God, blessed be He, is an obligation imposed upon us by Scripture and by reason, we say that the service is divided into two parts. The first part is that highest and complete service which is of the utmost perfection, such as the service of the famed pious men, Abraham, Isaac, Jacob, Moses, Aaron, David, and Solomon, and those who were associated with them, peace be upon them. The second part is the service which lacks something when compared to the service which we have just mentioned. It is a service which is like the service of the pious men of these generations, who could not purify their hearts as did the Patriarchs, and who could therefore not attain the highest level.

I mention the high level of the qualities of the pious men who belonged to the first group and the qualities of the men of lower status, in order that every man should see what he must do in order to attain a loftier height. Know that the pious ones of the loftiest height are the famed heroes who feared God, and were without sin or guilt, doing the will of God and guarding His ways, and strengthening themselves to walk in His ways. From the day of their birth, they committed no wrongful act either by error or by intent. They did not sin or rebel. As

מִדֶּרֶךְ הַשֵּׂכֶל, וְנֹאמַר, כִּי מִן הַיָּדוּעַ, כִּי מֶלֶךְ בָּשָׂר־וָדָם לֹא תִכּוֹן מַלְכוּתוֹ כִּי אִם בַּעֲבוֹדַת עֲבָדָיו. וְאִם לֹא יַעַבְדוּהוּ וְיִירָאוּהוּ, אֵין לוֹ מֶמְשָׁלָה עֲלֵיהֶם, וְאֵין בַּמֶּה יִוָּדַע יִתְרוֹנוֹ עֲלֵיהֶם. וְאָנוּ רוֹאִים, כִּי הַמֶּלֶךְ יִגְמוֹל עֲבָדָיו כְּפִי עֲבוֹדָתָם וְיִרְאָתָם אוֹתוֹ. וְאִם מֶלֶךְ בָּשָׂר־וָדָם צָרִיךְ לְהֵרָאוֹת מֶמְשַׁלְתּוֹ וְיִתְרוֹנוֹ עַל עֲבָדָיו אֲשֶׁר הֵם בְּרוּאִים כָּמוֹתוֹ וְאֶפְשָׁר שֶׁיִּהְיוּ טוֹבִים מִמֶּנּוּ, עַל אַחַת כַּמָּה וְכַמָּה הִיא רְאוּיָה מֶמְשֶׁלֶת הַבּוֹרֵא יִתְבָּרַךְ לְהֵרָאוֹת עָלֵינוּ בְּיִרְאָתֵנוּ אוֹתוֹ. וּבַמֶּה יִוָּדַע כִּי הוּא בּוֹרְאֵנוּ וַאֲנַחְנוּ עֲבָדָיו, וְהוּא קַיָּם וַאֲנַחְנוּ אוֹבְדִים – כִּי אִם בַּעֲשׂוֹתֵנוּ רְצוֹנוֹ וְיִרְאָתֵנוּ מִפָּנָיו, וּבָזֶה נַכִּיר מָה אָנוּ מֶה חַיֵּינוּ.

וְאַחֲרֵי אֲשֶׁר נֵדַע כִּי עֲבוֹדַת הָאֵל יִתְבָּרַךְ הִיא חוֹבָה עָלֵינוּ עַל פִּי הַכָּתוּב וְהַשֵּׂכֶל, נֹאמַר, כִּי הָעֲבוֹדָה נֶחֱלֶקֶת לִשְׁנֵי חֲלָקִים: הַחֵלֶק הָאֶחָד, הָעֲבוֹדָה הָעֶלְיוֹנָה וְהַגְּמוּרָה אֲשֶׁר הִיא בְּתַכְלִית הַשְּׁלֵמוּת, כְּגוֹן עֲבוֹדַת אַנְשֵׁי־הַשֵּׁם הַחֲסִידִים, אַבְרָהָם יִצְחָק וְיַעֲקֹב וּמֹשֶׁה וְאַהֲרֹן דָּוִד וּשְׁלֹמֹה וְהַנִּלְוִים אֲלֵיהֶם עֲלֵיהֶם הַשָּׁלוֹם. וְהַחֵלֶק הַשֵּׁנִי, הִיא עֲבוֹדָה חֲסֵרָה מִזֹּאת אֲשֶׁר זָכַרְנוּ, כְּמוֹ עֲבוֹדַת חֲסִידֵי הַדּוֹרוֹת הָאֵלֶּה, אֲשֶׁר לֹא יָכְלוּ לְטַהֵר אֶת לִבָּם כְּמוֹ הָרִאשׁוֹנִים, וְעַל כֵּן לֹא יַגִּיעוּ לְמַעֲלָה הָעֶלְיוֹנָה.

וְהִנְנִי זוֹכֵר מַעֲלַת מִדּוֹת הַחֲסִידִים מַעֲלָה עֶלְיוֹנָה וְהַמִּדּוֹת אַנְשֵׁי מַעֲלָה הַשְּׁפָלָה, לְמַעַן יִרְאֶה כָּל אָדָם מַה שֶּׁיֵּשׁ עָלָיו לַעֲשׂוֹת, וְאָז יַגִּיעַ אֵלֶיהָ. דַּע, כִּי חֲסִידֵי מַעֲלָה עֶלְיוֹנָה הֵמָּה הַגִּבּוֹרִים אַנְשֵׁי־הַשֵּׁם, יִרְאֵי־אֱלֹהִים וְאֵין בָּהֶם חֵטְא וְאָשָׁם. עוֹשֵׂי רְצוֹן הָאֵל וְשׁוֹמְרֵי מַהֲלָכָיו, וּמִתְאַמְּצִים לָלֶכֶת בִּדְרָכָיו. מִיּוֹם הִוָּלְדָם לֹא שָׁגוּ וְלֹא זָדוּ, וְלֹא פָשְׁעוּ וְלֹא מָרָדוּ.

they grew up, they separated themselves from every evil path. When they grew older, they established all the world as a proper place for their eternal dwelling place. When they sat and when they walked, when they lay down and when they arose, both day and night, they meditated on the Torah with the Lord and performed His service with great love. Their impulse was constrained by the yoke of their reason, without the permitted being forbidden or the forbidden permitted. They did no evil, nor did they learn the ways of presumption and wickedness. Modest before God and man, restraining their desire with all their soul and with all their might, of little worth in their own eyes but honored in the eyes of the Lord. A pillar of fiery law hovers always over them, and His wisdom illuminates their faces, and the Ark of the Covenant of the Lord travels before them. Their heart is in the house of mourning, for they know that all is vanity. They do not begin any matter of service to God only to change their goal afterwards, and they never barter that which is good for that which is evil. They do not sit in the close companionship of scoffers, and their delight is only in the statutes and righteous judgments. They occupy themselves with the needs of the poor and the redemption of captives. Their companionship is wisdom and understanding, their word is true, and their love faithful. Deceit is not found in their mouths, and their lips never weary of praising God They flee from lordship and domination, and they give their companionship to every lowly and perplexed soul. They are content with their lot and seek nothing but the food assigned to them to fill their needs. They eat in order to live, and they do not live in order to eat or to drink. All sorts of dainty foods are not sweet to them, nor do they long to wear garments of scarlet. They choose for their clothes what would befittingly cover their nakedness. And of food they choose that which will sustain them and talk of that which is essential and of deeds that will be good for them and shield them from harm. They remove anger from their hearts, and they cast forth hatred from within themselves. They pay no attention to those who revile them, nor do they bear a grudge or seek vengeance. As to those who curse them, their soul is silent. There is no sadness or sorrow in their hearts, no feeling of calamity or deep sorrow. There is nothing in this world that they desire greatly, and thus they do not worry that they lack it, for they have trust

וְכַאֲשֶׁר גָּדְלוּ, מִכָּל אֹרַח רָע נִבְדָּלוּ. וּבְבוֹאָם בַּיָּמִים, הֵכִינוּ כָּל הָעוֹלָם מָכוֹן לְשִׁבְתָּם עוֹלָמִים. בְּשִׁבְתָּם וְלֶכְתָּם, בְּשָׁכְבָם וּבְקוּמָם, גַּם לַיְלָה גַּם יוֹמָם, בְּתוֹרַת־הַשֵּׁם יֶהְגּוּ, וּבַעֲבוֹדָתוֹ יִשְׁגּוּ. וְיִצְרָם בְּעֹל שִׂכְלָם אָסוּר, בְּלִי לֶאֱסוֹר מֻתָּר וּלְהַתִּיר אָסוּר. לֹא יַעֲשׂוּ רָעָה, וְלֹא יִלְמְדוּן זָדוֹן וְרִשְׁעָה. צְנוּעִים לָאֵל וְלִבְנֵי־אָדָם, כּוֹבְשִׁים יִצְרָם בְּכָל נַפְשָׁם וּבְכָל מְאוֹדָם. נִבְזִים בְּעֵינֵיהֶם, וְנִכְבָּדִים בְּעֵינֵי אֲדוֹנֵיהֶם. עַמּוּד־אֵשׁ־דָּתוֹ תָּמִיד עוֹמֵד עֲלֵיהֶם, וְחָכְמָתוֹ תָּאִיר פְּנֵיהֶם, וַאֲרוֹן־בְּרִית־הַשֵּׁם נוֹסֵעַ לִפְנֵיהֶם. לִבָּם בְּבֵית־אֵבֶל, מִפְּנֵי שֶׁיָּדְעוּ כִּי הַכֹּל הָבֶל. לֹא יַתְחִילוּ בְּעִנְיָן מִכָּל עִנְיָנֵי הָעֲבוֹדָה וְאַחֲרֵי כֵן יְמִירוּהוּ, וְטוֹב בְּרָע לֹא יַחֲלִיפוּהוּ. לֹא יֵשְׁבוּ בְסוֹד מְשַׂחֲקִים, וְאֵין שַׁעֲשׁוּעֵיהֶם כִּי אִם חֻקִּים וּמִשְׁפָּטִים צַדִּיקִים. מִתְעַסְּקִים בְּצָרְכֵי-עֲנִיִּים, וּפִדְיוֹן־שְׁבוּיִים. חֶבְרָתָם חָכְמָה וּתְבוּנָה, וְדִבְרָתָם נְכוֹנָה, וְאַהֲבָתָם אֱמוּנָה. רְמִיָּה לֹא תִמָּצֵא בְּפִיהֶם, וּמִתְהִלַּת אֱלֹהֵיהֶם לֹא יִבְלוּ שִׂפְתוֹתֵיהֶם. יִבְרְחוּ מִן הַשְּׂרָרָה וְהַמְּלוּכָה, וְיִתְחַבְּרוּ לְכָל נֶפֶשׁ נְמוּכָה וּנְבוּכָה. הֵם הַשְּׂמֵחִים בְּחֶלְקָם, וְלֹא יְבַקְשׁוּ כִּי אִם לֶחֶם־חֻקָּם, לְמַלֹּאת סִפְקָם. יִתְאַוּוּ אֲכִילָתָם בַּעֲבוּר חִיּוּתָם, וְלֹא יִתְאַוּוּ חִיּוּתָם בַּעֲבוּר אֲכִילָתָם וּמַשְׁקָם. לֹא יֶעֶרְבוּ לָהֶם מִינֵי מַעֲדַנִּים, וְלֹא יִתְאַוּוּ לִלְבּוֹשׁ בִּגְדֵי שָׁנִים. יִבְחֲרוּ מֵהַמַּלְבּוּשִׁים, מַה שֶּׁיְּכַסּוּ מַעֲרֻמֵּיהֶם. וּמִן הַמָּזוֹן, מַה שֶּׁיְּקַיְּמוּ בוֹ חַיֵּיהֶם. וּמִן הַדִּבּוּר, מַה שֶּׁהוּא צָרִיךְ אֲלֵיהֶם. וּמִן הַמַּעֲשִׂים, מַה שֶּׁיָּבִיא תוֹעֶלֶת אֲלֵיהֶם וְיַרְחִיק הֶזֵּק מֵהֶם. יָסִירוּ הַכַּעַס מִלִּבָּם, וְיוֹצִיאוּ הַמַּשְׂטֵמָה מִקִּרְבָּם. לֹא יָשִׁיתוּ לֵב לִמְגַדְּפָם לִטּוֹר וְלִקּוֹם, וְלִמְקַלְלֵיהֶם נַפְשָׁם תִּדּוֹם. אֵין בְּלִבָּם תּוּגָה וְלֹא יָגוֹן, וְלֹא אֵיד וְלֹא עִצָּבוֹן. כִּי אֵין בָּעוֹלָם הַזֶּה דָּבָר שֶׁיַּחְמְדוּהוּ, וְלָכֵן לֹא יִדְאֲגוּ אִם יַחְסְרוּהוּ, כִּי הֵם

in their Maker. They lack food but are rich in the treasures of the heart. When trouble comes they are not terrified, and the terror of tumult does not confuse them. When the full force of distress or a day of anger and wrath comes upon them, they do not resent the judgment of their God but accept his decision as righteous in all matters that come upon them. Their heart is directed to the merciful God, to the faithful Creator. They do not know how to plot evil deeds, and they seek no greatness for themselves. Their task is the work of God, and their statutes are the Torah of God. They study it and teach it to sinners, but they will first warn and admonish themselves and only afterward the wicked. They fast by day and arise by night. They stand in prayer at the beginning of the watches of the night in order to offer songs in the night. They bend downward to the earth in petition and in the whisper of pleading, and they lick the earth like a lowly serpent, expressing their yearning with a cry and letting their tears fall like a stream. Recognizing their sins and confessing their wrong doings, doing kindly deeds, rejecting any profit gained from oppression, honoring God with their wealth, and giving a tithe of all their possessions, they do not eat their morsel of bread alone, but they open their hand to the poor and the needy. They accompany the dead to their grave, to see there what is the end of mortal man. Their riddles are in words of God, and their delight is to attain the height of those of lofty soul. Their service to God is with a complete heart and eager soul, and their souls are washed clean of hypocrisy. They conduct themselves only with humility, which keeps arrogance at a distance. Their heart is pure and clean and their thoughts are clean and pure. If they grow rich, they do not kick out haughtily against God and man, and they never remove God from before their eyes. Their prayer arises in the evening, morning, and afternoon to their God; perhaps He will help them make their deeds righteous, and guard them from sin during their lifetime, and take them from this world in peace to the dwelling place of peace. They pray that after leaving this world they might rest and be resurrected according to their portion. This is the inheritance of the servants of God, and this is the perfect service which God has chosen.

But as to the service which is deficient and incomplete, all its adherents are weak and become weak by virtue of this service, hesitating and halting between two opinions. They hold onto repentance, but they

יִבְטְחוּ עַל עוֹשָׂם. הֵם חַסְרֵי מְזוֹנוֹת, וַעֲשִׁירֵי לְבָבוֹת. לֹא יַחֲרִידֵם בּוֹא הַתְּלָאוֹת, וְלֹא תַבְהִילֵם חֶרְדַּת הַתְּשׁוּאוֹת. כְּבוֹא עֲלֵיהֶם תֹּקֶף צָרָה, אוֹ יוֹם חָרוֹן וְעֶבְרָה, לֹא יִקְצְפוּ עַל דִּין אֱלֹהֵיהֶם, רַק יַצְדִּיקוּ דִּינוֹ עַל כָּל הַבָּאִים עֲלֵיהֶם. וְלִבָּם (לַיְצוּרִים) [לְיוֹצְרָם] לְאֵל רַחֲמָן, לְיוֹצֵר נֶאֱמָן. לֹא יֵדְעוּ לְהִתְעוֹלֵל עֲלִילוֹת, וְלֹא יְבַקְשׁוּ לָהֶם גְּדוֹלוֹת. מְלַאכְתָּם מְלֶאכֶת־הַשֵּׁם, וְחֻקֵּיהֶם תּוֹרַת־הַשֵּׁם. יִלְמְדוּ אוֹתָהּ וִילַמְּדוּהָ לַפּוֹשְׁעִים, וְיַזְהִירוּ נַפְשָׁם וְאַחֲרֵי כֵן לָרְשָׁעִים. בַּיָּמִים יָצוּמוּ, בַּלֵּילוֹת יָקוּמוּ. וְעוֹמְדִים לְרֹאשׁ אַשְׁמוּרוֹת, לָתֵת בַּלַּיְלָה זְמִירוֹת. יִגְהֲרוּ אַרְצָה בְּתַחֲנוּן וְלַחַשׁ, וְלוֹחֲכִים עָפָר כַּנָּחָשׁ. עוֹרְגִים בְּקוֹל שַׁוְעָה, וְיוֹרִידוּ כַּנַּחַל דִּמְעָה. מַכִּירִים חַטָּאתָם, וּמִתְוַדִּים עֲוֹנוֹתָם. גּוֹמְלִים צְדָקוֹת, מוֹאֲסִים בְּבֶצַע מַעֲשַׁקּוֹת. מְכַבְּדִים אֶת הַשֵּׁם מֵהוֹנָם, וְנוֹתְנִים מַעֲשֵׂר מִכָּל קִנְיָנָם. לֹא יֹאכְלוּ פִּתָּם לְבַדָּם, רַק יִפְתְּחוּ לָאֶבְיוֹן יָדָם. יְלַוּוּ הַמֵּתִים לִקְבוּרָתָם, לִרְאוֹת שָׁמָּה מָה אַחֲרִיתָם. חִידוֹתָם דִּבְרֵי אֱלֹהִים, וְשַׁעֲשׁוּעֵיהֶם לֶאֱחוֹז מַעֲלַת גְּבוֹהִים. עֲבוֹדָתָם בְּלֵב שָׁלֵם וּבְנֶפֶשׁ חֲפֵצָה, וְנַפְשָׁם מִדְּמֵי־חֹנֶף רְחוּצָה. לֹא יִתְנַהֲגוּ רַק בַּעֲנָוָה, אֲשֶׁר תַּרְחִיק הַגַּאֲוָה. לִבָּם זַךְ וָבַר, וְרַעְיוֹנָם טָהוֹר וְנָבָר. לֹא יִבְעֲטוּ אִם יַעְשִׁירוּ, וְהָאֵל מִנֶּגֶד עֵינֵיהֶם לֹא יָסִירוּ. תְּפִלָּתָם עֶרֶב וָבֹקֶר וְצָהֳרַיִם לֵאלֹהֵיהֶם, אוּלַי יַעְזְרֵם לְיַשֵּׁר מַעַלְלֵיהֶם, וְלִשְׁמוֹר אוֹתָם מֵחֲטוֹא בְּחַיֵּיהֶם, וּלְהוֹצִיאָם מִן הָעוֹלָם הַזֶּה בְּשָׁלוֹם, לִנְוֵה־הַשָּׁלוֹם. וְאַחַר יְצִיאָתָם מִן הָעוֹלָם, יָנוּחוּ וְיַעַמְדוּ בְּגוֹרָלָם. זֹאת נַחֲלַת עַבְדֵי־הַשֵּׁם, וְזֹאת הָעֲבוֹדָה הַשְּׁלֵמָה אֲשֶׁר בָּחַר הַשֵּׁם.

אֲבָל הָעֲבוֹדָה הַחֲסֵרָה אֲשֶׁר אֵינֶנָּה שְׁלֵמָה, כָּל אֲנָשֶׁיהָ מִתְרַפִּים, וּבַעֲבוֹדָתָהּ נִרְפִּים, פּוֹסְחִים עַל שְׁתֵּי הַסְּעִפִּים.

do not abandon the object of their sin. Their service, even though it was as gold, is not free from the dross of errors and the dreg of their wrongful acts. Their heart is tied from their youth to the vanities of this world, and, therefore, they cannot separate themselves from them even at the time of their service. Their desire is too strong for them and it is like a curtain between them and their Maker. Their righteousness is weak and their service sickly. If it is strong once, it is weak twice. They want to ascend to the height of those of lofty soul, but they cannot. They strive to be uplifted, but they are brought low. For the temptation of this world which God has placed in their heart restrains them, and therefore He has imprisoned them with those who dwell below. They appear to do wondrous things in their service, but it is only to show men their righteousness, only that their name should be famous in their generation. They strive to understand the revealed things but are too lazy to study the hidden things. They have chosen to do what is easy in the service of God; they are too weary to bear the yoke of the heavier obligations. They vaunt themselves that they are more righteous than others, and the righteousness of others is small in their eyes. They are careful to observe every commandment that does not involve weariness and loss of money. But they hide their eyes from the difficult commandments which include weariness and loss of money. And the righteous ones, who have not rendered their heart to be faithful to God, have not escaped the stumbling blocks of error and have not attained the strength of the upper stairs and rungs; for their minds are too limited and narrow to contain the mysteries of the proper service and to understand the desirable qualities. According to what their heart contains is their service. Therefore, they need to have a book that contains words of truth and beauty. As, for example, the "Book Of The Duties Of The Heart," or any book that contains the service of God, blessed be He. Such a book will restore their soul and will be a righteous guide. It will remind them if they forget; it will warn them if they should err. It will teach them what they are lacking and will instruct them in what they do not know.

Therefore, we have said that there are two pillars to the service of God, blessed be He, and they are fear and love. These two pillars have a foundation, which is reason. Reason is the fruit of the rational soul. For when a man is born and goes forth into the world, the soul which is in

הֶחֱזִיקוּ בִתְשׁוּבָה, וְלֹא עָזְבוּ הַמְּשׁוּבָה. לֹא תִמָּלֵט עֲבוֹדָתָם וְאִם הִיא כַּזָּהָב, מִסִּיג הַשְּׁגָגוֹת וּבְדִילֵי הָעֲוֹנוֹת. לִבָּם קָשׁוּר בְּהַבְלֵי הָעוֹלָם־הַזֶּה מִנְּעוּרוֹתָם, וְעַל כֵּן לֹא יוּכְלוּ לְהִפָּרֵד מֵהֶם בְּעֵת עֲבוֹדָתָם. גָּבַר עֲלֵיהֶם הַיֵּצֶר, וַיְהִי לְמָסָךְ בֵּינָם וּבֵין הַיּוֹצֵר. צִדְקָתָם חֲלוּשָׁה, וַעֲבוֹדָתָם אֲנוּשָׁה. כִּי תֶחֱזַק פַּעַם, תֶּחֱלַשׁ פַּעֲמַיִם. יִרְצוּ לַעֲלוֹת לְמַעֲלַת גְּבוֹהִים וְלֹא יוּכְלוּ, וְיִפְצְרוּ לְהִנָּשֵׂא וְיִשְׁפָּלוּ. כִּי הָעוֹלָם אֲשֶׁר נָתַן בְּלִבָּם עֲצָרָם, וְעִם שׁוֹכְנֵי מַטָּה הִסְגִּירָם. הִפְלִיאוּ בַעֲבוֹדָתָם לְהַרְאוֹת לִבְנֵי־אָדָם צִדְקָתָם, לְמַעַן אֲשֶׁר יֵצֵא שְׁמָם בְּדוֹרָם. הִשְׁתַּדְּלוּ בְגִלּוּיוֹת, וְנִתְרַשְּׁלוּ בְנִסְתָּרוֹת. בָּחֲרוּ מִן הָעֲבוֹדָה הַקַּלָּה, וְנִלְאוּ לִסְבּוֹל הַכְּבֵדָה. הִתְגָּאוּ בְצִדְקָתָם עַל זוּלָתָם, וַתִּמְעַט בְּעֵינֵיהֶם צִדְקַת בִּלְתָּם. נִזְהֲרוּ בְּכָל מִצְוָה אֲשֶׁר אֵין בָּהּ יְגִיעַת נֶפֶשׁ אוֹ אֲבֵדַת הוֹן, וְהֶעְלִימוּ עֵינֵיהֶם מִן הַחֲמוּרוֹת אֲשֶׁר בָּהֶן יְגִיעָה וְהֶזֵּק מָמוֹן. וְהַיְשָׁרִים אֲשֶׁר לֹא נֶאֶמְנוּ לָאֵל לִבּוֹתֵיהֶם, לֹא נִמְלְטוּ מִמִּכְשׁוֹלוֹת הַמְּשׁוּגוֹת, וְלֹא הִגִּיעוּ לְגֹרֶם הַמַּעֲלוֹת וְהַמַּדְרֵגוֹת. כִּי לִבּוֹתָם קְצָרִים וְצָרִים מֵהָכִיל סוֹדוֹת הָעֲבוֹדוֹת, וּמֵהַשְׂכִּיל הַמִּדּוֹת הַחֲמוּדוֹת. וּכְפִי מַה שֶּׁיָּכִילוּ לִבּוֹתָם, כֵּן הִיא עֲבוֹדָתָם. וְעַל כֵּן הֻצְרְכוּ לִהְיוֹת לָהֶם סֵפֶר, הַנּוֹתֵן אִמְרֵי שֶׁפֶר, כְּגוֹן סֵפֶר חוֹבוֹת־הַלְּבָבוֹת וְזוּלָתוֹ, סֵפֶר כּוֹלֵל עֲבוֹדַת הָאֵל יִתְבָּרַךְ, וְהָיָה לָהֶם לְמֵשִׁיב נֶפֶשׁ וּלְמוֹרֵה צֶדֶק. יַזְכִּירֵם אִם יִשְׁכְּחוּ. וְיַזְהִירֵם אִם יִשְׁגּוּ, וִילַמְּדֵם מַה שֶּׁיִּקְצְרוּ, וְיוֹרֵם מַה שֶּׁלֹּא יָדְעוּ.

וְעַל כֵּן אָמַרְנוּ, כִּי עֲבוֹדַת הָאֵל יִתְבָּרַךְ, יֵשׁ לָהּ שְׁנֵי עַמּוּדִים, וְהֵם, הַיִּרְאָה וְהָאַהֲבָה. וְלִשְׁנֵי הָעַמּוּדִים הָאֵלֶּה יְסוֹד וְהוּא הַשֵּׂכֶל, וְהַשֵּׂכֶל הוּא פְּרִי הַנֶּפֶשׁ הַחֲכָמָה. כִּי בְעֵת יִוָּלֵד הָאָדָם וְיֵצֵא לַאֲוִיר הָעוֹלָם, תִּדְמֶה [הַ]נֶּפֶשׁ בְּתוֹךְ גּוּפוֹ כְּמוֹ

his body is like a seed that is sown beneath the earth whose power is not known, but its master waters it every day and guards it through heat and frost until it begins to sprout and send forth branches and shoots, and afterwards it brings forth flowers, produces blossoms, and finally its fruit ripens. Thus it is with the soul. At the beginning of its existence in the body its power is not known, and its deeds cannot be seen. It is like the seed which is hidden beneath the earth. It grows, and its powers begin to be discerned and are augmented slightly every day until the man reaches the time of youth, then the soul is like a tree which brings forth flowers and produces blossoms. As days are added to its life, man's reason is perfected, and then the soul is like a flower or a blossom whose fruit has ripened. Thus, the fruit of the soul is reason. However, not every tree produces good fruit, and not every soul has good reason. But according to the goodness of the soil, the goodness of the root, and the goodness of the care given to it, will be the goodness of the fruit. In a similar manner, the goodness of reason will be according to the goodness of the foundations of the body, which is the soil, and according to the goodness of the soul, which is the root, and according to the goodness of the moral instruction, which is the watch kept over it. It is because of this that we have said that reason is the foundation of fear and love. These two, fear and love, are the pillars of the proper service. According to the goodness of reason will be the goodness of the love and fear and their perfection, and, with this good reason, the service of God will be true.

Now, I shall explain to you the qualities of reason and the moral values and in what way man's reason may be known. We will say that a man who hews to the line of righteousness and does not transgress against the golden mean and does not diminish his deeds from attaining the golden mean is the possessor of a fine intellect. An illustration of this is in the matter of speech. If a man adds to his speech more than is proper, he is called a simpleton and is a sinner, as it is said (Proverbs 10:19), "In the multitude of words there wanteth not transgression." And if he speaks fewer words than is proper, he is called a fool, as it is said (ibid., 24:7), "Wisdom is as unattainable to a fool as corals. He openeth not his mouth in the gate." But if the words of his mouth are

הַזֶּרַע הַזָּרוּעַ תַּחַת הָאָרֶץ אֲשֶׁר לֹא נוֹדַע כֹּחוֹ, אַךְ יַשְׁקֵהוּ בְעָלָיו בְּכָל יוֹם וְיִשְׁמְרֵהוּ מֵחֹרֶב וּמִקֶּרַח, עַד אֲשֶׁר יַתְחִיל לִצְמוֹחַ וִישַׁלַּח עֲנָפִים וְיוֹנְקוֹת, וְאַחֲרֵי כֵן יוֹצִיא פֶּרַח וְיָצֵץ צִיץ, וּבַסּוֹף יִגְמוֹל פִּרְיוֹ. וְכֵן הַנֶּפֶשׁ, בִּתְחִלַּת הֱיוֹתָהּ בַּגּוּף, לֹא נוֹדַע כֹּחָהּ וְלֹא נִרְאוּ פְּעֻלּוֹתֶיהָ, וְהִיא כְּמוֹ הַזֶּרַע הַנִּסְתָּר תַּחַת הָאָרֶץ. וּבְכָל אֲשֶׁר תֵּלֵךְ הָלוֹךְ וְגָדֵל, יֵרָאוּ כֹחוֹתֶיהָ וְיוֹסִיפוּ בְכָל יוֹם מְעַט, עַד שֶׁיַּגִּיעַ הָאָדָם לִזְמַן הַבַּחֲרוּת, וְאָז תִּדְמֶה הַנֶּפֶשׁ לְאִילָן אֲשֶׁר יוֹצִיא פֶּרַח וְיָצֵץ צִיץ. וּבְעֵת יוֹסִיף יָמִים, יַשְׁלִים שֵׂכֶל הָאָדָם וְתִדְמֶה הַנֶּפֶשׁ לְפֶרַח וּלְצִיץ אֲשֶׁר גָּמַל פִּרְיוֹ. וּפְרִי הַנֶּפֶשׁ הוּא הַשֵּׂכֶל. וְאוּלָם לֹא כָל עֵץ עוֹשֶׂה פְּרִי טוֹב, וְלֹא כָל נֶפֶשׁ יֶשׁ לָהּ שֵׂכֶל טוֹב. אַךְ כְּפִי טוּב הָאֲדָמָה וְטוּב הַשֹּׁרֶשׁ וְטוּב הַשְּׁמִירָה, יִהְיֶה טוּב הַפֶּרִי. וְכֵן כְּפִי טוּב יְסוֹדוֹת הַגּוּף אֲשֶׁר הוּא הָאֲדָמָה, וּכְפִי טוּב יְסוֹד הַנֶּפֶשׁ אֲשֶׁר הוּא הַשֹּׁרֶשׁ, וּכְפִי טוּב הַמּוּסָר אֲשֶׁר הוּא הַשְּׁמִירָה, כֵּן יִהְיֶה טוּב הַשֵּׂכֶל. וּבַעֲבוּר זֶה אָמַרְנוּ, כִּי הַשֵּׂכֶל הוּא יְסוֹד לַיִּרְאָה וְלָאַהֲבָה, וּשְׁתֵּי אֵלֶּה הֵן עַמּוּדֵי הָעֲבוֹדָה. וּכְפִי טוּב הַשֵּׂכֶל, כֵּן יִהְיֶה טוּב הָאַהֲבָה וְהַיִּרְאָה וּשְׁלֵמוּתָן, וּבוֹ תִהְיֶה הָעֲבוֹדָה נְכוֹנָה.

וְהִנְנִי מְפָרֵשׁ לְךָ מִדּוֹת הַשֵּׂכֶל וְהַדֵּעוֹת וּבַמֶּה יִוָּדַע הַשֵּׂכֶל, וְנֹאמַר, כִּי אָדָם אֲשֶׁר מַעֲשָׂיו בְּקַו הַמִּישׁוֹר, וְלֹא יַעֲבוֹר בָּהֶם הַתְּכוּנָה, וְלֹא יְקַצֵּר מַעֲשָׂיו מֵהַגִּיעַ אֵלֶיהָ, הוּא בַעַל שֵׂכֶל טוֹב. וְדִמְיוֹן זֶה, כְּגוֹן הַדִּבּוּר, אִם יוֹסִיף אָדָם בְּדִבּוּרוֹ עַל הָרָאוּי, נִקְרָא שׁוֹטֶה, וְהוּא חוֹטֵא, כְּמוֹ שֶׁנֶּאֱמַר (משלי י יט) בְּרֹב דְּבָרִים לֹא יֶחְדַּל־פָּשַׁע. וְאִם יְמַעֵט דְּבָרָיו מִן הָרָאוּי, נִקְרָא אֱוִיל, כַּאֲשֶׁר אָמַר (שם כד ז) רָאמוֹת לֶאֱוִיל חָכְמוֹת בַּשַּׁעַר לֹא יִפְתַּח־פִּיהוּ. וְאִם יִהְיוּ דִבְרֵי פִיו כָּרָאוּי

as they should be, and if all of his words are delivered in proper measure, he is called an enlightened man, as it is said (ibid., 16:20), "He that giveth heed unto the word shall find good." And it is said (ibid., 15:23), "A man hath joy in the answer of his mouth; and a word in due season, how good is it." Concerning this, King Solomon, peace be upon him, said (Ecclesiastes 7:16-17), "Be not righteous overmuch; neither make thyself overwise; why shouldest thou destroy thyself? Be not overmuch wicked, neither be thou foolish; why shouldest thou die before thy time?" He wanted to express both of these ideas in order to let us know the straight path in every deed and in every utterance. Thus must it be in the service of the Creator, blessed be He. From this, you can understand that the deeds and the words, that are in the straight path in every deed and every utterance, are good in the eyes of God, and they are called the proper service of God. This quality cannot be complete without knowledge and wisdom. As the prophet Jeremiah said (Jeremiah 3:15), "And I will give you shepherds according to My heart, who shall feed you with knowledge and understanding." In proportion to the knowledge and wisdom that a man possesses, so will be his respect of righteousness, and he will be good with God and with men. As King Solomon, peace be upon him, said (Proverbs 12:8), "A man shall be commended according to his intelligence." If he has no intelligence, he cannot serve his God as is fitting because of four factors that interfere with the service and destroy it. First, he does not know the right path. Secondly, he does not know how to distinguish between good and bad. Thirdly, he does not fear his God. And fourthly, he does not believe that there is a reward for his deed. These four qualities are lacking if wisdom is lacking, for they cannot join together unless there be knowledge and wisdom. If a man does not have knowledge and wisdom, he will not recognize his God and serve Him, as it is said (Jeremiah 9:23), "But let him that glorieth glory in this, that he understandeth and knoweth Me." The Prophet means that everyone who possesses wisdom will understand and know "Me" immediately. For it is through knowledge that a man recognizes his Creator and then serves Him. In this manner, is it explained in many places. Concerning reason, it is said (Deuteronomy 29:8), "In order that you may do everything with intelligence",

וְכָל דְּבָרָיו בְּמִשְׁפָּט וּבְמִישׁוֹר, נִקְרָא מַשְׂכִּיל, כַּאֲשֶׁר אָמַר (שם טז כ) מַשְׂכִּיל עַל־דָּבָר יִמְצָא־טוֹב. וְאָמַר הַכָּתוּב (שם טו כג) שִׂמְחָה לָאִישׁ בְּמַעֲנֵה-פִיו וְדָבָר בְּעִתּוֹ מַה-טּוֹב. וְעַל זֶה אָמַר שְׁלֹמֹה הַמֶּלֶךְ עָלָיו הַשָּׁלוֹם (קהלת ז טז-יז) אַל־תְּהִי צַדִּיק הַרְבֵּה וְאַל־תִּתְחַכַּם יוֹתֵר לָמָּה תִּשּׁוֹמֵם, אַל־תִּרְשַׁע הַרְבֵּה וְאַל־תְּהִי סָכָל לָמָּה תָמוּת בְּלֹא עִתֶּךָ. וְרָצָה בִשְׁנֵי אֵלֶּה לְהוֹדִיעֵנוּ קַו הַמִּישׁוֹר בְּכָל מַעֲשֶׂה וּבְכָל מַאֲמָר. וְכֵן בַּעֲבוֹדַת הַבּוֹרֵא יִתְבָּרַךְ. וְתָבִין מִזֶּה, כִּי הַמַּעֲשִׂים וְהַדִּבּוּרִים אֲשֶׁר הֵם בְּקַו הַמִּישׁוֹר בְּכָל מַעֲשֶׂה וּבְכָל מַאֲמָר, הֵם טוֹבִים בְּעֵינֵי הַשֵּׁם וְהֵם הַנִּקְרָאִים עֲבוֹדַת הַשֵּׁם. וְזֹאת הַמִּדָּה לֹא תֻשְׁלַם כִּי אִם בְּדַעַת וּבְהַשְׂכֵּל, כַּאֲשֶׁר אָמַר הַנָּבִיא (ירמיה ג טו) וְנָתַתִּי לָכֶם רֹעִים כְּלִבִּי וְרָעוּ אֶתְכֶם דֵּעָה וְהַשְׂכֵּיל. וּכְפִי הַדַּעַת וְהַשֵּׂכֶל שֶׁיִּהְיֶה לָאָדָם, כֵּן יִהְיוּ מַעֲשָׂיו בְּמִישׁוֹר, וְיִהְיֶה טוֹב עִם הַשֵּׁם וְעִם אֲנָשִׁים, כַּאֲשֶׁר אָמַר שְׁלֹמֹה הַמֶּלֶךְ עָלָיו הַשָּׁלוֹם (משלי יב ח) לְפִי שִׂכְלוֹ יְהֻלַּל־אִישׁ. וְאִם לֹא יִהְיֶה לוֹ שֵׂכֶל, לֹא יַעֲבוֹד אֶת אֱלֹהָיו כָּרָאוּי, מִפְּנֵי אַרְבָּעָה דְבָרִים הַמְעַכְּבִים אֶת־הָעֲבוֹדָה וּמַשְׁחִיתִים אוֹתָהּ: הָאֶחָד, מִפְּנֵי שֶׁלֹּא יֵדַע הַמִּישׁוֹר. וְהַשֵּׁנִי,[מִפְּנֵי] שֶׁלֹּא יֵדַע בֵּין טוֹב לָרָע. וְהַשְּׁלִישִׁי, מִפְּנֵי שֶׁלֹּא יְפַחֵד מֵאֱלֹהָיו. וְהָרְבִיעִי, מִפְּנֵי שֶׁלֹּא יַאֲמִין כִּי יֵשׁ שָׂכָר לִפְעֻלָּתוֹ. וְהַמִּדּוֹת הָאֵלֶּה אַרְבַּעְתָּן יַחְסְרוּ לְחֶסְרוֹן הַשֵּׂכֶל, וְלֹא יִתְקַבְּצוּ כִּי אִם בְּדַעַת וּבְהַשְׂכֵּל. וְאִם לֹא יִהְיֶה לָאָדָם דַּעַת וְהַשְׂכֵּל, לֹא יַכִּיר אֱלֹהָיו וְלֹא יַעַבְדֶנּוּ, כַּאֲשֶׁר אָמַר הַכָּתוּב (ירמיה ט כג) כִּי אִם־בְּזֹאת יִתְהַלֵּל הַמִּתְהַלֵּל הַשְׂכֵּל וְיָדֹעַ אוֹתִי. רְצוֹנוֹ לוֹמַר, כָּל מִי שֶׁיִּהְיֶה לוֹ שֵׂכֶל, מִיָּד יַכִּיר וְיֵדַע אוֹתִי, כִּי בְדַעַת יַכִּיר אָדָם אֶת בּוֹרְאוֹ, וְאָז יַעַבְדֶנּוּ. וְכֵן פֵּרֵשׁ בִּמְקוֹמוֹת רַבִּים. בְּשֵׂכֶל הוּא אוֹמֵר (דברים כט ח) לְמַעַן תַּשְׂכִּילוּ אֵת כָּל־

and concerning knowledge, it is said (ibid., 4:35), "Unto thee it was shown, that thou mightest know."

Since it has been made clear that service to God must be with three things: with fear, with wisdom, and with love, we recognize that these three are given by one shepherd, and that is reason, for reason contains all three and other powers as well. For it is obvious that reason contains wisdom and love and the awareness that the rational person should in all things love the righteous path, lest he add to any of them more than is fitting or diminish more than is fitting. We learn from this that according to the perfection of the reason of man will his service to God become whole, and that what is lacking in the perfection of his service to God is lacking in the man's reason and knowledge. If the service be perfect there is no doubt that the knowledge of their possessor is complete. For Scripture says with regard to sins and sinners (Jeremiah 10:14), "Every man is proved to be brutish, without knowledge," and it says (Isaiah 44:18-19), "They know not, neither do they understand; for their eyes are bedaubed, that they cannot see, and their hearts, that they cannot understand. And none considereth in his heart, neither is there knowledge nor understanding." The Prophet means that the service must be with the power of wisdom, as it is said (Psalms 111:10), "Fear of the Lord is the beginning of wisdom." And this is a sign that the service of God, blessed be He, is the goal of reason and wisdom and that those who forsake God are fools. If someone were to say, "Behold you see the wicked, that even among them there are wise and intelligent men in every branch of wisdom. How can you say of them that they are fools or lacking in mental power?" Our answer would be: "When a wise man is visited by misfortune and thereupon does a thing which he has never done before, but suddenly realizes that through this thing salvation will come to him, it is a sign of his previous folly. We see wicked men who, when they are ill, or when they are in great pain, or when they are near to death, return, against their will, to the Creator, blessed be He. They plead with Him, for they recognize that no help or relief will come to them except from Him. Since they did not turn to Him when they were secure, and did not recognize that the act of repentance is good, there is no doubt that they are fools, and this is a sign of their lack of knowledge, for they did not recognize their Creator, blessed be He, except on the testing ground of troubles, as is the way with simpletons and fools. Such as they, have no superiority over other fools when it comes to knowledge of the Creator, blessed be He.

אֲשֶׁר תַּעֲשׂוּן. וּבְדַעַת הוּא אוֹמֵר (שם ד לה) אַתָּה הָרְאֵתָ לָדַעַת.

וְאַחֲרֵי אֲשֶׁר הִתְבָּאֵר כִּי הָעֲבוֹדָה תִּהְיֶה בִּשְׁלֹשָׁה דְבָרִים, בְּיִרְאָה, בְּחָכְמָה, וּבְאַהֲבָה, שְׁלָשְׁתָּן נִתְּנוּ מֵרוֹעֶה אֶחָד, וְהוּא הַשֵּׂכֶל. כִּי הַשֵּׂכֶל כּוֹלֵל שְׁלָשְׁתָּן וְכוֹלֵל כֹּחוֹת אֲחֵרִים. כִּי מִן הַיָּדוּעַ, כִּי הַשֵּׂכֶל כּוֹלֵל הַחָכְמָה, וְכוֹלֵל הָאַהֲבָה, וְכוֹלֵל שֶׁיֶּאֱהַב הַמַּשְׂכִּיל בְּכָל דָּבָר וְדָבָר, הַמִּישׁוֹר, לְבַל יוֹסִיף בְּאֶחָד מֵהֶם עַל הָרָאוּי אוֹ יִגְרַע מֵהָרָאוּי. וְנִלְמַד מִזֶּה, כִּי לְפִי שְׁלֵמוּת שֵׂכֶל הָאָדָם, תִּהְיֶה עֲבוֹדָתוֹ שְׁלֵמָה. וּכְפִי מַה שֶּׁיֶּחְסַר מִשְּׁלֵמוּת עֲבוֹדָתוֹ, יֶחְסַר מִשֵּׂכֶל־בְּעָלֶיהָ וּמִדַּעְתּוֹ. וְאִם תִּהְיֶה הָעֲבוֹדָה שְׁלֵמָה, אֵין סָפֵק כִּי דַעַת בְּעָלֶיהָ וְשִׂכְלוֹ שְׁלֵמִים. כִּי הַכָּתוּב אוֹמֵר בַּחַטָּאִים (ירמיה י יד) נִבְעַר כָּל אָדָם מִדַּעַת, וְאָמַר (ישעיה מד יח־יט) לֹא יָדְעוּ וְלֹא יָבִינוּ כִּי טַח מֵרְאוֹת עֵינֵיהֶם מֵהַשְׂכִּיל לִבֹּתָם, וְלֹא־יָשִׁיב אֶל־לִבּוֹ וְלֹא דַעַת וְלֹא־תְבוּנָה. רְצוֹנוֹ לוֹמַר, כִּי הָעֲבוֹדָה תִּהְיֶה מִכֹּחַ הַחָכְמָה, כַּאֲשֶׁר אָמַר (תהלים קיא י) רֵאשִׁית חָכְמָה יִרְאַת יְיָ. וְזֶה־לְּךָ הָאוֹת, כִּי עֲבוֹדַת הָאֵל יִתְבָּרַךְ, תַּכְלִית הַשֵּׂכֶל וְהַחָכְמָה. וְעוֹזְבֵי הָאֵל יִתְבָּרַךְ, הֵם אֱוִילִים. וְאִם יֹאמַר אוֹמֵר, הִנֵּה אֲנַחְנוּ רוֹאִים רְשָׁעִים שֶׁיֵּשׁ מֵהֶם חֲכָמִים וּמַשְׂכִּילִים בְּכָל חָכְמָה, וְאֵיךְ תֹּאמַר כִּי הֵם אֱוִילִים וְחַסְרֵי־לֵב. נֹאמַר לוֹ, כִּי כָל חָכָם אֲשֶׁר בְּעֵת תָּבוֹא עָלָיו צָרָה, עוֹשֶׂה דָבָר מִמַּה שֶׁלֹּא עָשָׂה קֹדֶם־לָכֵן וְיַכִּיר כִּי בַדָּבָר הַהוּא תִּהְיֶה לוֹ עֶזְרָה וִישׁוּעָה, זֶה לְאוֹת עַל סִכְלוּתוֹ. וַאֲנַחְנוּ רוֹאִים הָרְשָׁעִים בְּעֵת חָלְיָם אוֹ בִהְיוֹתָם בְּצַעַר אוֹ בִהְיוֹתָם נוֹטִים לָמוּת, יָשׁוּבוּ בְעַל־כָּרְחָם לַבּוֹרֵא יִתְבָּרַךְ, וְיִתְחַנְּנוּ אֵלָיו, וְיַכִּירוּ כִּי לֹא יָבוֹאוּ לָהֶם רֶוַח וְהַצָּלָה כִּי אִם מֵאִתּוֹ. וְאַחֲרֵי שֶׁלֹּא עָשׂוּ כֵן בִּהְיוֹתָם בְּשַׁלְוָה וְלֹא הִכִּירוּ כִּי הַמַּעֲשֶׂה הַהוּא טוֹב, אֵין סָפֵק כִּי הֵם כְּסִילִים, וְזֶה לְאוֹת עַל קֹצֶר דַּעְתָּם, אֲשֶׁר לֹא

CHAPTER III

Concerning Faith and Matters Involved In The Mysteries Of The Creator, Blessed Be He

Know that faith comes from reason. Reason is a general term, made up of love, fear, and wisdom, and when these three join and blend, there arises from them reason, and from reason there arises faith. Now it is possible that faith could be joined with two qualities alone—love and fear—but in such a case, the faith that would result would be defective. It is possible that the evil contained in certain wisdom will destroy him who is lacking in faith, for example, the wisdom of atheists, heretics, and philosophers, who do not believe in the Holy Torah, and this is because of the evil contained in their wisdom. Then when there are joined to this wicked wisdom an evil heart and unworthy qualities, the faith will be utterly destroyed. For the quality of love will be lacking in this combination, not only because of the evil heart, but because of the study of evil wisdoms, and new and evil matters will enter the heart. These will destroy the source of love, and then the very spring of love will be a corrupt and muddy fountain. When the lack of love is combined with evil wisdom, all faith is lost. Therefore, I must say that the true service of God comes from the power of faith, and faith, in turn, comes from the power of these three qualities, and these are wisdom, love, and fear. To these there are added many powers, for example, insistence upon the unity of God, trust in God, humility, moral conduct, and qualities similar to these. But we have not come to explain these other qualities at this time, but to explain rather the three that are the principal ones, and these three come from the power of reason, as we have previously said. Therefore, we come now to explain briefly the matter of reason, and afterwards we will explain all the matters pertain-

יַכִּירוּ הַבּוֹרֵא יִתְבָּרַךְ, כִּי אִם בְּמִבְחַן הַתְּלָאוֹת כַּפְּתָאִים וְהַסְּכָלִים, וְאֵין יִתְרוֹן לָהֶם מִשְּׁאָר הָאֱוִילִים בְּדַעַת הַבּוֹרֵא יִתְבָּרַךְ.

הַשַּׁעַר הַשְּׁלִישִׁי

בָּאֱמוּנָה וּבְעִנְיָנִים בְּסוֹדוֹת הַבּוֹרֵא יִתְבָּרַךְ.

דַּע, כִּי הָאֱמוּנָה תִּהְיֶה מִן הַשֵּׂכֶל, וְהַשֵּׂכֶל הוּא שֵׁם כְּלָלִי, מְחֻבָּר מִן הָאַהֲבָה וְהַיִּרְאָה וְהַחָכְמָה, כִּי שְׁלֹשׁ־אֵלֶּה, כְּשֶׁיִּתְחַבְּרוּ וְיִתְעָרְבוּ, יָקוּם מֵהֶן הַשֵּׂכֶל, וּמִן הַשֵּׂכֶל תָּקוּם הָאֱמוּנָה. וְאֶפְשָׁר שֶׁתִּתְחַבֵּר הָאֱמוּנָה מִן הַשְּׁתַּיִם לְבַדָּן, מִן הָאַהֲבָה וְהַיִּרְאָה, אַךְ תִּהְיֶה חֲסֵרָה הָאֱמוּנָה הַהִיא. וְאֶפְשָׁר שֶׁיִּהְיֶה רֹעַ-הַחָכְמָה מַשְׁחִית מְחֻסַּר-הָאֱמוּנָה, כְּגוֹן חָכְמַת הָאֶפִּיקוֹרְסִין וְהַמִּינִים וְהַפִּילוֹסוֹפִים אֲשֶׁר אֵינָם מַאֲמִינִים בַּתּוֹרָה הַקְּדוֹשָׁה, וְזֶה הוּא מִפְּנֵי רֹעַ חָכְמָתָם. וְכַאֲשֶׁר יִתְקַבֵּץ בַּחָכְמָה הָרָעָה לֵב רָע וּמִדּוֹת גְּרוּעוֹת, תֹּאבַד הָאֱמוּנָה עַד תַּכְלִיתָהּ, כִּי לֹא תֶּחְסַר הָאַהֲבָה מִפְּנֵי הַלֵּב הָרָע בִּלְבָד, אֶלָּא מִפְּנֵי לִמּוּד חָכְמוֹת רָעוֹת, וְיִתְחַדְּשׁוּ בַּלֵּב עִנְיָנִים רָעִים אֲשֶׁר יַשְׁחִיתוּ מוֹצָא הָאַהֲבָה, וְיָשׁוּב מְקוֹרָהּ מְקוֹר מָשְׁחָת וּמַעְיָן נִרְפָּשׂ. וְכַאֲשֶׁר יִתְקַבֵּץ חֶסְרוֹן הָאַהֲבָה עִם הַחָכְמָה הָרָעָה, תֹּאבַד כָּל הָאֱמוּנָה. וְעַל כֵּן אוֹמֵר, כִּי הָעֲבוֹדָה תָּבוֹא מִכֹּחַ הָאֱמוּנָה, וְהָאֱמוּנָה תָּבוֹא מִכֹּחַ הַשָּׁלֹשׁ, וְהֵן, הַחָכְמָה, וְהָאַהֲבָה, וְהַיִּרְאָה. שָׁלֹשׁ אֵלֶּה יִלָּווּ עֲלֵיהֶן כֹּחוֹת רַבִּים, כְּגוֹן הַיִּחוּד, וְהַבִּטָּחוֹן, וְהָעֲנָוָה, וְהַמּוּסָר, וְהַדּוֹמֶה לָהֶם. וְלֹא בָאנוּ עַתָּה לְפָרֵשׁ אוֹתָם כִּי אִם שְׁלֹשׁ־אֵלֶּה שֶׁהֵן הָעִקָּר. וְאֵלֶּה הַשָּׁלֹשׁ יָבוֹאוּ מִכֹּחַ הַשֵּׂכֶל, כַּאֲשֶׁר הִקְדַּמְנוּ. וְעַל כֵּן אֲנַחְנוּ בָּאִים עַתָּה לְפָרֵשׁ דֶּרֶךְ קְצָרָה עִנְיַן הַשֵּׂכֶל, וְאַחֲרֵי כֵן נְפָרֵשׁ כָּל עִנְיָנֵי הָאַהֲבָה, וְכָל עִנְיָנֵי הַיִּרְאָה, וְכָל עִנְיָנֵי הַחָכְמָה,

ing to love, fear, and wisdom. From all of these there will emerge the mystery of faith. When their meaning is completely understood by us, we will be able to learn from them the meaning and foundations of the service of God. When we complete all of this, we will explain the chapter of the service to God and all its conditions.

Now, we begin, with the help of God, and say: Everything that can be grasped by reason or by one of the senses has two powers: one power is inner and concealed, and the other is outward and revealed. For example, the four elements. Each of them has two powers: one power that guards it from destruction and sets it off from the other elements. For example, the power that warms is fire. Now, the fire itself is the form which is revealed before our eyes, and similarly with water, with earth, and with air, for even though air is very thin, it has a hidden power that enables it to move, and we cannot experience it directly. We can only conceive of the outer power, which is what we feel in our faces or our bodies when the wind passes by. Just as there are in these elements and metals an inner power and an outer power, so must we say that every plant has within it a power in which its growth and increase are contained, and that power guards the plant from loss and distinguishes between it and other objects. Now, the body of the plant is its manifest power. If this is so, in every growing thing there are two powers: one revealed and one concealed. So it is with animals and beasts: each has a power which contains within it motion, feeling, and natural heat. They have an outward power which is their corporeality. If this is so, then they really have three powers, one superior to the others. The first being the elements out of which bodies are fashioned; and superior to it; is the vegetative power and the ultimately superior is the growing body of the plant, So it is with human beings. They possess a fine inner strength, and this is the wise soul which is concealed more than the actual physical life of the living things. The coarse power is the body, and so it is with the sphere. It has a hidden inner power, and that is the general soul which is higher than the intelligent soul, while the coarse power is the body of the sphere. Now, there is in angels an inner power

וּמִכֻּלָּם יִתְבָּאֵר לְךָ סוֹד הָאֱמוּנָה. וְכַאֲשֶׁר יֻשְׁלַם לָנוּ פֵּרוּשָׁם, נוּכַל לִלְמוֹד מֵהֶם פֵּרוּשֵׁי יְסוֹדוֹת הָעֲבוֹדָה. וּבְהַשְׁלִימֵנוּ כָּל זֶה, נְפָרֵשׁ שַׁעַר הָעֲבוֹדָה וְכָל תְּנָאֶיהָ.

וְעַתָּה נַתְחִיל בְּעֶזְרַת הַשֵּׁם וְנֹאמַר, כִּי כָל דָּבָר מֻשָּׂג בַּשֵּׂכֶל אוֹ בְּאֶחָד מִן הַהֶרְגֵּשִׁים, יֵשׁ לוֹ שְׁנֵי כֹחוֹת, אֶחָד פְּנִימִי נֶעְלָם, וְשֵׁנִי חִיצוֹן וְגָלוּי, כְּגוֹן אַרְבָּעָה הַיְסוֹדוֹת, כִּי יֵשׁ בְּכָל אֶחָד מֵהֶם שְׁנֵי כֹחוֹת, כֹּחַ שׁוֹמֵר אוֹתוֹ מִלִּשְׁלוֹט עָלָיו הַהֶפְסֵד וּמַבְדִּיל בֵּינוֹ לְבֵין זוּלָתוֹ. כְּגוֹן כֹּחַ הַמְחַמֵּם הָאֵשׁ, וְהָאֵשׁ הִיא הַצּוּרָה הַגְּלוּיָה לְעֵינֵינוּ. וְכֵן יֵשׁ לַמַּיִם וְלֶעָפָר וְלָאֲוִיר. כִּי הָאֲוִיר אַף־עַל־פִּי שֶׁהוּא דַּק מְאֹד, יֵשׁ בּוֹ כֹּחַ נֶעְלָם אֲשֶׁר בּוֹ יוּכַל לָנוּעַ, וַאֲנַחְנוּ לֹא נַשִּׂיג אוֹתוֹ, רַק נַשִּׂיג כֹּחַ הַחִיצוֹן, וְהוּא מַה שֶּׁנַּרְגִּישׁ בְּפָנֵינוּ וּבְגוּפֵנוּ כְּשֶׁתַּעֲבוֹר הָרוּחַ עָלֵינוּ. וְכַאֲשֶׁר אֵלּוּ הַיְסוֹדוֹת(וְהַמַּתָּכוֹת)יֵשׁ לָהֶם כֹּחַ פְּנִימִי וְכֹחַ חִיצוֹן, כֵּן נֹאמַר, כִּי יֵשׁ לַצּוֹמֵחַ כֹּחַ אֲשֶׁר בּוֹ יִהְיֶה הַגִּדּוּל וְהַתּוֹסֶפֶת, וְהַכֹּחַ הַהוּא שׁוֹמֵר הַצּוֹמֵחַ מִלְּהִפָּסֵד וּמַבְדִּיל בֵּינוֹ וּבֵין זוּלָתוֹ. וְגוּף הַצּוֹמֵחַ הוּא הַכֹּחַ הַחִיצוֹן. אִם כֵּן, יֵשׁ לָהֶם שְׁנֵי כֹחוֹת, אֶחָד גָּלוּי וְאֶחָד נֶעְלָם. וְכֵן הַחַיּוֹת וְהַבְּהֵמוֹת יֵשׁ לָהֶן כֹּחַ אֲשֶׁר בּוֹ תִּהְיֶה הַתְּנוּעָה וְהַהַרְגָּשָׁה וְהַחֲמִימוּת הַיְסוֹדִית, וְיֵשׁ לָהֶן כֹּחַ חִיצוֹן גַּס וְהוּא גּוּפִיּוּתָן. אִם כֵּן, יֵשׁ לָהֶן שְׁלֹשָׁה כֹחוֹת, זֶה לְמַעְלָה מִזֶּה. הָאֶחָד, כֹּחַ הַיְסוֹדוֹת, אֲשֶׁר מֵהֶם נִבְרָא גּוּפָן. וְהָעֶלְיוֹן, אֲשֶׁר עָלָיו כֹּחַ הַצּוֹמֵחַ. וְהָעֶלְיוֹן, הוּא הָעֶלְיוֹן אֲשֶׁר עַל כֹּחַ הַצּוֹמֵחַ הַגָּס. וְכֵן בְּנֵי־אָדָם יֵשׁ לָהֶם כֹּחַ פְּנִימִי דַּק, וְהִיא הַנֶּפֶשׁ הַחֲכָמָה וְהִיא נֶעְלֶמֶת יוֹתֵר מִכֹּחַ הֶחָי. וְהַכֹּחַ הַגַּס, הוּא הַגּוּף. וְכֵן יֵשׁ לַגַּלְגַּל כֹּחַ פְּנִימִי נֶעְלָם, וְהוּא הַנֶּפֶשׁ הַכְּלָלִית אֲשֶׁר הִיא עֶלְיוֹנָה מִן הַנֶּפֶשׁ הַחֲכָמָה. וְהַכֹּחַ הַגַּס, הוּא גּוּף הַגַּלְגַּל. וְכֵן יֵשׁ בָּאִישִׁים הָעֶלְיוֹנִים כֹּחַ פְּנִימִי עֶלְיוֹן וְדַק יוֹתֵר מִכֹּחַ הַגַּלְגַּל. וְכֹחַ חִיצוֹן, וְהִיא

loftier and finer than the physical power of the sphere. Also, there is the outward power which is the form that is visible to human beings, for example, the form of the heavenly creatures and spheres. Now, if our intellects could conceive of something higher than this we would portray it with these powers. But since the Creator, blessed be He, is above our intellects and loftier than the ability of our intellects to conceive of Him, we know that He is not to be described as having an inner power and an outward power like the rest of the concepts of which we have spoken. This limitation of our intellect arises from the fact that the intellect is part of our soul, and it unites with the body, and thus, you see that it has two powers, one inner and concealed and the other outward.

We say that everything seeks to attain that which belongs to its own class, for example: Man yearns to attain wisdom. Now, the horse or the cattle do not yearn for wisdom; it is not an aspect of their nature. We say that humans join with humans and beast with beast without hindrance. We say that the listener understands the intent of the one who speaks because he is of his own class. We say that the hand can sense in an object whether it is moist or warm or cold or dry, because that sensitivity pertains to its class, and that the hand is warm or cold or moist or dry with equal ease. But the hand cannot conceive of wisdom, modesty, love, or fear, and it knows not what they are, because they do not belong to its class, and the hand is not similar to any one of these qualities in any respect except in the manner of creation, for the hand was created and wisdom and modesty come from man, who was created. Therefore, we say that modesty is created because it derives from the capacities of created beings. Just as these powers which are intellect are greatly superior to the powers which are perceptual, physical, and lowly, so the powers that emanate from the Creator are superior to the Active Intellect. Note that we say, "the powers which emanate from the Creator", and not, "the powers of the Creator", because there is a similarity between the powers of the Creator and the active intellect, for the powers of the Creator emanate from Him, and it (i.e., the Active Intellect) is the sum total of His powers. Yet, between the essence of the Creator, blessed be He, and the Active Intellect there is an infinite distance, and there is no comparison or amalgamation at all between them, and no

צוּרָה הַנִּרְאֵית לִבְנֵי־אָדָם כְּגוֹן צוּרַת הַחַיּוֹת וְהָאוֹפַנִּים. וְאִלּוּ יַשִּׂיג שִׂכְלֵנוּ לְמַעְלָה מִזֶּה, הָיִינוּ מְתָאֲרִים אוֹתוֹ בְּאֵלּוּ הַכֹּחוֹת. אֲבָל אַחֲרֵי אֲשֶׁר הַבּוֹרֵא יִתְבָּרַךְ הוּא עֶלְיוֹן וְנִשְׂגָּב מֵהַשָּׂגַת שִׂכְלֵנוּ, נֵדַע כִּי אֵינֶנּוּ מִמִּי שֶׁיֵּשׁ לוֹ כֹּחַ פְּנִימִי וְחִיצוֹן כִּשְׁאָר הַמֻּשָּׂגוֹת. וְזֶה הַדָּבָר הָיָה בַּעֲבוּר כִּי הַשֵּׂכֶל הוּא בַנֶּפֶשׁ וְהוּא מִתְחַבֵּר עִם הַגּוּף. אִם כֵּן, הֵם שְׁנֵי כֹחוֹת. אֶחָד פְּנִימִי נֶעְלָם, וְאֶחָד חִיצוֹן.

כַּאֲשֶׁר אָנוּ רוֹאִים, כִּי כָל דָּבָר יַשִּׂיג אֶת מִינוֹ, כַּאֲשֶׁר יַשִּׂיג הָאָדָם אֶל הַחָכְמָה, וְלֹא יוּכַל הַסּוּס וְהַבְּהֵמָה לְהַשִּׂיג אֶל הַחָכְמָה כִּי אֵינֶנָּה מִמִּינָם. וְכַאֲשֶׁר יִתְחַבֵּר הָאָדָם לָאָדָם וְהַבְּהֵמָה לַבְּהֵמָה מִבְּלִי מוֹנֵעַ. וְכַאֲשֶׁר יִשְׁמַע הַשּׁוֹמֵעַ לְכַוָּנַת הַמְדַבֵּר, מִפְּנֵי שֶׁהוּא מִינוֹ. וְכַאֲשֶׁר תַּשִּׂיג הַיָּד כֹּחַ כָּל חַם אוֹ לַח אוֹ קַר אוֹ יָבֵשׁ, מִפְּנֵי שֶׁהוּא מִמִּינָהּ, כִּי הִיא חַמָּה וְקָרָה וְלַחָה וִיבֵשָׁה בְּשָׁוֶה. אֲבָל הַיָּד לֹא תַשִּׂיג לַחָכְמָה וְלָעֲנָוָה, וְלֹא לָאַהֲבָה, וְלֹא לַיִּרְאָה, וְאֵינֶנָּה יוֹדַעַת מַה הֵן, מִפְּנֵי שֶׁאֵינָן מִמִּינָהּ, וּמִפְּנֵי שֶׁלֹּא תִדְמֶה הַיָּד לְאֶחָד מֵאֵלּוּ הַכֹּחוֹת בְּעִנְיָן מִן הָעִנְיָנִים כִּי אִם בַּבְּרִיאָה, כִּי הַיָּד בְּרוּאָה, וְהַחָכְמָה וְהָעֲנָוָה תָּבוֹא מִן הָאָדָם אֲשֶׁר הוּא נִבְרָא. וְעַל כֵּן נֹאמַר כִּי הָעֲנָוָה בְּרוּאָה, בַּעֲבוּר שֶׁתָּבוֹא מִכֹּחַ הַנִּבְרָאִים. וּכְפִי הַהֶפְרֵשׁ וְהַיִּתְרוֹן אֲשֶׁר יֵשׁ בֵּין אֵלּוּ הַכֹּחוֹת הַמֻּשְׂכָּלִים עַל הַגּוּפוֹת הַמֻּרְגָּשׁוֹת הַשְּׁפָלוֹת, כֵּן הַיִּתְרוֹן וְהַמַּעֲלוֹת אֲשֶׁר בֵּין כֹּחוֹת הַנֶּאֱצָלִים מִן הַבּוֹרֵא וּבֵין הַשֵּׂכֶל הָעֶלְיוֹן הַפּוֹעֵל. וְאוּלָם אָמַרְנוּ „בֵּין כֹּחוֹת הַבּוֹרֵא" וְלֹא אָמַרְנוּ „בֵּין הַבּוֹרֵא", מִפְּנֵי הַשְׁתָּפוּת אֲשֶׁר בֵּין כֹּחוֹת הַבּוֹרֵא וְהַשֵּׂכֶל הַפּוֹעֵל. כִּי כֹּחוֹת הַבּוֹרֵא נֶאֱצָלִים מִמֶּנּוּ, וְהוּא מְכַלֵּל כֹּחוֹתָיו. אַךְ בֵּין עֶצֶם הַבּוֹרֵא יִתְבָּרַךְ וּבֵין הַשֵּׂכֶל, תַּכְלִית הַמֶּרְחָק, וְאֵין בֵּינֵיהֶם חִבּוּר וְלֹא הִצְטָרְפוּת כְּלָל וְלֹא

similarity of any kind, for the Creator is the source from which all emana-
tions come while reason is that which emanates. There is a potential of
reason through which we can attain ideas. Between this power of reason
which is within us and the power of the senses, there is a great distance,
in fact nothing could be more distant. Now, if we had the ability to
acquire a power such that its distance from our intellect would be as
great as the distance of our intellect from our senses, we would then be
able to apprehend what we do (in fact) not apprehend of the essence
of the Creator. If His unity were comprehensible we would not (thereby
attain) unity (with Him).

The fact that we have to negate our ability to reach His knowledge
shows that our knowledge is not the true one. The fact that we must
negate our conception of His existence is a proof that He really possesses
true being. To illustrate this point, if the hand of a man could gather in
all of the waters of the sea, this would not be a sign of the breadth of
the hand, but rather of the small quantities of the waters of the sea.
And if the horse and the donkey could conceive of that which human
beings can conceive with their wisdom, this would not be a sign of the
wisdom of the horse or the donkey, but rather of the folly of man's in-
tellect. Similarly, with the breadth of the heavens, if we were to say
that the mustard seed could contain them and embrace them, this would
not be a sign of the magnitude of the mustard seed, but rather of the
smallness of the heavens. Yet this is not a perfect analogy because there
is a relationship between the mustard seed and the heavens. For the
heavens are created and it, the mustard seed, is created, and there is no
commonality between our intellect and the Creator. As we have clearly
stated, the Creator is not far away nor is He near. He is not high nor is
He low. For if you attribute any one of these qualities to Him, then you
ascribe a special space to Him and a knowledge of His being. For if
God had a place He would exist (in that place). But we know that He
doesn't exist except per se, not in (relationship) with something else
(i.e., a place that surrounds Him). This is the difference between the
Creator and a creature: the creature exists per se and in relationship to
something else (whereas) the Wise One (i.e., God) exists (only) per se
(not) in relationship to anything else.

Know this in truth, that no quality need be joined to the Creator,
blessed be He, neither strength, nor life, nor wisdom, nor existence, nor

דִּמְיוֹן בְּשׁוּם עִנְיָן. כִּי הַבּוֹרֵא, מַאֲצִיל. וְהַשֵּׂכֶל, נֶאֱצָל. וְכַאֲשֶׁר הָיָה בָנוּ כֹּחַ הַשֵּׂכֶל אֲשֶׁר הִשַּׂגְנוּ בוֹ לַמֻּשְׂכָּלוֹת. וּבֵין זֶה הַכֹּחַ אֲשֶׁר בָּנוּ וּבֵין כֹּחַ הַהֶרְגֵּשׁ, מֶרְחָק גָּדוֹל אֲשֶׁר אֵין יוֹתֵר מִמֶּנּוּ. כִּי אִלּוּ תִּהְיֶה בָנוּ יְכֹלֶת לִקְנוֹת כֹּחַ שֶׁיִּהְיֶה מֶרְחָקוֹ לְמַעְלָה מִן הַשֵּׂכֶל כְּפִי הַמֶּרְחָק אֲשֶׁר בֵּין כֹּחַ הַשֵּׂכֶל וּבֵין כֹּחַ הַהֶרְגֵּשׁ, הָיִינוּ מַשִּׂיגִים מַה שֶּׁלֹּא נַשִּׂיג מֵעֶצֶם הַבּוֹרֵא. וְאִלּוּ תֻשַּׂג אַחְדוּתוֹ, לֹא הָיְתָה לָנוּ אַחְדוּת. וּבִטּוּל הַשָּׂגָתֵנוּ לְדַעְתּוֹ, הוּא לְאוֹת עַל כִּי דַעְתּוֹ אֲמִתִּית. וּבִטּוּל הַשָּׂגָתֵנוּ הֱיוֹתוֹ, הוּא לְאוֹת עַל כִּי הֱיוֹתוֹ אֲמִתִּית. וְהַדִּמְיוֹן עַל זֶה, כִּי יַד הָאָדָם אִלּוּ הָיְתָה יְכוֹלָה לֶאֱסוֹף כָּל מֵימֵי־הַיָּם, לֹא יִהְיֶה זֶה לְאוֹת עַל רֹחַב הַיָּד, כִּי אִם עַל מִעוּט מֵימֵי־הַיָּם. וְהַסּוּס וְהַחֲמוֹר אִלּוּ הָיוּ מַשִּׂיגִים לְמַה שֶׁיַּשִּׂיגוּ בְּנֵי־אָדָם בְּחָכְמָתָם, לֹא יִהְיֶה זֶה לְאוֹת עַל חָכְמַת הַסּוּס וְהַחֲמוֹר, אֶלָּא עַל סִכְלוּת בְּנֵי־הָאָדָם. וְכֵן רֹחַב הַשְּׁחָקִים, אִם נֹאמַר כִּי גַּרְגִּיר חַרְדָּל הוּא כוֹלֵל אוֹתָם בְּתוֹכוֹ וּמַקִּיף עֲלֵיהֶם, לֹא יִהְיֶה זֶה לְאוֹת עַל רֹחַב גַּרְגִּיר הַחַרְדָּל, אֶלָּא עַל קַטְנוּת הַשְּׁחָקִים. וּבְכָל זֹאת, אֵין זֶה דִּמְיוֹן שָׁלֵם, כִּי בֵּין הַגַּרְגִּיר וְהַשְּׁחָקִים שֻׁתָּפוּת, כִּי הֵם נִבְרָאִים וְהוּא נִבְרָא, וְאֵין שֻׁתָּפוּת בֵּין שִׂכְלֵנוּ וּבֵין הַבּוֹרֵא. וְכַאֲשֶׁר אָמַרְנוּ בְּבֵרוּר, כִּי הַבּוֹרֵא אֵינוֹ רָחוֹק וְלֹא קָרוֹב וְלֹא גָבוֹהַ וְלֹא שָׁפָל. כִּי אִם תְּחַיֵּב לוֹ אֶחָד מֵאֵלֶּה, כְּבָר חִיַּבְתָּ לוֹ מָקוֹם וְחִיַּבְתָּ לוֹ הַשָּׂגַת מְצִיאוּתוֹ. כִּי בִהְיוֹת לוֹ מָקוֹם, יִהְיֶה נִמְצָא. וְיָדַעְנוּ כִּי אֵינוֹ נִמְצָא כִּי אִם לְעַצְמוֹ, וְלֹא לְזוּלָתוֹ. וְזֶה הַהֶפְרֵשׁ שֶׁבֵּין הַבּוֹרֵא יִתְבָּרַךְ וּבֵין הַנִּבְרָא. כִּי הַנִּבְרָא, נִמְצָא לְעַצְמוֹ וּלְזוּלָתוֹ, וְחָכָם לְעַצְמוֹ וּלְזוּלָתוֹ.

וְדַע בֶּאֱמֶת, כִּי אֵין דָּבָר אֲשֶׁר צָרִיךְ לְהַחְבִּיר לַבּוֹרֵא יִתְבָּרַךְ, לֹא כֹחַ, וְלֹא חַיִּים, וְלֹא חָכְמָה, וְלֹא מְצִיאוּת, וְלֹא

oneness, for He is beyond all of these qualities, and it is not necessary to ascribe any of these qualities concerning Him, except that He compels us to relate two things concerning Him. One, which comes from Scripture, (Proverbs 3:19), "The Lord by wisdom founded the earth," and similar passages. The second, we must tell of Him, affirming His existence, in order to avoid ascribing to Him all those things which usually accompany something that has no existence. For that which has no existence is a non-entity, having no reality whatever; it has no powers, and nothing, good or bad, can result from it. Therefore, we are obligated to say that He does exist, and thus we say that He is One in order to avoid ascribing to Him all terms of things which usually accompany one who is more than one, for example, plurality or division, relationship, subtraction, and increase, and qualities such as these. Thus it is with every name with which we call Him, for we do not call Him this name because it is fitting and proper for Him, but only to avoid calling Him by those terms the opposite of that name. Now, understand this well. Now that we know that His true existence is a nullification of any concept of His existence that we might have, we will know that He is not far off and not near at all. Since He is not far and not near, we conclude from our own words that when we say, "He is not far off at all," that he is closest with the utmost nearness. And when we say, "He is not near at all," that he is farthest with the utmost distance. This superiority that the Creator has, may He be blessed, over any created object, is not like the superiority that exists between the one who smites and the object smitten. The superiority which exists between the smiter and the smitten is only in connection with the smiting. The smiter and the smitten share in many qualities, for example, they share in the fact that both are created. They share in their powers, in their form, and in many qualities and in many actions, and since they do share in many acts, there is no true superiority to the one who acts over the object acted upon. For true superiority would mean that one does not share in any of the qualities which the second possesses. That would be true superiority. This true superiority is the superiority of the Creator, blessed be He, over the object created. I desire to say that He is not far and He is not near. For arising out of

אַחְדוּת, כִּי הוּא נֶעְלָם מִכָּל אֵלּוּ הַכֹּחוֹת, וְאֵין צָרִיךְ לְסַפֵּר עָלָיו דָּבָר מֵהֶם, אַךְ הִכְרִיחָנוּ לְסַפֵּר אוֹתוֹ בָהֶם שְׁנֵי דְבָרִים. הָאֶחָד, מִפְּנֵי שֶׁבָּא בַכָּתוּב (משלי ג יט) יְיָ בְּחָכְמָה יָסַד אָרֶץ, וְכַדּוֹמֶה לוֹ. וְהַשֵּׁנִי, כִּי אֲנַחְנוּ צְרִיכִים לְסַפֵּר אוֹתוֹ בִמְצִיאוּת, כְּדֵי לְבַטֵּל מִמֶּנּוּ כָּל הַדְּבָרִים אֲשֶׁר יִלָּווּ לְמִי שֶׁאֵין לוֹ מְצִיאוּת. כִּי מִי שֶׁאֵין לוֹ מְצִיאוּת, הוּא אַיִן וְנֶעְדָּר, וְאֵין לוֹ כֹּחַ, וְלֹא יָבוֹא מִמֶּנּוּ פֹּעַל טוֹב אוֹ רָע. וְעַל כֵּן אָנוּ חַיָּבִים לוֹמַר שֶׁהוּא נִמְצָא. וְכֵן נֹאמַר שֶׁהוּא אֶחָד, כְּדֵי לְהַרְחִיק מִמֶּנּוּ כָּל הַדְּבָרִים הַנִּלְוִים לְמִי שֶׁהוּא יוֹתֵר מֵאֶחָד, כְּגוֹן הָרִבּוּי, וְהַחִלּוּק, וְהַהִצְטָרְפוּת, וְהַחִסָּרוֹן, וְהַתּוֹסֶפֶת, וְכַדּוֹמֶה לוֹ. וְכֵן כָּל שֵׁם אֲשֶׁר נִקְרָא אוֹתוֹ, כִּי לֹא נִקְרָאֵהוּ מִפְּנֵי שֶׁהוּא רָאוּי לוֹ, רַק לְהַרְחִיק מִמֶּנּוּ כָּל הַדְּבָרִים הַנִּלְוִים לְהֵפֶךְ הַשֵּׁם הַהוּא. וְעַתָּה בִּין וְהָבִין. וְאַחֲרֵי אֲשֶׁר נֵדַע כִּי מְצִיאוּתוֹ הָאֲמִתִּית הִיא בִטּוּל הַשָּׂגַת מְצִיאוּתוֹ, נֵדַע כִּי אֵינוֹ לֹא רָחוֹק וְלֹא קָרוֹב כְּלָל. וְאַחֲרֵי אֲשֶׁר אֵינוֹ לֹא רָחוֹק וְלֹא קָרוֹב, יִתְחַיֵּב מִדְּבָרֵינוּ בְּאָמְרֵנוּ „לֹא רָחוֹק כְּלָל" שֶׁהוּא בְּתַכְלִית הַקִּרְבָה. וּבְאָמְרֵנוּ „לֹא קָרוֹב כְּלָל", כִּי הוּא בְּתַכְלִית הָרֹחַק. וְזֶה הַיִּתְרוֹן שֶׁיֵּשׁ לַבּוֹרֵא יִתְבָּרֵךְ עַל הַנִּבְרָא, אֵינוֹ כְּיִתְרוֹן שֶׁיֵּשׁ לַמַּכֶּה עַל הַמֻּכֶּה. כִּי הַיִּתְרוֹן שֶׁיֵּשׁ בֵּין הַמַּכֶּה לַמֻּכֶּה, אֵינוֹ כִּי אִם בְּהַכָּאָה בִלְבָד, וְיִשְׁתַּתֵּף עִמּוֹ בְּעִנְיָנִים רַבִּים, כִּי יִשְׁתַּתְּפוּ בִבְרִיאָה, וּבְכֹחַ, וּבְצוּרָה, וּבְמִדּוֹת רַבּוֹת, וּבְמַעֲשִׂים רַבִּים. וְאַחֲרֵי אֲשֶׁר הִשְׁתַּתְּפוּ בְּמַעֲשִׂים רַבִּים, אֵין יִתְרוֹן אֲמִתִּי לַפּוֹעֵל עַל הַפָּעוּל, כִּי הַיִּתְרוֹן הָאֲמִתִּי הוּא כְּשֶׁלֹּא יִשְׁתַּתֵּף אֶחָד מֵהֶם עִם הַשֵּׁנִי בְּשׁוּם דָּבָר, אָז יִהְיֶה רָאוּי לוֹ הַיִּתְרוֹן הָאֲמִתִּי, וְזֶה הַיִּתְרוֹן הָאֲמִתִּי הוּא יִתְרוֹן הַבּוֹרֵא יִתְבָּרֵךְ עַל הַנִּבְרָא. רְצוֹנִי לוֹמַר, שֶׁיִּהְיֶה לֹא רָחוֹק וְלֹא קָרוֹב. כִּי

the fact that we cannot conceive of His existence, it is necessary to say that (He is) "not near." From the fact of His supervision over all created beings and His conduct of them, it is necessary that (He be) "not far." If this is so, then He is farther than the utmost distance and closer than the utmost nearness, and therefore it is up to us to know that He is near and sees us and knows about all our matters, and He guides us and not a single motion of all our motions is made except by words of His mouth and by way of His permission. Therefore, every man should believe that the Creator, blessed be He, is always before him and near him and keeps an account of all of his steps and considers carefully every expression of his lips and all of his motions and all of his thoughts. We ought not to search after the other extreme and say that He is so very far away that His providence is not over us, and He does not supervise us because we cannot comprehend His being. Nor should we construe this fact (i.e., our ignorance) as a sign of His absolute distance from us. But human beings should think that just as the Creator was close to them at the time of their creation to existence from non-existence, and gave them life and reason and wisdom and provided them with their required sustenance, thus He is always near to them with the utmost nearness.

Now, I have already said that we ought not to search out the other extreme and say that He is far off, because both of these views are identical, and it is the same when you say that He is not near and He is not far off, for you will be right in both cases. Since you will be right in both cases, choose which of the two is needed by you and which view you can best justify. Therefore, it is necessary that you say that He is near to you and that His providence is over you and constantly keeps an account of all of your affairs. Therefore, you must say that He is not far off, because all of these matters necessarily lead you to this conclusion. After it has been made clear that He is not far off and that He is not near, it will be as though it is said that he is far and near. Therefore, we might say that He is near to all good deeds for they (i.e., the good deed) cleave to Him. He desires these good deeds because He is near to us. But we must not say because of His great distance from us that He has no desires or proximity to anything. Do not be put off by what

מִדֶּרֶךְ בִּטּוּל הַשָּׂגַת מְצִיאוּתוֹ, צָרִיךְ לוֹמַר „לֹא קָרוֹב". וּמִדֶּרֶךְ הַשְׁגָּחָתוֹ בַּנִּבְרָאִים וְהַנְהָגָתוֹ אוֹתָם, צָרִיךְ לוֹמַר „לֹא רָחוֹק". אִם כֵּן, הוּא רָחוֹק עַד סוֹף תַּכְלִית כָּל מֶרְחָק, וְהוּא קָרוֹב עַד לִפְנֵי תַּכְלִית כָּל קִרְבָה. וְעַל כֵּן יֵשׁ לָנוּ לָדַעַת, כִּי הוּא קָרוֹב אֵלֵינוּ וְרוֹאֶה אוֹתָנוּ, וְיוֹדֵעַ עִנְיָנֵינוּ, וּמַנְהִיג אוֹתָנוּ, וְאֵין תְּנוּעָה מִתְּנוּעוֹתֵינוּ כִּי אִם עַל־פִּיו וּבִרְשׁוּתוֹ. וְעַל כֵּן צָרִיךְ כָּל אָדָם לְהַאֲמִין, כִּי הַבּוֹרֵא יִתְבָּרֵךְ, תָּמִיד לְפָנָיו, וְקָרוֹב אֵלָיו, וְסוֹפֵר כָּל צְעָדָיו, וּמְדַקְדֵּק מוֹצָא שְׂפָתָיו וְכָל תְּנוּעוֹתָיו וּמַחְשְׁבוֹתָיו. וְאֵין לָנוּ לַחְקוֹר עַל הַקָּצֶה הָאַחֵר וְלוֹמַר כִּי הוּא רָחוֹק מְאֹד וְאֵינוֹ מַשְׁגִּיחַ בָּנוּ מִפְּנֵי שֶׁלֹּא נַשִּׂיג מְצִיאוּתוֹ, וְלֹא שֶׁנָּשִׂים זֶה הַדָּבָר לְאוֹת עַל תַּכְלִית רָחְקוֹ מִמֶּנּוּ. אֲבָל יֵשׁ לִבְנֵי־אָדָם לַחְשׁוֹב, כִּי כַּאֲשֶׁר קֵרַב אֲלֵיהֶם הַבּוֹרֵא בִּשְׁעַת בְּרִיאָתָם לְיֵשׁ מֵאַיִן וַיִּתֵּן לָהֶם חַיִּים וְשֵׂכֶל וְחָכְמָה וַיַּטְרִיפֵם לֶחֶם־חֻקָּם, כֵּן הוּא תָּמִיד קָרוֹב אֲלֵיהֶם בְּתַכְלִית הַקִּרְבָה.

וְאוּלָם אָמַרְתִּי, אֵין לַחְקוֹר עַל הַקָּצֶה הָאַחֵר וְלוֹמַר כִּי הוּא רָחוֹק, מִפְּנֵי כִּי שְׁנֵי הַדְּרָכִים שָׁוִים, וְאֶחָד הוּא שֶׁתֹּאמַר לֹא קָרוֹב אוֹ לֹא רָחוֹק. כִּי בִּשְׁנֵיהֶם תִּצְדַּק. וְאַחַר אֲשֶׁר בִּשְׁנֵיהֶם תִּצְדַּק, בְּחַר לְךָ מִשְּׁנֵיהֶם הַצָּרִיךְ אֵלֶיךָ אֲשֶׁר תִּצְדַּק בּוֹ. וְעַל כֵּן צָרִיךְ שֶׁתֹּאמַר, כִּי הוּא קָרוֹב אֵלֶיךָ וּמַשְׁגִּיחַ בְּךָ וְשׁוֹמֵר אוֹתְךָ וְסוֹפֵר כָּל עִנְיָנֶיךָ. וְעַל כֵּן תֹּאמַר, כִּי אֵינוֹ רָחוֹק, מִפְּנֵי הָעִנְיָנִים הָאֵלֶּה הַצְּרִיכִים לָזֶה. וְאַחֲרֵי אֲשֶׁר הִתְבָּאֵר שֶׁהוּא לֹא רָחוֹק וְלֹא קָרוֹב, יִהְיֶה כְּאִלּוּ אָמַרְנוּ רָחוֹק וְקָרוֹב. וְעַל כֵּן נֹאמַר, כִּי הוּא קָרוֹב אֶל הַמַּעֲשִׂים הַטּוֹבִים כִּי יִדְבְּקוּ אֵלָיו, וְרוֹצֶה בָּהֶם מִדֶּרֶךְ קִרְבָתוֹ בָּנוּ. אַךְ מִדֶּרֶךְ רָחְקוֹ, אֵין לוֹ רָצוֹן וְלֹא קִרְבָה לַדָּבָר. וְאַל תַּרְחִיק מַה שֶּׁאָנוּ אוֹמְרִים כִּי הוּא קָרוֹב וְרָחוֹק בְּיַחַד וְרוֹצֶה וְאֵינוֹ

we have just said, that He is both near and far at the same time, and also that He desires and does not desire at the same time. The reason that you are put off is because in a created body you cannot join two mutually exclusive (contradictory) opposites, because distance and nearness which are referred to in the Creator are not to be compared to mutually exclusive qualities when referred to in the created. These opposites are in the created, but in regard to the power of the Creator it does not apply. Do not extrapolate from the created to the Creator. It is not proper to say that since every product testifies to the producer so it is with the Creator, blessed be He. Similarly, we cannot say that the world teaches us concerning the nature of the Creator, blessed be He, in the same way as any created object testifies to the nature of its creator. But it is quite contrary in the case of the Creator even though the power of the Creator is found in that which is created and testifies to the existence of the Maker and the nature of His work and His relationship to His work, to His task and to His control over it. Nevertheless, the power of the Creator is not to be found in the created object in the same way that the power of the human worker is to be found in his work. But this is a more hidden matter. The power of the divine Creator, His work and His relationship to His work, can only be found in another path farther and deeper than this.

CHAPTER IV

Service Briefly Discussed

Know that the methods of service are six, each one of which consists of many aspects. Everyone who is able to discipline himself, accustom his desire, and concentrate diligently upon those matters at a set time and with complete concentration, will have the love of the Creator, blessed be He, enter his heart and he will cleave to His worship. And these are the tasks: The first is that a man should be a companion to people who will stir him to worship—people such as the wise, the pious, the poor, the sick, and those plunged into trouble. The second particular is to keep away from the opposite type of people—pleasure-seekers, the rich, the wicked, the fools, the ignorant, women, and sceptics. For the companionship of all of these will destroy faith, and worship of God cannot be preserved with such as these. The third particular is to

רוֹצֶה, כִּי מַה שֶׁאַתָּה מַרְחִיק, לֹא תַרְחִיקֵהוּ אֶלָּא בַּעֲבוּר שֶׁבְּגוּף נִבְרָא לֹא יִתְחַבְּרוּ אֵלֶּה הַהֲפָכִים. כִּי הַמֶּרְחָק וְהַקִּרְבָה אֲשֶׁר בַּבּוֹרֵא, אֵינָם כַּהֲפָכִים אֲשֶׁר בַּבְּרִיּוֹת, כִּי אֵלֶּה הַהֲפָכִים הֵם בַּבְּרִיּוֹת, אַךְ בְּכֹחַ הַבּוֹרֵא אֵינָם כֵּן, וְאֵין לְךָ לִסְבּוֹר מִן הַנִּבְרָא עִנְיַן הַבּוֹרֵא. וְכַאֲשֶׁר אֵין רָאוּי לוֹמַר אַחֲרֵי אֲשֶׁר כָּל פּוֹעֵל יָעִיד עָלָיו פָּעֳלוֹ, כֵּן לֹא נֹאמַר שֶׁהָעוֹלָם יוֹרֶה עַל הַבּוֹרֵא יִתְבָּרַךְ כְּדֶרֶךְ הוֹרָאַת הַפָּעוּל עַל הַפּוֹעֵל, אֶלָּא עַל הֶפֶךְ מֵעִנְיָן הַהוּא. וְכַאֲשֶׁר כֹּחַ הַפּוֹעֵל הַנִּמְצָא בַּפָּעוּל יָעִיד עַל מְצִיאוּת הַפּוֹעֵל וְכֹחוֹ וּפְעֻלָּתוֹ וְהִתְחַבְּרוּתוֹ אֶל הַפָּעוּל וּמָשְׁלוֹ בוֹ, כֵּן נֹאמַר, כִּי כֹחַ הַבּוֹרֵא לֹא יִמָּצֵא בַנִּבְרָא כִּמְצִיאוּת כֹּחַ הַפּוֹעֵל בַּפָּעוּל אֶלָּא עַל עִנְיָן נֶעְלָם מִזֶּה. וְלֹא יִמָּצֵא בוֹ כֹּחַ הַפּוֹעֵל וּפְעֻלָּתוֹ וְהִתְחַבְּרוּתוֹ אֶל הַפָּעוּל אֶלָּא עַל דֶּרֶךְ אַחֶרֶת רְחוֹקָה וַעֲמֻקָּה מִזֹּאת.

הַשַּׁעַר הָרְבִיעִי

הָעֲבוֹדָה עַל דֶּרֶךְ קְצָרָה.

דַּע, כִּי אָפְנֵי הָעֲבוֹדָה, שִׁשָּׁה דְבָרִים, וְכָל אֶחָד מֵהֶם כּוֹלֵל עִנְיָנִים רַבִּים. וְכָל מִי שֶׁיּוּכַל לְהַכְרִיחַ אֶת עַצְמוֹ וּלְהַרְגִּיל אֶת יִצְרוֹ וְלִשְׁקוֹד עֲלֵיהֶם זְמַן קָצוּב שְׁקִידָה גְמוּרָה, תִּכָּנֵס בְּלִבּוֹ אַהֲבַת הַבּוֹרֵא יִתְבָּרַךְ, וְיִדְבַּק בַּעֲבוֹדָתוֹ. וְאֵלֶּה פְקוּדֵיהֶם. הָרִאשׁוֹן, שֶׁיִּתְחַבֵּר אָדָם לָאֲנָשִׁים שֶׁיְּעִירוּהוּ לַעֲבוֹדָה, כְּגוֹן הַחֲכָמִים, וְהַחֲסִידִים, וְהָעֲנִיִּים, וְהַחוֹלִים, וְהַשְּׁרוּיִים בְּצָרוֹת. וְהַשֵּׁנִי, לִרְחוֹק מֵהֶפֶךְ כָּל אֵלֶּה הַנִּזְכָּרִים וְהֵם, אַנְשֵׁי־הַתַּעֲנוּג, וְהָעֲשִׁירִים, וְהָרְשָׁעִים, וְהַכְּסִילִים, וְנֶעְדְּרֵי־הַשֵּׂכֶל, וְהַנָּשִׁים, וְהָאֶפִּיקוֹרְסִים. כִּי חֶבְרַת כָּל אֵלּוּ, יַשְׁחִיתוּ הָאֱמוּנָה, וְלֹא תִתְקַיֵּם

make it a rule to study the words of our teachers of blessed memory, each day, to the best of his ability, for they will cause his countenance to shine and will open for him the gates of hope. Similarly, he should make it a rule to read in the Torah of the Lord each day, as it is said (Joshua 1:8), "And thou shalt meditate on it day and night." He should look constantly into the writings of the righteous men, such as the work of the pious Bachya Ibn-Pakuda, of blessed memory, and in addition to that work are the books and writings which will cause him to remember and will arouse him from his lethargy (from his futile sleep). Or he should have a book which contains all of the matters concerning service, which he should read every day. The fourth particular is that he should avoid looking into strange philosophies, except for that which he knows and believes will strengthen his faith within him. He should study such a work minimally and not delve too deeply into it, for if he delves too deeply his faith will depart before his eyes. And though he may think that he is grasping the truth, he will find foolishness and emptiness. The fifth particular is to recall at all times the reward of the righteous and the punishment of the wicked, and the terror of death, and the happenings of this world and its stumbling blocks, and its failures, and its blemishes, its shame, and its vicissitudes. The sixth particular is to know all the methods of worship and its rules, and the nature of all matters connected with it—his prayers, his petitions, his fasting, his concerns, and his reflections on the mysteries of the universe. Now this sixth particular is divided into things pertaining to the soul and pertaining to the body. Part of it derives from the qualities of the soul, part of it from the qualities of the body. Let us first consider the qualities of the soul, and afterwards the qualities of the body.

I will begin by saying that faith belongs to the power of the soul. A man should exercise faith according to the way that I note here. It is necessary to believe with complete faith in the unity of God, may He be extolled, in His Existence, in His Divinity, in His Eternity, in His Wisdom, and in His omnipotence, and to believe in the Torah and all that is written in it. And in all matters contained in it, which reason alone cannot accept. And let him not look at these skeptically, but rather consider the limitation of his reason which prevents him from coming to the real meaning of the matter. He should believe in the prophets and in their prophecy, and he should believe in the Sages and all their words, and in the day of judgment and reckoning and its punishment

עִמָּהֶם עֲבוֹדָה. וְהַשְּׁלִישִׁי, לָשׂוּם עָלָיו לָחוֹק לִלְמוֹד בְּכָל יוֹם מִדִּבְרֵי רַבּוֹתֵינוּ זִכְרוֹנָם לִבְרָכָה כְּפִי יְכָלְתּוֹ, כִּי הֵם יָאִירוּ פָּנָיו, וְיִפְתְּחוּ לוֹ שַׁעֲרֵי־הַתִּקְוָה. וְכֵן לִקְרוֹא בְּתוֹרַת־הַשֵּׁם בְּכָל יוֹם, שֶׁנֶּאֱמַר (יהושע א ח) וְהָגִיתָ בּוֹ יוֹמָם וָלַיְלָה. וּלְהִסְתַּכֵּל תָּמִיד בְּחִבּוּרֵי הַצַּדִּיקִים, כְּגוֹן חִבּוּר הֶחָסִיד רַבִּי בַּחְיֵי בֶּן בַּקּוּדָה זִכְרוֹנוֹ לִבְרָכָה וּלְזוּלָתוֹ מִן הַסְּפָרִים וְהַחִבּוּרִים אֲשֶׁר יַזְכִּירוּהוּ, וּמִשְּׁנָתוֹ יְעִירוּהוּ, אוֹ שֶׁיִּהְיֶה לוֹ סֵפֶר כּוֹלֵל עִנְיְנֵי הָעֲבוֹדָה וְיִסְתַּכֵּל בּוֹ בְּכָל יוֹם. וְהָרְבִיעִי, לִרְחוֹק מֵהִסְתַּכֵּל בְּחָכְמוֹת הַחִיצוֹנִיּוֹת, לְבַד מַה שֶּׁיֵּדַע וְיַאֲמִין כִּי תִתְחַזֵּק בּוֹ אֱמוּנָתוֹ, וְצָרִיךְ שֶׁיִּלְמַד מִמֶּנּוּ כַּמִּשְׁפָּט, וְאַל יַעֲמִיק בּוֹ. כִּי, אִם יַעֲמִיק, הָאֱמוּנָה מִנֶּגֶד עֵינָיו יַרְחִיק. וּבְחָשְׁבוֹ כִּי יָדוֹ בֶּאֱמֶת תַּחֲזִיק, יִמְצָא הֶבֶל וָרִיק. הַחֲמִישִׁי, לְהַעֲבִיר בְּכָל עֵת עַל לִבּוֹ תָּמִיד גְּמוּל־הַצַּדִּיקִים, וְעֹנֶשׁ־הָרְשָׁעִים, וְחֶרְדַּת־הַמָּוֶת, וּמְאֹרְעוֹת־הָעוֹלָם וּמִכְשׁוֹלָיו, וּמוּמָיו, וְחֶרְפּוֹתָיו, וְקוֹרוֹתָיו. וְהַשִּׁשִּׁי, לָדַעַת כָּל אָפְנֵי־הָעֲבוֹדָה וְחֻקֶּיהָ, וּתְכוּנַת כָּל עִנְיָן מֵעִנְיָנֶיהָ, וְעִנְיְנֵי־תְפִלָּתוֹ, וְעִנְיְנֵי־תַחֲנוּנָיו, וְתַעֲנִיתוֹ, וַעֲסָקָיו, וְהִתְבּוֹנְנוּתוֹ בְּסוֹדוֹת הָעוֹלָם. וְזֶה הַחֵלֶק הַשִּׁשִּׁי הוּא נֶחֱלָק עַל הַנֶּפֶשׁ וְעַל הַגּוּף. קְצָתוֹ יָבוֹא מִכֹּחוֹת הַנֶּפֶשׁ, וּקְצָתוֹ יָבוֹא מִכֹּחוֹת הַגּוּף. וּתְחִלָּה נַזְכִּיר כֹּחוֹת הַנֶּפֶשׁ, וְאַחַר כֵּן כֹּחוֹת הַגּוּף.

וְאוֹמַר, כִּי מִכֹּחוֹת הַנֶּפֶשׁ, הִיא הָאֱמוּנָה. וְצָרִיךְ אָדָם לְהִשְׁתַּמֵּשׁ בָּאֱמוּנָה כְּפִי מַה שֶּׁאֲנִי זוֹכֵר. צָרִיךְ לְהַאֲמִין אֱמוּנָה שְׁלֵמָה בְּיִחוּד הָאֵל יִתְעַלֶּה, וּבִמְצִיאוּתוֹ, וּבֶאֱלֹהוּתוֹ, וּבְקַדְמוּתוֹ, וּבְחָכְמָתוֹ, וּבִיכָלְתּוֹ. וּלְהַאֲמִין בַּתּוֹרָה וּבְכָל הַכָּתוּב בָּהּ וּבְכָל עִנְיָנֶיהָ אֲשֶׁר לֹא יְקַבְּלֵם הַשֵּׂכֶל, וְאַל יָשִׂים הָעַיִן עֲלֵיהֶם כִּי אִם עַל קֹצֶר שִׂכְלוֹ מִלָּבוֹא עַד תְּכוּנָתָם. וְצָרִיךְ לְהַאֲמִין בַּנְּבִיאִים וּבִנְבִיאוּתָם, וּלְהַאֲמִין בַּחֲכָמִים וּבְכָל דִּבְרֵיהֶם, וּבְיוֹם־הַדִּין,

and reward, and in the resurrection of the dead, and in the redemption. And he should not believe in the so-called wisdoms of the wicked and the heretics, and in the so-called wisdoms of the nations and their illusions and their teachings. Among the qualities of the soul is love. One must make use of love properly; it is necessary to love God, may He be extolled, with a great and complete love, not for the hope of any reward or for personal advantage. He must love the Torah and love every exertion in the attainment of His will. It is necessary to love the Sages and their teachings and to love all those that love the Creator, blessed be He, and to love the poor and the proselytes, and not to love the enemies of God, blessed be He.

One should not love evil deeds, nor the pleasures of the world, but live in balanced measure (in moderation). One should not love all the so-called wisdoms and the evil deeds that destroy the service of God, may He be extolled, and thrust one far away from His service, blessed be He.

Another one of the qualities of the soul is trust. It is necessary to use trust as is proper, and this is its meaning. One must trust God and His ways and His consolations, and trust that there is a consolation or a reward for a man's deeds and that there is hope for his future. And he should not trust in any power beside the power of God, blessed be He. He should not trust in his own wealth, in his life, in his power, in his righteousness, nor in the claims of those who entice him.

Another among the qualities of the soul is will. One must make proper use of this. One should accept willingly all that comes upon him from his God. And let him not grow impatient with God's rebuke, and let him receive upon himself, willingly, the reproof of his parents and that of his teachers, and make God's will completely his own.

Another among the qualities of the soul is humility. One must exercise humility properly so that he may be humble with every man, lowly and modest in his going about, in his sitting, in his words, and in his prayer, and seek the companionship of the poor, and let him not overestimate himself in his own eyes.

Another among the qualities of the soul is shame. A man needs to be shamefully aware of his sins, a man needs to be ashamed before his God, and lift his eyes to Him when he thinks of the uncleanliness of his deeds, his devious manners, and his lusts. He needs to be very humble and lowly and ashamed in his own eyes.

Another among the qualities of the soul is envy. One should be envious of the pious ones and even more than of them, of the repentant ones, and even more than of them, of those who are younger than he, and who have applied themselves diligently from their very youth to the service of God, may He be extolled. One should be jealous of the very

וְחֶשְׁבּוֹנוֹ, וְעָנְשׁוֹ, וּגְמוּלוֹ, וּבִתְחִיַּת־הַמֵּתִים, וּבַגְּאֻלָּה. וְלֹא יַאֲמִין בְּחָכְמוֹת הָרְשָׁעִים וְהָאֶפִּיקוֹרְסִים, וְחָכְמַת הַגּוֹיִם וְתַעְתּוּעֵיהֶם וְתוֹרָתָם. וּמִכֹּחוֹת הַנֶּפֶשׁ, הָאַהֲבָה. וְצָרִיךְ לְהִשְׁתַּמֵּשׁ בָּהּ כְּפִי הָרָאוּי. צָרִיךְ לֶאֱהֹב הָאֵל יִתְעַלֶּה אַהֲבָה גְדוֹלָה גְמוּרָה, לֹא לְתִקְוָה וְלֹא לְתוֹעֶלֶת. וְצָרִיךְ לֶאֱהֹב הַתּוֹרָה, וְלֶאֱהֹב בְּכָל יְגִיעָה בְּהַשָּׂגַת רְצוֹנוֹ*, וְלֶאֱהֹב הַחֲכָמִים וְכָל דִּבְרֵיהֶם, וְלֶאֱהֹב כָּל אוֹהֲבֵי הַבּוֹרֵא יִתְבָּרַךְ, וְלֶאֱהֹב הָעֲנִיִּים וְהַגֵּרִים, וְשֶׁלֹּא לֶאֱהֹב אוֹיְבֵי הַשֵּׁם יִתְבָּרַךְ. וְשֶׁלֹּא לֶאֱהֹב הַמַּעֲשִׂים הָרָעִים וְתַעֲנוּגֵי־הָעוֹלָם, כִּי אִם בְּמִשְׁפָּט וּבְמִישׁוֹר. וְשֶׁלֹּא יֶאֱהַב כָּל הַחָכְמוֹת וְהַמַּעֲשִׂים הָרָעִים הַמַּשְׁחִיתִים אֶת עֲבוֹדַת הָאֵל יִתְעַלֶּה וְהַמַּרְחִיקִים מֵעֲבוֹדָתוֹ יִתְבָּרַךְ. וּמִכֹּחוֹת הַנֶּפֶשׁ, הַבִּטָּחוֹן. צָרִיךְ לְהִשְׁתַּמֵּשׁ בּוֹ כָּרָאוּי. וְזֶהוּ פֵּרוּשׁוֹ. צָרִיךְ לִבְטוֹחַ בָּאֵל וּבִדְרָכָיו וּבְנֶחָמוֹתָיו, וְלִבְטוֹחַ כִּי יֵשׁ שָׂכָר לִפְעֻלָּתוֹ וְכִי יֵשׁ תִּקְוָה לְאַחֲרִיתוֹ. וְאַל יִבְטַח בִּבְלְעֲדֵי הָאֵל יִתְבָּרַךְ, וְלֹא בְּעָשְׁרוֹ, וְלֹא בְחַיָּיו, וְלֹא בְכֹחוֹ וּבְצִדְקָתוֹ, וְלֹא בְדִבְרֵי הַמַּסִּיתִים אוֹתוֹ. וּמִכֹּחוֹת הַנֶּפֶשׁ, הָרָצוֹן. צָרִיךְ לְהִשְׁתַּמֵּשׁ בּוֹ כָּרָאוּי, וְצָרִיךְ לְקַבֵּל עָלָיו בְּרָצוֹן כָּל הַבָּא עָלָיו מֵאֱלֹהָיו, וְאַל יָקוּץ בְּתוֹכַחְתּוֹ, וְשֶׁיְּקַבֵּל עָלָיו בְּרָצוֹן מוּסַר הוֹרָיו וּמוּסַר רַבּוֹתָיו, וְלָשׂוּם כָּל רְצוֹנוֹ רְצוֹן אֱלֹהָיו. וּמִכֹּחוֹת הַנֶּפֶשׁ, הָעֲנָוָה. צָרִיךְ לְהִשְׁתַּמֵּשׁ בָּהּ כָּרָאוּי, שֶׁיִּהְיֶה עָנָיו עִם כָּל אָדָם, וְשָׁפָל וְצָנוּעַ בְּלֶכְתּוֹ וְשִׁבְתּוֹ וּדְבָרָיו וּתְפִלָּתוֹ, וּלְהִתְחַבֵּר לַעֲנִיִּים, וְאַל תֵּיקַר נַפְשׁוֹ בְּעֵינָיו. וּמִכֹּחוֹת הַנֶּפֶשׁ, הַבֹּשֶׁת. צָרִיךְ לְהִתְבַּיֵּשׁ מֵחֲטָאָיו, וְצָרִיךְ לְהִתְבַּיֵּשׁ מֵאֱלֹהָיו וְלָשֵׂאת עֵינָיו אֵלָיו בְּזָכְרוֹ טִנּוּף מַעֲשָׂיו וּמְזִמּוֹתָיו וְתוֹעֲבוֹתָיו, וְשֶׁיִּהְיֶה בְעֵינָיו שָׁפָל מְאֹד וְנִכְנָע וּמִתְבַּיֵּשׁ. וּמִכֹּחוֹת הַנֶּפֶשׁ, הַקִּנְאָה. צָרִיךְ שֶׁיְּקַנֵּא בַּחֲסִידִים, וְיוֹתֵר מֵהֶם בְּבַעֲלֵי־תְשׁוּבָה, וְיוֹתֵר מֵהֶם בִּצְעִירִים מִמֶּנּוּ לְיָמִים הַשּׁוֹקְדִים מִנְּעוּרֵיהֶם בַּעֲבוֹדַת הָאֵל יִתְעַלֶּה. וְצָרִיךְ לְקַנֵּא בַעֲנִיִּים

* רצון השם.

poor who have not even a moment's sustenance, and despite all their poverty and deprivation are not lazy and reluctant to serve God, blessed be He. One must envy the nations of the world and those who worship futility, who inflict their souls with all sorts of affliction, who cloister themselves, and travel to the ends of the earth, a distance of a month, in the heat of the day and the frost of the night, and spend their money on that which is futile and of no value. Behold, this is what the fools and the simpletons do, who serve images of stone. All the more so should one do who serves the Master of the Universe. Surely, he ought to envy them and do twice as much, according to his ability.

Another among the qualities of the soul is thought. One must make proper use of thought and think about what was his beginning and what will be his end. One should think about the greatness of the Creator, blessed be He, and His wonders, and the creation of the heaven and the earth, and think of the Creation of his own body, and think minutely about all the kindnesses which God, blessed be He, has bestowed upon him from the very first day of his birth. And one should consider and think that the world is perishable and everything is vain. And one should think about the time when he will stand in judgment.

Another among the qualities of the soul is fear. One should fear God and the wrath of God and his parents and his teachers, as it is said (Deuteronomy 6:13), "Thou shalt fear the Lord, thy God." And he should fear places that are sacred to God (see Leviticus 19:30). He should fear the vicissitudes of time and the troubles that beset man. And he should fear the day of death. And he should fear his wrongdoings. He should be in fear lest he merit not to behold the face of his God.

Another among the qualities of the soul is courage. One must be courageous of heart in the service of God, blessed be He. He should not listen to those who would entice him or those who would compel him to forsake the service of God, blessed be He. For the sake of the service of God, blessed be He, one must be ready to forfeit his life and not be afraid of death.

Another among the qualities of the soul is mercy. One should have mercy upon the poor, the downcast, and the sick, and upon the fools who have no guide nor teacher. And he should have mercy upon the people of his own household, his servants, and on his own soul. And he should save his soul from going down into the pit.

Another among the qualities of the soul is cruelty. One must be cruel and hard to those who entice him and make him go astray. And he should have no mercy upon the wicked, as it is said (Deuteronomy 13:9), "Neither shalt thou spare, neither shalt thou conceal him."

אֲשֶׁר אֵין לָהֶם מִחְיַת רֶגַע, וְעִם כָּל חֶסְרוֹנָם וְדַלּוּתָם לֹא יִתְרַשְּׁלוּ מֵעֲבוֹדַת הָאֵל יִתְבָּרַךְ. וְצָרִיךְ לְקַנֵּא בְּאֻמּוֹת־הָעוֹלָם וְעוֹבְדֵי־הַהֶבֶל הַמְעַנִּים נַפְשׁוֹתָם בְּכָל מִינֵי עִנּוּי, הַנִּסְגָּרִים בְּמַסְגֵּר, וְהוֹלְכִים בְּאַפְסֵי־אָרֶץ מַהֲלַךְ־חֹדֶשׁ לְחֹרֶב בַּיּוֹם וּלְקֶרַח בַּלַּיְלָה וְיוֹצִיאוּ מָמוֹנָם בְּהֶבֶל וָרִיק. וְהִנֵּה מַה שֶּׁיַּעֲשׂוּ הַפְּתָאִים וְהַשּׁוֹטִים עוֹבְדֵי הָאֶבֶן. עַל אַחַת כַּמָּה וְכַמָּה מַה יֵּשׁ לַעֲשׂוֹת הָעוֹבֵד לַאֲדוֹן הָעוֹלָם, וַהֲלֹא יִצְטָרֵךְ לְקַנֹּאת בָּהֶם וְלַעֲשׂוֹת כִּפְלֵי־כִפְלַיִם כְּפִי יְכָלְתּוֹ. וּמִכֹּחוֹת הַנֶּפֶשׁ, הַמַּחֲשָׁבָה. צָרִיךְ לְהִשְׁתַּמֵּשׁ בָּהּ כָּרָאוּי, וְלַחְשׁוֹב מֶה הָיָה רֵאשִׁיתוֹ, וּמַה יִּהְיֶה אַחֲרִיתוֹ, וְלַחְשׁוֹב בִּגְדֻלַּת הַבּוֹרֵא יִתְבָּרַךְ וּבְנִפְלְאוֹתָיו, וּבִיצִירַת שָׁמַיִם וָאָרֶץ, וְלַחְשׁוֹב בִּיצִירַת גּוּפוֹ, וּלְדַקְדֵּק כָּל הַחֲסָדִים אֲשֶׁר גְּמָלוֹ הָאֵל יִתְבָּרַךְ מִיּוֹם הֱיוֹתוֹ, וְלַחְשׁוֹב כִּי הָעוֹלָם אָבֵד וְהַכֹּל הָבֶל, וְלַחְשׁוֹב בְּמַעֲמַד־הַדִּין. וּמִכֹּחוֹת הַנֶּפֶשׁ, הַיִּרְאָה. צָרִיךְ שֶׁיִּירָא מֵאֱלֹהָיו וּמֵחֲרוֹן־אַפּוֹ, וּמֵהוֹרָיו וְרַבּוֹתָיו, שֶׁנֶּאֱמַר (דברים ו יג) אֶת־יְיָ אֱלֹהֶיךָ תִּירָא, וּמִמְּקַדֵּשׁ־הַשֵּׁם. וְשֶׁיִּירָא מִתַּהְפּוּכוֹת הַזְּמָן, וּמִן הַתְּלָאוֹת הַבָּאוֹת עַל הָאָדָם, וְשֶׁיִּירָא מִיּוֹם הַמָּוֶת, וְשֶׁיִּירָא מֵעֲוֹנוֹתָיו, וְשֶׁיִּירָא שֶׁמָּא לֹא יִזְכֶּה לִרְאוֹת פְּנֵי־אֱלֹהָיו. וּמִכֹּחוֹת הַנֶּפֶשׁ, אֹמֶץ הַלֵּב. צָרִיךְ לִהְיוֹת אַמִּיץ־לֵב בַּעֲבוֹדַת הָאֵל יִתְבָּרַךְ, וְאַל יִשְׁמַע לַמְּסִיתִים וְלֹא לַמַּכְרִיחִים אוֹתוֹ לַעֲזֹב עֲבוֹדַת הָאֵל יִתְבָּרַךְ, וְשֶׁיִּמְסֹר נַפְשׁוֹ לַמָּוֶת וְלֹא יְפַחֵד מִן הַמָּוֶת בַּעֲבוּר עֲבוֹדַת הָאֵל יִתְבָּרַךְ. וּמִכֹּחוֹת הַנֶּפֶשׁ, הָרַחֲמָנוּת. צָרִיךְ לְרַחֵם עַל הָעֲנִיִּים, וְהַמְּרוּדִים, וְהַחוֹלִים, וְהַכְּסִילִים אֲשֶׁר אֵין לָהֶם (מוֹרָא) [מוֹרֶה], וְשֶׁיְּרַחֵם עַל אַנְשֵׁי בֵיתוֹ וַעֲבָדָיו וְעַל נַפְשׁוֹ, וְיַצִּילֶנָּה מֵרֶדֶת שָׁחַת. וּמִכֹּחוֹת הַנֶּפֶשׁ, הָאַכְזְרִיּוּת. צָרִיךְ שֶׁיִּהְיֶה אַכְזָרִי וְקָשֶׁה לַמְּסִיתִים וְלַמַּדִּיחִים, וְשֶׁלֹּא יַחְמוֹל עַל הָרְשָׁעִים, שֶׁנֶּאֱמַר (שם יג ט) וְלֹא־תַחְמֹל וְלֹא־תְכַסֶּה עָלָיו. וּמִכֹּחוֹת הַנֶּפֶשׁ, הַנְּדָבָה. צָרִיךְ לְהִתְנַדֵּב

Another among the qualities of the soul is generosity. One must give of himself willingly in the service of God, with one's wealth, with one's strength, with one's body, and with one's soul. One should be generous to the poor with his wealth and to the downcast with his counsel.

Another among the qualities of the soul is wisdom. One must study the words of the Torah and the words of the Sages. One should not occupy himself with the evil wisdoms that nullify the service. One must willingly dedicate himself to knowing the mystic meanings of the Creator, blessed be He, and the mystic meanings of the commandments, and the mystic meanings of the words themselves, and the words of the Sages.

Now that we have given thought to the qualities of the soul and the secret of the service of God and the words of the Sages, how to arrange them and set them in their proper order, we shall concern ourselves with the works of the body. I say that among the organs of the body are the ears. One must make use of them as I propose. One must heed (obey) one's teachers and one's parents, and give ear to the words of the Torah and to the words of our holy Sages, and listen to the cry of the downcast, and one must turn a deaf ear to vile statements and scoffing remarks and not listen to anyone who would entice him and make him go astray. Another among the organs of the body are the eyes. One must make proper use of them. One should close one's eyes from looking upon evil and from seeing sin: one must not sleep all of the night. One should keep his eyes closed during the time of the *tefillah*. And he should put frontlets between his eyes, and he should lift his eyes to the heavens, and he should ponder over the creations of God, blessed be He, and let him meditate always upon the Torah of the Lord, blessed be He. Another among the organs of the body is the mouth. One must take care not to utter oaths, curses, and obscene words. One must take care not to talk about the faults of other people. One must take care not to read perverse books (corrupting wisdom). One must take care not to eat and drink that which is forbidden. One should fast most of one's days, and his words should be spoken in equity. One should instruct the poor and admonish the wicked and comfort the mourners and give advice to those who are confused. Another among the organs of the body are the hands. One must make proper use of them in his business activities. One must guard himself from deceit and theft, from committing robbery and harming anyone, and from engaging in illicit work or vile deeds. One should not touch ritually unclean things, and one should open one's hands to the poor. And one should guard oneself and take care not to engage in labors forbidden on the Sabbath.

Among the organs of the body are the feet. One must make proper use of them. One must walk in God's ways. One must go to perform the

בַּעֲבוֹדָתוֹ בְּהוֹנוֹ וּבְכֹחוֹ וּבְגוּפוֹ וּבְנַפְשׁוֹ לָאֵל, וּלְהִתְנַדֵּב לָעֲנִיִּים בְּהוֹנוֹ וְלַמְּרוּדִים בַּעֲצָתוֹ. וּמִכֹּחוֹת הַנֶּפֶשׁ, הַחָכְמָה. צָרִיךְ לִלְמוֹד דִּבְרֵי־תוֹרָה וְדִבְרֵי־חֲכָמִים, וְאַל יִתְעַסֵּק בְּחָכְמוֹת רָעוֹת הַמְבַטְּלוֹת הָעֲבוֹדָה, וְלָדַעַת סוֹד הַבּוֹרֵא יִתְבָּרַךְ, וְסוֹד הַמִּצְוֹת, וְסוֹד הָעֲבוֹדָה, וְדִבְרֵי־הַחֲכָמִים.

וְאַחֲרֵי אֲשֶׁר זָכַרְנוּ כֹּחוֹת־הַנֶּפֶשׁ וְסוֹד־הָעֲבוֹדָה וְדִבְרֵי־הַחֲכָמִים אֵיךְ לְכוֹנֵן אוֹתָם וּלְיַשְּׁרָם, נַזְכִּיר מַעֲשֵׂי־הַגּוּף, וְאוֹמַר, כִּי מֵאֶבְרֵי־הַגּוּף הֵן הָאָזְנַיִם, צָרִיךְ לְהִשְׁתַּמֵּשׁ בָּהֶן כַּאֲשֶׁר אוֹמַר. צָרִיךְ לִשְׁמוֹעַ קוֹל רַבּוֹתָיו וְהוֹרָיו, וּלְהַאֲזִין לְדִבְרֵי־תוֹרָה וּלְדִבְרֵי הַחֲכָמִים הַקְּדוֹשִׁים, וְלִשְׁמוֹעַ שַׁוְעַת הַמְּרוּדִים, וְלֶאֱטוֹם אָזְנוֹ מִשְּׁמוֹעַ נְבָלָה וְלֵיצָנוּת וּמִשְּׁמוֹעַ לְכָל מִי שֶׁיְּסִיתֶנּוּ וְיַדִּיחֶנּוּ. וּמֵאֶבְרֵי־הַגּוּף, הָעֵינַיִם, צָרִיךְ לְהִשְׁתַּמֵּשׁ בָּהֶן כָּרָאוּי. צָרִיךְ לִהְיוֹת עוֹצֵם עֵינָיו מֵרְאוֹת בְּרָע וּמֵרְאוֹת עֲבֵרָה, וְאַל יִישַׁן כָּל הַלַּיְלָה, וְצָרִיךְ שֶׁיִּהְיוּ עֵינָיו סְגוּרוֹת בִּשְׁעַת הַתְּפִלָּה, וְיָשִׂים טוֹטָפוֹת בֵּין עֵינָיו, וְיִשָּׂא עֵינָיו לַשָּׁמַיִם וְיָבִין כָּל יְצִירוֹת הָאֵל יִתְבָּרַךְ, וְיִתְבּוֹנֵן תָּמִיד בְּתוֹרַת הַשֵּׁם יִתְבָּרַךְ. וּמֵאֶבְרֵי־הַגּוּף, הַפֶּה, צָרִיךְ לְהִשָּׁמֵר מֵהַשְּׁבוּעוֹת וְהָאָלוֹת וְדִבְרֵי־נְבָלוֹת, וּמִלְּחָרֵף וּמִלְּגַדֵּף, וּמִלְּסַפֵּר מוּם אָדָם, וּמִלִּקְרֹא חָכְמוֹת רָעוֹת, וּמִלֶּאֱכוֹל וְלִשְׁתּוֹת דְּבַר־אִסּוּר, וְשֶׁיִּתְעַנֶּה בְּרֹב יָמָיו, וְיִהְיוּ דִבְרֵי־פִיו בְּמִישׁוֹר, וִילַמֵּד לַכְּסִילִים, וְיוֹכִיחַ לָרְשָׁעִים, וִינַחֵם אֲבֵלִים, וְיִתֵּן עֵצָה לַנִּבְהָלִים. וּמֵאֶבְרֵי־הַגּוּף, הַיָּדַיִם, צָרִיךְ לְהִשְׁתַּמֵּשׁ בָּהֶן בַּעֲסָקָיו כָּרָאוּי. צָרִיךְ לְהִזָּהֵר מֵאוֹנָאָה וּגְנֵבָה וְעֹשֶׁק וְגָזֵל, וּמִלְּהַזִּיק אָדָם, וּמֵעֲשׂוֹת מְלָאכָה רְמִיָּה אוֹ מַעֲשֶׂה מְטֻנָּף, וְשֶׁלֹּא יִגַּע בְּטֻמְאָה, וְלִפְתּוֹחַ יָד לַעֲנִיִּים, וּלְהִזָּהֵר מֵעֲשׂוֹת מְלָאכוֹת אֲסוּרוֹת. וּמֵאֶבְרֵי־הַגּוּף, הָרַגְלַיִם, צָרִיךְ לְהִשְׁתַּמֵּשׁ בָּהֶן בְּמִישׁוֹר. צָרִיךְ לְהִתְהַלֵּךְ בְּדַרְכֵי־הָאֱלֹהִים, וְלָלֶכֶת לְצָרְכֵי

deeds of charity and provide for the needs of the poor and visit the sick and attend to burial rights and go to the house of prayer, evening, morning, and noon. And one must make use of one's feet to flee from wicked men and from a wicked woman. Among the organs of the human is the body in its entirety. One must use his body properly. All his occupations must be faultless. One should not overindulge his body. Everything must be in moderation.

CHAPTER V

Concerning The Pillars Of Worship

These are five: reason, love, fear, wisdom, and faith.

Know that concerning reason, the philosophers have spoken much, and they have divided it to better make known the difference between the act of knowing, the knower, and the known. For there are some philosophers who say that they are all one. There are those who say that they are not one, but three. In such discussion, there is neither advantage nor harm. But there is a benefit in this; that we must understand and learn and know that reason is the fruit of the soul, just as the apple is the fruit of the tree, and the apple requires much labor on the part of its master to guard the tree, to dig, to prune, to water it at all times, to keep it free from harmful weeds—and according to the care of the apple will be the goodness of the fruit. So must a man accustom his soul to thrive in good qualities, in wisdom, in ethics, and in the trials of new circumstances that may arise and in happenings of the world. When he does accustom his soul to thrive in all these qualities and circumstances, then its (i.e. the soul's) intellect which was merely potential will be perfected and actualized, and when the intellect goes forth into actuality, in the circumstances and conditions which we have just mentioned, then a man may be called perfect. Just as when an artisan is well skilled in his craft and he produces lovely vessels, then his craft is complete and he can obtain all of his desires, and he can obtain honor from princes and benefit from men; similarly, with the wise man, when

מִצְוָה, וּלְצָרְכֵי־עֲנִיִּים, וּלְבַקֵּר חוֹלִים, וּלְלַוּוֹת מֵתִים, וְלָלֶכֶת לְבֵית־הַתְּפִלָּה עֶרֶב וָבֹקֶר וְצָהֳרַיִם, וְלִבְרוֹחַ מֵאַנְשֵׁי־רֶשַׁע וּמֵאִשָּׁה רָעָה. וּמֵאֶבְרֵי־הָאָדָם, הַגּוּף בִּכְלָלוֹ, צָרִיךְ לְהִשְׁתַּמֵּשׁ בּוֹ כָּרָאוּי. וְיִהְיוּ כָּל עֲסָקָיו טְהוֹרִים, וְשֶׁלֹּא יְעַנֵּג גּוּפוֹ יוֹתֵר מִדַּי, רַק הַכֹּל בְּמִשְׁפָּט.

הַשַּׁעַר הַחֲמִישִׁי

בְּעַמּוּדֵי הָעֲבוֹדָה.

וְהֵם חֲמִשָּׁה, וְאֵלּוּ הֵם, הַשֵּׂכֶל, וְהָאַהֲבָה, וְהַיִּרְאָה, וְהַחָכְמָה, וְהָאֱמוּנָה.

דַּע, כִּי הַשֵּׂכֶל הִרְבּוּ לְדַבֵּר עָלָיו הַפִּילוֹסוֹפִים וּלְחַלֵּק אוֹתוֹ, וּלְהוֹדִיעַ הַהֶפְרֵשׁ אֲשֶׁר בֵּין הַשֵּׂכֶל, וְהַמַּשְׂכִּיל, וְהַמֻּשְׂכָּל. כִּי יֵשׁ מֵהֶם אוֹמְרִים כִּי הַכֹּל אֶחָד. וְיֵשׁ אוֹמְרִים, כִּי אֵינוֹ אֶחָד אֶלָּא שְׁלֹשָׁה, וְזֶה אֵין לָנוּ תּוֹעֶלֶת בּוֹ וְלֹא הֶזֵּק. אַךְ הַתּוֹעֶלֶת אֲשֶׁר יֵשׁ לָנוּ לְהָבִין וְלִלְמוֹד, שֶׁנֵּדַע שֶׁהַשֵּׂכֶל הוּא פְּרִי הַנֶּפֶשׁ, כַּאֲשֶׁר הַתַּפּוּחַ פְּרִי־הָאִילָן, וְהַתַּפּוּחַ צָרִיךְ לַעֲבוֹדָה רַבָּה מִבְּעָלָיו, לִשְׁמוֹר הָאִילָן, וְלַחְפּוֹר, וְלַעְדּוֹר, וּלְהַשְׁקוֹתוֹ בְּכָל עֵת, וּלְנַקּוֹתוֹ מִן הַצְּמָחִים הָרָעִים, וּכְפִי טוּב הַשְּׁמִירָה יִהְיֶה טוּב הַפְּרִי. כֵּן צָרִיךְ הָאָדָם לְהַרְגִּיל נַפְשׁוֹ בְּמִדּוֹת טוֹבוֹת, וּבְחָכְמָה, וּבְמוּסָר, וּבְנִסְיוֹנוֹת־הַחִדּוּשִׁים, וּבְקוֹרוֹת־הָעוֹלָם. וּכְשֶׁיַּרְגִּיל נַפְשׁוֹ בְּכָל אֵלֶּה, אָז יֻשְׁלַם שִׂכְלָהּ אֲשֶׁר בַּכֹּחַ וְיֵצֵא אֶל הַפֹּעַל. וְכַאֲשֶׁר יֵצֵא הַשֵּׂכֶל אֶל הַפֹּעַל מִן הַכֹּחַ בְּאֵלֶּה הַדְּבָרִים, אָז יִקָּרֵא הָאָדָם שָׁלֵם. כְּמוֹ הָאֻמָּן בִּהְיוֹתוֹ בָקִי וְיִהְיוּ לוֹ כֵּלִים נָאִים, אָז תֻּשְׁלַם אֻמָּנוּתוֹ, וְאָז יוּכַל לְהַשִּׂיג כָּל חֲפָצָיו, וְיַשִּׂיג כָּבוֹד מִן הַשָּׂרִים, וְתוֹעֶלֶת מִבְּנֵי־אָדָם. וְכֵן הַמַּשְׂכִּיל, כְּשֶׁיִּהְיֶה לוֹ שֵׂכֶל שָׁלֵם,

his intellect is complete. Then he can obtain honor from his God, and he will find favor in His eyes and in the eyes of men. For when the intellect is perfect, it causes a man to serve his God, to love Him, and to fear Him. For the fear of God, may He be extolled, and the love of Him and the worship of Him, all three of these come from the power of the intellect, just as streams, no matter how many there are, come forth from one place. Therefore, all love, fear, and wisdom which may exist without reason have no source and no foundation.

Now, let me explain these three qualities in detail. For when you consider the difference between the love of one lacking in knowledge and the love of one who possessses intellect, it will be clear to you that the love of the simpleton is not love at all, but only a fleeting thought. But the man of intelligence grasps with his intellect whom he should love and how he should love. Similarly, when you pay attention to the difference between the fear of a simpleton for his master and the fear of a man of intelligence, you will know that the fear of the simpleton is madness. He, the man of intelligence, recognizes the worth of his master, his fear, and his power, and he knows that there is an obligation upon him to serve and to fear him, because he is completely in the power of his master, and his master will deal well with him. Similarly, when you regard the difference between the wisdom of a simpleton and that of the man of intelligence, you will know that the wisdom of the simpleton is folly and bears no fruit while that of the man of intellect is intelligent, disciplined, and does bear fruit. This kind of intellect is the will of God, may He be extolled. He will know what he must do with his wisdom and his intellect. The simpleton, when he wishes with his wisdom to know what he must do, is overpowered by his folly, and his thought is lost, like one who has a sick and weak eye but wants to look at the light of the sun. His eye becomes dark and he walks in darkness, and he does not see what he ought to see. While he whose eye is healthy can look at the light and see all of the matters that concern him, and he knows how he should do them, and how he should take heed of them. If this is so, then set this clearly in your mind, that the intellect is the foundation of the three pillars of faith, which are fear, love, and wisdom.

Now, we must explain each one of these. We will begin with love.

אָז יַשִּׂיג כָּבוֹד מֵאֱלֹהָיו וְיִמְצָא חֵן בְּעֵינָיו וּבְעֵינֵי בְנֵי־אָדָם. כִּי בִהְיוֹת הַשֵּׂכֶל שָׁלֵם, גּוֹרֵם לָאָדָם שֶׁיִּהְיֶה עוֹבֵד לֵאלֹהָיו, וְאוֹהֵב אוֹתוֹ, וְיָרֵא מִמֶּנּוּ. כִּי יִרְאַת הָאֵל יִתְעַלֶּה וְאַהֲבָתוֹ וַעֲבוֹדָתוֹ, מִכֹּחַ הַשֵּׂכֶל יֵצְאוּ שְׁלָשְׁתָּן, כַּאֲשֶׁר יֵצְאוּ הַנְּחָלִים אַף־עַל־פִּי שֶׁהֵם רַבִּים מִמָּקוֹם אֶחָד. וְעַל כֵּן כָּל אַהֲבָה וְיִרְאָה וְחָכְמָה אֲשֶׁר תִּהְיֶה מִבְּלִי שֵׂכֶל, אֵין לָהּ שֹׁרֶשׁ וְלֹא יְסוֹד.

וְהִנְנִי מְבָאֵר לְךָ שְׁלָשְׁתָּן הֵיטֵב. כִּי כַּאֲשֶׁר תִּתְבּוֹנֵן בַּהֶפְרֵשׁ אֲשֶׁר בֵּין אַהֲבַת חֲסַר־דַּעַת וּבֵין אַהֲבַת בַּעַל־שֵׂכֶל, יִתְבָּאֵר לְךָ כִּי אַהֲבַת הַשּׁוֹטֶה אֵינָהּ אַהֲבָה, אֶלָּא מַחֲשָׁבָה עוֹבֶרֶת. וְהַמַּשְׂכִּיל, יַשְׂכִּיל לְמִי יֶאֱהַב וְאֵיךְ יֶאֱהַב. וְכֵן בְּשׁוּמְךָ לִבְּךָ לַהֶפְרֵשׁ אֲשֶׁר בֵּין יִרְאַת הַשּׁוֹטֶה לַאֲדוֹנָיו וְיִרְאַת הַמַּשְׂכִּיל, תַּכִּיר כִּי יִרְאַת הַשּׁוֹטֶה הִיא שִׁגָּעוֹן. וְיִרְאַת הַמַּשְׂכִּיל, מִפְּנֵי שֶׁמַּכִּיר עֵרֶךְ אֲדוֹנָיו, וְאֵימָתוֹ, וְכֹחוֹ, וְכִי חוֹבָה עָלָיו לַעֲבוֹד אוֹתוֹ וְלִירָא אוֹתוֹ, מִפְּנֵי אֲשֶׁר הוּא בִרְשׁוּתוֹ וְיֵיטִיב לוֹ. וְכֵן כַּאֲשֶׁר תָּשִׁית לִבְּךָ לַהֶפְרֵשׁ אֲשֶׁר בֵּין חָכְמַת־הַשּׁוֹטֶה לְחָכְמַת־הַמַּשְׂכִּיל, תֵּדַע כִּי חָכְמַת־הַשּׁוֹטֶה, הוֹלֵלוּת וְאֵין לָהּ פֶּרִי. וְחָכְמַת־הַמַּשְׂכִּיל, שֵׂכֶל וּמוּסָר וְיֵשׁ לָהּ פְּרִי, וְהוּא רְצוֹן הָאֵל יִתְעַלֶּה, וְיֵדַע מַה יִּצְטָרֵךְ לַעֲשׂוֹת בְּחָכְמָתוֹ וְשִׂכְלוֹ. אֲבָל הַשּׁוֹטֶה, כְּשֶׁיִּרְצֶה בְחָכְמָתוֹ לָדַעַת מַה יִּצְטָרֵךְ לַעֲשׂוֹת, תִּגְבַּר עָלָיו הַהוֹלֵלוּת וְתֹאבַד מַחֲשַׁבְתּוֹ, כְּמִי שֶׁיֵּשׁ לוֹ עַיִן חוֹלָה וַחֲלוּשָׁה שֶׁיִּרְצֶה לְהַבִּיט לְאוֹר הַחַמָּה, וְתֶחְשַׁךְ עֵינוֹ, וְיֵלֵךְ בַּחֹשֶׁךְ, וְלֹא יִרְאֶה מַה שֶּׁהוּא צָרִיךְ לִרְאוֹת. וּמִי שֶׁעֵינוֹ בְרִיאָה, יוּכַל לְהִסְתַּכֵּל בָּאוֹר, וְלִרְאוֹת כָּל עֲסָקָיו, וְלָדַעַת אֵיךְ יַעֲשֵׂם וְאֵיךְ יִשָּׁמֵר בָּהֶם. אִם כֵּן הִנֵּה הִתְיַשֵּׁב בְּדַעְתְּךָ, כִּי הַשֵּׂכֶל הוּא יְסוֹד לִשְׁלֹשָׁה עַמּוּדֵי הָאֱמוּנָה, שֶׁהֵם, הַיִּרְאָה, וְהָאַהֲבָה, וְהַחָכְמָה.

וְעַתָּה אָנוּ צְרִיכִים לְפָרֵשׁ כָּל אֶחָד מֵאֵלּוּ הַשְּׁלֹשָׁה, וְנַתְחִיל

The matter of love is a uniting quality between the lover and the beloved. Know that love can be divided into three parts. One type of love seeks a benefit, the second type of love is the love one has for society and friends, and the third is love of the good qualities which are to be found in the beloved; this third type of love is the firm and the true one. Moreover, it has the power within it of never altering or changing, because this love is sustained and bound by the qualities of the beloved, and it is impossible for it to change unless the qualities of the beloved change. But it is not our intention to call to mind the qualities which change, but rather the qualities which endure, and these are the qualities of the Creator, blessed be He. For when a man loves another man because of his intellect, his wisdom, his ethics, his humility, and the other good qualities, such love is firm and will never change, because the cause which brings about this love does not change. Therefore, I say that this is the true and perfect love, when a man loves his God because of His power, because He is the Creator of all things, and because He is compassionate, merciful, and patient, and possesses all the other good qualities. Such a love will never depart or be removed, for the qualities of the Creator, may He be extolled, will never depart or be altered. Of the three types of love which we have called to mind, none will endure save this one, which is the true pillar of love. The other two will not endure, for they have not within themselves the essential quality of every lover and beloved.

Know that love is joined of two parts, the qualities of the lover, and the qualities of the beloved. According to the qualities of the lover will be the strength of his love for the good qualities which exist in the one he loves. Now, I will explain the qualities of the lover and say that these are the good intellect and a pure and refined soul, and when these qualities exist in the lover even to a small degree, he will be drawn to love everyone who possesses these qualities because every kind gravi-

[לְפָרֵשׁ] מֵהֶם הָאַהֲבָה, וְנֹאמַר, כִּי עִנְיַן הָאַהֲבָה הוּא כֹּחַ מַחְבִּיר בֵּין הָאוֹהֵב וּבֵין הָאָהוּב. וְדַע, כִּי הָאַהֲבָה נֶחֱלֶקֶת לִשְׁלֹשָׁה חֲלָקִים. הָאֶחָד, אַהֲבָה שֶׁתִּהְיֶה לְתוֹעֶלֶת וְתִקְוָה. וְהַשֵּׁנִי, אַהֲבַת חֶבְרָה וְרֵעוּת. וְהַשְּׁלִישִׁי, אַהֲבַת הַמִּדּוֹת הַטּוֹבוֹת אֲשֶׁר בָּאָהוּב, וְזֹאת הִיא הָאַהֲבָה הַנְּכוֹנָה וְהָאֲמִתִּית, וְעוֹד יֵשׁ כֹּחַ בָּהּ כִּי לֹא תִתְחַלֵּף וְלֹא תִשְׁתַּנֶּה לָעַד, בַּעֲבוּר כִּי הָאַהֲבָה נְשׂוּאָה וּקְשׁוּרָה בְּמִדּוֹת הָאָהוּב, וְאִי אֶפְשָׁר לָהּ לְהִשְׁתַּנּוֹת אֶלָּא אִם יִשְׁתַּנּוּ מִדּוֹת הָאָהוּב הַנּוֹשְׂאוֹת אוֹתָהּ. וְאֵין כַּוָּנָתֵנוּ לִזְכּוֹר הַמִּדּוֹת אֲשֶׁר יִשְׁתַּנּוּ, כִּי אִם הַמִּדּוֹת הַקַּיָּמוֹת וְהֵן מִדּוֹת הַבּוֹרֵא יִתְבָּרַךְ. כִּי, כַּאֲשֶׁר יֶאֱהַב אָדָם לְאִישׁ אֶחָד בַּעֲבוּר שִׂכְלוֹ וְחָכְמָתוֹ וּמוּסָרוֹ וְעַנְוְתָנוּתוֹ וּשְׁאָר מִדּוֹתָיו הַטּוֹבוֹת, תִּהְיֶה זֹאת הָאַהֲבָה הַנְּכוֹנָה וְלֹא תִשְׁתַּנֶּה לְעוֹלָם, מִפְּנֵי שֶׁלֹּא תִשְׁתַּנֶּה הַסִּבָּה הַגּוֹרֶמֶת לְאַהֲבַת הָאוֹהֵב. וְעַל כֵּן אוֹמַר, כִּי זֹאת הִיא הָאַהֲבָה הַנְּכוֹנָה הַתְּמִימָה כְּשֶׁיֶּאֱהַב אָדָם לֵאלֹהָיו בַּעֲבוּר גְּבוּרָתוֹ וּבַעֲבוּר כִּי הוּא בּוֹרֵא הַכֹּל וּבַעֲבוּר כִּי הוּא חַנּוּן וְרַחוּם אֶרֶךְ־אַפַּיִם וּשְׁאָר הַמִּדּוֹת הַטּוֹבוֹת, לֹא תָמוּשׁ לְעוֹלָם זֹאת הָאַהֲבָה, כִּי לֹא יָמוּשׁוּ מִדּוֹת הַבּוֹרֵא יִתְעַלֶּה וְלֹא יִשְׁתַּנּוּ לְעוֹלָם. וּמִכָּל שְׁלֹשֶׁת חֶלְקֵי הָאַהֲבָה אֲשֶׁר זָכַרְנוּ, לֹא יִתְקַיֵּם כִּי אִם זֶה הַחֵלֶק וְהוּא עַמּוּד הָאַהֲבָה, וְהַשְּׁנַיִם הָאֲחֵרִים לֹא יִתְקַיְּמוּ, כִּי אֵין בָּהֶם עִקָּר בְּכָל אוֹהֵב וְאָהוּב.

דַּע, כִּי הָאַהֲבָה תִּתְחַבֵּר מִשְּׁנֵי חֲלָקִים. הָאֶחָד, מִמִּדּוֹת הָאוֹהֵב. וְהַשֵּׁנִי, מִמִּדּוֹת הָאָהוּב. וּכְפִי טַעַם מִדּוֹת הָאוֹהֵב, יִהְיֶה תֹּקֶף אַהֲבָתוֹ בְּמִדּוֹת הַטּוֹבוֹת אֲשֶׁר בְּאוֹהֲבוֹ. וְעַתָּה אֲפָרֵשׁ מִדּוֹת הָאוֹהֵב וְאוֹמַר, כִּי מִדּוֹת הָאוֹהֵב, הֵן, הַשֵּׂכֶל הַטּוֹב, וְהַנֶּפֶשׁ הַזַּכָּה הַצָּחָה. וּכְשֶׁיִּהְיֶה בָּאוֹהֵב קְצָת מֵאֵלּוּ הַמִּדּוֹת, יִהְיֶה נִמְשָׁךְ לֶאֱהוֹב לְכָל אִישׁ אֲשֶׁר נִמְצָא בוֹ כַּמִּדּוֹת הָאֵלֶּה,

tates to his kind and keeps aloof from his opposite. Therefore, a man possessing a good intellect and a pure soul is drawn to the love of God, for within the Creator are these just and good qualities, all embracing and true. Therefore, when a man is drawn to His worship, it is a sign that he, himself, has qualities of the Creator, blessed be He. Therefore, he is drawn after Him just as the intellectual man is drawn to the companionship of intellectuals. The wise man is drawn to the companionship of the wise. The fool is drawn to the companionship of fools, and the youth to the companionship of the young, the old man to the companion ship of the old, and every man is drawn to the companionship of his friend, while the fowl of the heaven are drawn to the companionship of their own kind. Therefore, when you see a man separating himself from serving God, may He be extolled, know that there are not within him any of the qualities of God, but their opposites, and therefore he separates himself from the good qualities. For if there were in him intelligence, or holiness, or whole-heartedness, or righteousness, we would know that these qualities are the attributes of the Creator, blessed be He. If there were in a man even the slightest particle of such qualities, it would draw his heart to his God, just as the wise soul draws the body of a man upward and sets him up with an erect bearing, because the soul is drawn to the source of the intellect, a part of which is in man. Just as the life of an animal is drawn to the earth until it bends it down and walks with bent bearing, because of its life which comes from the earth and is drawn to its source. Therefore, we know that the good intellect which is in man will impel him to seek an increase of his good qualities. The pure soul which is like a mirror will reveal to him what is hidden from him of the mysteries of God. For when the soul is polished and pure, a man, by looking at it, can perceive the Creator, blessed be He, and His unity and His existence and His other powers which can be conceived of by the intellect, just as a man sees in a mirror what is hidden from him. But if the soul is not pure and clean, he cannot see the mysteries which are round about it, because the body is dark, and the one who desires to see cannot be told what is behind him if the mirror is not pure and fine, thus enabling the glance to pass smoothly over it. However, when the soul is pure, a glance of the intellect can easily pass

בַּעֲבוּר כִּי כָּל מִין, יָסוּר אֶל מִינוֹ וְיִרְחַק מֵהָפְכּוֹ. וּבַעֲבוּר זֶה יִמָּשֵׁךְ כָּל אִישׁ בַּעַל שֵׂכֶל טוֹב וְנֶפֶשׁ נְקִיָּה לְאַהֲבַת הָאֵל, בַּעֲבוּר כִּי הַבּוֹרֵא, הֵן בּוֹ הַמִּדּוֹת הַיְשָׁרוֹת וְהַטּוֹבוֹת, הַכְּלָלִיּוֹת הָאֲמִתִּיּוֹת. וְעַל כֵּן, כְּשֶׁיִּמָּשֵׁךְ הָאָדָם לַעֲבוֹדָתוֹ*, הִיא לְאוֹת כִּי יֶשׁ בּוֹ מִמִּדּוֹת הַבּוֹרֵא יִתְבָּרַךְ, וְעַל כֵּן יִמָּשֵׁךְ אַחֲרָיו כַּאֲשֶׁר יִמָּשֵׁךְ הַמַּשְׂכִּיל לְחֶבְרַת הַמַּשְׂכִּילִים, וְכָל חָכָם לְחֶבְרַת הַחֲכָמִים, וְכָל כְּסִיל לְחֶבְרַת הַכְּסִילִים, וְהַנַּעַר לְחֶבְרַת הַנְּעָרִים, וְהַזָּקֵן לְחֶבְרַת הַזְּקֵנִים, וְכָל אִישׁ לְחֶבְרַת חֲבֵרוֹ, וְעוֹף הַשָּׁמַיִם לְמִינוֹ. וְעַל כֵּן, כְּשֶׁתִּרְאֶה אָדָם מִתְרַחֵק מֵעֲבוֹדַת הָאֵל יִתְעַלֶּה, דַּע כִּי אֵין בּוֹ מִמִּדּוֹת הָאֵל כְּלוּם אֶלָּא הָפְכָּן, וְעַל כֵּן יִרְחַק מֵהֶן. כִּי אִלּוּ יִהְיֶה בּוֹ שֵׂכֶל אוֹ קְדֻשָּׁה אוֹ תְמִימוּת אוֹ יֹשֶׁר, נֵדַע כִּי אֵלּוּ הַמִּדּוֹת הֵן מִדּוֹת הַבּוֹרֵא יִתְבָּרַךְ. וּכְשֶׁיִּהְיֶה לָאָדָם מֵהֶן שֶׁמֶץ דָּבָר, יִמְשְׁכֵהוּ לִבּוֹ לֵאלֹהָיו, כַּאֲשֶׁר תִּמְשׁוֹךְ הַנֶּפֶשׁ הַחֲכָמָה גּוּף הָאָדָם לְמַעְלָה וְהֶעֱמִידָה אוֹתוֹ בְּקוֹמָה זְקוּפָה, מִפְּנֵי שֶׁהִיא נִמְשֶׁכֶת לִמְקוֹם הַשֵּׂכֶל אֲשֶׁר הִיא מִמֶּנּוּ. וְכַאֲשֶׁר תִּמָּשֵׁךְ נֶפֶשׁ הַבְּהֵמָה לָאָרֶץ עַד אֲשֶׁר כָּפְפָה אוֹתָהּ וְהָלְכָה בְּקוֹמָה כְפוּפָה, מִפְּנֵי נַפְשָׁהּ אֲשֶׁר הִיא מִן הֶעָפָר וְהִיא נִמְשֶׁכֶת לְשָׁרְשָׁהּ. וְעַל כֵּן נֵדַע, כִּי הַשֵּׂכֶל הַטּוֹב אֲשֶׁר בָּאָדָם, הוּא יְעִירֵהוּ לְבַקֵּשׁ תּוֹסֶפֶת עַל מִדּוֹתָיו. וְהַנֶּפֶשׁ הַזַּכָּה אֲשֶׁר הִיא לוֹ כִּרְאִי מוּצָק, מְגַלָּה לוֹ מַה שֶּׁנֶּעְלַם [מִמֶּנּוּ] מִסּוֹדוֹת אֱלֹהָיו. כִּי בִּהְיוֹת הַנֶּפֶשׁ לְטוּשָׁה וְזַכָּה, יִרְאֶה הָאָדָם מִמֶּנָּה אֶל הַבּוֹרֵא יִתְבָּרַךְ וְאַחְדוּתוֹ וּמְצִיאוּתוֹ וּשְׁאָר כֹּחוֹתָיו הַמֻּשָּׂגִים בַּשֵּׂכֶל, כַּאֲשֶׁר יִרְאֶה הָאָדָם בִּרְאִי מוּצָק מַה שֶּׁנֶּעְלַם מִמֶּנּוּ. וְאִם לֹא תִהְיֶה הַנֶּפֶשׁ זַכָּה וְצֶחָה, לֹא יוּכַל לִרְאוֹת הַתַּעֲלוּמוֹת מִבַּלְעָדֶיהָ, כִּי הַגּוּף אָפֵל, וְגַם לֹא יוּכַל הָרוֹאֶה לִרְאוֹת מַה שֶּׁיִּהְיֶה לְאַחֲרָיו אִם לֹא יִהְיֶה הָרְאִי זַךְ וָדַק שֶׁיַּעֲבוֹר בּוֹ הָרְאוּת. וְעַל כֵּן, בִּהְיוֹת הַנֶּפֶשׁ

* בעבודת השם.

over it, and it can see what is behind it, and there is nothing behind the soul except the Creator, blessed be He.

Therefore, I have said that when a man has two qualities—and these are a good intellect and a pure soul—there will be aroused in the man a complete love for the Creator, blessed be He. When there will be this complete love for God, may He be extolled, then there will grow forth reverence from that love, for we see that whenever a man loves another man because of good qualities that are within him, this love becomes a yoke upon his neck and compels him to seek and fulfill the will of the beloved. He will find no rest unless he exerts himself in matters pertaining to the beloved and in such case, the exertion will be sweeter to his palate more than rest. When the lover does for the beloved a thing which finds favor in the latter's eyes, then the soul of the lover becomes more precious in his own eyes, because he is able to find favor in the eyes of his beloved by doing a thing which is good in the eyes of his beloved. If the lover should chance to do a deliberate or an unpremeditated sinful act, or anything which does not please his beloved, then the lover will be confounded and ashamed and he will steal away as an entire people will steal away when they are ashamed. This pertains to the power of love which is like an iron yoke upon him to cause the lover to yield to the beloved, as Scripture says (Song of Songs 8:6), "For love is as strong as death." Since love causes the lover to yield to his beloved and do the will of the beloved with double willingness, we must explain why there is in love this power. We say that the love of the lover for his beloved comes about because of the good qualities which are in the beloved. The soul of the lover must also contain a portion of these good qualities. Therefore, the little that is contained of these good qualities in the lover draws him exceedingly, just as every kind is drawn to its kind. This is a sign of a generous soul, that he is drawn after every honorable thing, and this is love. The willingness on the part of the lover to yield to the beloved in order to fulfill the will of the beloved arises from the fact that the lover recognizes the superiority of the beloved over him, just as the pupil recognizes the superiority of his teacher and the servant recognizes the superiority of his master. He therefore yields to his beloved by recognizing his superiority over him. Similarly, with regard to a lover's fear of his beloved: it

זַכָּה, יַעֲבוֹר בָּהּ רְאוּת הַשֵּׂכֶל, וְתִרְאֶה מַה שֶּׁלְּאַחֲרֶיהָ, וְאֵין אַחֲרֵי הַנֶּפֶשׁ כִּי אִם הַבּוֹרֵא יִתְבָּרַךְ.

וְעַל כֵּן אָמַרְתִּי, כִּי בִּהְיוֹת לָאָדָם שְׁתֵּי הַמִּדּוֹת, וְהֵן, שֵׂכֶל טוֹב, וְנֶפֶשׁ זַכָּה, תִּתְעוֹרֵר מִן הָאָדָם אַהֲבָה גְּמוּרָה לַבּוֹרֵא יִתְבָּרַךְ. וְכַאֲשֶׁר [תִּהְיֶה] הָאַהֲבָה הַגְּמוּרָה בָּאֵל יִתְעַלֶּה, תִּצְמַח מִן הָאַהֲבָה הַהִיא הַיִּרְאָה. כִּי אָנוּ רוֹאִים, [כִּי] כָּל מִי שֶׁיֶּאֱהַב לְאָדָם אֶחָד בַּעֲבוּר מִדּוֹת טוֹבוֹת שֶׁיֵּשׁ בּוֹ, תִּהְיֶה הָאַהֲבָה עֹל עַל צַוָּארוֹ, וְתַכְנִיעֵהוּ (לְבַקֵּשׁ) [לְמַלֵּא] רְצוֹן הָאָהוּב, וְלֹא יִמְצָא מְנוּחָה רַק בְּעֵת יְגִיעָתוֹ בְּעֵסֶק הָאָהוּב, וְתִמְתַּק לְחִכּוֹ הַיְגִיעָה יוֹתֵר מֵהַמְּנוּחָה. וּבְעֵת יַעֲשֶׂה הָאוֹהֵב לָאָהוּב דָּבָר אֲשֶׁר יִיטַב בְּעֵינָיו, אָז תִּיקַר נֶפֶשׁ הָאוֹהֵב בְּעֵינָיו, מִפְּנֵי אֲשֶׁר יָכוֹל לִמְצֹא חֵן בְּעֵינֵי אֲהוּבוֹ לַעֲשׂוֹת דָּבָר אֲשֶׁר יִיטַב בְּעֵינָיו. וְאִם יִזְדַּמֵּן לוֹ דְּבַר־חֵטְא אוֹ שְׁגָגָה אוֹ יַעֲשֶׂה דָּבָר אֲשֶׁר לֹא יִיטַב לַאֲהוּבוֹ, יִהְיֶה הָאוֹהֵב מִשְׁתּוֹמֵם וְנִכְלָם, וְיִתְגַּנֵּב כַּאֲשֶׁר יִתְגַּנֵּב הָעָם הַנִּכְלָמִים. וְזֶה הַדָּבָר, מִכֹּחַ הָאַהֲבָה אֲשֶׁר הִיא כְּעֹל בַּרְזֶל עָלָיו לְהַכְנִיעַ הָאוֹהֵב לָאָהוּב, כַּאֲשֶׁר אָמַר הַכָּתוּב (שיר השירים ח ו) כִּי־עַזָּה כַמָּוֶת אַהֲבָה. וְאַחֲרֵי אֲשֶׁר הָאוֹהֵב תַּכְנִיעֵהוּ הָאַהֲבָה לַאֲהוּבוֹ לָבוֹא בְּכֶפֶל רְצוֹנוֹ, יֵשׁ לָנוּ לְפָרֵשׁ, מַדּוּעַ יֵשׁ בָּאַהֲבָה הַכֹּחַ הַזֶּה. וְנֹאמַר, כִּי אַהֲבַת הָאוֹהֵב לַאֲהוּבוֹ תִּהְיֶה בִּשְׁבִיל הַמִּדּוֹת הַטּוֹבוֹת אֲשֶׁר בָּאָהוּב, וְנֶפֶשׁ הָאוֹהֵב גַּם כֵּן יֶשׁ לָהּ קְצָת מִדּוֹת טוֹבוֹת. וְעַל כֵּן, זֶה הַמְּעַט אֲשֶׁר יֵשׁ בָּאוֹהֵב מִמִּדּוֹת טוֹבוֹת, יִמְשְׁכֵהוּ הַרְבֵּה כַּאֲשֶׁר יִמְשׁוֹךְ כָּל מִין אֶל מִינוֹ, וְהוּא לְאוֹת עַל בַּעַל נֶפֶשׁ נְדִיבָה שֶׁהוּא נִמְשָׁךְ לְכָל דָּבָר נִכְבָּד, וְזֹאת הִיא הָאַהֲבָה. אֲבָל הַהַכְנָעָה אֲשֶׁר הִיא בָּאוֹהֵב לְהַשְׁלִים רְצוֹן הָאָהוּב, הוּא מִפְּנֵי שֶׁיַּכִּיר הָאוֹהֵב יִתְרוֹן הָאָהוּב עָלָיו, כַּאֲשֶׁר יַכִּיר הַתַּלְמִיד יִתְרוֹן רַבּוֹ וְהָעֶבֶד יִתְרוֹן אֲדוֹנָיו, וְעַל

is as a servant fears his master, a pupil fears his teacher, because of the latter's superiority. More than this, he hopes to learn continually from the teachers qualities, from his wisdom, and from his instruction. These qualities impel the lover to fear his beloved. If this is so, then it has been clarified how fear proceeds from love. If we say that love such as this and the lover can be found among ordinary people, then we know that in this manner we can describe the love of man for the Creator. If it should be said that one cannot compare the love of the created to the love of the Creator, blessed be He, he would answer that although we are created beings, still the love which is customarily shown by man for the Creator—even though there is a difference between the beloved who is created and the beloved who is the Creator—is the same, for there is no difference between the power of the beloved of God and the power of the mortal lover who is created, for they are one. Therefore, the Creator, blessed be He, seeks nothing of a man but that he love Him with all his power, and this will be as important in His eyes as though he loved Him according to the love that is due to Him. Now, it is interesting to note that the righteousness which we ascribe to the Creator, blessed be He, consists in this, that we are not able to do anything for His glory save that which is within our power to help our fellow men, and the Creator receives it as though we had given Him love that is worthy of Him.

Now that we have explained that love is the cause of fear and that both of them are pillars of faith, we will explain the matter of wisdom, and we say that wisdom must exist in the lover. For if the lover is without wisdom, he will not recognize the qualities which we have mentioned, nor will he recognize in his beloved his intellect, his wisdom, and the other precious qualities. If he does not know his qualities, he will not know how to love him, for the power of folly which obscures the knowledge of the precious qualities of the beloved will nullify the love of the lover, just as we have said. For the love of a fool is not love, and if this is so, we can understand that love cannot be complete if it lacks wisdom and knowledge. According to what he lacks in complete knowledge will

כֵּן יִכָּנַע לַאֲהוּבוֹ בְּהַכִּירוֹ יִתְרוֹנוֹ עָלָיו. וְזֶה הַדָּבָר יִרְאַת הָאוֹהֵב לָאָהוּב, כַּאֲשֶׁר יִירָא הָעֶבֶד מֵאֲדוֹנָיו וְהַתַּלְמִיד מֵרַבּוֹ מִפְּנֵי הַיִּתְרוֹן אֲשֶׁר לוֹ עָלָיו. וְעוֹד, שֶׁיְּקַוֶּה לִלְמוֹד תָּמִיד מִמִּדּוֹת הָרַב וּמֵחָכְמָתוֹ וּמִמּוּסָרוֹ, וְאֵלֶּה הַמִּדּוֹת יַכְרִיחוּ שֶׁיִּהְיֶה הָאוֹהֵב יָרֵא מֵאֲהוּבוֹ. אִם כֵּן, הִנֵּה נִתְבָּאֵר כִּי מִן הָאַהֲבָה תֵּצֵא הַיִּרְאָה. וְכַאֲשֶׁר נֹאמַר כִּי הָאַהֲבָה וְהָאוֹהֵב אֶפְשָׁר שֶׁיִּהְיוּ מִבְּנֵי־אָדָם מְצוּיִים, כֵּן נוּכַל עַל הַדֶּרֶךְ הַזֹּאת לָדַעַת, כִּי עַל הָעִנְיָן הַזֶּה הִיא אַהֲבַת אָדָם לַבּוֹרֵא. וְאִם יֹאמַר אוֹמֵר, אֵין לְהַמְשִׁיל אַהֲבַת הַנִּבְרָא לְאַהֲבַת הַבּוֹרֵא יִתְבָּרַךְ, נֹאמַר, כִּי אֲנַחְנוּ בְרוּאִים, וְהָאַהֲבָה אֲשֶׁר יַרְגִּיל הָאָדָם בַּבּוֹרֵא, אַף־עַל־פִּי שֶׁיֵּשׁ הֶפְרֵשׁ בֵּין הָאָהוּב הַנִּבְרָא וּבֵין הָאָהוּב הַבּוֹרֵא, אֵין הֶפְרֵשׁ בֵּין הַכֹּחַ הַנֶּאֱהָב לַבּוֹרֵא וּבֵין כֹּחַ הָאוֹהֵב הַנִּבְרָא, כִּי הוּא אֶחָד. וְעַל כֵּן, לֹא יְבַקֵּשׁ מִמֶּנּוּ הַבּוֹרֵא יִתְבָּרַךְ, כִּי אִם יְכָלְתֵּנוּ, וְיִהְיֶה חָשׁוּב בְּעֵינָיו כְּאִלּוּ אֲהַבְנוּהוּ כְּפִי הָרָאוּי לוֹ. וְצֵא וּרְאֵה הַצְּדָקָה שֶׁאָנוּ נוֹתְנִים לַבּוֹרֵא יִתְבָּרַךְ, כִּי לֹא נוּכַל לַעֲשׂוֹת לִכְבוֹדוֹ אֶלָּא כְּפִי מַה שֶּׁנּוּכַל לַעֲזוֹר אִישׁ לְאָחִיו וְאִישׁ לְרֵעֵהוּ, וְהַבּוֹרֵא יְקַבֵּל אוֹתָהּ כְּאִלּוּ עֲשִׂינוּ לְפִי הָרָאוּי לוֹ.

וְאַחֲרֵי אֲשֶׁר בֵּאַרְנוּ כִּי הָאַהֲבָה הִיא סִבַּת הַיִּרְאָה וּשְׁתֵּיהֶן עַמּוּדֵי הָאֱמוּנָה, נְפָרֵשׁ עִנְיַן הַחָכְמָה, וְנֹאמַר, כִּי הַחָכְמָה הִיא צְרִיכָה, לִהְיוֹתָהּ בָּאוֹהֵב. כִּי כָל אוֹהֵב אִם לֹא תִהְיֶה לוֹ חָכְמָה, לֹא יַכִּיר מִדּוֹת הָאָהוּב אֲשֶׁר זָכַרְנוּ, וְלֹא יַכִּיר שִׂכְלוֹ וְחָכְמָתוֹ וּשְׁאָר מִדּוֹתָיו הַחֲמוּדוֹת. וְכַאֲשֶׁר לֹא יֵדַע מִדּוֹתָיו, כֵּן לֹא יֵדַע לֶאֱהוֹב אוֹתוֹ. כִּי כֹחַ הַסִּכְלוּת הַמְבַטֶּלֶת לָדַעַת מִדּוֹת חֲמוּדוֹת הָאָהוּב, הִיא תְבַטֵּל אַהֲבַת הָאוֹהֵב כַּאֲשֶׁר אָמַרְנוּ, כִּי הַכְּסִיל אֵין אַהֲבָתוֹ אַהֲבָה, וְאִם כֵּן הִנֵּה נוֹדַע כִּי לֹא תֻשְׁלַם הָאַהֲבָה כִּי אִם בְּחָכְמָה וָדַעַת. וּכְפִי מַה שֶּׁיֶּחְסַר לוֹ מִן הַדַּעַת

be the lack of his love for his beloved, whose qualities are precious and perfect. As to the love of the lover for one who has few of these precious qualities, there may suffice him a little love and a little wisdom, but this cannot be called a complete or perfect love, nor a perfect beloved. Our concern is not for qualities which are lacking, but rather for the complete and the perfect.

Since we have established that these three, love, fear, and wisdom, are interdependent, that each is incomplete without the others, and that all are founded upon the worship of the Creator in perfect faith without flattery, we must therefore state that faith is the foundation of the worship of the Creator, blessed be He, even though worship and faith flow from the three principles mentioned above. You will not find worship save in faith, and you will not find faith save in worship. Each of them is inextricably bound up with the other.

Now, I will reveal to you a great secret in the worship of God, may He be extolled, and I say that it has three steps: the lowest step; then the second, which is higher than the first; and then the third, which is higher than the second and is uppermost. Now, the lowest step is study, understanding, the experiences of the world, and length of days. These are the four pillars by which a man can acquire reason, and this is the lowest step. And from this lowly step, man can ascend to the step of love, fear, and wisdom, which are three pillars. This is similar to the case of a tree. The farther the branches are from the tree, the more abundantly they grow, and the closer they are to the trunk, the more sparsely they grow. So it is with all created things. The farther they are from the Creator, blessed be He, the more their species and their varieties increase, while the closer they are, the more the number diminishes until it reaches one. The pillars of the lowest step then are four.

We now come to the second step, which has three pillars upon it (these

הַשְּׁלֵמָה, יִהְיֶה חֶסְרוֹן אַהֲבָתוֹ בַּאֲהוּבוֹ אֲשֶׁר מִדּוֹתָיו חֲמוּדוֹת וּשְׁלֵמוֹת. אֲבָל אַהֲבַת הָאוֹהֵב לְמִי שֶׁיֵּשׁ לוֹ מְעַט מִן הַמִּדּוֹת הַחֲמוּדוֹת, תַּסְפִּיק לוֹ קְצָת מִן הָאַהֲבָה וּקְצָת חָכְמָה, וְלֹא תִקָּרֵא זֹאת אַהֲבָה שְׁלֵמָה, וְלֹא אוֹהֵב שָׁלֵם, וְלֹא אָהוּב שָׁלֵם. וְאֵין דְּבָרֵינוּ עַל הֶחָסֵר, כִּי אִם עַל הַשָּׁלֵם וְהַתָּמִים.

וְאַחֲרֵי אֲשֶׁר נוֹדַע כִּי שָׁלֹשׁ־אֵלֶּה הֵן נִקְשָׁרוֹת זוֹ עִם זוֹ, וְלֹא נִשְׁלְמָה אַחַת מֵהֶן בִּלְתִּי הָאֲחֵרוֹת, וְכִי יְסוֹד שְׁלָשְׁתָּן, (רוֹצֶה) [רְצוֹנִי] לוֹמַר הָאַהֲבָה וְהַיִּרְאָה וְהַחָכְמָה, הִיא עֲבוֹדַת הַבּוֹרֵא יִתְבָּרַךְ בֶּאֱמוּנָה בְּלִי חֹנֶף, עַל כֵּן נִצְטָרֵךְ לוֹמַר, כִּי יְסוֹד עֲבוֹדַת הַבּוֹרֵא יִתְעַלֶּה הוּא הָאֱמוּנָה, אַף־עַל־פִּי שֶׁהָעֲבוֹדָה וְהָאֱמוּנָה מוֹצָאָן מִן הַשָּׁלֹשׁ אֲשֶׁר זָכַרְנוּ, וְלֹא תִמָּצֵא הָעֲבוֹדָה כִּי אִם בֶּאֱמוּנָה, וְכֵן לֹא תִמָּצֵא הָאֱמוּנָה כִּי אִם בָּעֲבוֹדָה, וְכָל אַחַת מֵהֶן דְּבֵקָה בַּחֲבֶרְתָּהּ.

וְהִנֵּה אֲגַלֶּה לְךָ סוֹד גָּדוֹל בַּעֲבוֹדַת הָאֵל יִתְעַלֶּה, וְאוֹמַר, כִּי יֵשׁ לָהּ שָׁלֹשׁ מַעֲלוֹת. הָאַחַת, שְׁפָלָה. וְהַשֵּׁנִית, לְמַעְלָה מִמֶּנָּה. וְהַשְּׁלִישִׁית, לְמַעְלָה מִמֶּנָּה עֶלְיוֹנָה. וְהַמַּעֲלָה הַשְּׁפָלָה הִיא: הַלִּמּוּד, וְהַבִּינָה, וְנִסְיוֹנוֹת־הָעוֹלָם, וְאֹרֶךְ־הַיָּמִים. וְהִנֵּה אֵלֶּה אַרְבָּעָה עַמּוּדִים אֲשֶׁר בָּם יִקְנֶה אָדָם הַשֵּׂכֶל, וְהִיא הַמַּעֲלָה הַשְּׁפָלָה. וּמִן הַמַּעֲלָה הַזֹּאת, יַעֲלֶה הָאָדָם לְמַעֲלַת הָאַהֲבָה וְהַיִּרְאָה וְהַחָכְמָה, וְהֵן בִּשְׁלֹשָׁה עַמּוּדִים. וּבַעֲבוּר כִּי הָעֲנָפִים רַבִּים וְהָעִקָּר יִמְעַט עַד אֲשֶׁר יַגִּיעַ לְאֶחָד. וְכָל אֲשֶׁר יִרְחֲקוּ הָעֲנָפִים מִן הָאִילָן, יִרְבּוּ. וְכֹל אֲשֶׁר יִקְרְבוּ, יִמְעָטוּ. כֵּן הַבְּרוּאִים, כֹּל אֲשֶׁר יִרְחֲקוּ מִן הַבּוֹרֵא יִתְבָּרַךְ, יִרְבּוּ מִינֵיהֶם וְעִנְיְנֵיהֶם. וְכֹל אֲשֶׁר יִקְרְבוּ, יִמְעָטוּ, עַד שֶׁיַּגִּיעוּ לְאֶחָד. עַל כֵּן יִהְיוּ עַמּוּדֵי הַמַּעֲלָה הַשְּׁפָלָה אַרְבָּעָה עַמּוּדִים.

הַשֵּׁנִיָּה אֲשֶׁר עָלֶיהָ, שְׁלֹשָׁה. וְאֵלֶּה הַשְּׁלֹשָׁה, כְּשֶׁיִּתְנַהֵג

are the three: love, fear, and wisdom). If a man conducts himself properly with these, he will ascend from them to the third step, which is faith and worship of God, and these are the two pillars. From these two, a man will ascend until he cleaves to the highest virtue, which is one, and that is the yearning to attain the will of God, may He be extolled, and to cleave to Him. Pay close attention and see how a man begins to ascend by many steps to fewer steps until he reaches the one and there he stands, for beyond the one, which is the acme of intelligence, there is nothing else.

After having reached the goal which is the attention of the worshipper who loves, we may ask: Now what benefit comes from all of this? And we answer that the all-embracing benefit which comes from the service of the Creator, blessed be He, and His love, is that the Creator should love the man that worships him, as it is said (Isaiah 43:4), "Since thou art precious in My sight, and honorable, and I have loved thee." And it is written (Deuteronomy 7:13), "And He will love thee, and bless thee, and multiply thee." Now it is incumbent upon us to search out the meaning of the love of the Creator, blessed be He, for man, how it comes about and what it is. We say that in the case of simpletons and fools, it does not suffice for them that God's love for them should be the sole reward of their worship of Him, so they wait for Him to give signs and proofs that they will attain great goodness and much pleasure. If you say to them that there will be given to them no other thing, except the love of God for them, it will not suffice for them, and they will think that His love is like the love of human beings who do not find love of a person sufficient unless there is with that love some advantage or pleasure. I wish to make clearer to you that there is no greater benefit than the love of the Creator for man. If God loves him he needs no other reward. He ought not to seek and ask whether his soul will live on or not after his death. For in the love of the Creator is contained all good reward. Obviously, he should believe that when a man dies in the midst of good deeds and has conducted himself piously, the Creator, blessed be He, loves him. Since He loves him, there is no greater reward than this. For since He does love him, there is no doubt that He will give him a good reward for all of his deeds. We ought not to explore just how this good

הָאָדָם בָּהֶם כָּרָאוּי, יַעֲלֶה בָהֶם אֶל הַמַּעֲלָה הַשְּׁלִישִׁית, וְהִיא, הָאֱמוּנָה, וְהָעֲבוֹדָה, וְהֵן שְׁנֵי עַמּוּדִים. וּמֵאֵלֶּה הַשְּׁנַיִם, יַעֲלֶה אָדָם לְהִדָּבֵק בַּתְּכוּנָה הָעֶלְיוֹנָה אֲשֶׁר הִיא אַחַת, וְהִיא הַשָּׂגַת רְצוֹן הָאֵל יִתְעַלֶּה וּלְהִדָּבֵק בּוֹ. וְשִׂים לִבְּךָ וּרְאֵה, אֵיךְ יַתְחִיל הָאָדָם לַעֲלוֹת מִמַּעֲלוֹת רַבּוֹת אֶל מַעֲלוֹת מְעָטוֹת, עַד אֲשֶׁר יַגִּיעַ אֶל הָאֶחָד וְשָׁם יַעֲמוֹד, כִּי אֵין אַחֲרֵי הָאֶחָד הַמֻּשְׂכָּל דָּבָר.

וְאַחֲרֵי אֲשֶׁר הִגַּעְנוּ עַד הַתַּכְלִית אֲשֶׁר הִיא כַּוָּנַת עוֹבֵד הָאוֹהֵב, נֹאמַר עַתָּה מַה תִּהְיֶה תּוֹעֶלֶת הַבָּאָה מִכָּל זֶה, וְנֹאמַר, כִּי הַתּוֹעֶלֶת הַכְּלָלִית הַבָּאָה מֵעֲבוֹדַת הַבּוֹרֵא יִתְבָּרַךְ וְאַהֲבָתוֹ הוּא שֶׁיֶּאֱהַב הַבּוֹרֵא לָאָדָם הָעוֹבֵד אוֹתוֹ, כַּאֲשֶׁר אָמַר (ישעיה מג ד) מֵאֲשֶׁר יָקַרְתָּ בְעֵינַי נִכְבַּדְתָּ וַאֲנִי אֲהַבְתִּיךָ, וּכְתִיב (דברים ז יג) וַאֲהֵבְךָ וּבֵרַכְךָ וְהִרְבֶּךָ. עַתָּה יֵשׁ לָנוּ לַחְקֹר עַל אַהֲבַת הַבּוֹרֵא יִתְבָּרַךְ לָאָדָם הֵיאַךְ הִיא וּמַה הִיא, וְנֹאמַר, כִּי הַכְּסִילִים וְהַפְּתָאִים, לֹא תַסְפִּיק לָהֶם בִּשְׂכַר עֲבוֹדָתָם לָאֵל אַהֲבָתוֹ אוֹתָם, עַד אֲשֶׁר יִתֵּן לָהֶם אוֹתוֹת וּרְאָיוֹת כִּי יַשִּׂיגוּ טוֹבָה גְדוֹלָה וַהֲנָאָה רַבָּה. וְאִם תֹּאמַר לָהֶם כִּי לֹא יִנָּתֵן לָהֶם דָּבָר אַחֵר לְבַד מֵאַהֲבַת הָאֵל בָּהֶם, לֹא יַסְפִּיק לָהֶם, וַיַּחְשְׁבוּ אַהֲבָתוֹ כְּאַהֲבַת בְּנֵי־אָדָם אֲשֶׁר אִם לֹא תִהְיֶה עִם הָאַהֲבָה תּוֹעֶלֶת אַחֶרֶת אוֹ הֲנָאָה, לֹא תַסְפִּיק לָאָדָם אַהֲבָתָם. וְהִנְנִי מְפָרֵשׁ לְךָ כִּי אֵין תּוֹעֶלֶת גְּדוֹלָה כְּאַהֲבַת הַבּוֹרֵא לָאָדָם. וּבְאַהֲבַת הָאֵל בּוֹ, לֹא יִצְטָרֵךְ לִגְמוּל אַחֵר. וְאֵין לוֹ לְבַקֵּשׁ וְלִשְׁאוֹל, אִם תִּתְקַיֵּם נַפְשׁוֹ אַחֲרֵי מוֹתוֹ וְאִם לָאו. כִּי בְּאַהֲבַת הַבּוֹרֵא, נִכְלַל כָּל הַגְּמוּל הַטּוֹב. בְּיָדוּעַ שֶׁיֵּשׁ לוֹ לְהַאֲמִין, כִּי כְּשֶׁיָּמוּת אָדָם בְּמַעֲשִׂים טוֹבִים וּמִתְנַהֵג בַּחֲסִידוּת, כִּי הַבּוֹרֵא יִתְבָּרַךְ יֶאֱהָבֶנּוּ. וּמֵאַחַר אֲשֶׁר יֶאֱהָבֶנּוּ, זֶהוּ הַגְּמוּל שֶׁאֵין לְמַעְלָה מִמֶּנּוּ. כִּי אַחַר אֲשֶׁר יֶאֱהָבֶנּוּ, אֵין סָפֵק שֶׁיִּתֵּן לוֹ גְּמוּל טוֹב עַל מַעֲשָׂיו, וְאֵין לָנוּ לַחְקֹר אֵיךְ יִהְיֶה

reward will be given; however, if there is in a man a great lust or folly, all this great glory will not suffice. They will seek to discover whether there will be continuing life to their soul after it has separated from the body or whether the soul will be lost, as though the pathways of the world to come were known to them. They will try to discover in what way those who are deserving of the world to come will have their reward. This is impossible to know. Only if we were angels that walked among celestial creatures, would we know the way of reward of the souls and the nature of the life in the world to come. But for the man of intellect, one general rule should suffice for him, to know that there is a reward in the world to come for every deed. There is punishment for the wicked and there is reward for the righteous. But it is not for us to explore and search the method of the punishment or the reward, or of what it consists. But if a man should persist in searching out what will be after death, he can understand and believe that there is a reward after death, by twenty signs.

The first is from Enoch and Elijah, whom the Creator, blessed be He, took to Himself, and know in truth, that a body cannot endure without nourishment. Since this nourishment was lacking, we know that their bodies melted and dissolved in the upper air, and their souls remained, and they were like the angels. Thus we know that the righteous are like these souls.

The second is from Moses, our teacher, peace be upon him. He was the choicest of the creations of the Creator. We know that his excellence was honored in his life, and so was it in his death. We know that his soul had a superiority over other souls and certainly did not perish, and just as in his lifetime he ascended to Heaven, and the Creator, blessed be He, showed him his mysteries, as it is said (Numbers 12:7), "He is trusted in my house," so does our reason compel us to believe that his soul was not lost in his death. For if his soul were lost, what superiority did it have over others? Since the Lord spoke with him, we know that the power of God's speaking with him left in him an advantage after his soul had separated from his body, an advantage from which there could be inferred the difference between it and the souls of other creatures with

גְּמוּל הַטּוֹב. אֲבָל [אִם] יֵשׁ בָּאָדָם תַּאֲוָה גְדוֹלָה וְסִכְלוּת, לֹא יַסְפִּיק לָהֶם הַכָּבוֹד הַגָּדוֹל הַזֶּה, וַיַּחְקְרוּ אִם יִהְיֶה לְנַפְשׁוֹתָם קִיּוּם אַחֲרֵי הַפְּרָדָה מִן הַגּוּף, אוֹ אִם תֹּאבֵד. כְּאִלּוּ נוֹדְעוּ לָהֶם דַּרְכֵי הָעוֹלָם הַבָּא, וְכִי כָּל הָרְאוּיִים לָעוֹלָם הַבָּא אָנוּ יוֹדְעִים עַל אֵיזֶה דֶרֶךְ יִהְיֶה גְמוּלָם. וְזֶה אִי־אֶפְשָׁר לְדַעְתּוֹ*, רַק אִם נִהְיֶה מַלְאָכִים וְנִתְהַלֵּךְ בֵּין חַיּוֹת־הַקֹּדֶשׁ, אָז הָיִינוּ יוֹדְעִים דֶּרֶךְ גְּמוּל הַנְּפָשׁוֹת וְחַיֵּי הָעוֹלָם־הַבָּא הֵיאַךְ הֵם. אַךְ עַל מַשְׂכִּיל, מִלָּה כּוֹלֶלֶת לָדַעַת, כִּי יֵשׁ גְּמוּל לָעוֹלָם הַבָּא עַל כָּל מַעֲשֶׂה, וְכִי יֵשׁ עַל הָרְשָׁעִים עֹנֶשׁ, וְעַל הַיָּשָׁר שָׂכָר, אַךְ אֵין לָנוּ לַחְקֹר עַל דֶּרֶךְ הָעֹנֶשׁ וְהַשָּׂכָר אֵיךְ הוּא. וְאִם יִקְצַר אָדָם לַחְקֹר מַה יִּהְיֶה אַחֲרֵי הַמָּוֶת, יוּכַל לְהָבִין וּלְהַאֲמִין כִּי יֵשׁ גְּמוּל אַחֲרֵי הַמָּוֶת, מֵעֶשְׂרִים מוֹפְתִים.

הָאֶחָד, מֵחֲנוֹךְ וְאֵלִיָּהוּ, אֲשֶׁר לְקָחָם הַבּוֹרֵא יִתְבָּרַךְ, וְיָדַעְנוּ בֶּאֱמֶת כִּי לֹא יִתְקַיֵּם גּוּף בְּלֹא מְזוֹנוֹ. וְאַחֲרֵי אֲשֶׁר יֶחְסַר הַמָּזוֹן, נֵדַע כִּי נָמַס גּוּפָם וְנִתַּךְ בַּאֲוִיר הָעֶלְיוֹן, וְנִשְׁאֲרָה נַפְשׁוֹתָם, וְהֵם כַּמַּלְאָכִים. וְאִם כֵּן נֵדַע כִּי נַפְשׁוֹת הַצַּדִּיקִים יִהְיוּ כַּנְּפָשׁוֹת הָאֵלֶּה.

הַשֵּׁנִי, מִמֹּשֶׁה רַבֵּנוּ עָלָיו הַשָּׁלוֹם אֲשֶׁר הוּא מִבְחַר בְּרוּאֵי הַבּוֹרֵא, נֵדַע, כִּי מַעֲלָתוֹ הָיְתָה נִכְבֶּדֶת בְּחַיָּיו וְכֵן בְּמוֹתוֹ. וְאִם מַעֲלָתוֹ נִכְבֶּדֶת בְּמוֹתוֹ, נֵדַע, כִּי נִשְׁמָתוֹ יֵשׁ לָהּ יִתְרוֹן עַל כָּל הַנְּשָׁמוֹת וְאֵינָהּ אוֹבֶדֶת. כִּי כַּאֲשֶׁר בְּחַיָּיו עָלָה לַשָּׁמַיִם וְהֶרְאָהוּ הַבּוֹרֵא יִתְבָּרַךְ סוֹדוֹתָיו כַּאֲשֶׁר אָמַר (במדבר יב ז) בְּכָל־בֵּיתִי נֶאֱמָן הוּא, כֵּן יַכְרִיחֵנוּ הַשֵּׂכֶל לְהַאֲמִין כִּי לֹא אָבְדָה נַפְשׁוֹ בְּמוֹתוֹ. כִּי, אִם אָבְדָה, לֹא יִהְיֶה לוֹ יִתְרוֹן עַל זוּלָתוֹ. וְאַחֲרֵי אֲשֶׁר דִּבֶּר הַשֵּׁם עִמּוֹ, נֵדַע, כִּי כֹּחַ דִּבְּרוֹ עִמּוֹ יַשְׁאִיר לָהּ יִתְרוֹן אַחֲרֵי הַפְּרָדָה מִן הַגּוּף בְּמַה שֶׁיִּוָּדַע הַהֶפְרֵשׁ אֲשֶׁר בֵּינָהּ וּבֵין נַפְשׁוֹת שְׁאָר הַבְּרוּאִים אֲשֶׁר לֹא דִּבֵּר הָאֵל עִמָּם.

* לדעת אותו.

whom God did not speak. If this is so, then this is its good reward. Just as at his death, his soul ascended to the academy on high and did not perish, so will the souls of the righteous rejoice, each according to his service to God and his righteousness.

The third, we see that the soul reaches out far and near and even to what is at the end of the world, just as it conceives that which is before it and behind it. After it conceives the distant things, we discern that it hovers over them, and all things are contained within it; it is for this reason that the soul conceives them. We see that the soul of the wise man grasps all the heavenly spheres and their wide spaces and their properties. After it reaches them, we know that it is superior to them, and if it is superior to them, we know that it dwells above them, and therefore at the time of death, it returns to that place where it wandered about when it was still within the body.

The fourth—We see the animals with their bent body and man with his erect posture. From this we understand that the soul of the animal is from the dust, and therefore it is drawn towards its element. Therefore is the body of the animal bent towards the earth. But the soul of man is drawn aloft, and therefore the soul of man strives to ascend to its source, but it cannot do so because it is tied to the body. If so, we can say that at the time when it can ascend and separate from the body, it ascends to the heights.

The fifth—The body is composed of four elements: fire, water, air, and earth. These embrace each other and stand together while life is in the body, but when a man dies, each portion returns to its own source: earth to earth, air to air, fire to fire, and water to water, and the soul to the place of souls. For the soul is an emanation taken from the higher powers, for the Creator, blessed be He, composed it of four elements, from the power of His existence, His life, His wisdom, and His unity.

אִם כֵּן, זֶהוּ גְּמוּלָהּ הַטּוֹב. וְכַאֲשֶׁר עָלְתָה נַפְשׁוֹ בְּמוֹתוֹ לִישִׁיבָה עֶלְיוֹנָה וְלֹא אָבְדָה, כֵּן תַּעֲלוֹזְנָה נַפְשׁוֹת הַצַּדִּיקִים, אִישׁ־אִישׁ כְּפִי עֲבוֹדָתוֹ וְצִדְקָתוֹ.

הַשְּׁלִישִׁי, כִּי אָנוּ רוֹאִים, הַנֶּפֶשׁ תַּשִּׂיג הָרָחוֹק וְהַקָּרוֹב וַאֲשֶׁר בְּסוֹף הָעוֹלָם, כַּאֲשֶׁר תַּשִּׂיג (עַד) [מַה] שֶׁיִּהְיֶה לְפָנֶיהָ וּלְאַחֲרֶיהָ. וְאַחֲרֵי אֲשֶׁר מַשֶּׂגֶת הַדְּבָרִים הָרְחוֹקִים, נַכִּיר כִּי הִיא מְחוֹפֶפֶת עֲלֵיהֶם וְכֻלָּם נִכְלָלִים בְּתוֹכָהּ, וְעַל כֵּן תַּשִּׂיגֵם. וְאָנוּ רוֹאִים נֶפֶשׁ הֶחָכָם כִּי תַשִּׂיג כָּל הַגַּלְגַּלִּים וּמֶרְחֲבֵיהֶם וּתְכוּנָתָם. וְאַחֲרֵי אֲשֶׁר הִיא מַשֶּׂגֶת אוֹתָם, נֵדַע כִּי הִיא מְחוֹפֶפֶת עֲלֵיהֶם וְכֻלָּם נִכְלָלִים בְּתוֹכָהּ. וְאִם כֵּן הַדָּבָר, נֵדַע כִּי הִיא עֶלְיוֹנָה מֵהֶם. וְאִם הִיא עֶלְיוֹנָה מֵהֶם, נֵדַע כִּי מְקוֹמָהּ לְמַעְלָה מֵהֶם. וְעַל כֵּן, בְּעֵת הַמָּוֶת תָּשׁוּב לַמָּקוֹם הַהוּא אֲשֶׁר הָיְתָה מְשׁוֹטֶטֶת שָׁם בִּהְיוֹתָהּ בַּגּוּף.

הָרְבִיעִי, אָנוּ רוֹאִים הַבְּהֵמוֹת בְּקוֹמָה כְפוּפָה וְהָאָדָם בְּקוֹמָה זְקוּפָה. וּמִזֶּה נָבִין, כִּי נֶפֶשׁ הַבְּהֵמָה הִיא מִן הֶעָפָר וְהִיא נִמְשֶׁכֶת אֶל יְסוֹדָהּ. וְעַל כֵּן הִיא כּוֹפְפָה גְּוִיּוֹת הַבְּהֵמָה לָאָרֶץ. וְנֶפֶשׁ הָאָדָם נִמְשֶׁכֶת לְמַעְלָה, וְעַל כֵּן תַּעֲמִידֵהוּ בְּקוֹמָה זְקוּפָה. וְנֵדַע מִזֶּה, כִּי תִּתְפַּצֵּר לַעֲלוֹת לִיסוֹדָהּ, אַךְ לֹא תוּכַל, מִפְּנֵי שֶׁהִיא קְשׁוּרָה בַּגּוּף. אִם כֵּן נֹאמַר, כִּי בְּעֵת שֶׁתּוּכַל לְפָרֵד מִן הַגּוּף, תַּעֲלֶה לְמַעְלָה.

הַחֲמִישִׁי, הַגּוּף מְחֻבָּר מֵאַרְבָּעָה יְסוֹדוֹת, אֵשׁ, וּמַיִם, וְרוּחַ, וְעָפָר, וְהִתְלַכְּדוּ כֻּלָּם וְעָמְדוּ יַחַד בְּעוֹד הַחַיּוּת בַּגּוּף. אַךְ בְּמוֹתוֹ, יָשׁוּב כָּל חֵלֶק אֶל יְסוֹדוֹ, הֶעָפָר לֶעָפָר, וְהָרוּחַ לָרוּחַ, וְהָאֵשׁ לָאֵשׁ, וְהַמַּיִם לַמַּיִם, וְהַנְּשָׁמָה לִמְקוֹם הַנְּשָׁמוֹת. כִּי הַנְּשָׁמָה אֲצוּלָה וּלְקוּחָה מִכֹּחוֹת עֶלְיוֹנִים, כִּי הַבּוֹרֵא יִתְבָּרַךְ חִבְּרָהּ מֵאַרְבָּעָה יְסוֹדוֹת, מִכֹּחַ מְצִיאוּתוֹ, וְחִיּוּתוֹ, וְחָכְמָתוֹ,

The soul is composed of these four. When the soul departs from the body, then there happens to it what happens to the body. Its four elements return, each to its place. Existence to its source, life to its source, wisdom to its source, (and unity to its source). The source of all four is in the highest place above the celestial spheres, and therefore the soul returns there. We do not say that the four elements are separate when they ascend there; but the place is one, and the four elements are unified not separate, but the substance that is their subject (i.e., *substratum*) is one.

The sixth—The body is like a wick, which you kindle from fire with a flint stone in order to light it. The soul is bound as the flame is bound to the wick. When the light of the flame is quenched, the fire ascends aloft and flies to its source while the wick remains with the source from which it was taken. If you should ask what the soul was before it was in the body, we will ask you what the flame was before it cleaved to the wick. The answer is that the flame which is in the stone or in the iron exists there potentially and does not go forth to do any act until you have first kindled it with your hand. Then the flame goes forth and attaches itself to the wick. The wick is like the body. The oil is like nourishment. We know that after the flame of the light is quenched, it will return to its source, to the fiery sphere. For the celestial wheel of fire is the cause which gave strength to the stone and to the iron, and therefore the fire comes out of these objects.

The seventh—The world was created for the sake of worshiping God, may He be extolled. Now, the body may not serve the Creator, blessed be He, for it has not the power to understand, to know, and to discern. If the soul is of divine origin, the body would not recognize its Creator and not know him. Just like one who had never seen his human king and had not been taught by the protocol and was not from among the servants who stand near the king; he would not long for him nor yearn for his companionship or recognize him. Since the soul understands the greatness of the Creator, blessed be He, we know that it is an emanation from heaven, and therefore it strives to return on high.

וְאַחְדוּתוֹ. וּמִכָּל אַרְבָּעָה הָאֵלֶּה, נִתְחַבְּרָה הַנֶּפֶשׁ. וְכַאֲשֶׁר תִּפָּרֵד מִן הַגּוּף, יִקְרֶה לָהּ מַה שֶּׁיִּקְרֶה לַגּוּף, יָשׁוּבוּ אַרְבָּעָה יְסוֹדוֹתֶיהָ אִישׁ אֶל מְקוֹמוֹ, תָּשׁוּב הַמְּצִיאוּת לִיסוֹדָהּ, וְהַחַיִּים לִיסוֹדָם, וְהַחָכְמָה לִיסוֹדָהּ, [וְהָאַחְדוּת לִיסוֹדָהּ]. וִיסוֹד כָּל אֵלֶּה הָאַרְבָּעָה הוּא בַּמָּקוֹם הָעֶלְיוֹן לְמַעְלָה מֵהַגַּלְגַּלִּים, וְעַל כֵּן תָּשׁוּב שָׁם. וְלֹא נֹאמַר, כִּי יִפָּרְדוּ אַרְבָּעָה כֹּחוֹתֶיהָ בַּעֲלוֹתָהּ שָׁם, אַךְ הַמָּקוֹם אֶחָד, וְאֵלֶּה הָאַרְבָּעָה יְסוֹדוֹת, הֵם אֲחָדִים בְּלִי־נִפְרָדִים, כִּי הָעֶצֶם הַנּוֹשֵׂא אוֹתָם הוּא אֶחָד.

הַשִּׁשִּׁי, כִּי הַגּוּף כְּמוֹ הַפְּתִילָה אֲשֶׁר תִּקְדַּח אֵשׁ מֵהָאֶבֶן לְהַדְלִיק אוֹתָהּ, וְנִקְשְׁרָה בוֹ הַנְּשָׁמָה כְּמוֹ הַנֵּר בַּפְּתִילָה. וְכַאֲשֶׁר יִכְבֶּה אוֹר הַנֵּר, יַעֲלֶה לְמַעְלָה הָאֵשׁ וְיָעוּף לִיסוֹדוֹ, וְתִשָּׁאֵר הַפְּתִילָה בִּיסוֹדָהּ אֲשֶׁר מִמֶּנָּה לֻקָּחָה. וְאִם תֹּאמַר, מֶה הָיְתָה הַנְּשָׁמָה קֹדֶם הֱיוֹתָהּ בַּגּוּף. נִשְׁאָלְךָ, מֶה הָיָה הַנֵּר קֹדֶם שֶׁיִּדָּבֵק בַּפְּתִילָה. וְתִהְיֶה הַתְּשׁוּבָה, כִּי שַׁלְהֶבֶת הַנֵּר בָּאֶבֶן אוֹ בַבַּרְזֶל עוֹמֶדֶת בְּכֹחַ, וְלֹא יָצְאָה לִידֵי מַעֲשֶׂה עַד אֲשֶׁר קָדַחְתָּ אוֹתָהּ בְּיָדְךָ, וְיָצְאָה וְנִקְשְׁרָה בַפְּתִילָה, וְהָיְתָה הַפְּתִילָה כְּמוֹ הַגּוּף, וְהַשֶּׁמֶן כְּמוֹ הַמָּזוֹן. וְנֵדַע, כִּי אַחֲרֵי אֲשֶׁר כָּבְתָה שַׁלְהֶבֶת הַנֵּר, תָּשׁוּב לִיסוֹדָהּ לְגַלְגַּל הָאֵשׁ, כִּי גַלְגַּל הָאֵשׁ הָיָה סִבָּה וְנָתַן כֹּחַ בָּאֲבָנִים אוֹ בַבַּרְזֶל, וְעַל כֵּן יָצְאָה הָאֵשׁ מֵהֶם.

הַשְּׁבִיעִי, הָעוֹלָם נִבְרָא בַּעֲבוּר עֲבוֹדַת הָאֵל יִתְעַלֶּה. וְלֹא יוּכַל הַגּוּף לַעֲבוֹד הַבּוֹרֵא יִתְבָּרַךְ, כִּי אֵין בּוֹ כֹּחַ לְהָבִין וְלָדַעַת וּלְהַכִּיר. וְאִלּוּ לֹא תִהְיֶה הַנֶּפֶשׁ מִן הַשָּׁמַיִם, לֹא יָדְעָה אוֹתוֹ וְלֹא הִכִּירַתְהוּ, כְּמִי שֶׁלֹּא רָאָה אֶת הַמֶּלֶךְ וְלֹא נִלְמַד בְּמַעֲמַד מְשָׁרְתָיו, וְלֹא יִהְיֶה מִן הָעֲבָדִים הַנִּצָּבִים עָלָיו, וְלֹא יִתְאַוֶּה אֵלָיו, וְלֹא יִכְסוֹף לְחֶבְרָתוֹ, וְלֹא יַכִּירֵהוּ. וְאַחֲרֵי שֶׁהַנֶּפֶשׁ תָּבִין גְּדֻלַּת הַבּוֹרֵא יִתְבָּרַךְ, נֵדַע כִּי מִן הַשָּׁמַיִם הִיא אֲצוּלָה,

The eighth—The soul of the prophet is not worthy of attaining the perfection of prophecy until it becomes pure and very lofty, being drawn with all strength to sublime matters. Therefore, the soul of the prophet is near the Creator, blessed be He. Due to the excellence of its thoughts, there is no curtain separating soul and prophecy from the Creator, blessed be He; since the soul of the prophet is so very lofty and while it is still within the body, it can elevate itself and join with superior persons. We know that it can go twice as high when it separates from the body, for the body holds it back from rising with all its power, just as a bird whose wings have been clipped cannot fly with all of its power until its feathers grow again. The power which united the soul of the prophet with the spirit of prophecy still unites them even after it separates itself from the body, and the ascent of the soul becomes easier. A similar process occurs with the souls of the pious and the wise. Our Sages, of blessed memory, said (Baba Batra 12a), "A wise man is superior even to a prophet."

The ninth—That every sphere stands on its middle point, which is in fact the pillar of the circle. The wheel of reason, which encircles all the world and all the heavenly spheres, is likened to the wheel of the circle. Its middle point is the world, and the middle point of the world is humanity. The middle point of humanity is the soul which is within them, for they are the pillar of the world and upon them the world stands. For it was for their sake that it was created. Now we see that for every point which is not lost, its circle is not lost; if the point is lost then the circle is lost, too. For the point is its foundation and its principal reason for existence. The point is the pillar and the circle rests upon it. Since it is impossible that the celestial wheel of reason be lost, we know that the middle point, the souls, will not be lost. This is a true proof of the immortality of the soul.

The tenth—Know that the Creator, blessed be He, exists. It is inconceivable that all those who serve Him and exert themselves to discover His will should have labored for naught, since the Creator, blessed be He, had no intention in the creation of His world other than that it

וְעַל כֵּן תִּתְפַּצֵּר לָשׁוּב לְמַעְלָה.

הַשְּׁמִינִי, כִּי נֶפֶשׁ הַנָּבִיא לֹא תִזְכֶּה לְמַעֲלַת הַנְּבוּאָה, עַד אֲשֶׁר תִּהְיֶה זַכָּה וְעֶלְיוֹנָה מְאֹד, נִמְשֶׁכֶת בְּכָל כֹּחַ לִדְבָרִים עֶלְיוֹנִים, וְעַל כֵּן הִיא קְרוֹבָה אֶל הַבּוֹרֵא יִתְבָּרַךְ, וְאֵין בֵּינָהּ וּבֵין הַנְּבוּאָה מָסָךְ אֶל הַבּוֹרֵא יִתְבָּרַךְ, לְרֹב גַּבְהוּת מַחְשְׁבוֹתֶיהָ. וְאַחֲרֵי אֲשֶׁר כָּל־כָּךְ הִיא גְבוֹהָה נֶפֶשׁ הַנָּבִיא, וּבְעוֹדֶנָּה בַּגּוּף תּוּכַל לְהַגְבִּיהַּ וּלְהִתְחַבֵּר עִם הָאִישִׁים הָעֶלְיוֹנִים, נֵדַע, כִּי כִּפְלַיִם תַּעֲלֶה בְּהִפָּרְדָהּ מִן הַגּוּף, כִּי הַגּוּף יַעְצְרֶנָּה לַעֲלוֹת בְּכָל יְכָלְתָּהּ, כַּאֲשֶׁר הָעוֹף אֲשֶׁר קֻצְּצוּ כְנָפָיו לֹא יוּכַל לָעוּף בְּכָל יְכָלְתּוֹ, עַד אֲשֶׁר יִצְמְחוּ כְנָפָיו. וְהַכֹּחַ הַמְּחַבִּיר בֵּינָם בְּעוֹדֶנָּה בַּגּוּף, הַכֹּחַ הַהוּא יַחְבִּיר בֵּינֵיהֶם אַחַר הִפָּרְדָהּ, וְיִהְיֶה עָלֶיהָ יוֹתֵר נָקֵל. וּכְמוֹ כֵן נַפְשׁוֹת הַחֲסִידִים וְהַחֲכָמִים. וְרַבּוֹתֵינוּ זִכְרוֹנָם לִבְרָכָה אָמְרוּ (ב״ב יב א) חָכָם עָדִיף מִנָּבִיא.

הַתְּשִׁיעִי, כִּי כָל עִגּוּל יַעֲמוֹד עַל נְקֻדָּתוֹ הָאֶמְצָעִית, וְהִיא עַמּוּד הָעִגּוּל. עַל כֵּן נִמְשַׁל גַּלְגַּל הַשֵּׂכֶל הַמְּסוֹבֵב עַל כָּל הָעוֹלָם וְעַל כָּל הַגַּלְגַּלִּים כְּמוֹ גַלְגַּל עִגּוּל. וּנְקֻדָּתוֹ הָאֶמְצָעִית, הָעוֹלָם. וּנְקֻדַּת הָעוֹלָם, בְּנֵי־אָדָם. וּנְקֻדַּת בְּנֵי־אָדָם, הַנְּשָׁמוֹת אֲשֶׁר בָּם, כִּי הֵן עַמּוּד הָעוֹלָם, וַעֲלֵיהֶן יַעֲמוֹד, כִּי בַעֲבוּרָן נִבְרָא. וְנִרְאֶה, כִּי כָל נְקֻדָּה שֶׁלֹּא תֹאבַד, לֹא יֹאבַד עִגּוּלָהּ. וּכְשֶׁתֹּאבַד הַנְּקֻדָּה, יֹאבַד הָעִגּוּל, כִּי הִיא יְסוֹדוֹ וְעִקָּרוֹ, וְהִיא עַמּוּד וְהָעִגּוּל נִשְׁעָן עָלֶיהָ. וְאַחַר שֶׁאִי־אֶפְשָׁר שֶׁיֹּאבַד גַּלְגַּל הַשֵּׂכֶל, נֵדַע, כִּי לֹא תֹאבַד נְקֻדָּתוֹ, וְהֵן, הַנְּשָׁמוֹת. וְזֶה אוֹת אֱמֶת עַל קִיּוּם הַנְּשָׁמוֹת.

הָעֲשִׂירִי, דַּע, כִּי הַבּוֹרֵא יִתְבָּרַךְ, קַיָּם. וְכָל הָעוֹבְדִים אוֹתוֹ וְהַיְגֵעִים לִמְצוֹא רְצוֹנוֹ, אִם לֹא יִמְצְאוּ, אִי־אֶפְשָׁר שֶׁיִּיגְעוּ לָרִיק, בַּעֲבוּר כִּי הַבּוֹרֵא יִתְבָּרַךְ לֹא נִתְכַּוֵּן בִּבְרִיאַת

should worship Him. If they have no reward in this world, it is impossible that they should have no reward after death. If they have no reward after death, then there must be something which holds back their reward. We know that nothing can hold back the will of the Creator, blessed be He, for He created this world only that he might be worshiped. Since these persons who served Him had no manner of reward or enjoyment, we know and we believe that their reward must come after death.

The eleventh—We find in the Scripture (Deuteronomy 30:19), "Therefore choose life that thou mayest live, thou and thy seed." And it says (Ibid., 5:30), "That ye may live." And it says (Ibid., 8:1), "We will live and multiply." And it says (Ibid., 5:16), "That thy days may be long." We see that the wicked seem to live like the righteous, and, in many cases, they enjoy the goodness of the world. Therefore, the life of which the Scripture speaks must be the life that comes after death.

The twelfth—We find that many communities were martyred and burned, their existence obliterated along with their wealth, while still proclaiming the unity of God. We see that if a man afflicts his soul because of his love for his king of flesh and blood and endangers himself even to the point of death, the human king will reward him handsomely. All the more so in the case of the Creator, blessed be He. To assert that He would not give him a good reward—this would be an impossible falsehood.

The thirteenth—Wisdom and knowledge cannot be destroyed, but they exist forever. If they should be lost to the human knower, they would not be lost to the Creator-knower, blessed be He. Knowledge is a high and enduring power. Decay cannot prevail over it, for it is like a sphere that moves everything, and decay cannot overtake it and touch it. Since it cannot be lost, we can say that everything which is guarded, during the time that it is guarded cannot be lost. The soul conserves itself with knowledge, for it knows its own self and includes it. There-

עוֹלָמוֹ כִּי אִם לַעֲבוֹדָתוֹ. וְאִם אֵין לָהֶם גְּמוּל בָּעוֹלָם הַזֶּה, אִי־אֶפְשָׁר שֶׁלֹּא יִהְיֶה לָהֶם גְּמוּל אַחַר הַמָּוֶת. וְאִם אֵין לָהֶם גְּמוּל אַחַר הַמָּוֶת, יֵשׁ דָּבָר שֶׁמְּעַכֵּב גְּמוּלָם. וְאָנוּ יוֹדְעִים כִּי אֵין לַבּוֹרֵא יִתְבָּרַךְ דָּבָר מְעַכְּבוֹ, כִּי לֹא בָרָא עוֹלָמוֹ כִּי אִם לַעֲבוֹדָתוֹ. וְאֵלֶּה אֲשֶׁר עָבְדוּ אוֹתוֹ, לֹא הָיָה לָהֶם שְׂכַר גְּמוּלָם וְלֹא הֲנָאָה. וְעַל כֵּן נֵדַע וְנַאֲמִין, כִּי גְמוּלָם אַחֲרֵי הַמָּוֶת.

הָאַחַד־עָשָׂר, מָצָאנוּ הַכָּתוּב אוֹמֵר (דברים ל יט) וּבָחַרְתָּ בַּחַיִּים לְמַעַן תִּחְיֶה אַתָּה וְזַרְעֶךָ. וְאָמַר (שם ה ל) לְמַעַן תִּחְיוּן. [וְאָמַר] (שם ל טז) וְחָיִיתָ וְרָבִיתָ. וְאָמַר (שם ה טז) לְמַעַן יַאֲרִיכֻן יָמֶיךָ. וְאָנוּ רוֹאִים כִּי הָרְשָׁעִים כְּמוֹ כֵן יִחְיוּ כְּמוֹ הַצַּדִּיקִים, וְיוֹתֵר מֵהֶם יִנְעֲמוּ בְּטוּבוֹ.

הַשְּׁנֵים־עָשָׂר, אֲנַחְנוּ מוֹצְאִים כַּמָּה קְהִלּוֹת נֶהֶרְגוּ עַל יִחוּד הַשֵּׁם, וְנִשְׂרְפוּ וְאִבְּדוּ עוֹלָמָן וְכָל טוּבָן עַל יִחוּד הַשֵּׁם. וְאָנוּ רוֹאִים, אִם אִישׁ יְעַנֶּה נַפְשׁוֹ עַל אַהֲבַת הַמֶּלֶךְ־בָּשָׂר־וָדָם אוֹ יְסַכֵּן עַצְמוֹ לַמָּוֶת, כִּי הַמֶּלֶךְ יִגְמְלֵהוּ גְּמוּל טוֹב. וְכָל שֶׁכֵּן הַבּוֹרֵא, שֶׁלֹּא יִגְמוֹל גְּמוּל טוֹב לְמִי שֶׁיִּמְסוֹר עַצְמוֹ לַמָּוֶת עָלָיו וְשֶׁלֹּא יִתֶּן־לוֹ שָׂכָר טוֹב, זֶה שֶׁקֶר שֶׁאִי־אֶפְשָׁר לִהְיוֹת.

הַשְּׁלֹשָׁה־עָשָׂר, הַחָכְמָה וְהַדַּעַת לֹא תֹאבַדְנָה, אַךְ הֵן קַיָּמוֹת לָנֶצַח, וְאִם תֹּאבַדְנָה מִן הַיּוֹדֵעַ הַנִּבְרָא, לֹא תֹאבַדְנָה מִן הַיּוֹדֵעַ הַבּוֹרֵא יִתְבָּרַךְ. וְהַדֵּעָה הִיא כֹּחַ עֶלְיוֹן קַיָּם, לֹא יִשְׁלוֹט בָּהּ הֶפְסֵד, כִּי הִיא כְּמוֹ גַלְגַּל מְסוֹבֵב עַל הַכֹּל, וְלֹא יַשִּׂיגֶנָּה הֶפְסֵד, וְלֹא יִגַּע אֵלֶיהָ. וְאַחֲרֵי אֲשֶׁר לֹא תֹאבֵד, נֹאמַר, כִּי כָל דָּבָר נִשְׁמָר, בְּעוֹד שֶׁהוּא שָׁמוּר, לֹא יֹאבֵד. וְהַנֶּפֶשׁ שׁוֹמֶרֶת עַצְמָהּ בְּדֵעָה שֶׁהִיא יוֹדַעַת עַצְמָהּ וְכוֹלֶלֶת

fore, it will not be lost, for it knows and is known and is, in fact, knowl-
edge. Just as reason, the rational person, and that which is conceived are
all one power. Since it has been explained that the soul is knowledge, it
will not be lost, for knowledge will not be lost.

The fourteenth—The angels are powers, and they have no body and
no form, but they may find it fitting to clothe themselves with the mantle
of form. One of them may appear in the form of a lion and another
in the form of a heavenly being or a celestial wheel, and some of them
may appear in the form of man, and that form is most precious in their
eyes. For this is the form in which the angel of glory appears, as it is
said (Ezekiel 1:26), "And upon the likeness of the throne was a like-
ness as the appearance of a man." And therefore it is said (Genesis
1:26), "Let us make man in our image, after our likeness," that is to
say, in a form which is honored by us, and preferred by the angels when
they appeared before the children of men. From this we learn that the
form of man is the highest, for it is the form of knowledge and wisdom,
and therefore every soul whose form is the form of man has within it
the power that draws it to the perfection of the angels, if some restraining
force, by reason of evil deed, does not hold it back.

The fifteenth—Scripture says (Genesis 2:7), "Then the Lord God
formed man of the dust of the earth." Now here it speaks of the creation
of the body out of the dust, but it does not speak of the creation of
the soul of this created being. But it does say (ibid., "And He
breathed into his nostrils the breath of life." And we can understand
from these words, "and He breathed," that He took it from His own self
and did not create it, but that He caused a portion of his glory to
emanate and gave it to man, just as He caused an emanation to come
from the spirit which was upon Moses, our teacher, peace unto him,
and gave it to the seventy elders. Thus we know, that the soul is from
Heaven, and the body is from earth. It is to Heaven that the soul will
ascend if it is pure. Thus said King Solomon, peace unto him, (Eccle-
siastes 12:7), "And the spirit returneth unto God who gave it." And
the word "returneth" indicates that it will return to the place whence it

אוֹתָהּ, וְעַל כֵּן לֹא תֹאבֵד, כִּי הִיא יוֹדַעַת וְהִיא יְדוּעָה וְהִיא הַדֵּעָה, כַּאֲשֶׁר הַשֵּׂכֶל וְהַמַּשְׂכִּיל וְהַמֻּשְׂכָּל כֹּחַ אֶחָד. וְאַחֲרֵי אֲשֶׁר הִתְבָּאֵר כִּי הַנֶּפֶשׁ הִיא הַדַּעַת, לֹא תֹאבֵד. כִּי הַדַּעַת לֹא תֹאבֵד.

הָאַרְבָּעָה־עָשָׂר, הַמַּלְאָכִים הֵם כֹּחוֹת, וְאֵין לָהֶם גּוּף וְלֹא צוּרָה, אֲבָל רְאוּיִים לִלְבּוֹשׁ בְּצוּרָתָם מַעֲטֶה צוּרָה. יֵשׁ מֵהֶם אֲשֶׁר יֵרָאֶה עַל צוּרַת אַרְיֵה. וְאַחֵר, עַל צוּרַת חַיָּה וְאוֹפָן. וְיֵשׁ מֵהֶם עַל צוּרַת אָדָם, וְהִיא הַיְקָרָה בְּעֵינֵיהֶם, כִּי זֹאת הַצּוּרָה אֲשֶׁר בָּהּ נִרְאֶה מַלְאַךְ־הַכָּבוֹד, כַּאֲשֶׁר אָמַר (יחזקאל א כו) וְעַל דְּמוּת הַכִּסֵּא דְּמוּת כְּמַרְאֵה אָדָם. וְעַל כֵּן אָמַר (בראשית א כו) נַעֲשֶׂה אָדָם בְּצַלְמֵנוּ כִּדְמוּתֵנוּ, כְּלוֹמַר בְּצוּרָה הַנִּכְבֶּדֶת אֶצְלֵנוּ, אֲשֶׁר הִיא מִבְחַר כָּל הַצּוּרוֹת לַמַּלְאָכִים הַמִּתְרָאִים לִבְנֵי־אָדָם. וּמִזֶּה נִלְמַד, כִּי צוּרַת הָאָדָם הִיא הָעֶלְיוֹנָה, כִּי הִיא צוּרַת הַדַּעַת וְהַחָכְמָה. וְעַל כֵּן כָּל נֶפֶשׁ אֲשֶׁר צוּרָתָהּ צוּרַת אָדָם, יֵשׁ בָּהּ כֹּחַ יִמְשְׁכֶנָּה אֶל מַעֲלַת הַמַּלְאָכִים אִם לֹא יִזְדַּמֵּן מוֹנֵעַ מִמַּעֲשִׂים רָעִים.

הַחֲמִשָּׁה־עָשָׂר, אוֹמֵר הַכָּתוּב (שם ב ז) וַיִּיצֶר יְיָ אֱלֹהִים אֶת־הָאָדָם עָפָר מִן־הָאֲדָמָה. וְהִנֵּה זָכַר לְךָ בְּרִיאַת הַגּוּף מִן הֶעָפָר, וְלֹא זָכַר בַּנֶּפֶשׁ בְּרִיאָה, אֲבָל אָמַר וַיִּפַּח בְּאַפָּיו נִשְׁמַת חַיִּים. וְנָבִין מִמִּלַּת וַיִּפַּח, כִּי לְקָחָהּ מִמֶּנּוּ וְלֹא בְרָאָהּ, רַק אָצַל חֵלֶק מֵחֶלְקֵי כְבוֹדוֹ וְנָתַן אוֹתוֹ בָּאָדָם, כַּאֲשֶׁר אָצַל מִן הָרוּחַ אֲשֶׁר עַל משֶׁה רַבֵּנוּ עָלָיו הַשָּׁלוֹם וְנָתַן עַל שִׁבְעִים אִישׁ הַזְּקֵנִים. וּבָזֶה נֵדַע, כִּי הַנֶּפֶשׁ הִיא מִן הַשָּׁמַיִם, וְהַגּוּף מִן הָאָרֶץ, שָׁם תַּעֲלֶה בְּצֵאתָהּ אִם תִּהְיֶה זַכָּה. וְכֵן אָמַר שְׁלֹמֹה הַמֶּלֶךְ עָלָיו הַשָּׁלוֹם (קהלת יב ז) וְהָרוּחַ תָּשׁוּב אֶל־הָאֱלֹהִים אֲשֶׁר נְתָנָהּ. וּמִלַּת „תָּשׁוּב", הִיא מְעִידָה כִּי תָשׁוּב

had come and where it was prior to this, just as the dust returns to the source whence it came.

The sixteenth—The power of knowledge comes from reason, and from both of them comes speech, and the power of the speaker is divine. When the soul is separated from the body, then the soul can attain the highest level of perfection with the power of speech which is within it.

The seventeenth—Souls are of three kinds, the highest, the lowliest, and those in the middle. The highest are the souls of the angels, the lowliest are the souls of the animals, and those in the middle are the souls of the children of man. Now, it is known that when two opposites join, a third power is produced from this union, which power is not like either of the two extremes, but it is made of them. For example, if you mix a measure of honey with a measure of wormwood, there will be a third taste which is neither bitter nor sweet. If you add a little bitterness to the mixture, it will incline to the taste of the wormwood, and if you add a little sweetness to the mixture, it will incline to the taste of honey. So it is with everything that is in the middle. When one of the two opposites gets stronger, that which is in the middle will incline towards it. Now, man is composed of two opposites, a soul which is lofty and a body which is animal. Out of their joining comes a third power, and if the powers of the body are stronger, then the man inclines downward, while if the powers of the soul grow stronger, he inclines upward. Now, this is proof of the immortality of the pious soul when it ascends upward. Even though the soul of man is a middle one, between the souls of the angels and the souls of animals, if he behaves beast-like, his soul will be like the soul of animals, and its reward will be like their reward. If he does the deeds of angels, his soul will be like their soul. Since we know that the angels are immortal, neither will a soul which is like theirs die. And of this King David, peace unto him, said (Psalms 49:13), "He is like the beasts that perish." After this, he added that his soul would not die, when he said (ibid., 49:16), "But God will redeem my soul from the power of the netherworld." By this he does

אֶל הַמָּקוֹם אֲשֶׁר בָּאָה מִשָּׁם וְהָיְתָה שָׁם קֹדֶם זֶה, כַּאֲשֶׁר יָשׁוּב הֶעָפָר אֶל יְסוֹדוֹ אֲשֶׁר הָיָה מִשָּׁם.

הַשִּׁשָּׁה־עָשָׂר, כֹּחַ הַדַּעַת יִהְיֶה מֵהַשֵּׂכֶל, וּמִשְּׁנֵיהֶם יָבוֹא הַדִּבּוּר, וְכֹחַ הַמְדַבֵּר הוּא אֱלֹהִי. וּכְשֶׁנִּפְרְדָה הַנֶּפֶשׁ מֵהַגּוּף, בְּכֹחַ הַדִּבּוּר אֲשֶׁר בָּהּ, תַּגִּיעַ אֶל הַמַּעֲלָה הָעֶלְיוֹנָה.

הַשִּׁבְעָה־עָשָׂר, נְפָשׁוֹת הֵן שָׁלֹשׁ: עֶלְיוֹנוֹת, וּשְׁפָלוֹת, וְאֶמְצָעִיּוֹת. הָעֶלְיוֹנוֹת, נִשְׁמוֹת הַמַּלְאָכִים. וְהַשְּׁפָלוֹת, נַפְשׁוֹת הַבְּהֵמוֹת. וְהָאֶמְצָעִיּוֹת, נַפְשׁוֹת־בְּנֵי־הָאָדָם. וּבְיָדוּעַ, כִּי כְּשֶׁיִּתְחַבְּרוּ שְׁנֵי הֲפָכִים, יִתְחַבֵּר מֵהֶם כֹּחַ שְׁלִישִׁי אֲשֶׁר אֵינֶנּוּ אֶחָד מִשְּׁנֵי הֲפָכִים אֲבָל הוּא עָשׂוּי מֵהֶם. כְּגוֹן, אִם תְּעָרְבֵב מִדָּה מִדְּבַשׁ עִם מִדָּה מִלַּעֲנָה, יִהְיֶה לוֹ טַעַם שְׁלִישִׁי, לֹא מַר וְלֹא מָתוֹק. וְאִם תִּגְבַּר (מְעַט) הַמְּרִירוּת, יִהְיֶה נוֹטֶה אֶל הַלַּעֲנָה. וְאִם תִּגְבַּר הַמְּתִיקוּת, יִהְיֶה נוֹטֶה אֶל הַדְּבַשׁ. וְכֵן כָּל אֶמְצָעִי, כְּשֶׁיִּגְבַּר עָלָיו אֶחָד מִשְּׁנֵי הֲפָכִים, יִהְיֶה נוֹטֶה אֵלָיו. וְהָאָדָם מְחֻבָּר מִשְּׁנֵי הֲפָכִים, מִנֶּפֶשׁ מְרוֹמִית, וּגְוִיָּה דוֹמֶמֶת. וְיִתְחַבֵּר מֵהֶם כֹּחַ שְׁלִישִׁי. וְאִם יִגְבְּרוּ עָלָיו כֹּחוֹת הַגּוּף, יִהְיֶה נוֹטֶה לְמָטָּה. וְאִם יִגְבְּרוּ עָלָיו כֹּחוֹת הַנֶּפֶשׁ, יִהְיֶה נוֹטֶה לְמַעֲלָה עֶלְיוֹנָה. וְזֶה לְךָ הָאוֹת עַל קִיּוּם נֶפֶשׁ הֶחָסִיד בַּעֲלוֹתָהּ לְמָעְלָה. אַף־עַל־פִּי כִּי נֶפֶשׁ הָאָדָם בֵּינוֹנִית בֵּין נַפְשׁוֹת הַמַּלְאָכִים וּבֵין נַפְשׁוֹת הַבְּהֵמוֹת, (וְ)אִם תַּעֲשֶׂה כְּמַעֲשֵׂה הַבְּהֵמוֹת, תִּהְיֶה כְּנֶפֶשׁ הַבְּהֵמוֹת, וּגְמוּלָהּ כִּגְמוּלָהּ. וְאִם תַּעֲשֶׂה כְּמַעֲשֵׂה הַמַּלְאָכִים, תִּהְיֶה כָּהֶם. וְיָדַעְנוּ, כִּי הַמַּלְאָכִים לֹא יָמוּתוּ. וְכֵן הַנֶּפֶשׁ אֲשֶׁר הִיא כָּהֶם, לֹא תָמוּת. וְעַל זֶה אָמַר דָּוִד הַמֶּלֶךְ עָלָיו הַשָּׁלוֹם (תהלים מט יג) נִמְשַׁל כַּבְּהֵמוֹת נִדְמוּ. וְאַחַר כֵּן אָמַר כִּי לֹא תָמוּת נַפְשׁוֹ, בְּאָמְרוֹ (שם שם טז) אַךְ־אֱלֹהִים יִפְדֶּה־נַפְשִׁי מִיַּד שְׁאוֹל. וְאֵין כַּוָּנָתוֹ

not mean the death of his body, for he goes on to say that, "He shall receive me, selah." But what he does want to say is this: that at the time when God takes me out of this world, He will redeem my soul from death, and it will not die like the soul of the wicked.

The eighteenth—We see that the soul has knowledge with which to learn everything in the world, and that it has another knowledge which is superior to this. With this knowledge it knows itself, and it knows the quality and extent of its own knowledge, and this is the knowledge of knowledge, and with this knowledge it is close to the Creator, blessed be He. For man at his birth is like an animal, but as he acquires knowledge, he gains superiority over the animal, and if he excells in knowledge and in wisdom, he places a great distance between himself and the animal, and his soul ascends higher and higher. For his soul contemplates lofty thoughts, and therefore it is most high. If the soul occupies itself with thinking about matters that pertain to the Creator, blessed be He, it increases perfection. If the soul knows itself, then it will double and re-double its ascent. For when a soul knows itself, it knows all things that can be known, for all things that can be known are contained within the soul. Therefore, when the soul ascends, it draws very near to God and removes itself far from death. For death has dominion only on bodies which are very close to it, but as far as the distant powers are concerned, it has no dominion over them. Moreover, the soul of man can recognize the Creator and know Him with its reason and its wisdom. If the soul can draw so close to God while still in the body, then surely we know that it will draw close to Him after it leaves the body. This is undoubtedly true!

The nineteenth—Know that the activities of a man are divided into two parts. One portion is the animal part of man, and that is eating, drinking, cohabitation, and movement. The angelic portion of a man is reason, wisdom, righteousness, and speech. If this is so, then we see that this latter portion is within the province of the soul, and if you wish to be among the angels, you can. But if you are drawn to animal deeds, you will be like them. If this is so, then we know that the pious soul does not die.

עַל מִיתַת גּוּפוֹ, כִּי הִנֵּה הוּא אוֹמֵר, כִּי יִקָּחֵנִי סֶלָה. וְרוֹצֶה לוֹמַר, בְּעֵת יוֹצִיאֵנִי מִן הָעוֹלָם־הַזֶּה, יִפְדֶּה נַפְשִׁי מִן הַמָּוֶת, וְאַל תָּמוּת כְּמוֹת נֶפֶשׁ הָרָשָׁע.

הַשְּׁמוֹנָה־עָשָׂר, אָנוּ רוֹאִים, כִּי הַנֶּפֶשׁ יֶשׁ לָהּ דַּעַת לִלְמוֹד כֹּל אֲשֶׁר בָּעוֹלָם. וְיֶשׁ לָהּ דַּעַת אַחֶרֶת עֶלְיוֹנָה מִזּוֹ אֲשֶׁר בָּהּ תֵּדַע עַצְמָהּ וְתֵדַע יְדִיעָתָהּ, וְזוֹ הִיא דַּעַת הַדָּעַת. וּבַדַּעַת הַזֹּאת, קְרוֹבָה אֶל הַבּוֹרֵא יִתְבָּרַךְ. כִּי הָאָדָם בִּשְׁעַת לֵדָתוֹ, הוּא כַּבְּהֵמָה. וְכַאֲשֶׁר יִקְנֶה דַּעַת, תִּהְיֶה לוֹ מַעֲלָה עַל הַבְּהֵמָה. וְאִם יַפְלִיג בְּדַעַת וּבְחָכְמָה, יִרְחַק מֶרְחָק גָּדוֹל מִן הַבְּהֵמָה וְתַעֲלֶה נַפְשׁוֹ לְמַעֲלָה עֶלְיוֹנָה, מִפְּנֵי שֶׁהִיא חוֹשֶׁבֶת בִּדְבָרִים עֶלְיוֹנִים, וְעַל כֵּן הִיא עֶלְיוֹנָה מְאֹד. וְאִם תִּתְעַסֵּק לַחְשׁוֹב בְּעִנְיְנֵי הַבּוֹרֵא יִתְבָּרַךְ, תּוֹסִיף מַעֲלָה. וְאִם תִּהְיֶה יוֹדַעַת עַצְמָהּ, תִּכְפּוֹל מַעֲלָתָהּ כַּמָּה פְּעָמִים. כִּי בְדַעְתָּהּ עַצְמָהּ, יָדְעָה הַדֵּעוֹת כֻּלָּן, כִּי כָּל הַדֵּעוֹת נִכְלָלוֹת בְּתוֹךְ הַנֶּפֶשׁ. וְעַל כֵּן כְּשֶׁתַּעֲלֶה, תִּקְרַב מְאֹד לָאֵל וְתִרְחַק מִן הַמָּוֶת, כִּי הַמָּוֶת לֹא יִשְׁלוֹט אֶלָּא עַל הַגְּוִיּוֹת הַקְּרוֹבוֹת אֵלָיו. אֲבָל עַל הַכֹּחוֹת הָרְחוֹקִים מִמֶּנּוּ, אֵין לוֹ שִׁלְטוֹן עֲלֵיהֶם. וְעוֹד, כִּי נֶפֶשׁ הָאָדָם, בְּשִׂכְלָהּ וְחָכְמָתָהּ תַּכִּיר יוֹצְרָהּ. וְאַחֲרֵי אֲשֶׁר תִּתְחַבֵּר אֵלָיו וְהִיא עוֹדֶנָּה בַּגּוּף, כֵּן נֵדַע כִּי תִתְחַבֵּר אֵלָיו אַחֲרֵי יְצִיאָתָהּ מִן הַגּוּף בְּלִי סָפֵק.

הַתְּשְׁעָה־עָשָׂר, דַּע, כִּי פְּעֻלּוֹת הָאָדָם נֶחֱלָקוֹת לִשְׁנֵי חֲלָקִים: חֵלֶק בַּהֲמִי, וְהוּא הַמַּאֲכָל וְהַמִּשְׁתֶּה וְהַבְּעִילָה וְהַתְּנוּעוֹת. וְחֵלֶק מַלְאָכִי, וְהוּא הַשֵּׂכֶל וְהַחָכְמָה וְהַיֹּשֶׁר וְהַדִּבּוּר. אִם כֵּן נִרְאֶה, כִּי זֶה הַחֵלֶק הוּא בִּרְשׁוּת הַנֶּפֶשׁ. וְאִם תִּרְצֶה לִהְיוֹת מִן הַמַּלְאָכִים, תּוּכָל. וְאִם תִּמָּשֵׁךְ לְמַעֲשֵׂה הַבְּהֵמוֹת, תִּהְיֶה כָּהֶן. אִם כֵּן נֵדַע, כִּי הַנֶּפֶשׁ הַחֲסִידָה לֹא תָמוּת.

CHAPTER VI

An Explanation Of The Things Which Help In The Worship Of God, May He Be Extolled, And The Things Which Hinder

Know that everyone who occupies himself in the worship of God, may He be extolled, must know that the worship of God is like a healing. That the powers of the sins which are within the souls are like diseases in the body, and that the correction of evil deeds is like the healing which corrects the composition of the body and removes the bad humors until the body is well. And the healing comes from two things: from compounding a healing medication of beneficial things, and from restraining the sick person from things which would add to his sickness. And thus, the correction of evil deeds is to remove the evil and to do the good. Therefore, we shall now call to mind those matters which help in the worship of God, and enumerate those things which hinder in the worship of God, and consider how each ill may be corrected.

Know that in the worship of the Creator, blessed be He, there are many matters which nullify that worship, and these are lust, anger, flattery, impudence, laziness, happenings in the world, the companionship of wicked people, a faulty faith, the derision of the scoffers, evil wisdoms, jealousy, folly, and impatience with worship, because the person does not see any reward in it, and greed, and if the person does not believe in the day of judgment. And now, I shall explain each one of these matters.

Lust is the pinnacle and the root of all evil deeds. Should a man permit his lust to do whatever it wishes, not a single vile deed will remain undone. Lust is found in nine things: in food, in drink, in women, in wealth, in political power, in business matters, in dress, in chariots, in

118

הַשַּׁעַר הַשִּׁשִּׁי

בְּפֵרוּשׁ הַדְּבָרִים הַמְסַיְּעִים עַל עֲבוֹדַת הָאֵל יִתְעַלֶּה, וְהַמְעַכְּבִים אוֹתָהּ.

דַּע, כִּי כָל מִי שֶׁיִּתְעַסֵּק בַּעֲבוֹדַת הָאֵל יִתְעַלֶּה, צָרִיךְ שֶׁיֵּדַע כִּי הָעֲבוֹדָה הִיא כְּמוֹ הָרְפוּאָה. כִּי כֹחוֹת הָעֲבֵרוֹת אֲשֶׁר בַּנְּפָשׁוֹת, כְּמוֹ הֶחֳלָיִים בַּגּוּף. וְתִקּוּן הַמַּעֲשִׂים הָרָעִים, הוּא כְּמוֹ הָרְפוּאָה אֲשֶׁר תְּתַקֵּן מֶזֶג הַגּוּף וְתָסִיר הַלֵּחוֹת הָרָעוֹת עַד אֲשֶׁר יִהְיֶה בָּרִיא. וְהָרְפוּאָה הִיא מִשְּׁנֵי דְבָרִים, מֵהַרְכָּבַת רְפוּאָה מִדְּבָרִים מוֹעִילִים, וּמִמְּנוֹעַ אֶת הַחוֹלֶה מִדְּבָרִים הַמּוֹסִיפִים בְּחָלְיוֹ. וְכֵן תִּקּוּן הַמַּעֲשִׂים הָרָעִים הוּא לְהָסִיר הָרָעִים וְלַעֲשׂוֹת הַטּוֹבִים. וְעַל כֵּן נִזְכּוֹר עַתָּה הָעִנְיָנִים הָעוֹזְרִים עַל הָעֲבוֹדָה, וּמִנְיַן הַדְּבָרִים הַמְבַטְּלִים הָעֲבוֹדָה, וְתִקּוּן כָּל אֶחָד.

דַּע, כִּי עֲבוֹדַת הַבּוֹרֵא יִתְבָּרַךְ, יֵשׁ עִנְיָנִים רַבִּים מְבַטְּלִים אוֹתָהּ, וְהֵם: הַתַּאֲוָה, וְהַכַּעַס, וְהַחֲנוּפָּה, וְהָעַזּוּת, וְהָעַצְלוּת, וּמְאֹרְעוֹת־הָעוֹלָם, וְחֶבְרַת מְתֵי־רְשָׁעִים, וְרֹעַ־הָאֱמוּנָה, וְלַעַג־הַלּוֹעֲגִים, וְהַחָכְמוֹת הָרָעוֹת, וְהַקִּנְאָה, וְהַפְּתַיּוּת, וְלָקוּץ בַּעֲבוֹדָה מִפְּנֵי שֶׁלֹּא יִרְאֶה שְׂכָרָהּ, וְהַכִּילוּת, וְשֶׁלֹּא יַאֲמִין בְּיוֹם־הַדִּין. וְהִנְנִי מְפָרֵשׁ כָּל אֶחָד מֵאֵלֶּה הָעִנְיָנִים, וְאוֹמַר בַּתְּחִלָּה :

הַתַּאֲוָה הִיא רֹאשׁ וְשֹׁרֶשׁ לְכָל הַמַּעֲשִׂים הָרָעִים. וּכְשֶׁיִּתֵּן אָדָם רְשׁוּת לְתַאֲוָתוֹ, לֹא יִשָּׁאֵר מַעֲשֶׂה מִן הַמַּעֲשִׂים הָרָעִים אֲשֶׁר לֹא יַעֲשֶׂה אוֹתָם. וְהַתַּאֲוָה הִיא מְצוּיָה בְּתִשְׁעָה דְבָרִים: בְּמַאֲכָל, וּבְמִשְׁתֶּה, בְּנָשִׁים, בְּעֹשֶׁר, וּבִשְׂרָרָה, וּבַעֲסָקִים,

the pleasures of the body, and in similar things. Therefore a man ought to conquer and subdue lust, and heal this sickness. Now, no sickness can be healed except through a healing which is its opposite. Just as a man who has a burning fever can heal himself with cold medications, while if he has a cold illness, he can heal himself with warm medications. But with these healings, it is necessary that he guard himself from anything which might add to his sickness. Thus, we must know what lust is, the nature of its power and all matters pertaining to it, and we must make for it a remedy that will be the opposite of it. The power of lust arises from each one of the nine things which we have mentioned. And we say that the opposite of the lust for eating and drinking is to observe many periods of fasting and to reduce the amount of food and drink that one takes. The opposite of the lust for women is the companionship of righteous men and sages. The opposite of the lust for wealth is to seek the companionship of the poor and the downtrodden.

The opposite of the lust for political power is to seek the companionship of the lowly and the downcast. The opposite of the lust for many business ventures is to think about death, which will put an end to all sorts of occupations and deeds. The opposite of the lust for fine dress is sackcloth and ashes. In place of the lust for a fine chariot, a man ought to go by foot always and humble his heart. The opposite of the lust for luxury is to set all luxurious things at a distance. And everyone who wishes to heal himself from the sickness of lust should accustom his soul to do these things. And if his lust grows stronger, then he should contemplate in his heart that in his death he will leave all things, and it is better for him to leave it with the will of his own soul in order to attain the will of God, may He be extolled, than to leave it under compulsion and find the wrath of God, may He be extolled. If he begins to occupy himself with these matters and cures, and he sees that the lust is too mighty for him, then he should accustom his soul to battle each one a little. He should add to it each day and each week. If he grows impatient, he should not despair, but he should know that after he withstands his wicked state for some time, he will finally come to recognize the evil things that he has done; that he has angered his God, by beginning a thing which he did not finish, and therefore when he considers all this in his heart, he will quickly turn back and repent of his evil. If he wishes to accustom his soul to these disciplines, let him not place too

וּבְמַלְבּוּשׁ, וּבְמֶרְכָּב, וּבְתַעֲנוּגֵי הַגּוּף, וּבִשְׁאָר מִינֵיהֶם. וְעַל כֵּן צָרִיךְ אָדָם לִכְבּוֹשׁ אוֹתָהּ וּלְרַפֵּא זֶה הַחֹלִי, כִּי כָל חֹלִי לֹא יִתְרַפֵּא אֶלָּא בִּרְפוּאָה אֲשֶׁר הִיא כְּנֶגְדּוֹ. כְּאָדָם שֶׁיֵּשׁ לוֹ קַדַּחַת חַמָּה, יִתְרַפֵּא בִּרְפוּאוֹת קָרוֹת. וְאִם הוּא חֳלִי קַר, יִתְרַפֵּא בִּרְפוּאוֹת חַמּוֹת. וְעִם הָרְפוּאוֹת, צָרִיךְ לִשָּׁמֵר מִכָּל דָּבָר [הַ]מּוֹסִיף עַל חָלְיוֹ. וְכֵן אָנוּ צְרִיכִים לָדַעַת הַתַּאֲוָה וְכֹחָהּ וְכָל עִנְיָנֶיהָ, וְנַעֲשֶׂה לָהּ רְפוּאָה הֵפֶךְ מִמֶּנָּה. וַאֲנִי אוֹמֵר, כִּי כֹחַ הַתַּאֲוָה תָּקוּם מִכָּל אֶחָד מִתִּשְׁעָה דְּבָרִים אֲשֶׁר זְכַרְנוּ. וְנֹאמַר, כִּי הֵפֶךְ תַּאֲוַת הַמַּאֲכָל וְהַמִּשְׁתֶּה הוּא בְּרֹב הַתַּעֲנִיּוֹת וּלְהַמְעִיט רֹב הָאֲכִילָה וְהַשְּׁתִיָּה. וְהֵפֶךְ תַּאֲוַת הַנָּשִׁים, חֶבְרַת מְתֵי־יֹשֶׁר וְהַחֲכָמִים. וְהֵפֶךְ תַּאֲוַת הָעֹשֶׁר, לְהִתְחַבֵּר לַעֲנִיִּים וְלִמְרוּדִים. וְהֵפֶךְ הַשְּׂרָרָה, לְהִתְחַבֵּר לִשְׁפָלִים וּנְמוּכִים. וְהֵפֶךְ רֹב הָעֲסָקִים, לַחְשׁוֹב בַּמָּוֶת אֲשֶׁר יַשְׁבִּית וִיכַלֶּה כָּל הָעֲסָקִים וְכָל הַמַּעֲשִׂים. וְהֵפֶךְ תַּאֲוַת הַמַּלְבּוּשׁ, שַׂק וָאֵפֶר. וְתַחַת תַּאֲוַת הַמֶּרְכָּבָה, לָלֶכֶת רַגְלִי תָּמִיד וּלְהַכְנִיעַ לִבּוֹ. וְהֵפֶךְ תַּאֲוַת הָעִדּוּן, לְהַרְחִיק הַמַּעֲדַנִּים. וְכָל הָרוֹצֶה לְרַפֵּא חֳלִי הַתַּאֲוָה, יַרְגִּיל נַפְשׁוֹ בְּאֵלֶּה הַדְּבָרִים. וְאִם תִּהְיֶה הַתַּאֲוָה חֲזָקָה עָלָיו, יַעֲבִיר עַל לִבּוֹ כִּי בְמוֹתוֹ יַעֲזוֹב הַכֹּל. וְטוֹב שֶׁיַּעַזְבֶנּוּ בִּרְצוֹן נַפְשׁוֹ כְּדֵי לְהַשִּׂיג רְצוֹן הָאֵל יִתְעַלֶּה, מִשֶּׁיַּעַזְבֶנּוּ בְּעַל־כָּרְחוֹ וְיִמְצָא חֲרוֹן הָאֵל יִתְעַלֶּה. וְאִם יַתְחִיל לְהִתְעַסֵּק בָּזֶה וְיִרְאֶה כִּי הַתַּאֲוָה תִתְקְפֵהוּ, צָרִיךְ לְהַרְגִּיל נַפְשׁוֹ בְּכָל אֶחָד מְעַט מְעַט, וְיוֹסִיף בְּכָל יוֹם וּבְכָל שָׁבוּעַ. וְכַאֲשֶׁר יָקוּץ בָּהֶם, אַל יִתְיָאֵשׁ, וְיֵדַע כִּי אַחֲרֵי אֲשֶׁר יַעֲמוֹד עַל רִשְׁעָתוֹ יָמִים, אָז יַכִּיר הָרָעוֹת אֲשֶׁר עָשָׂה, כִּי הִכְעִיס אֱלֹהָיו מֵהַתְחִילוֹ דָּבָר וְלֹא הוֹצִיאוֹ לָאוֹר. וְעַל כֵּן בְּהַעֲבִיר כָּל זֶה עַל לִבּוֹ, מִיָּד יַחֲזוֹר וְיִנָּחֵם מֵרָעָתוֹ. וְאִם יִרְצֶה לְהַרְגִּיל נַפְשׁוֹ, אַל יַכְבִּיד

heavy a burden upon it at first, but let him place upon his soul the yoke to the commandments little by little, to bear and not to wither. As to this little which he clings to, let him swear that he will not abandon his fight against his lust and stand off from it for at least half an hour. After he knows that he is diligent in his struggle and is not remiss in keeping his oath, it is possible that he can add to the time and power of his restraint. If a man wishes to do things which help him in this worship of the Creator, blessed be He, then he should remember the day of death, the judgment of His God, and His punishment. He should remember the life in the world to come and the rest of the righteous ones, and the pleasantness of his reward with them if he guards the law of his God. And he should envy the wicked who are truly repentant, when he sees that though he has an intellect superior to all of them, they merit a great level of perfection while he does not. He should think about this: that when a time of troubles and hardships comes upon him, his uncircumcised heart will be humbled, and he will return to his God under compulsion. Therefore, it is better for him to repent while he is still in comfortable circumstances. And let him not be like the foolish wicked, for he should know the difference between a foolish wicked man and an intelligent wicked man. The foolish wicked man does not repent except at a time when things are bad for him, but the intelligent wicked man prepares some good deeds before evil comes upon him. He knows that each good deed will be a refuge and a help for him in times of trouble. When I use the word, "intelligent," I do not mean the wise men and those who understand every evil wisdom and all the evil occupations and established custom. In using that word, I mean only one who sees the things that are in the future and recognizes them before they come, one who knows that the end of the world will come and thinks about its latter end.

The second quality which interferes with the true worship of God is anger. It is one of the evil qualities which can destroy the worship of God. For the worship of God cannot dwell in the heart of one who is wrathful. At the time of his anger he pays no attention to anything he does, but instead he multiplies oaths, profanes the name of Heaven, kills his friend, and harms his companion. It is possible that as his wrath grows fierce, he will go and worship idols or commit suicide. Therefore,

עָלֶיהָ בַּתְּחִלָּה, אַךְ יָשִׂים עָלֶיהָ עַל־הַמִּצְוֹת מְעַט־מְעַט כְּפִי אֲשֶׁר תּוּכַל לִסְבּוֹל וְלֹא תִבּוֹל. וְזֶה הַמְּעַט אֲשֶׁר יַחֲזִיק בּוֹ, יִשָּׁבַע לְבַל יַנִּיחֶנּוּ וְאַל יִרֶף מִמֶּנּוּ כְּפִי חֲצִי שָׁעָה. וְאַחֲרֵי אֲשֶׁר יֵדַע כִּי יִשְׁקוֹד עָלֶיהָ וְלֹא יַחְסִיר מִמֶּנָּה, אֶפְשָׁר שֶׁיּוֹסִיף בָּהּ. וְכַאֲשֶׁר יִרְצֶה אָדָם לַעֲשׂוֹת דְּבָרִים הָעוֹזְרִים אוֹתוֹ עַל עֲבוֹדַת הַבּוֹרֵא יִתְבָּרַךְ, צָרִיךְ שֶׁיִּזְכּוֹר יוֹם־הַמָּוֶת וְדִין־אֱלֹהָיו וְעָנְשׁוֹ. וְצָרִיךְ שֶׁיִּזְכּוֹר חַיֵּי הָעוֹלָם־הַבָּא, וּמְנוּחַת הַצַּדִּיקִים, וְנֹעַם גְּמוּלוֹ עִמָּם, אִם יִשְׁמוֹר חֹק אֱלֹהָיו. וְצָרִיךְ שֶׁיְּקַנֵּא בָּרְשָׁעִים הַחוֹזְרִים בִּתְשׁוּבָה, בִּרְאוֹתוֹ כִּי הוּא מַשְׂכִּיל מִכֻּלָּם, וְיִזְכּוּ לְמַעֲלָה גְדוֹלָה, וְהוּא לֹא יִזְכֶּה. וְצָרִיךְ לַחְשׁוֹב, כִּי בְעֵת הַצָּרוֹת וְהַתְּלָאוֹת, אָז יִכָּנַע לְבָבוֹ הֶעָרֵל וְיָשׁוּב לֵאלֹהָיו בְּעַל כָּרְחוֹ, וְעַל כֵּן טוֹב לוֹ לָשׁוּב בְּעוֹדֶנּוּ בַּמֶּרְחָב. וְאַל יִדְמֶה לָרְשָׁעִים הַפְּתָאִים. כִּי צָרִיךְ לָדַעַת, כִּי הַהֶפְרֵשׁ אֲשֶׁר בֵּין הָרָשָׁע הַפּוֹתֶה וְהָרָשָׁע הַמַּשְׂכִּיל, כִּי הָרָשָׁע הַפּוֹתֶה, לֹא יַעֲשֶׂה תְּשׁוּבָתוֹ אֶלָּא בְּעֵת רָעָתוֹ. וְהָרָשָׁע הַמַּשְׂכִּיל, יַקְדִּים מַעֲשִׂים טוֹבִים בְּטֶרֶם תָּבוֹא אֵלָיו הָרָעָה, כְּדֵי שֶׁיִּהְיוּ לוֹ לְמָנוֹס וּלְעֶזְרָה בְּעִתּוֹת בַּצָּרָה. וְאֵין כַּוָּנָתִי בְּאָמְרִי „מַשְׂכִּיל" לַחֲכָמִים וּמְבִינִים בְּכָל חָכְמָה רָעָה וּבְכָל עֲסָקִים רָעִים וּבְדֶרֶךְ־אֶרֶץ, רַק הַמַּשְׂכִּיל הוּא מִי שֶׁיִּרְאֶה הָאַחֲרוֹנוֹת וְיַכִּירֵן בְּטֶרֶם בּוֹאָן, וְיֵדַע סוֹף הָעוֹלָם, וְיַחְשׁוֹב בְּאַחֲרִיתוֹ.

וְהַמִּדָּה הַשֵּׁנִית הִיא הַכַּעַס, הִיא מִן הַמִּדּוֹת הָרָעוֹת אֲשֶׁר יַשְׁחִיתוּ הָעֲבוֹדָה. כִּי כָל מִי שֶׁיֵּשׁ לוֹ כַעַס, לֹא תִתְיַשֵּׁב הָעֲבוֹדָה בְּלִבּוֹ. בִּשְׁעַת כַּעְסוֹ, לֹא יָשִׂים אֶל לִבּוֹ לְכָל מַה שֶּׁיַּעֲשֶׂה, רַק יַרְבֶּה שְׁבוּעוֹת, וִיחַלֵּל שֵׁם־שָׁמַיִם, וְיַהֲרֹג לְרֵעֵהוּ, וְיַזִּיק לַחֲבֵרוֹ. וְאֶפְשָׁר, בַּעֲלוֹת חֲרוֹן־אַפּוֹ, יֵלֵךְ וְיַעֲבוֹד עֲבוֹדָה זָרָה אוֹ יַהֲרוֹג נַפְשׁוֹ. וְעַל כֵּן, לֹא יִבְטַח הָאָדָם בַּעֲבוֹדָתוֹ אִם

a man ought not to trust his worship of God if he cannot subdue his wrath. The healing of wrath is this: We should know the forces that stir up wrath and we should reverse them. And we say that the causes of wrath are too little reflection, the folly of the one who is angry, the lack of companionship of the wise and the intelligent, who could teach him to subdue his anger, and the companionship of fools and wicked men. He does not recognize what an ugly quality anger is. Nor does he recognize how many good qualities there are in forbearance and patience. For no one who is patient will ever regret it, nor will he need to do anything for which everyone who hears of it will reproach him and shame him, but let all of his deeds be in quietness and gentleness, just as it is said (Proverbs 16:32), "He that is slow to anger is better than the mighty; and he that ruleth his spirit better than he that taketh a city."

Know that the pious sages would, at the very outset of the conditions of their worship, put upon their souls this condition: to subdue their anger and not to be wrathful or hate, but that their mind would be broad enough to accept the deeds of man whether they be good or bad. If a vile person were to injure them, their soul should be too precious to profane their honor by entering into a dispute with him and repaying him according to his desserts. If an honored person were to injure them, they would patiently bear his words and restrain themselves. Therefore, if a true servant of God wishes to remove wrath from his heart, he must accustom his soul to subdue the hardness of his heart, and he should swear not to be angry, and he should place between his eyes the symbol of his nobler quality and the remembrance that he, himself, is but dust and ashes. Then his heart will be humble. If a man should injure him, he will avoid a quarrel with him by a soft answer, or he will make silence a bridle for his mouth and consider that a person cannot be called intelligent if he cannot govern his spirit. When he brings his soul into a sincere covenant and oath that he will not be angry for a certain number of days, it will be for him like a healing, bitter as wormwood, which he knows will restrain him from a difficult and formidable disease. Let him, therefore, swear always to eat of this bitter medication. If he does this thing for only two months, he will see all sorts of occasions for anger that passed him by, yet he bore them all with a pleasant countenance, and he will recognize in himself that he will be strong and intelligent.

לֹא יוּכַל לִכְבּוֹשׁ כַּעְסוֹ. וּרְפוּאַת הַכַּעַס הִיא, שֶׁנֵּדַע מַה הֵם הַכֹּחוֹת אֲשֶׁר יְעוֹרְרוּ הַכַּעַס וְנַהֲפוֹךְ אוֹתָם. וְנֹאמַר, כִּי סִבַּת הַכַּעַס תִּהְיֶה מִמִּעוּט יִשּׁוּב־הַדַּעַת, וּמִסִּכְלוּת הַכּוֹעֵס, וּמֵחֶסְרוֹן חֶבְרַת הַחֲכָמִים וְהַמַּשְׂכִּילִים אֲשֶׁר יוֹרוּהוּ לִכְבּוֹשׁ כַּעְסוֹ, וּמֵרֹב הִתְחַבְּרוּתוֹ אֶל הַכְּסִילִים וְהָרְשָׁעִים, וּמִפְּנֵי אֲשֶׁר לֹא יַכִּיר כַּמָּה מִדָּה מְגֻנָּה יֵשׁ בַּכַּעַס, וְלֹא יַכִּיר כַּמָּה מִדּוֹת טוֹבוֹת יֵשׁ בְּסֵבֶל וְאֹרֶךְ־אַף. כִּי כָּל מַאֲרִיךְ אַפּוֹ, לְעוֹלָם לֹא יִתְחָרֵט, וְלֹא יִצְטָרֵךְ לַעֲשׂוֹת דָּבָר אֲשֶׁר כָּל שׁוֹמְעוֹ יְחַסְּדֵהוּ, רַק כָּל מַעֲשָׂיו הֵם בְּשׁוּבָה וָנַחַת, כַּאֲשֶׁר אָמַר (משלי טז לב) טוֹב אֶרֶךְ אַפַּיִם מִגִּבּוֹר וּמשֵׁל בְּרוּחוֹ מִלֹּכֵד עִיר.

וְדַע, כִּי הַחֲכָמִים הַחֲסִידִים, בִּתְחִלַּת תְּנָאֵי עֲבוֹדָתָם, יִקְחוּ לְנַפְשָׁם זֶה הַתְּנַאי לִכְבּוֹשׁ כַּעְסָם, וְלֹא יִכְעֲסוּ וְלֹא יִשְׁטְמוּ. אַךְ לִבָּם רָחָב לְקַבֵּל מַעֲשֵׂה אָדָם אִם טוֹב וְאִם רָע. וְאִם יַזִּיק לָהֶם אָדָם נִבְזֶה, תֵּיקַר נַפְשָׁם מִלְּחַלֵּל כְּבוֹדָם עִמּוֹ וּלְהָשִׁיב לוֹ גְּמוּלוֹ. וְאִם יַזִּיק לָהֶם אָדָם נִכְבָּד, יִסְבְּלוּ דְּבָרָיו וְיִתְאַפָּקוּ. וְעַל כֵּן בִּרְצוֹת עוֹבֵד־אֱלֹהִים לְהָסִיר כַּעַס מִלִּבּוֹ, הוּא צָרִיךְ לְהַרְגִּיל נַפְשׁוֹ בְּהַכְנָעַת קְשִׁי־לִבּוֹ, וְיִשָּׁבַע לְבַל יִכְעַס, וְיָשִׂים בֵּין עֵינָיו זִכְרוֹן מַעֲלָתוֹ, וְכִי הוּא עָפָר וָאֵפֶר. וְאָז, יִכָּנַע לְבָבוֹ. וְאִם יַזִּיק לוֹ אָדָם, יַרְחִיקֵהוּ בְּמַעֲנֶה רַךְ, אוֹ יָשִׂים הַדֳּמִי רֶסֶן לְפִיו. וְיַחְשׁוֹב, כִּי לֹא יִקָּרֵא הַמַּשְׂכִּיל „מַשְׂכִּיל", אִם לֹא יִהְיֶה מוֹשֵׁל בְּרוּחוֹ. וּכְשֶׁיָּבִיא נַפְשׁוֹ בְּמָסֹרֶת־בְּרִית וּשְׁבוּעָה לְבַל יִכְעַס יָמִים מִסְפָּר, יִהְיֶה לוֹ כְּמוֹ רְפוּאָה מָרָה כַּלַּעֲנָה אֲשֶׁר יֵדַע כִּי תְמַנְעֶנּוּ מִמַּחֲלָה קָשָׁה וְעַזָּה וְנִשְׁבַּע לֶאֱכוֹל תָּמִיד מִמֶּנָּה. וּכְשֶׁיַּעֲשֶׂה זֶה הַדָּבָר אֲפִלּוּ שְׁנֵי חֳדָשִׁים וְיִרְאֶה כָּל מִינֵי הַכַּעַס אֲשֶׁר עָבְרוּ עָלָיו וְסָבַל הַכֹּל בְּסֵבֶר פָּנִים יָפוֹת, יַכִּיר בְּעַצְמוֹ כִּי הוּא גִּבּוֹר וּמַשְׂכִּיל.

The third quality is flattery. This is one of the evil qualities, which makes the worth of the worship of God, may He be extolled, incapable of lasting worth. For every flatterer adds to his worship when it is before the eyes of the people, but when he is alone, he alters the worship or detracts from it, as though his worship was for men and not for the Creator. Such a man can be called a polytheist*, for he joins in his worship the worship of men and the Creator, making the worship the same for both of them. And, therefore, Scripture has commanded us and warned us (Deuteronomy 1:16), "Ye shall not be afraid of the face of any man." The healing of this quality is to think in one's heart that every exertion in this direction will be to no avail, and he will have no reward for his exertion except the wrath of the Creator. For the Creator will recognize that his service is for show, that is to say, to show his piety before people, and the Creator has no share in this type of service, and therefore, his prayer is a sin. Moreover, every flatterer is a fool because he permits himself to think that just as he can deceive men, so can he deceive God, and this, of course, is complete folly. Therefore, he should know that it would be better for him to reveal his wickedness publicly than to conceal it from people in order to deceive them and so that they will call him pious. If this quality is found in a servant of God, it is necessary to accustom his soul in the opposite. That is to say, he should place upon his soul a vow not to add to his worship before the eyes of the people anything except that which he knows he will not omit from his worship when he prays privately. If he is able to correct this quality, then he will know that he has attained the will of God.

The fourth quality is impudence. Know that the quality of impudence nullifies most of the worship of God, just as the prophet, Jeremiah, said (6:15), "They are not at all ashamed, neither know they how to blush." For him who cannot be ashamed of his deeds before Him, the worship of God will not cleave to such a one, as Scripture says (1 Samuel 2:26), "And he increased favour both with the Lord and also with men." Everyone who is modest before the Creator will be modest before every man. If this is so, then we can say that everyone who is impudent to men will also be impudent to the Creator. Therefore, every man must subdue his inclination to harbor this quality and remember the evil which exists in it. Let him be envious of the truly modest ones when he sees them

הַמִּדָּה הַשְּׁלִישִׁית, הַחֲנוּפָּה. זֹאת הִיא מִן הַמִּדּוֹת הָרָעוֹת אֲשֶׁר לֹא תִתְקַיֵּם בָּהּ עֲבוֹדַת הָאֵל יִתְעַלֶּה. כִּי כָל אִישׁ־חָנֵף, יוֹסִיף בַּעֲבוֹדָתוֹ לְעֵינֵי בְנֵי־עַמּוֹ. וּבִהְיוֹתוֹ לְבַדּוֹ, יַחֲלִיפֶנָּה אוֹ יִגְרַע מִמֶּנָּה כְּאִלּוּ עֲבוֹדָתוֹ לִבְנֵי־אָדָם וְלֹא לַבּוֹרֵא. וְזֶה יִקָּרֵא „מְשַׁתֵּף", כִּי יַחְבִּיר בַּעֲבוֹדָתוֹ בֵּין בְּנֵי-אָדָם וּבֵין הַבּוֹרֵא עֲבוֹדָתוֹ לִשְׁנֵיהֶם. וְעַל כֵּן צִוָּה הַכָּתוּב וְהִזְהִיר (דברים א יז) לֹא תָגוּרוּ מִפְּנֵי־אִישׁ. וּרְפוּאַת הַמִּדָּה הַזֹּאת, לַחְשׁוֹב בְּלִבּוֹ כִּי כָל הַיְגִיעָה תִּהְיֶה לָרִיק, וְאֵין לוֹ מִיגִיעָתוֹ שָׂכָר כִּי אִם חֲרוֹן הַבּוֹרֵא. כִּי הַבּוֹרֵא יַכִּיר כִּי עֲבוֹדָתוֹ הִיא לְהֵרָאוֹת לִבְנֵי־אָדָם, וְאֵין לַבּוֹרֵא חֵלֶק בָּהּ, וְעַל כֵּן תְּפִלָּתוֹ תִּהְיֶה לַחַטָּאָה. וְעוֹד, כִּי כָל חָנֵף הוּא כְסִיל, בַּעֲבוּר שֶׁיַּעֲלֶה עַל לִבּוֹ, כִּי כַאֲשֶׁר יוּכַל לְרַמּוֹת לִבְנֵי־אָדָם, כֵּן יְרַמֶּה הָאֵל, וְזֶה יִהְיֶה מִסִּכְלוּת גְּמוּרָה. וְעַל כֵּן צָרִיךְ לָדַעַת, כִּי טוֹב הוּא שֶׁיְּגַלֶּה רִשְׁעוֹ בַּגָּלוּי, מִשֶּׁיַּעְלִימֵהוּ מִבְּנֵי־אָדָם כְּדֵי לְרַמּוֹתָם וּלְמַעַן יִקְרָאוּהוּ חָסִיד. וְאִם הַמִּדָּה הַזֹּאת תִּהְיֶה בְּעוֹבֵד־אֱלֹהִים, צָרִיךְ לְהַרְגִּיל נַפְשׁוֹ בְּהָפְכָּהּ, וְיָשִׂים עַל נַפְשׁוֹ נֶדֶר לְבַל יוֹסִיף עַל עֲבוֹדָתוֹ לְעֵינֵי בְנֵי־אָדָם אֶלָּא מַה שֶּׁיֵּדַע כִּי לֹא יַחְסִיר מִמֶּנּוּ בַּסֵּתֶר. וְאִם יוּכַל לְתַקֵּן זוֹ הַמִּדָּה, אָז יֵדַע כִּי יַשִּׂיג רְצוֹן הָאֵל.

הַמִּדָּה הָרְבִיעִית, הָעַזּוּת. דַּע, כִּי מִדַּת הָעַזּוּת תְּבַטֵּל רֹב הָעֲבוֹדָה, כְּמוֹ שֶׁאָמַר הַנָּבִיא (ירמיה ו טו) גַּם־בּוֹשׁ לֹא־יֵבוֹשׁוּ גַּם־הַכְלִים לֹא יָדָעוּ. וּמִי שֶׁלֹּא יִכָּלֵם מִבְּנֵי־אָדָם מִמַּעֲשָׂיו, לֹא תִדְבַּק בּוֹ הָעֲבוֹדָה, כִּי הַכָּתוּב אוֹמֵר (שמואל א ב כו) וָטוֹב גַּם עִם־יְיָ וְגַם עִם־אֲנָשִׁים. וְכָל מִי שֶׁיִּהְיֶה עָנָיו לַבּוֹרֵא, יִהְיֶה עָנָיו לְכָל אָדָם. אִם כֵּן נֹאמַר, שֶׁכָּל מֵעִיז פָּנָיו לִבְנֵי־אָדָם, מֵעִיז פָּנָיו לַבּוֹרֵא. וְעַל כֵּן, צָרִיךְ אָדָם לְהַכְנִיעַ יִצְרוֹ בַּמִּדָּה הַזֹּאת וְלִזְכּוֹר הָרָעָה שֶׁיֵּשׁ בָּהּ, וְשֶׁיְּקַנֵּא בַּעֲנָוִים בִּרְאוֹתוֹ אוֹתָם

or when he hears their praise on the tongue of every man. And if he wishes to remove this quality, let him accustom himself to humble his soul and be ashamed before all the children of man, and let him walk with bowed figure and with his eyes to the ground, and let him remember that impudence will destroy all of his service to God.

The fifth quality is laziness. This is an evil quality which nullifies the worship of God. For the lazy man does not complete any of his tasks, and therefore the worship of a lazy person is not complete, for he is too lazy to fulfill all of the conditions of the service to God. And know that laziness comes from folly, and from weakness of the will, and from little knowledge, because the man does not know what benefit will come to him from the worship of God, may He be extolled. Laziness may afflict him because of his lack of envy for the alert ones who occupy themselves with the worship of God. Therefore, every intelligent person should guard himself against this quality and seek ways of removing it from his being. And let him envy his companions who exert themselves day and night in the service of God, may He be extolled. For no one who is not alert in his worship will attain benefit from it. Anyone who is slack in his work will destroy it, as it is said (Proverbs 18:9), "Even one that is slack in his work is brother to him that is destroyer."

The sixth quality consists of the happenings and the troubles that come upon people, for example, new events, evil or good. If one is in distress or has risen to a great position, or has gained much wealth, or has been taken in captivity, or has lost his money or is sick, or a member of his family is ill, or is exiled from his land, or is imprisoned in the dungeon, or one of his dear friends dies, all these new circumstances and many like them trouble the hearts of men and dissuade them from the worship of God, and make them forget it, and remove it from their heart. It is in such a time that the reason of the rational man is proved. Is it strong or is it weak? For if it is strong and his faith endures, none

וּבְשָׁמְעוֹ תְהִלָּתָם מִלְּשׁוֹן כָּל אִישׁ. וְכַאֲשֶׁר יִרְצֶה לְהָסִיר זֹאת הַמִּדָּה, יַרְגִּיל לְהַכְנִיעַ נַפְשׁוֹ וּלְהִתְבַּיֵּשׁ מִכָּל בְּנֵי־אָדָם, וְיֵלֵךְ בְּקוֹמָה כְפוּפָה וְעֵינָיו לָאָרֶץ, וְיִזְכּוֹר כִּי הָעַזּוּת תַּשְׁחִית כָּל עֲבוֹדָתוֹ.

הַמִּדָּה הַחֲמִישִׁית, הָעַצְלוּת. הִיא מִדָּה רָעָה, תְּבַטֵּל הָעֲבוֹדָה. כִּי כָּל אָדָם עָצֵל, לֹא יַשְׁלִים עֵסֶק מֵעֲסָקָיו, וְעַל כֵּן לֹא תֻשְׁלַם עֲבוֹדַת הֶעָצֵל, כִּי יִתְעַצֵּל לְהַשְׁלִים תְּנָאֶיהָ. וְדַע, כִּי הָעַצְלָה תָּבוֹא מִן הַסִּכְלוּת, וּמֵחֻלְשַׁת הַלֵּב, וּמִמִּעוּט הַדַּעַת, מִפְּנֵי שֶׁלֹּא יֵדַע מַה הַתּוֹעֶלֶת הַבָּאָה אֵלָיו מֵעֲבוֹדַת הָאֵל יִתְעַלֶּה, וּמִמִּעוּט קִנְאָתוֹ בַּזְּרִיזִים הַמִּתְעַסְּקִים בַּעֲבוֹדָה. וְעַל כֵּן צָרִיךְ כָּל מַשְׂכִּיל לְהִזָּהֵר מִמֶּנָּה וּלְבַקֵּשׁ תַּחְבּוּלוֹת לְהָסִיר אוֹתָהּ, וִיקַנֵּא בַּחֲבֵרָיו הַיְּגֵעִים יוֹם וָלַיְלָה בַּעֲבוֹדַת הָאֵל יִתְעַלֶּה, כִּי כָּל מִי שֶׁלֹּא יִהְיֶה זָרִיז, לֹא יַשִּׂיג תּוֹעֶלֶת. וְכָל מִתְרַפֶּה בִמְלַאכְתּוֹ, יַשְׁחִיתֶנָּה, כַּאֲשֶׁר אָמַר (משלי יח ט) גַּם מִתְרַפֶּה בִמְלַאכְתּוֹ אָח הוּא לְבַעַל מַשְׁחִית.

הַמִּדָּה הַשִּׁשִּׁית, הַקּוֹרוֹת וְהַתְּלָאוֹת הַבָּאוֹת עַל בְּנֵי אָדָם, כְּגוֹן חִדּוּשִׁים, רָעִים אוֹ טוֹבִים, אוֹ שֶׁיִּהְיֶה בְּמָצוֹר, אוֹ יַעֲלֶה לְמַעֲלָה גְדוֹלָה, אוֹ יַרְוִיחַ הוֹן, אוֹ שֶׁיִּקָּחוּהוּ בַּשֶּׁבִי, אוֹ יֹאבַד לוֹ מָמוֹן, אוֹ יֶחֱלֶה הוּא אוֹ אֶחָד מִבְּנֵי־בֵיתוֹ, אוֹ יִהְיֶה גוֹלֶה מֵאַרְצוֹ, אוֹ חָבוּשׁ בְּבֵית-הַסֹּהַר, אוֹ יָמוּת אֶחָד מֵאוֹהֲבָיו, כָּל אֵלֶּה הַחִדּוּשִׁים וְרַבִּים כָּהֶם, יַטְרִידוּ לֵב בְּנֵי־אָדָם מֵעֲבוֹדַת הָאֵל וְיַשְׁכִּיחוּהוּ אוֹתָהּ וִיסִירוּהָ מִלִּבּוֹ. אַךְ בָּעֵת הַזֹּאת, (יֵדַע)[יִוָּדַע] וְיִבָּחֵן שֵׂכֶל כָּל מַשְׂכִּיל, הֶחָזָק הוּא הֲרָפֶה. כִּי, אִם יִהְיֶה חָזָק וֶאֱמוּנָתוֹ קַיֶּמֶת, לֹא יוּכְלוּ כָּל הַחִדּוּשִׁים לְחַסֵּר מֵעֲבוֹדָתוֹ, כַּאֲשֶׁר לֹא יוּכְלוּ הָרוּחוֹת הַחֲזָקוֹת לַעֲקוֹר הָהָר הַגָּדוֹל וְלַהֲמִישׁוֹ מִמְּקוֹמוֹ, כֵּן הַשֵּׂכֶל הֶחָזָק וְהָאֱמוּנָה הָעִקָּרִית, לֹא יְמִישׁוּם

of these new circumstances will cause him to be deficient in his service to God. Just as mighty winds cannot uproot a great mountain and move it from its place, so can all these happenings not remove strong reason and well-founded faith. A man should be careful at such a time and know that on this condition has he come into a covenant with his God. And since he has covenanted with his soul to serve Him, he must complete his vow and fulfill his pledge, and he must prepare a strong and courageous heart to accept these happenings, and he must think about such happenings before they come upon him. He should anticipate them every day, every hour, every month, and say in his heart, "If these happenings do not come today, they will come tomorrow." If he does this and his eyes and his heart are intent upon them, then when the happenings do come, they will not confuse him, and they will not cause him to forget the service to God, for these happenings will find him ready to accept them. This is the conduct of the righteous man: he knows that the world is an abode of troubles, and his eyes and his heart consider them every moment, and therefore these troubles do not confuse him when they come, nor do they terrify him. But they do terrify one who is secure in his world and says that no trouble will come upon him and that his tranquility will remain. Therefore, when there comes upon him the opposite of what he had thought, he fears his mind is lost and his faith and his worship, also. A rational person must guard his soul always and not trust in the goodness of the world even for a moment, but he must know that the troubles are ready to come. If he has this attitude, he will be fortunate and his worship of God will endure.

The seventh quality concerns the companionship of wicked men. Know that this quality can destroy all worship of God and even though the worshiper is complete in all other qualities, if he joins the companionship of wicked men, his worship will be destroyed. And these are the particulars: if he joins the companionship of kings, they will draw him to haughtiness and to the pursuit of power and dominion. If he seeks the companionship of youth, they will draw him to pleasure. If he seeks the companionship of women, they will draw him to immoral acts. If he joins the companionship of atheists, they will destroy his faith. And if he joins the companionship of fools, he will lose his wisdom and his reason, and he will forget the statutes of his God, and he will be drawn after their deeds. If he joins the companionship of those who cheat and rob, his soul will gradually draw him to them, and he will not know that he sins against his own soul. If he joins madmen or

כָּל אֵלֶּה הַמְּאֹרָעוֹת. וְצָרִיךְ הָאָדָם לְזָהֵר בָּעֵת הַזֹּאת, וְיֵדַע כִּי עַל זֶה הַתְּנַאי בָּא בִּבְרִית עִם אֱלֹהָיו. וְאַחֲרֵי אֲשֶׁר הִתְנָה עַל נַפְשׁוֹ לַעֲבוֹד אוֹתוֹ, צָרִיךְ לְהַשְׁלִים נְדָרוֹ וּלְקַיֵּם אֱסָרוֹ, וְצָרִיךְ לוֹ לְהָכִין לֵב חָזָק וְאַמִּיץ לְקַבֵּל הַמְּאֹרָעוֹת, וְיַחְשׁוֹב בָּהֶם בְּטֶרֶם בּוֹאָם, וְיַמְתִּינֵם בְּכָל־יוֹם וּבְכָל־שָׁעָה וּבְכָל־חֹדֶשׁ, וְיֹאמַר בְּלִבּוֹ, אִם לֹא יָבוֹאוּ הַיּוֹם הַמְּאֹרָעוֹת, יָבוֹאוּ לְמָחָר. וְאִם לֹא יָבוֹאוּ לְמָחָר, יָבוֹאוּ לְאַחַר מָחָר. וּכְשֶׁיַּעֲשֶׂה זֶה וְיִהְיוּ עֵינָיו וְלִבּוֹ בָהֶם, כְּשֶׁיָּבוֹאוּ הַמְּאֹרָעוֹת, לֹא יַטְרִידוּהוּ וְלֹא יַשְׁכִּיחוּהוּ הָעֲבוֹדָה, כִּי יִמְצָאוּהוּ מְזֻמָּן לְקַבֵּל אוֹתָם. וְזֶה מַעֲשֵׂה הַצַּדִּיק, כִּי יַחְשׁוֹב וְיֵדַע, כִּי הָעוֹלָם נְוֵה־הַתְּלָאוֹת, וְעַל כֵּן עֵינָיו וְלִבּוֹ בָּהֶם בְּכָל רֶגַע, וְעַל כֵּן לֹא יַטְרִידוּהוּ כְּשֶׁיָּבוֹאוּ וְלֹא יַחֲרִידוּהוּ. אַךְ יַחֲרִידוּ לְמִי שֶׁהוּא בָטוּחַ בָּעוֹלָם וְיֹאמַר כִּי לֹא תָבוֹא עָלָיו צָרָה וְכִי שַׁלְוָתוֹ תַּעֲמוֹד לוֹ. וְעַל כֵּן, כְּשֶׁיָּבוֹא עָלָיו הֵפֶךְ מֵאֲשֶׁר חָשַׁב, יֶחֱרַד, וְתֹאבַד דַּעְתּוֹ וֶאֱמוּנָתוֹ וַעֲבוֹדָתוֹ. וְצָרִיךְ לַמַּשְׂכִּיל לִשְׁמוֹר נַפְשׁוֹ תָּמִיד, וְאַל יִבְטַח בְּטוֹבַת הָעוֹלָם רֶגַע, רַק יֵדַע כִּי הַתְּלָאוֹת מְזֻמָּנוֹת לָבוֹא, וּבָזֶה יַצְלִיחַ וְתִתְקַיֵּם עֲבוֹדָתוֹ.

הַמִּדָּה הַשְּׁבִיעִית, חֶבְרַת מְתֵי־רֶשַׁע. דַּע, כִּי זֹאת הַמִּדָּה תַּשְׁחִית כָּל הָעֲבוֹדָה. וְאַף־עַל־פִּי שֶׁיִּהְיֶה הָעוֹבֵד שָׁלֵם בְּכָל מִדּוֹתָיו, אִם יִתְחַבֵּר לְאַנְשֵׁי־רֶשַׁע, תִּשָּׁחֵת עֲבוֹדָתוֹ. וְאֵלֶּה פֵּרוּשָׁם: אִם יִתְחַבֵּר לִמְלָכִים, יִמְשְׁכוּהוּ לְגֵאוּת וּלְבַקֵּשׁ שְׂרָרָה. וְאִם יִתְחַבֵּר לִנְעָרִים, יִמְשְׁכֻהוּ לְתַעֲנוּגִים. וְאִם יִתְחַבֵּר לְנָשִׁים, יִמְשְׁכוּהוּ לְמַעֲשֵׂה זִמָּה. וְאִם יִתְחַבֵּר לָאֶפִּיקוֹרְסִים, יַשְׁחִיתוּ אֱמוּנָתוֹ. וְאִם יִתְחַבֵּר לִכְסִילִים, יְאַבֵּד חָכְמָתוֹ וְשִׂכְלוֹ, וְיִשְׁכַּח חֹק אֱלֹהָיו, וְיִמָּשֵׁךְ אַחַר מַעֲשֵׂיהֶם. וְאִם יִתְחַבֵּר לְעוֹשֵׂי אוֹנָאָה וְגָזֵל, תִּמְשְׁכֵהוּ נַפְשׁוֹ אֲלֵיהֶם לְאַט וְלֹא יֵדַע כִּי בְנַפְשׁוֹ הוּא.

fools, he will be mad and foolish with them. And if he joins the unworthy and the vile, he will learn their shameful deeds, and therefore it is always necessary to keep at a distance from all these types. He must know that according to his distance from them, so will be his nearness to the Creator, blessed be He. According to his nearness to these groups will be his distance from the Creator, blessed be He. If he does not know how to separate himself from them, because his evil inclination has grown strong, then he must attach himself to their opposites. Then he will recognize the faults of the evil companions. When he recognizes their faults, he will be able to stay at a great distance from them. If he enjoys the companionship of kings, and he cannot separate himself from them, let him join the companionship of the poor and the downtrodden, and then he will reject haughtiness and pride of heart, and then it will be possible for him to gradually set a distance between him and them. And if he wishes to remove himself from the companionship of youths, and he finds himself unable to separate himself from them, let him join the companionship of elders, and then he will hear their words and their intelligence and their profound attributes, and he will recognize the honor that he will attain from the companionship of elders and the venerable. He will see the difference of that which he can attain through companionship of older men rather than the companionship of youths. If he seeks the companionship of women and cannot separate himself from them, let him join the companionship of men of settled minds and reason, and then he will recognize the delights which can be found in them and which are completely opposite from the matters affecting women. If he seeks the companionship of atheists and they destroy his faith, let him join the companionship of men of perfect faith, the pious ones who are distinguished by their wisdom, and they will teach him signs and examples, rather than the lack of knowledge of atheists. If he joins the companionship of fools and he cannot separate himself from them, let him join the companionship of intelligent men. If he joins the companionship of those who cheat and rob and cannot separate from them, let him join the companionship of men of faith, and then he will see how careful they are of their conduct. And if he joins the companionship of men who are unworthy and cannot separate himself from them, let him join the companionship of the honored and well-liked and let him learn from their deeds.

The eighth quality is a fault of faith. He who has no faith—how very hard it is to find a healing for him and a cure for his plague! If God does

וְאִם יִתְחַבֵּר לְשׁוֹטִים, יִשְׁתַּטֶּה עִמָּהֶם. וְאִם יִתְחַבֵּר לִגְרוּעִים וּנְבְזִים, יִלְמַד מַעֲשִׂים בְּזוּיִים. וְעַל כֵּן, צָרִיךְ לִרְחוֹק תָּמִיד מִכָּל אֵלֶּה הַחֲבֵרִים, וְלָדַעַת כִּי כְּפִי רָחְקוֹ מֵהֶם, כֵּן תִּהְיֶה קִרְבָתוֹ אֶל הַבּוֹרֵא יִתְבָּרַךְ. וּכְפִי קִרְבָתוֹ אֲלֵיהֶם, כֵּן יִרְחַק מֵהַבּוֹרֵא יִתְבָּרַךְ. וְאִם לֹא יֵדַע אֵיךְ יִפָּרֵד מֵהֶם כִּי גָבַר עָלָיו הַיֵּצֶר, יִתְחַבֵּר לְהַחֲכָמִים וְאָז יַכִּיר מוּמָם. וּבְהַכִּירוֹ מוּמָם, אָז יוּכַל לְהִתְרַחֵק מֵהֶם. כִּי, אִם יִתְחַבֵּר לִמְלָכִים וְלֹא יוּכַל לְהִפָּרֵד מֵהֶם, יִתְחַבֵּר לַעֲנִיִּים וְלִמְרוּדִים, וְאָז יִמְאַס הַגֵּאוּת וְגַבְהֵי־הַלֵּב, וְאָז אֶפְשָׁר לְהִתְרַחֵק מֵהֶם בַּלָּאט. וּכְשֶׁיִּרְצֶה לִרְחוֹק מֵחֶבְרַת הַנְּעָרִים וְלֹא יוּכַל לְהִפָּרֵד מֵהֶם, יִתְחַבֵּר לִזְקֵנִים, וְאָז יִשְׁמַע דִּבְרֵיהֶם וְשִׂכְלָם וְחִידוֹתָם, וְיַכִּיר הַכָּבוֹד אֲשֶׁר יַשִּׂיג בְּחֶבְרַת הַזְּקֵנִים וְהַיְשִׁישִׁים, וְהַהֶפְרֵשׁ אֲשֶׁר יַשִּׂיג בְּחֶבְרַת הַזְּקֵנִים בֵּין חֶבְרָתָם וְחֶבְרַת הַנְּעָרִים. וְאִם יִתְחַבֵּר לְנָשִׁים וְלֹא יוּכַל לְהִפָּרֵד מֵהֶן, יִתְחַבֵּר לְאַנְשֵׁי־יִשּׁוּב וְשֵׂכֶל, וְאָז יַכִּיר הַחֲמוּדוֹת אֲשֶׁר בָּם, אֲשֶׁר הֵם הֵפֶךְ מֵעִנְיְנֵי הַנָּשִׁים. וְאִם יִתְחַבֵּר לְאֶפִּיקוֹרְסִים וְהִשְׁחִיתוּ אֱמוּנָתוֹ, יִתְחַבֵּר לִתְמִימִים הַחֲסִידִים הַמֻּפְלָגִים בְּחָכְמָה, וְהֵם יוֹרוּהוּ בְּאוֹתוֹת וּבְמוֹפְתִים עַל בִּטּוּל דַּעַת הָאֶפִּיקוֹרְסִים. וְאִם יִתְחַבֵּר לִכְסִילִים וְלֹא יוּכַל לְהִפָּרֵד מֵהֶם, יִתְחַבֵּר לְמַשְׂכִּילִים. וְאִם יִתְחַבֵּר לְעוֹשֵׂי אוֹנָאָה וְגָזֵל וְלֹא יוּכַל לְהִפָּרֵד מֵהֶם, יִתְחַבֵּר לְאַנְשֵׁי־אֱמוּנָה, וְאָז יִרְאֶה אֵיךְ הֵם נִזְהָרִים. וְאִם יִתְחַבֵּר לִגְרוּעִים וְלֹא יוּכַל לְהִפָּרֵד מֵהֶם, יִתְחַבֵּר לְנִכְבָּדִים וִיקָרִים וְיִלְמַד מַעֲשֵׂיהֶם.

וְהַמִּדָּה הַשְּׁמִינִית, רֹעַ־הָאֱמוּנָה. מִי שֶׁאֵין בּוֹ אֱמוּנָה, מַה מְּאֹד קָשֶׁה לִמְצֹא לוֹ רְפוּאָה וּלְמַכָּתוֹ תְּעָלָה, אִם הָאֱלֹהִים בְּיִרְאָתוֹ לֹא יַדִּיחֵהוּ (יְרִיחֵהוּ) וְיַהֲפוֹךְ לוֹ לֵב אַחֵר וְיָסִיר לֵב־הָאֶבֶן מִבְּשָׂרוֹ וְיִפְקְדֵהוּ בִּפְקֻדַּת רַחֲמִים, כִּי אֵין סִבָּה

not lure him by means of fear of Him and give him a different heart
and remove the heart of stone from his flesh and remember him with
the remembrance of mercy, then there is no method of correcting him.
And if there were to be put before him all the matters of instruction
and rebuke, all of this is to him as nothing and he would consider it
only as mocking. He is like a disease which has no healing and a broken
shard of pottery which cannot be repaired and therefore, a man ought
to guard zealously his faith.

The ninth quality is the mockery of the scorners and the contempt
of the revilers. A man cannot enter upon the service of God until he
resolves not to pay any attention to those who may mock him and
shame him. If they say of him that he is a flatterer and a hypocrite, he
should pay no attention to their words but should consider that if all
men were to pay heed to the scornful laughter of the mockers and to the
shame of the revilers, no one would do anything good, nor fulfill a
commandment, nor do an act of kindness. For no one can save himself
from the language of the violent people, as it is said (Psalms 73:9),
"They have set their mouth against the heavens and their tongue
walketh through the earth." How many scoffers there are whose mock-
ery arises from jealousy and the desire to abuse. For they recognize
the superiority of the one they attack, and they cannot attain his quali-
ties, and because of this they revile him. Therefore, a man ought to
take firm hold in the worship of God, may He be extolled, and know that
only two kinds of people can revile him, a fool or a rational man. Now,
if he is a fool, it is not proper to pay attention or to heed the sting of his
words. And if he be a rational man, one should know that a man of
intelligence will not revile a man in an honest matter, unless he is jeal-
ous, because he, himself, does not possess that quality.

The tenth quality consists of the various wisdoms. There are various
wisdoms which destroy faith, such as secular wisdoms, the wisdoms of
the atheists, and the wisdom of philosophy. There is no necessity for
the servant of God to study all these diligently. Let him rather keep at
a distance from these with all his might, for before he attains any benefit
from them, he will lose his faith. And he will be like one who uses
up a treasure in order to obtain another treasure. He does not attain
the second treasure. How many men (wise in their own eyes) think
that they have attained the height of wisdom and have ascended close
to a very great secret. They hide it from others and do not know that
they have put a great distance between themselves and faith. They do

לְתִקּוּנוֹ. וְאִם יָשִׂימוּ לְפָנָיו כָּל עִנְיָנֵי הַמּוּסָר וְהַתּוֹכָחוֹת, הַכֹּל הוּא לוֹ לְאַיִן, וְיַחְשְׁבֵהוּ לְלַעַג. וְהוּא כְּמוֹ הַחֹלִי אֲשֶׁר אֵין לוֹ רְפוּאָה, וְכִכְלִי־חֶרֶס הַנִּשְׁבָּר אֲשֶׁר אֵין לוֹ תַקָּנָה. וְעַל כֵּן, צָרִיךְ אָדָם לִשְׁמוֹר אֱמוּנָתוֹ.

וְהַמִּדָּה הַתְּשִׁיעִית, לַעַג־הַלּוֹעֲגִים וְחֶרְפַּת־הַמְחָרְפִים. אֵין לָאָדָם לִכָּנֵס לַעֲבוֹדַת הָאֵל, עַד יָשִׁית עָלָיו לְבַל יָשִׁית לִבּוֹ לְלַעַג הַלּוֹעֲגִים עָלָיו וְחֶרְפָּתָם. וְאִם יֹאמְרוּ עָלָיו כִּי הוּא חָנֵף וְגוֹנֵב דַּעַת־הַבְּרִיּוֹת, אֵין לוֹ לָשִׂים לִבּוֹ לְדִבְרֵיהֶם, וְיַחְשׁוֹב, כִּי לוּ יָשִׂימוּ כָּל בְּנֵי־אָדָם לִבָּם לְלַעַג־הַלּוֹעֲגִים וְחֶרְפַּת־הַמְחָרְפִים, לֹא הָיָה אָדָם עוֹשֶׂה שׁוּם טוֹבָה וְלֹא מִצְוָה וְלֹא חֶסֶד, כִּי לֹא יִמָּלֵט אָדָם מִלְּשׁוֹן הַפָּרִיצִים, כַּאֲשֶׁר אָמַר (תהלים עג ט) שַׁתּוּ בַשָּׁמַיִם פִּיהֶם וּלְשׁוֹנָם תִּהֲלַךְ בָּאָרֶץ. וְכַמָּה לוֹעֲגִים אֲשֶׁר לַעֲגָם מִקִּנְאָה וְגִדּוּפִים, מִפְּנֵי שֶׁיַּכִּירוּ הַיִּתְרוֹן וְלֹא יַשִּׂיגוּהוּ, וּבַעֲבוּר זֶה חֵרְפוּהוּ. וְעַל כֵּן צָרִיךְ אָדָם שֶׁיַּחֲזִיק בַּעֲבוֹדַת הָאֵל יִתְעַלֶּה לֵידַע, כִּי לֹא יְחָרְפוּהוּ כִּי אִם שְׁנֵי אֲנָשִׁים: אוֹ כְסִיל, אוֹ מַשְׂכִּיל. וְאִם יִהְיֶה כְּסִיל, אֵין רָאוּי לָחוּשׁ לִדְבָרָיו. וְאִם הוּא מַשְׂכִּיל, הַמַּשְׂכִּיל לֹא יְחָרֵף אָדָם עַל עֵסֶק נָכוֹן אֶלָּא אִם תִּהְיֶה קִנְאָה, מִפְּנֵי שֶׁאֵין בּוֹ הַמִּדָּה הַהִיא.

הַמִּדָּה הָעֲשִׂירִית, הַחָכְמוֹת. יֵשׁ חָכְמוֹת מַשְׁחִיתוֹת הָאֱמוּנָה, כְּגוֹן חָכְמוֹת הַחִיצוֹנִיּוֹת, וְחָכְמוֹת הָאֶפִּיקוֹרְסִים, וְחָכְמַת הַפִּילוֹסוֹפְיָא. כָּל אֵלֶּה אֵין צָרִיךְ לְעוֹבֵד־אֱלֹהִים לִשְׁקוֹד עֲלֵיהֶן, רַק יִרְחַק מֵהֶן בְּכָל כֹּחוֹ. כִּי בְטֶרֶם שֶׁיַּשִּׂיג מֵהֶן תּוֹעֶלֶת, יְאַבֵּד אֱמוּנָתוֹ, וְיִדְמֶה לְמִי שֶׁאִבֵּד חֵפֶץ בִּשְׁבִיל [חֵפֶץ] אַחֵר וְלֹא הִשִּׂיג הַשֵּׁנִי. וְכַמָּה חֲכָמִים בְּעֵינֵיהֶם חָשְׁבוּ כִּי עָלוּ לִמְרוֹם הַחָכְמָה, חוֹשְׁבִים כִּי עָלוּ וְעָמְדוּ בְסוֹד גָּדוֹל, וַיַּעְלִימוּהוּ מִזּוּלָתָם, וְלֹא יָדְעוּ כִּי רָחֲקוּ מִן הָאֱמוּנָה, וְלֹא יַכִּירוּ הַדָּבָר.

not recognize this fact. It is like the healthy person who has accustomed himself to eat bad foods because of his love of pleasure. The structure of his limbs is destroyed and the composition of his body and his appearance is altered, but he is not aware of it, and he considers himself healthy when he is near death. So if one becomes a companion of atheists, his faith will be destroyed little by little and he will not sense it. And so it is with the one who occupies himself with the wisdom of philosophy, it will cause him to depart from faith little by little and he will not know it. Now, the evident intent of philosophy and its structure is to enable one to know the unity of God, so that when he does know this, he will serve Him, but the wisdom of philosophy is like a great ocean, and he who wishes to occupy himself with it is like one who wishes to enter into the midst of the sea. It is said that, "in its depth he will find pearls and precious stones," but many have lost their souls because of this thing, intending to swim in thc midst of the sea and wandering about to seek the treasure, and they did not find it. Now, the wisdom of philosophy at its very beginning has matters and principles that confuse faith, and no one who enters it can be confident that his faith will not be lost, unless he has a teacher who is erudite and pious, who will teach him and warn him of those places where his faith might be weakened. Only then can a man escape the stumbling blocks of philosophy and attain the benefit which he seeks. But if he reads books of philosophy by himself or if he reads them with a teacher who is wise, but not completely pious, there is no doubt that his faith will be destroyed, and he will lose more than he gains. And this general rule is a pillar to everyone who fears the Lord, and therefore it is necessary to be careful in this matter.

The eleventh quality is jealousy. When the servant of God sees many persons who are less worthy than he occupying themselves with matters of the world and obtaining honor, he may envy them. He may turn back to seek the reason for their success and may say to himself, "Behold these people have attained this glory because they sought it, and I, if I were to seek it I would find it." A rational man should guard himself from this quality.

The twelfth quality is folly. When a servant of God sees persons who serve God leave their service and return to worldly occupations and go

כְּמוֹ הַבָּרִיא אֲשֶׁר הִרְגִּיל בְּמַאֲכָלִים רָעִים לְאַהֲבָתוֹ בַּתַּעֲנוּגִים, וְנִשְׁחַת בִּנְיַן אֵבָרָיו וְהַרְכָּבַת גּוּפוֹ וְנִשְׁתַּנּוּ פָּנָיו וְהוּא לֹא יַרְגִּישׁ, וְיַחְשׁוֹב עַצְמוֹ בָּרִיא וְהוּא קָרוֹב לַמָּוֶת. וְכַאֲשֶׁר יִתְחַבֵּר לָאֶפִּיקוֹרוֹס, תִּשָּׁחֵת אֱמוּנָתוֹ מְעַט־מְעַט וְהוּא לֹא יַרְגִּישׁ. כֵּן הַמִּתְעַסֵּק בְּחָכְמַת הַפִּילוֹסוֹפְיָא, תַּרְחִיקֵהוּ מְעַט־מְעַט וְהוּא לֹא יֵדַע. אַךְ כַּוָּנַת הַפִּילוֹסוֹפְיָא וּתְכוּנָתָהּ, הִיא לָדַעַת יִחוּד הַשֵּׁם. וּכְשֶׁיֵּדָעֵנּוּ, אָז יַעַבְדֵנּוּ. אֲבָל חָכְמַת הַפִּילוֹסוֹפְיָא, הִיא כְּמוֹ הַיָּם הַגָּדוֹל. וְיִדְמֶה הָרוֹצֶה לְהִתְעַסֵּק בָּהּ, כְּמִי שֶׁיִּרְצֶה לָבוֹא בְּתוֹךְ הַיָּם, כְּשֶׁיֹּאמְרוּ לוֹ, בִּמְצוּלָתוֹ יֵשׁ פְּנִינִים וַאֲבָנִים יְקָרוֹת וְרַבִּים יֵהָרְגוּ נַפְשָׁם עַל הַדָּבָר הַזֶּה כִּי יִשְׂחוּ בְּתוֹךְ הַמַּיִם וִישׁוֹטְטוּ לְבַקֵּשׁ וְלֹא יִמְצָאוּ. וְחָכְמַת הַפִּילוֹסוֹפְיָא יֵשׁ לָהּ בִּתְחִלָּתָהּ דְּבָרִים וְהַקְדָּמוֹת מְשַׁבְּשִׁים הָאֱמוּנָה, וְלֹא יִבְטַח כָּל הַנִּכְנָס בָּהּ שֶׁ[לֹּא] תֹאבַד אֱמוּנָתוֹ אִם לֹא יִהְיֶה לוֹ מְלַמֵּד בָּקִי וְחָסִיד שֶׁיּוֹרֵהוּ וְיִשְׁמְרֵהוּ מִן הַמְּקוֹמוֹת אֲשֶׁר תֶּחֱלַשׁ אֱמוּנָתוֹ וְאָז יְמַלֵּט הָאָדָם מִמִּכְשׁוֹלוֹת הַפִּילוֹסוֹפְיָא וְיַשִּׂיג הַתּוֹעֶלֶת אֲשֶׁר הוּא מְבַקֵּשׁ. אֲבָל כְּשֶׁיִּקְרָא לְבַדּוֹ סִפְרֵי הַפִּילוֹסוֹפְיָא אוֹ יִקְרָאֵם עִם רַב חָכָם וְשֶׁאֵינוֹ חָסִיד גָּמוּר, אֵין סָפֵק כִּי תִשָּׁחֵת אֱמוּנָתוֹ, וְיַפְסִיד יוֹתֵר מִמַּה שֶּׁיַּרְוִיחַ. וְזֶה הַכְּלָל הוּא עַמּוּד לְכָל יְרֵא־הַשֵּׁם. וְעַל כֵּן צָרִיךְ לִזָּהֵר בּוֹ.

וְהַמִּדָּה הָאַחַת־עֶשְׂרֵה, הַקִּנְאָה. כְּשֶׁיִּרְאֶה הָעוֹבֵד, אֲנָשִׁים רַבִּים פְּחוּתִים מִמֶּנּוּ מִתְעַסְּקִים בְּעִסְקֵי הָעוֹלָם וְהִשִּׂיגוּ כָבוֹד, יְקַנֵּא בָּהֶם וְיָשׁוּב לְבַקֵּשׁ מַעֲלָתָם, וְיֹאמַר בְּנַפְשׁוֹ, הִנֵּה אֵלֶּה הִשִּׂיגוּ לָזֶה הַכָּבוֹד מִפְּנֵי שֶׁבִּקְשׁוּהוּ, וַאֲנִי אִלּוּ אֲבַקְשֵׁהוּ אֶמְצָאֵהוּ. וְצָרִיךְ לַמַּשְׂכִּיל לְהִשָּׁמֵר מִזֹּאת הַמִּדָּה.

וְהַמִּדָּה הַשְּׁתֵּים־עֶשְׂרֵה, הַפְּתַיּוּת. כִּי עוֹבֵד־אֱלֹהִים, בִּרְאוֹתוֹ אֲנָשִׁים עוֹבְדֵי־הָאֵל כִּי עָזְבוּ עֲבוֹדָתָם וְשָׁבוּ לְעִסְקֵי

after their lusts and says, "Such and such a one left his service to God, I will do the same"; that is the ultimate folly.

The thirteenth quality is this: that a man loses patience when he sees no reward for his service. There are people who occupy themselves with the service of God, and when anguish comes upon them they trust in their righteousness and in their prayers, but when they see that this does not avail them, they grow impatient with their service, all the more so, if they see the way of the wicked prosper while they, themselves, remain standing in the midst of their anguish. Then they become wrathful. And this is the superiority of the man of intellect over the fool. For the fool will do this thing, but the man of intellect will not do it, and he will wisely know that his worship is nothing and his righteousness insignificant. He should be content if there is enough worth in his worship and his righteousness to save him from the punishment of his God, and let him not seek reward for his conduct in this world.

The fourteenth quality is avarice or that which is similar to it, occasioned by the evil of the soul or its impurities. Now, we list the evil qualities of the soul among the rest of the evil qualities because we see that when the soul is noble, there is contained within it many of the good qualities. If so, let us take the opposite of this quality and say that if a man is greedy or possessed of avarice, this evil quality does not stand by itself but with others besides this. Except that this quality of avarice is far worse than all the others. And, therefore, I say that this quality of avarice destroys the worship of God, for no one who is greedy or filled with avarice can do righteousness at the right time. He cannot help the poor except from compulsion, and every commandment in which he discerns of advantage, he will do properly. He will act according to the rule. But if he discerns in it even a slight loss of wealth, he will treat the commandment lightly and will bring proofs about it so that he permits the breaking of the commandment or has remose for fulfilling the commandment or seeks to compromise on it. For example, if he should buy a lamb and slaughter it and it is found to be trefe, if he can cite many laws and proofs to cause it to be declared kosher, he will do so. Similarly, if the Sabbath should come upon him suddenly, and it happens that if he does not do a certain thing, he will lose money, he will bring proofs that it is permitted to do it, and he will cite as his proof, "Ye shall therefore keep My statutes, and Mine ordinances, which if a man do, he shall live by them." (Leviticus 18:5). All of this comes about because of the power of avarice. Therefore, it is impossible for an

הָעוֹלָם וְהָלְכוּ אַחֲרֵי תַאֲווֹתֵיהֶם, וְאָמַר, הִנֵּה פְּלוֹנִי עָזַב עֲבוֹדָתוֹ, אֶעֱשֶׂה כֵּן גַּם אָנִי. וְזוֹהִי תַּכְלִית־הַפְּתַיּוּת.

וְהַמִּדָּה הַשְּׁלֹשׁ־עֶשְׂרֵה, כִּי יָקוּץ אָדָם כְּשֶׁלֹּא יִרְאֶה שְׂכַר עֲבוֹדָתוֹ. יֵשׁ אֲנָשִׁים מִתְעַסְּקִים בַּעֲבוֹדָה. וְכַאֲשֶׁר יָבוֹא עֲלֵיהֶם צַעַר, יִבְטְחוּ עַל צִדְקָתָם וְעַל תְּפִלָּתָם. וְכַאֲשֶׁר יִרְאוּ כִּי לֹא תוֹעִיל, יָקוּצוּ בָהּ. כָּל־שֶׁכֵּן אִם יִרְאֶה דֶּרֶךְ רְשָׁעִים צְלֵחָה וְהוּא עוֹמֵד בְּצַעַר, אָז יִתְקַצֵּף. וְזֶה יִתְרוֹן בֵּין הַמַּשְׂכִּיל וְהַכְּסִיל, כִּי הַכְּסִיל יַעֲשֶׂה הַדָּבָר הַזֶּה. אַךְ הַמַּשְׂכִּיל לֹא יַעֲשֶׂה, וְיַשְׂכִּיל כִּי עֲבוֹדָתוֹ כְּאַיִן וְצִדְקָתוֹ כְּאֶפֶס, וּמִי יִתֵּן שֶׁיִּהְיֶה בָּהּ דֵּי לְהִנָּצֵל מֵעֹנֶשׁ אֱלֹהָיו, וְאַל יְבַקֵּשׁ עָלֶיהָ [שָׂכָר] בָּעוֹלָם הַזֶּה.

וְהַמִּדָּה הָאַרְבַּע־עֶשְׂרֵה, הַכִּילוּת אוֹ הַדּוֹמֶה לָהּ מֵרֹעַ הַנֶּפֶשׁ וְחֶסְרוֹן זַכּוּתָהּ. וְאוּלָם זָכַרְנוּ זֹאת הַמִּדָּה מִמִּדּוֹת רֹעַ הַנֶּפֶשׁ בֵּין שְׁאָר מִדּוֹתֶיהָ, מִפְּנֵי שֶׁנִּרְאֶה, כִּי כְּשֶׁתִּהְיֶה הַנֶּפֶשׁ נְדִיבָה, נִכְלָלוֹת בָּהּ רֹב הַמִּדּוֹת הַטּוֹבוֹת. אִם כֵּן, נַהֲפוֹךְ זֹאת הַמִּדָּה וְנֹאמַר, אִם יִהְיֶה אָדָם כִּילַי, אֵין זֹאת הַמִּדָּה הָרָעָה בּוֹ לְבַדָּהּ, רַק אֲחֵרוֹת מִלְּבַד אֵלֶּה, וְזֹאת עָלְתָה עַל כֻּלָּנָה. וְעַל כֵּן אוֹמֵר, כִּי הַמִּדָּה הַזֹּאת תַּשְׁחִית הָעֲבוֹדָה. כִּי כָּל מִי שֶׁיִּהְיֶה כִּילַי, לֹא יַעֲשֶׂה צְדָקָה בְּעִתָּהּ, וְלֹא יַעֲזוֹר אֶבְיוֹן כִּי אִם בְּעַל־כָּרְחוֹ. וְכָל מִצְוָה אֲשֶׁר יַכִּיר בָּהּ תּוֹעֶלֶת, יַעֲשֶׂנָּה כַּמִּשְׁפָּט. וְאִם יַכִּיר בָּהּ אֲפִלּוּ הֶפְסֵד מְעַט מֵהוֹנוֹ, יָקֵל בָּהּ וְיָבִיא רְאָיוֹת עָלֶיהָ עַד שֶׁיַּתִּירֶנָּה וְיַעֲשֶׂה בָהּ חֲרָטָה וּפְשָׁרָה. כְּגוֹן, אִם יִקְנֶה כֶּבֶשׂ וְיִשְׁחָטֵהוּ וְנִמְצָא טְרֵפָה, וְיוּכַל לְהָבִיא הֲלָכוֹת וּרְאָיוֹת לְהַכְשִׁיר אוֹתוֹ, יַעֲשֶׂה. וְכֵן אִם יִכָּנֵס עָלָיו שַׁבָּת, וְיִזְדַּמֵּן לוֹ עֵסֶק שֶׁאִם לֹא יַעֲשֶׂנּוּ יֹאבַד לוֹ מָמוֹן, יָבִיא רְאָיוֹת כִּי הוּא מֻתָּר לַעֲשׂוֹתוֹ. וְיָשִׂים רְאָיָתוֹ, אֲשֶׁר יַעֲשֶׂה אֹתָם הָאָדָם וָחַי בָּהֶם (ויקרא יח ה). וְכָל זֶה יָבוֹא מִכֹּחַ הַכִּילוּת.

avaricious person to be a true servant of God, because of the evil in his heart and in his eye. For the sake of a penny he permits what should be forbidden, all the more so when it is a private or a personal matter. Then he pays no attention at all to what is forbidden or permitted as long as it is to his own advantage. Therefore, a true servant of God should not be caught in the trap of avarice. For the avaricious person will deceive his God with the smoothness of his lips and will show the utmost piety. But if there should chance to come to him any occasion of advantage or profit on condition that he permits what is forbidden or forbids what is permitted, he will do so. Similarly, if he should be faced with a loss of money, there is no counsel he will not accept and no scheme he will not undertake in order to save his money, but that fool will not save his soul. Therefore, an avaricious person must remove that quality from himself, and he should not sell the service of his God for a price vile and unworthy. For no one who keeps the commandment of his God will set his heart upon the loss of money which may result from his service to God. Nor will he rejoice in any advantage that may come by profaning God's command. Such a person is called one who reveres the Lord.

I say: After we have explained the principles of the service to God, its pillars and the matters which destroy it, it is necessary to explain every matter pertaining to service. We will first mention them by name, and then we will explain them as well as we can. First, we shall discuss how a man should accustom his soul to the precepts of God and to the service of God, blessed be He. And we shall explain all of the secrets of habitual prayer and the methods of prayer and how they should be followed, and the order of its theme and how the proper separation should be made. Secondly, how a man should do repentance for the sins of his youth. Third, to study the Torah and the words of our Sages, of blessed memory, and the words of God. Fourth, to be warned with all his strength of things which could destroy his service to God. Fifth, to read all the awesome deeds of the Creator and His wonders and what He has done to His pious ones; for example, the wonders in Egypt, the sea, the desert, the account in the Book of Esther, and other miracles and wonders. Similarly, to read the words of His fearful acts and His strength and His wrath against those who forsake Him; for example, that which happened to Korah and to his followers. Sixth, to guard himself against making any error or against forgetting something, and how the theme of his prayer should be expressed. Seventh, how the matter

וְעַל כֵּן אִי־אֶפְשָׁר לַכִּילַי לִהְיוֹת עוֹבֵד־אֱלֹהִים, בִּשְׁבִיל רֹעַ לְבָבוֹ וְעֵינוֹ, אֲשֶׁר בִּשְׁבִיל פְּרוּטָה, יַתִּיר כָּל אִסּוּר, וְכָל־שֶׁכֵּן בֵּינוֹ לְבֵין עַצְמוֹ, כִּי לֹא יִשְׁמוֹר לֹא אִסּוּר וְלֹא הֶתֵּר כְּלָל בִּדְבַר תּוֹעֶלֶת. וְעַל כֵּן צָרִיךְ לְעוֹבֵד־אֱלֹהִים לְבַל יִלָּכֵד בְּמוֹקֵשׁ הַכִּילוּת, כִּי יְרַמֶּה אֱלֹהָיו בְּחֵלֶק שְׂפָתָיו, וְיֵרָאֶה לוֹ תַּכְלִית הַחֲסִידוּת. וּכְשֶׁיִּזְדַּמֵּן לוֹ שׁוּם תּוֹעֶלֶת אוֹ רֶוַח עַל־מְנָת שֶׁיַּתִּיר אִסּוּר אוֹ יֶאֱסוֹר מֻתָּר, יַעֲשֶׂה. וְכֵן כְּשֶׁיִּזְדַּמֵּן לוֹ אִבּוּד מָמוֹן, לֹא יַנִּיחַ עֵצָה וְתַחְבֻּלָה אֲשֶׁר לֹא יַעֲשֶׂה כְּדֵי לְהַצִּיל הוֹנוֹ, וְהַכְּסִיל הַהוּא לֹא יְמַלֵּט נַפְשׁוֹ. וְעַל כֵּן צָרִיךְ לַכִּילַי לְהָסִיר (עַצְמוֹ) [עַצְמוֹ] מִן הַמִּדָּה הַזּוֹ, וְאַל יִמְכּוֹר עֲבוֹדַת אֱלֹהָיו בַּעֲבוּר מְחִיר נִבְזֶה וְגָרוּעַ. כִּי כָּל מִי שֶׁיִּשְׁמוֹר מִצְוַת אֱלֹהָיו, לֹא יָשִׁית לִבּוֹ לְאִבּוּד מָמוֹן עָלֶיהָ, וְכֵן לֹא יִשְׂמַח בְּתוֹעֶלֶת שֶׁתָּבֹא בְּחִלּוּל הַמִּצְוָה, וְזֶה הַנִּקְרָא יְרֵא־הַשֵּׁם.

אָמַר הַמְחַבֵּר, אַחַר אֲשֶׁר בֵּאַרְנוּ עִקָּרֵי הָעֲבוֹדָה וְעַמּוּדֶיהָ וְהָעִנְיָנִים הַמַּשְׁחִיתִים אוֹתָהּ, צָרִיךְ לְבָאֵר כָּל עִנְיָן מֵעִנְיָנֵי הָעֲבוֹדָה. וְנַזְכִּיר בַּתְּחִלָּה שֵׁמוֹת, וְאַחַר כֵּן נְפָרֵשׁ אוֹתָם כְּפִי יְכָלְתֵּנוּ.

הָאֶחָד, בְּהַרְגֵּל אָדָם נַפְשׁוֹ לַמִּצְוֹת וְלַעֲבוֹדַת הָאֵל יִתְבָּרַךְ, וּלְבָאֵר כָּל סוֹדוֹת־הַהֶרְגֵּל וּפֵרוּשׁ דַּרְכֵי־הַתְּפִלָּה אֵיךְ הֵם, וְסֵדֶר עִנְיָנוֹ וּפְרִישָׁתוֹ אֵיךְ יִהְיֶה. הַשֵּׁנִי, לַעֲשׂוֹת אָדָם תְּשׁוּבָה עַל חֵטְא־נְעוּרָיו. הַשְּׁלִישִׁי, לִלְמוֹד תַּלְמוּד־תּוֹרָה וְדִבְרֵי רַבּוֹתֵינוּ זִכְרוֹנָם לִבְרָכָה וְדִבְרֵי־אֱלֹהִים. הָרְבִיעִי, לְהִזָּהֵר כְּפִי כֹחוֹ מִדְּבָרִים הַמַּשְׁחִיתִים הָעֲבוֹדָה. הַחֲמִישִׁי, לִקְרֹא כָּל נוֹרְאוֹת־הַבּוֹרֵא וְנִפְלְאוֹתָיו אֲשֶׁר עָשָׂה עִם חֲסִידָיו, כְּגוֹן נִפְלְאוֹת־מִצְרַיִם, וְהַיָּם, וְהַמִּדְבָּר, וּמַעֲשֵׂה מְגִלַּת־אֶסְתֵּר, וְזוּלָתָם, וְלִקְרֹא כְּמוֹ־כֵן דִּבְרֵי־נוֹרְאוֹתָיו וְעֻזּוֹ וְאַפּוֹ עַל עוֹזְבָיו, כְּגוֹן אֲשֶׁר קָרָה לְקֹרַח וְלַעֲדָתוֹ. הַשִּׁשִּׁי, לְהִשָּׁמֵר (בִּתְחִלָּתוֹ) [בִּתְפִלָּתוֹ] לְבַל יִשְׁגֶּה וְיִשְׁכַּח, וְעִנְיַן תְּפִלָּתוֹ אֵיךְ תִּהְיֶה. הַשְּׁבִיעִי,

of his fasting should be conducted. Eighth, to conceal the details of his service from men and to keep them a secret as much as possible and to conceal them from people who hinder his ability. Ninth, to fix the habit of his worship at a definite time; then he will be able to diligently attend to it. Tenth, to divide the hours of the day and night and to set them in proper order. Eleventh, to set in proper order his business dealings, his occupations, and his craft. Twelfth, to occupy himself with the needs of the poor and to strengthen the hands of the downtrodden. Thirteenth, to visit the burial ground regularly, for then his uncircumcised heart will be subdued. And let him stand near the sick at the time of their death, for then he will know that all is vanity. Fourteenth, to set in proper order his food, his drink, his pleasures, and his chariot. Fifteenth, to plead in every one of his prayers that God may save him from the evil inclination until the day of his death. Sixteenth, if he has children, how he should instruct them in good habits and teach them from their youth. Seventeenth, to take unto himself a wife if he is unmarried. Eighteenth, to make the love of God the intention of his service. And the love of God can be made complete in these four ways: by joining in companionship with the pious and the wise, by staying far away from the companionship of the wicked and the fools, by occupying himself with the words of our teachers, of blessed memory, and with holy books, and by keeping at a distance from the so-called secular wisdoms. Now, if a man accustoms himself to these four things, of him it can be said (Psalms 15:5), "He that doeth these things shall never be moved."

Now, as to the first principle of worship, which deals with accustoming oneself to prayer and its ways, know that anyone who wishes to serve his God with a complete service and with a perfect heart can attain this only with much diligence, after much time, with much practice, and without impatience. Know that the servant of God may find the habit of his worship tedious at first and delightful later. So is it with every deed that a man does. At first, he finds it wearisome, but the difficulty of the exertion vanishes towards the end. Therefore, everyone who wishes to assume the yoke of worship to God must think about all its pleasures and must always keep them in mind. Let him accustom himself at first to do the easy deed and not make it burdensome for

בְּעִנְיַן תַּעֲנִיתוֹ אֵיךְ יִהְיֶה. הַשְּׁמִינִי, לְהַסְתִּיר עִנְיְנֵי עֲבוֹדָתוֹ מִבְּנֵי אָדָם וּלְהַעֲלִימָם כְּפִי יְכָלְתּוֹ. הַתְּשִׁיעִי, לָשִׂים לְהֶרְגֵּל עֲבוֹדָתוֹ זְמָן, וְאָז יוּכַל לִשְׁקוֹד עָלֶיהָ. הָעֲשִׂירִי, לְחַלֵּק שְׁעוֹת הַיּוֹם וְהַלַּיְלָה וּלְסַדְּרָן. הָאַחַד־עָשָׂר, לְסַדֵּר עִנְיַן סְחוֹרוֹתָיו וַעֲסָקָיו וָאֻמָּנוּתָיו. הַשְּׁנֵים־עָשָׂר, לְהִתְעַסֵּק בְּצָרְכֵי-עֲנִיִּים וּלְהַחֲזִיק בִּידֵי מְרוּדִים. הַשְּׁלֹשָׁה־עָשָׂר, לְבַקֵּר תָּמִיד בֵּית־הַקְּבָרוֹת, כִּי אָז יִכָּנַע לְבָבוֹ הֶעָרֵל, וְלַעֲמוֹד עַל חוֹלִים בִּשְׁעַת מִיתָתָם, וְאָז יַכִּיר כִּי הַכֹּל הָבֶל. הָאַרְבָּעָה־עָשָׂר, לְסַדֵּר מַאֲכָלָיו וּמַשְׁקָיו וְתַעֲנוּגָיו וּמֶרְכַּבְתּוֹ כַּמִּשְׁפָּט. הַחֲמִשָּׁה־עָשָׂר, לְהִתְחַנֵּן בְּכָל תְּפִלָּה מִתְּפִלּוֹתָיו לְהַצִּילוֹ מִיֵּצֶר-הָרָע עַד יוֹם מוֹתוֹ. הַשִּׁשָּׁה־עָשָׂר, אִם יִהְיוּ לוֹ בָנִים, אֵיךְ יַרְגִּילֵם וְאֵיךְ יְלַמְּדֵם מִנְּעוּרוֹתָם. הַשִּׁבְעָה־עָשָׂר, לָקַחַת אִשָּׁה אִם הוּא פָּנוּי. הַשְּׁמוֹנָה־עָשָׂר, לָשׂוּם כַּוָּנָתוֹ בַּעֲבוֹדָתוֹ לְאַהֲבַת־הָאֵל. וְאַהֲבַת־הָאֵל תְּשֻׁלַּם בְּאַרְבָּעָה דְבָרִים: לְהִתְחַבֵּר עִם הַחֲסִידִים וְהַחֲכָמִים, וּלְרְחוֹק מֵחֶבְרַת־הָרְשָׁעִים וְהַכְּסִילִים, וּלְהִתְעַסֵּק בְּדִבְרֵי־רַבּוֹתֵינוּ זִכְרוֹנָם לִבְרָכָה וּבְכָל סֵפֶר מִן הַסְּפָרִים הַקְּדוֹשִׁים, וּלְרְחוֹק מֵחָכְמוֹת חִיצוֹנִיּוֹת. וּכְשֶׁיַּרְגִּיל אָדָם בְּאֵלֶּה הָאַרְבָּעָה, עָלָיו נֶאֱמַר (תהלים טו ה) עֹשֵׂה אֵלֶּה לֹא יִמּוֹט לְעוֹלָם.

הָאֶחָד, בְּהֶרְגֵּל הָעֲבוֹדָה וּדְרָכֶיהָ. דַּע, כִּי כָל הָרוֹצֶה לַעֲבוֹד אֶת אֱלֹהָיו עֲבוֹדָה גְמוּרָה בְּלֵב שָׁלֵם, לֹא יַשִּׂיגֶנָּה כִּי אִם בְּרֹב הַשְּׁקִידָה בְּאֹרֶךְ הַיָּמִים, בְּרֹב הַהֶרְגֵּל, וְשֶׁלֹּא יָקוּץ בָּהּ. וְדַע, כִּי עוֹבֵד־אֱלֹהִים יִמְצָא טֹרַח גָּדוֹל בִּתְחִלַּת עֲבוֹדָתוֹ, וְטַעַם גָּדוֹל בְּאַחֲרִית עֲבוֹדָתוֹ. וְכֵן כָּל מַעֲשֶׂה אֲשֶׁר יַעֲשֶׂה אָדָם, יִמְצָא יְגִיעָה בָרִאשׁוֹנָה, וְתָסוּר כְּבֵדוּת־הַיְגִיעָה בָּאַחֲרוֹנָה. וְעַל כֵּן, הָרוֹצֶה לְקַבֵּל עָלָיו עֹל הָעֲבוֹדָה, צָרִיךְ לַחְשׁוֹב בְּכָל הֲנָאוֹתֶיהָ וּלְהִסְתַּכֵּל בָּהֶן תָּמִיד. וְיַרְגִּיל עַצְמוֹ בָרִאשׁוֹנָה לַעֲשׂוֹת הַמַּעֲשִׂים הַקַּלִּים וְאַל יַטְרִיחַ

himself, but as he goes on let him add, just as it is said (Isaiah 28:13), "And so the word of the Lord is unto them, precept by precept, precept by precept, line by line, line by line, here a little, there a little." If he sees that he has added more than he can bear, let him lighten the burden a little in order that he may not grow impatient with it suddenly. After he has made it easier for himself and some time has elapsed, he can return to his prior state. I bring to your attention an illustration for accustoming oneself to the ways of service so that it shall not be too hard. Let us consider a man who wishes to afflict his soul by fasting, although it is not his custom to fast. At first, he should fast one dav a month, starting in the days of winter, for the days are shorter then, and his body is strong, and the heat will not harm him. Let him remain with this custom for some time, and afterwards let him add a little and fast in the days of warm weather, but not in the days of hot summer. Afterwards, let him add a little by fasting in the days of the summer. And if he needs to fast one day a week, he should know that all the weariness that he will bear will occur the first time, or the second time, and perhaps some of the weariness will remain for the third and the fourth times, and a very little bit will remain on the fifth and sixth times. But when he enters the seventh time, he will feel no weariness at all; and if he sees that he is growing weary of his fast or of some aspect of his service to God, let him review in his heart all of the good things and all of the advantages which will accrue to him from that service and the harm that he will cause to himself by departing from that service and he will know that fasting humbles the heart. Anyone who wants to learn how to make a habit of a certain practice should know that he who labors at a task or occupies himself with some deed or wearies himself with difficult things should at the very first think of the goodness which will come upon him by doing the task and the evil which will come upon him if he does not do it. According to the goodness which will accrue to him, so will be his desire to do the task. For if he knows that greater joy will come to him from the task, then the weariness that he finds in the task will grow much lighter in his eyes. For example, the reward of one that tills the soil. If he is getting a good price, he will not grow impatient with the task, and he will not reject it because of his joy in the good price he will

עַל עַצְמוֹ, אֲבָל כֹּל אֲשֶׁר יֵלֵךְ, יוֹסִיף, כַּאֲשֶׁר אָמַר (ישעיה כח יג) וְהָיָה לָהֶם דְּבַר־יְיָ צַו לָצָו צַו לָצָו קַו לָקָו קַו לָקָו זְעֵיר שָׁם זְעֵיר שָׁם. וּבִרְאוֹתוֹ כִּי יוֹסִיף יוֹתֵר מֵאֲשֶׁר יוּכַל לִסְבּוֹל, יָקֵל מְעַט מִמֶּנּוּ, לְבַל תָּקוּץ הַנֶּפֶשׁ בּוֹ פִּתְאוֹם. וְאַחֲרֵי אֲשֶׁר יָקֵל מִמֶּנּוּ וְיַעַבְרוּ עָלָיו יָמִים, יָשׁוּב לְקַדְמוּתוֹ. וְהִנְנִי זוֹכֵר לְךָ דִמְיוֹן בְּהֶרְגֵּל דַּרְכֵי־הָעֲבוֹדָה לְבַל תִּכְבַּד עָלָיו, כְּגוֹן אָדָם הָרוֹצֶה לְעַנּוֹת נַפְשׁוֹ בְּצוֹמוֹת וְאֵין מִנְהָגוֹ לִסְבּוֹל תַּעֲנִיּוֹת, עַל כֵּן צָרִיךְ בָּרִאשׁוֹנָה לְהִתְעַנּוֹת יוֹם אֶחָד בַּחֹדֶשׁ. וְיַתְחִיל בִּימֵי הַקֹּר, כִּי הַיָּמִים קְצָרִים, וְגוּפוֹ חָזָק, וְלֹא יַזִּיק לוֹ הַחֹם. וְיַעֲמוֹד עַל זֶה הַמִּנְהָג יָמִים, וְאַחֲרֵי כֵן יוֹסִיף מְעַט וְתִהְיֶה תַעֲנִיתוֹ בִּימֵי הַחֹם לֹא בִּימֵי הַקַּיִץ. וְאַחֲרֵי-כֵן יוֹסִיף מְעַט, לְהִתְעַנּוֹת בִּימֵי הַקַּיִץ. וְאִם יִצְטָרֵךְ לְהִתְעַנּוֹת יוֹם בְּכָל שָׁבוּעַ, יֵדַע כִּי הַיְגִיעָה שֶׁיִּסְבּוֹל, תִּהְיֶה בַּפַּעַם הָרִאשׁוֹנָה וּשְׁנִיָּה, וּקְצָת הַיְגִיעָה תִּשָּׁאֵר בַּשְּׁלִישִׁית וּבָרְבִיעִית, וּמְעַט מִזְעָר מִמֶּנָּה תִּשָּׁאֵר בַּחֲמִישִׁית וּבַשִּׁשִּׁית. וּכְשֶׁיַּתְחִיל לְהִכָּנֵס בַּשְּׁבִיעִית, לֹא יִיגַע בָּהּ שׁוּם יְגִיעָה כְּלָל. וּבִרְאוֹתוֹ כִּי יָקוּם וְיִיגַע בְּתַעֲנִיתוֹ אוֹ בְּעִנְיַן עֲבוֹדָתוֹ, יַעֲבִיר עַל לִבּוֹ כָּל הַטּוֹבוֹת וְהַתּוֹעָלוֹת אֲשֶׁר יֵשׁ לוֹ מִן הָעֲבוֹדָה הַהִיא וְהַהֶזֵּק אֲשֶׁר יַרְחִיק מֵעַצְמוֹ בָּהּ, וְיֵדַע כִּי הַצּוֹם יַכְנִיעַ הַלֵּב. וְצָרִיךְ לְכָל הָרוֹצֶה לִלְמוֹד הַהֶרְגֵּל, שֶׁיֵּדַע כִּי כָל עוֹבֵד עֲבוֹדָה וּמִתְעַסֵּק בְּשׁוּם מַעֲשֶׂה אוֹ יְיַגֵּעַ עַצְמוֹ בִּדְבָרִים כְּבֵדִים, צָרִיךְ בָּרִאשׁוֹנָה לַחְשׁוֹב בַּטּוֹבָה הַבָּאָה עָלָיו בַּעֲשׂוֹתוֹ אוֹתָהּ, וּבָרָעָה הַבָּאָה עָלָיו אִם לֹא יַעֲשֶׂנָּה. וּכְפִי גֹּדֶל הַטּוֹבָה הַבָּאָה עָלָיו, כֵּן תִּהְיֶה רֹב תַּאֲוָתוֹ לַעֲשׂוֹתָהּ. כִּי, אִם יֵדַע כִּי תָבוֹא אֵלָיו הֲנָאָה גְדוֹלָה מִמֶּנָּה, תֵּקַל בְּעֵינָיו הַיְגִיעָה אֲשֶׁר יִמְצָא בָּהּ. כְּגוֹן שְׂכַר עוֹבֵד אֲדָמָה, אִם יִתְּנוּ לוֹ מְחִיר גָּדוֹל, בִּשְׁבִיל שִׂמְחָתוֹ בַּמְּחִיר הָרַב אֲשֶׁר יִמְצָא מִמֶּנָּה*, לֹא יָקוּץ בָּהּ וְלֹא

* מן העבודה.

get for it; he will find delight in his efforts. But there are some people who say that his exertion and labor will grow sweet to the worker only after a length of time at his work, and then he will recognize the good and the bad, and he will know that there is a reward for him from his labor. Then he will be able to apply himself to his task diligently and not grow impatient with it. But at the beginning of his attachment to his task, he may grow impatient with it and reject it many times and abandon it, and therefore I will say concerning them that a man can attach himself to the task only by these four ways: after he knows what his reward for it will be; after he remains at this task for many years; after he acquires a good intelligence; and after he knows the secret of strong desire and its opposite as it pertains to all acts.

For when one begins to do any act, if there is any pleasure for him in that act, a strong desire will enter into his heart. Similarly, if there is any enjoyment in an act one does, love will enter into the heart of the one who does it, at first. But afterwards, it will vanish and hatred will enter into his heart, and so will these conditions keep changing always. First one will depart and the second will enter. But if the joy of the one who does the service is great and he has intelligence, then love will stay for many days and hate for only a few days. But if he does not have intelligence and he finds no great enjoyment in his service, or if his service should cause him joy on the one hand and confusion on the other, then love will remain only a few days and hate will lengthen its stay. Then they change places many times. If new and good experiences come to a man from his service, then love will continue and grow, but if there should be new and evil experience as a result of this service, hate will grow. If nothing occurs from this service, then both of them will be equal until reason comes and makes a decision between them. For if reason is good, then the strong desire will grow stronger because of the pleasures which come as a result of the service, but if the love should grow weaker, then the hate will grow stronger, and it will continue to grow while the love will lessen with every passing day.

Now that we have revealed the secret of love and hate, we can say

יִמְאָסֶנָּה, אַךְ תִּנְעַם לוֹ יְגִיעָתוֹ. וְאוּלָם יֵשׁ אֲנָשִׁים אוֹמְרִים, כִּי לֹא תֶעֱרַב הַיְגִיעָה וְהָעֲבוֹדָה לָעוֹבֵד אֶלָּא אַחֲרֵי אֹרֶךְ יָמִים בַּעֲבוֹדָתוֹ, וְאָז יַכִּיר הַטּוֹב וְהָרָע, וְיֵדַע כִּי יֵשׁ לוֹ גְמוּל עָלָיו, וְאָז יוּכַל לִשְׁקוֹד עַל עֲבוֹדָתוֹ וְלֹא יָקוּץ בָּהּ. אַךְ בִּתְחִלַּת דָּבְקוֹ בַּעֲבוֹדָה, יָקוּץ בָּהּ וְיִמְאָסֶנָּה פְּעָמִים רַבּוֹת וְיִזְנָחֶנָּה. וְעַל כֵּן אָשִׁיב עֲלֵיהֶם וְאוֹמַר, כִּי לֹא יִדְבַּק אָדָם בַּעֲבוֹדָה אֶלָּא בְּאַרְבָּעָה דְבָרִים: אַחֲרֵי דַעְתּוֹ גְמוּלוֹ מִמֶּנָּה, וְאַחֲרֵי עָמְדוֹ בָהּ שָׁנִים רַבּוֹת, וְאַחֲרֵי קְנוֹתוֹ שֵׂכֶל טוֹב, וְאַחֲרֵי דַעְתּוֹ סוֹד הַתַּאֲוָה וְהָפְכָּהּ בְּכָל הַמַּעֲשִׂים. כִּי כָל מַתְחִיל לַעֲשׂוֹת שׁוּם מַעֲשֶׂה, אִם יִהְיֶה לוֹ בַּמַּעֲשֶׂה הַהוּא שׁוּם הֲנָאָה, תִּכָּנֵס בְּלִבּוֹ הַתַּאֲוָה. כִּי כֵן כָּל מַעֲשֶׂה שֶׁיֵּשׁ בּוֹ שׁוּם הֲנָאָה, תִּכָּנֵס בְּלִבּוֹ הָאַהֲבָה רִאשׁוֹנָה, וְאַחַר־כֵּן תָּסוּר וְתִכָּנֵס בְּלִבּוֹ הַשִּׂנְאָה, וּלְקֵץ יָמִים תָּסוּר. וְכֵן יִתְחַלְּפוּ תָּמִיד, יָסוּר הָאֶחָד וְיָבוֹא הַשֵּׁנִי. אַךְ אִם תִּהְיֶה הֲנָאַת הָעוֹבֵד־בַּעֲבוֹדָתוֹ גְדוֹלָה וְיֵשׁ לוֹ שֵׂכֶל, תַּעֲמוֹד הָאַהֲבָה יָמִים רַבִּים, וְהַשִּׂנְאָה יָמִים מִסְפָּר. וְאִם לֹא יִהְיֶה לוֹ שֵׂכֶל טוֹב וְאֵין לוֹ בַּעֲבוֹדָתוֹ הֲנָאָה גְדוֹלָה אוֹ תָּבוֹא עָלָיו מִמֶּנָּה הֲנָאָה מִצַּד אֶחָד וּמְהוּמָה מִצַּד אַחֵר, תַּעֲמוֹד הָאַהֲבָה יָמִים מְעָטִים, וְהַשִּׂנְאָה תַּאֲרִיךְ יָמִים. וְכַאֲשֶׁר יִתְחַלְּפוּ פְּעָמִים רַבּוֹת, אִם יִתְחַדְּשׁוּ לָאָדָם חִדּוּשִׁים טוֹבִים בַּעֲבוֹדָתוֹ, אָז תּוֹסִיף הָאַהֲבָה וְתִגְדַּל. וְאִם יִתְחַדְּשׁוּ דְּבָרִים רָעִים, תּוֹסִיף הַשִּׂנְאָה. וְאִם לֹא תִתְחַדֵּשׁ בַּעֲבוֹדָה דָּבָר, יִהְיוּ שְׁתֵּיהֶן שָׁווֹת עַד שֶׁיָּבוֹא הַשֵּׂכֶל וְיַכְרִיעַ בֵּינֵיהֶן. כִּי, אִם יִהְיֶה הַשֵּׂכֶל טוֹב, תִּתְחַזֵּק הַתַּאֲוָה בִּשְׁבִיל הַהֲנָאוֹת הַבָּאוֹת מִמֶּנָּה. וְאִם תֶּחֱלַשׁ הָאַהֲבָה, תֶּחֱזַק הַשִּׂנְאָה וְתֵלֵךְ הָלוֹךְ וְגָדֵל, וְתִתְמַעֵט הָאַהֲבָה בְּכָל־יוֹם.

וְאַחֲרֵי אֲשֶׁר גִּלִּינוּ סוֹד הָאַהֲבָה וְהַשִּׂנְאָה, נֹאמַר, כִּי

that the worshipper must recognize at the very beginning of his service that love and hate are at war with each other. At one time, the one will be stronger and at another time, the other. There is, therefore, no need at the beginning of one's worship for one to fear that he may grow impatient with it. For this is the way of love at its very beginning: it reaches a certain goal and then it ceases, and afterwards it returns and renews itself and strengthens itself like the eagle. Therefore, if love grows weak and hate grows strong, let him not despair of his service, but let him know that eventually it will change. If a man is devoid of knowledge and does not discern the joys that are found in the service of the Creator, then the days of hatred will be lengthened, and the days of love will be lessened, and as this condition goes on hate will strengthen itself. Therefore, it is necessary for the intelligent man at the very beginning of his service to accustom himself slowly so that he will not grow impatient in his service. When love enters the heart to fulfill some good deed, one must hurry to do it. When one sees that love is decreasing and hate developing, there are people who are wise of heart who trouble themselves and cannot be at ease until hatred departs. There are men of folly who cannot break the forces of their hate, and they grow impatient with the deed. They abandon it until the power to alter this condition is no longer in their province. If they would cling to some part of it and not abandon it, the fulfillment of the precept would not be lost to them entirely. Therefore, when the intelligent man perceives that hatred has entered his heart and he is impatient with his service, he should not abandon the thing entirely, and he should not say, "I will lay this matter aside for the present and afterwards I will return to it." For if he abandons everything, his power to fulfill the commandment will be lost, but if he clings to a part of it, his power to fulfill the commandment will not be lost. It is similar to a person who has one of his limbs cut off. If the limb is entirely cut off from the body, there is no remedy and there is no healing, but if the limb is still joined to the body, there is a remedy, and the limb will be restored to its former strength when they heal it. Thus should the servant do in all the matters pertaining to his service, for example, in the matter of fasting. He fasts a few days and if he then becomes annoyed with it, let him not hold himself back from all fasting, but let him fast one day a week or even one day

צָרִיךְ לְבַעַל־הָעֲבוֹדָה, לְהַכִּיר בִּתְחִלַּת עֲבוֹדָתוֹ, כִּי הָאַהֲבָה וְהַשִּׂנְאָה נִלְחָמוֹת שְׁתֵּיהֶן, פַּעַם תִּגְבַּר הָאַחַת וּפַעַם תִּגְבַּר הַשְּׁנִיָּה. וְעַל כֵּן אֵין צָרִיךְ בִּתְחִלַּת עֲבוֹדָתוֹ לִהְיוֹת חוֹשֵׁשׁ אִם יָקוּץ בָּהּ, כִּי זֶה מִשְׁפַּט הָאַהֲבָה בִּתְחִלָּתָהּ, כִּי תַגִּיעַ לְתַכְלִית יְדוּעָה וְתֶחְדַּל, וְאַחַר־כֵּן תָּשׁוּב וְתִתְחַזֵּק וְתִתְחַדֵּשׁ כַּנֶּשֶׁר. וְאַחַר־כֵּן אִם תֶּחֱלַשׁ הָאַהֲבָה וְתִכְבַּד הַשִּׂנְאָה, אַל יְהִי נוֹאָשׁ מִן הָעֲבוֹדָה, רַק יֵדַע כִּי לְקֵץ יָמִים תַּחֲלוֹף. אֶלָּא אִם הָאָדָם נִבְעַר מִדַּעַת, וְלֹא יַכִּיר הַהֲנָאוֹת שֶׁיֵּשׁ בַּעֲבוֹדַת הַבּוֹרֵא, אָז יַאֲרִיכוּ יְמֵי־הַשִּׂנְאָה, וְיִמְעֲטוּ יְמֵי־הָאַהֲבָה. וְכֹל אֲשֶׁר תֵּלֵךְ, תִּתְחַזֵּק הַשִּׂנְאָה. וְעַל כֵּן, צָרִיךְ לַמַּשְׂכִּיל בִּתְחִלַּת עֲבוֹדָתוֹ לְהַרְגִּיל נַפְשׁוֹ בַּלָּאט לְבַל יָקוּץ בַּעֲבוֹדָה, כִּי בְהִכָּנֵס הָאַהֲבָה בַּלֵּב לַעֲשׂוֹת דְּבַר־מִצְוָה, צָרִיךְ לְמַהֵר לַעֲשׂוֹתָהּ. וּבִרְאוֹתוֹ כִּי תִמְעַט הָאַהֲבָה וְתַתְחִיל הַשִּׂנְאָה, יֵשׁ אֲנָשִׁים חַכְמֵי־לֵבָב יַטְרִיחוּ עַל נַפְשָׁם וְלֹא יַנִּיחוּהָ לְהָקֵל מֵעֲלֵיהֶם עַד אֲשֶׁר תָּסוּר הַשִּׂנְאָה. וְיֵשׁ אַנְשֵׁי־סֶכֶל לֹא יוּכְלוּ לִשְׁבּוֹר שִׂנְאָתָם, וְיָקוּצוּ בַּמַּעֲשֶׂה הַהוּא וְיַנִּיחוּהוּ עַד אֲשֶׁר יֹאבַד מֵרְשׁוּתָם. וְאִלּוּ יַחֲזִיקוּ בְּמִקְצָתוֹ וְלֹא יַנִּיחוּ הַכֹּל, לֹא יֹאבַד מֵהֶם. וְעַל כֵּן, צָרִיךְ הַמַּשְׂכִּיל, בִּרְאוֹתוֹ כִּי תִכָּנֵס הַשִּׂנְאָה בְּלִבּוֹ וְיָקוּץ בַּעֲבוֹדָה, לְבַל יַנִּיחַ כָּל הַמַּעֲשֶׂה, וְאַל יֹאמַר, אַנִּיחַ הַכֹּל עַתָּה וְאַחֲרֵי־כֵן אֶחֱזוֹר אֵלָיו, כִּי, אִם יַנִּיחַ הַכֹּל, יֹאבַד מִיָּדוֹ. וְאִם יַחֲזִיק מִמֶּנּוּ בְּמִקְצָתוֹ, לֹא יֹאבֵד. כְּגוֹן מִי שֶׁנִּגְזַר אֵבֶר מֵאֵבָרָיו, אִם נִגְזַר כָּל הָאֵבֶר מִן הַגּוּף, אֵין לוֹ תַקָּנָה וְאֵין לוֹ רְפוּאָה. וְאִם נִשְׁאָר הָאֵבֶר מְעֹרֶה בַגּוּף, יֵשׁ לוֹ תַקָּנָה וְיַחֲזוֹר לְקַדְמוּתוֹ כְּשֶׁיְּרַפְּאֵהוּ. וְכֵן יֵשׁ לְבַעַל הָעֲבוֹדָה לַעֲשׂוֹת בְּכֹל עִנְיָנֵי עֲבוֹדָתוֹ. כְּגוֹן הַצּוֹמוֹת, שֶׁאִם יַתְחִיל לְהִתְעַנּוֹת יָמִים מִסְפָּר וְאַחַר־כֵּן יָקוּץ בָּהֶם, אַל יִמְנַע עַצְמוֹ מִן הַכֹּל, רַק יִתְעַנֶּה יוֹם אֶחָד בַּשָּׁבוּעַ אוֹ אֲפִלּוּ יוֹם אֶחָד בַּחֹדֶשׁ. וְכֵן

a month. It is the same if he begins to pray and he feels uncomfortable in his prayers. Let him pray a few days in the week or once a day. If he begins to study and becomes annoyed or feels uncomfortable with it, let him read a little bit every week and know that a man does not feel uncomfortable with any task except at its beginning. As he spends days and years at his task, everything will become a habit with him, and his soul will cleave to it even though a great deal of trouble is involved. Similarly, we see that one who starts to eat something that he has not eaten before, or a thing which he would ordinarily reject, or a bitter food, if he continues with it for some time, it will not be difficult for him. It will become a habit with him, and he will persist in it.

Therefore, I say that he who would accustom his soul to the service of God ought not begin with difficult matters, but with simple ones, and if he cannot do them even if they are simple, let him do a part of them, and as he continues, let him add to them. If he sees that he is annoyed or uncomfortable, let him lessen his task and do a part of them, but let him not abandon everything, as I have previously explained. The easy matters are, for example: prayer, greeting, helping the poor according to his ability, visiting the sick, accompanying the dead. It is different with difficult matters, such as: fasting, withholding oneself from all desire that happens to come to one; guarding oneself from cheating, robbery, oaths, anger, jealously, and from forbidding what is permitted and permitting what is forbidden. In these matters, a man must train and accustom himself, just as a father accustoms his son in teaching him worldly things, for he must at first teach him the easy matters that do not involve labor and exertion. As he goes on, let him add to them, and then the son will not grow impatient with him. For, if the father teaches his son difficult matters at the very beginning, the son will grow impatient with him, and this may cause him to reject everything and not to return to it. Therefore, there is nothing that the sensible man can utilize to subdue his evil inclination that compares with reminding the soul of the good things and the joys that are inherent in the service of God and the evils that come to those who do not serve God. If he will argue that there are people who will not listen and will not yield their

אִם יַתְחִיל לְהִתְפַּלֵּל וְיָקוּץ בַּתְּפִלָּה, יִתְפַּלֵּל יָמִים בַּשָּׁבוּעַ אוֹ פַּעַם אַחַת בַּיּוֹם. וְאִם יַתְחִיל לִלְמוֹד וְיָקוּץ בָּהּ, יִקְרָא מְעַט בְּכָל שָׁבוּעַ. וְדַע, כִּי לֹא יָקוּץ אָדָם בְּשׁוּם מַעֲשֶׂה רַק בְּהַתְחָלָתוֹ. וּכְשֶׁיַּאֲרִיךְ בּוֹ יָמִים וְשָׁנִים, יִהְיֶה לוֹ הַכֹּל מִנְהָג וְתִדְבַּק בּוֹ נַפְשׁוֹ, וְאַף־עַל־פִּי שֶׁיֵּשׁ בּוֹ טֹרַח גָּדוֹל. כִּי כֵן נִרְאֶה, כָּל הַמַּרְגִּיל עַצְמוֹ לֶאֱכוֹל דָּבָר שֶׁלֹּא אָכַל מִיָּמָיו אוֹ דָבָר אֲשֶׁר יִמְאָסֶנּוּ אוֹ דָּבָר מַר, אִם יִתְנַהֵג בּוֹ יָמִים, אָז לֹא יִכְבַּד עָלָיו, וְיִהְיֶה לוֹ כַּמִּנְהָג, וְיִדְבַּק בְּנַפְשׁוֹ.

עַל כֵּן אוֹמַר, כִּי הַמַּרְגִּיל נַפְשׁוֹ בַּעֲבוֹדָה, אַל יַתְחִיל בְּעִנְיָנִים קָשִׁים, כִּי אִם בְּעִנְיָנִים קַלִּים. וְאִם לֹא יוּכַל לַעֲשׂוֹתָם אַף־עַל־פִּי שֶׁהֵם קַלִּים, יַעֲשֶׂה קְצָתָם. וְכָל אֲשֶׁר יֵלֵךְ, יוֹסִיף עֲלֵיהֶם. וּבִרְאוֹתוֹ כִּי תָקוּץ נַפְשׁוֹ, יְמַעֵט מֵהֶם וְיַעֲשֶׂה קְצָתָם, וְאַל יַנִּיחַ הַכֹּל, כְּמוֹ שֶׁפֵּרַשְׁתִּי. וְהָעִנְיָנִים הַקַּלִּים הֵם, כְּגוֹן הַתְּפִלָּה, וּשְׁאֵלַת־שָׁלוֹם, וְלַעֲזוֹר לַעֲנִיִּים כְּפִי יְכָלְתּוֹ, וּלְבַקֵּר חוֹלִים, וּלְלַוּוֹת מֵתִים. אַךְ הָעִנְיָנִים הַכְּבֵדִים, כְּגוֹן לְהִתְעַנּוֹת בְּצוֹמוֹת, וּלְהִמָּנַע מִכָּל תַּאֲוָה כְּשֶׁתִּזְדַּמֵּן לוֹ, וּלְהִשָּׁמֵר מִן הָאוֹנָאָה וְהַגָּזֵל וְהַשְּׁבוּעָה וְהַכַּעַס וְהַקִּנְאָה, וְלֶאֱסוֹר מֻתָּר, וּלְהַתִּיר אִסּוּר, יֵשׁ לָאָדָם לְחַנֵּךְ נַפְשׁוֹ וּלְהַרְגִּילָהּ, כַּאֲשֶׁר יַרְגִּיל הָאָב לִבְנוֹ לְלַמֵּד אוֹתוֹ דֶּרֶךְ־אֶרֶץ, כִּי הוּא צָרִיךְ בָּרִאשׁוֹנָה לְלַמֵּד לוֹ הָעֲסָקִים הַקַּלִּים אֲשֶׁר אֵין בָּהֶם טֹרַח וְלֹא יְגִיעָה. וְכָל אֲשֶׁר־יֵלֵךְ, יוֹסִיף עֲלֵיהֶם, וְאָז לֹא יָקוּץ בָּהֶם הַבֵּן. אַךְ אִם בַּתְּחִלָּה יְלַמְּדֵהוּ הָעֲסָקִים הַכְּבֵדִים, יָקוּץ בָּהֶם, וְיִהְיֶה לוֹ סִבָּה לִמְאוֹס הַכֹּל, וְלֹא יָשׁוּב אֵלָיו. וְעַל כֵּן, אֵין דָּבָר אֲשֶׁר יוּכַל הַמַּשְׂכִּיל לִכְבּוֹשׁ בּוֹ יִצְרוֹ, כְּמוֹ שֶׁיִּזְכּוֹר לַנֶּפֶשׁ הַטּוֹבוֹת וְהַהֲנָאוֹת שֶׁיֵּשׁ בַּעֲבוֹדַת־הָאֵל, וְהָרָעוֹת הַבָּאוֹת לְמִי שֶׁלֹּא יַעֲשֶׂנָּה. וְאִם תֹּאמַר, כִּי יֵשׁ אֲנָשִׁים אֲשֶׁר לֹא יִשְׁמְעוּ וְלֹא

stubborn opinion when they hear the qualities of God and the rebuke of man's conduct, know that God has no portion in those people, nor in their prayer, and it is fitting that He hide His providence from them and from their prayer. Of them it is said (Ezekiel 2:5), "Whether they will hear or whether they will forbear."

I have already called to your attention that the evil inclination is constantly at war with the intellect, and therefore in every one of the affairs of man, if there should arise a war between the two of them, and you see a man going about his affairs in a righteous way, know that the intellect has conquered the evil inclination and subdued it. Therefore, it devolves upon us in every occupation to help the intellect in its war, for the intellect and the evil inclination are two mighty forces at war with each other. But because of the cruelty and the hardness of the evil inclination and because of the pleasantness of the intellect and the refinement of its nature, the evil inclination is mightier than the intellect. At times, they are equal in strength, and if a man helps one of them, he renders the opponent weak and easily driven out. Therefore, we must help the intellect, since both are equal in strength, and on this subject it is said (Deuteronomy 30:15), "See, I have set before thee life and good"— That is the intellect—". . . and death and evil"—That is the evil inclination. Thus Scripture has informed us that the strength of one is like the strength of the other. Therefore, it commands us to help the intellect, as it is said (ibid., 30-19), "Therefore choose life." That is why our Sages, of blessed memory, said (Berakhot 33b), "Everything is in the hands of Heaven except the fear of Heaven." Because in the war between the intellect and the evil inclination their strength is equal. The Creator, blessed be He, has given man the power to be drawn after whichever side of the two he desires. But if a man finds favor in the eyes of the Creator, and he nevertheless wishes to be drawn after the evil inclination and help it, then restraints, obstacles, and troublesome things will occur, and the Creator will not let him help the evil inclination. The Creator will act thus to a man because of the pious deeds of his fathers, or because he sees in his heart that he is faithful, or because he discerns that in the end, this man will become a completely pious person, and will be among those who merit seeing the face of the Creator, and will be

יִכָּנְעוּ מִדַּעְתָּם בְּשָׁמְעָם הַמִּדּוֹת הָאֵל וְתוֹכְחוֹתֵיהֶם, דַּע, כִּי הָאֲנָשִׁים הָהֵם אֵין לָאֵל חֵלֶק בָּהֶם וְלֹא בִתְפִלָּתָם, וְרָאוּי לְהַעְלִים עֵינוֹ מֵהֶם וּמִן תְּפִלָּתָם, וַעֲלֵיהֶם נֶאֱמַר (יחזקאל ב ה) אִם־יִשְׁמְעוּ וְאִם־יֶחְדָּלוּ.

וּכְבָר זָכַרְתִּי לְךָ, בְּכָל עֵת נִלְחָם הַיֵּצֶר עִם הַשֵּׂכֶל. וְעַל כֵּן בְּכָל עֵסֶק מֵעִסְקֵי הָאָדָם, אִם תַּעֲלֶה מִלְחָמָה בֵּין שְׁנֵיהֶם וְאִם תִּרְאֶה הָאָדָם הוֹלֵךְ בַּעֲסָקָיו בְּדֶרֶךְ מִישׁוֹר, דַּע, כִּי הַשֵּׂכֶל גָּבַר עַל הַיֵּצֶר וְהִכְנִיעָהוּ. עַל כֵּן, אָנוּ צְרִיכִין וְחַיָּבִין בְּכָל עֵסֶק לַעֲזוֹר לַשֵּׂכֶל בְּמִלְחַמְתּוֹ, כִּי הַשֵּׂכֶל וְהַיֵּצֶר הֵם שְׁנֵי גִבּוֹרִים נִלְחָמִים. אַךְ הַיֵּצֶר מִפְּנֵי אַכְזָרִיּוּתוֹ וּקְשִׁי־טִבְעוֹ, וּמִפְּנֵי נְעִימוּת הַשֵּׂכֶל וְדַקּוּת־טִבְעוֹ, הַיֵּצֶר תַּקִּיף מִן הַשֵּׂכֶל. וְלִפְעָמִים יִהְיוּ שָׁוִים בַּכֹּחַ. וְאִם יַעֲזוֹר הָאָדָם לְאֶחָד מֵהֶם, יִהְיֶה חַלָּשׁ וְנִדָּף. וְעַל כֵּן, אָנוּ צְרִיכִין לַעֲזוֹר לַשֵּׂכֶל, אַחֲרֵי אֲשֶׁר שְׁנֵיהֶם שָׁוִים. וְעַל זֶה נֶאֱמַר (דברים ל טו) רְאֵה נָתַתִּי לְפָנֶיךָ הַיּוֹם אֶת־הַחַיִּים וְאֶת־הַטּוֹב, הוּא הַשֵּׂכֶל. וְאֶת־הַמָּוֶת וְאֶת־הָרָע, הוּא הַיֵּצֶר הָרָע. וְהוֹדִיעָנוּ, כִּי כֹּחַ זֶה כְּכֹחַ זֶה. וְעַל כֵּן צִוָּנוּ לַעֲזוֹר לַשֵּׂכֶל, כַּאֲשֶׁר אָמַר (שם שם יט) וּבָחַרְתָּ בַּחַיִּים. וְעַל כֵּן אָמְרוּ רַבּוֹתֵינוּ זִכְרוֹנָם לִבְרָכָה (ברכות לג ב) הַכֹּל בִּידֵי שָׁמַיִם חוּץ מִיִּרְאַת־שָׁמַיִם, מִפְּנֵי שֶׁמִּלְחֲמוֹת הַשֵּׂכֶל וְהַיֵּצֶר, שָׁווֹת, וְנָתַן הַבּוֹרֵא יִתְבָּרַךְ רְשׁוּת לָאָדָם לְהִמָּשֵׁךְ אַחַר מִי שֶׁיִּרְצֶה מִשְּׁנֵיהֶם. אֲבָל אִם יִמְצָא הָאָדָם חֵן בְּעֵינֵי הַבּוֹרֵא, כְּשֶׁיִּרְצֶה לְהִמָּשֵׁךְ אַחֲרֵי הַיֵּצֶר וְלַעֲזוֹר אוֹתוֹ, יְזַדַּמְּנוּ לוֹ מוֹנְעִים אוֹ מְעַכְּבִים אוֹ דְבָרִים מַטְרִידִים, וְלֹא יַנִּיחֶנּוּ הַבּוֹרֵא לַעֲזוֹר לַיֵּצֶר. וְהַבּוֹרֵא יַעֲשֶׂה כָזֶה לָאָדָם, בַּעֲבוּר חַסְדֵי אֲבוֹתָיו, אוֹ בַּעֲבוּר אֲשֶׁר יַכִּיר לִבּוֹ כִּי הוּא נֶאֱמָן, אוֹ בַּעֲבוּר כִּי יַכִּיר כִּי בָאַחֲרוֹנָה יִהְיֶה חָסִיד גָּמוּר וְיִהְיֶה מִן הַזּוֹכִים לִרְאוֹת פְּנֵי הַבּוֹרֵא וּמִן הַקְּרוֹבִים

among those who are near to Him. Since the Creator recognizes what the future of this man will be, he desires that he should be pure and holy at the time that he repents of this evil conduct, and, therefore, we say in our prayer, "Cause us to return, O our Father to Thy Torah," for in this way we pray that no adversary may chance to restrain us.

As for those who do not find favor in the eyes of God by their intention to do good, the Creator allows them to go on in the stubbornness or hardness of their heart. On this subject, it is said (1 Kings 18:37), "For Thou didst turn their heart backward." Therefore, when one of these should desire to repent of his wickedness and the Creator recognizes that he will not repent with a complete heart, things happen to him which restrain him and trouble him, as it is said (Isaiah 1:12), "When ye come to appear before Me, who hath required this at your hand to trample my courts?" This is the meaning of, "Thou didst turn their heart backward": when the wicked desire to do away with transgression, nothing occurs to restrain them so that the wickedness which is in their heart should go forth into a deed, as it is said (Ezekiel 14:5), ". . . that I may take the house of Israel in their own heart." Therefore, the prophet, of blessed memory, said (Isaiah 63:17), "O Lord, why dost Thou make us to err from Thy ways?" What he means is: "Do not cause us to err in our hearts, lest the happenings occur which will restrain us from serving thee."

The worshipper should know that when he plans to do a good deed and it comes out quickly, he should recognize that he has found favor in the eyes of his God, and that the Creator loves him. If he should wish to commit a transgression and there happen to him things which trouble him and he cannot complete the sinful act, let him know that he has found favor in the eyes of his God, as was the case with David, of blessed memory, as it is said (1 Samuel 25:34), "For in every deed, as the Lord, the God of Israel liveth, who has withholden me from hurting thee." So one who has been spared from committing a transgression should recognize that the Creator has chosen his service and his prayer and guards him from occupying himself with filthy deeds, so that he may be pure and holy to serve his God. For this reason, every man ought to help the intellect, and in this way the intellect will be stronger than the evil inclination. If a man should commit a transgression and his evil inclination triumphs over him until he has done his desire, he should repent after he has done the deed, and he should worry and be

אֵלָיו. וּכְשֶׁיַּכִּיר הַבּוֹרֵא מַה שֶּׁעָתִיד לִהְיוֹת, יִרְצֶה שֶׁיִּהְיֶה נָקִי בְּעֵת שֶׁיָּשׁוּב מִדַּרְכּוֹ הָרָעָה וְיִהְיֶה קָדוֹשׁ. וְעַל כֵּן אָנוּ אוֹמְרִים בַּתְּפִלָּה, הֲשִׁיבֵנוּ אָבִינוּ לְתוֹרָתֶךָ, כִּי נִתְפַּלֵּל לְבַל יְזַדַּמֵּן לָנוּ שָׂטָן מְעַכֵּב אוֹתָנוּ. וַאֲשֶׁר אֵין לָהֶם חֵן בְּעֵינֵי הָאֵל לַעֲשׂוֹת טוֹב, יַנִּיחֵם הַבּוֹרֵא לָלֶכֶת בִּשְׁרִירוּת לִבָּם, וְעַל זֶה נֶאֱמַר (מ״א יח לז) וְאַתָּה הֲסִבֹּתָ אֶת־לִבָּם אֲחֹרַנִּית. וְעַל כֵּן כְּשֶׁיִּרְצֶה אֶחָד מֵהֶם לָשׁוּב מֵרִשְׁעָתוֹ, וְיַכִּיר הַבּוֹרֵא כִּי לֹא יָשׁוּב בְּלֵב שָׁלֵם, יִזְדַּמְּנוּ לוֹ הַדְּבָרִים הַמּוֹנְעִים וְהַמַּטְרִידִים אוֹתוֹ, כְּמוֹ שֶׁאָמַר (ישעיה א יב) כִּי תָבֹאוּ לֵרָאוֹת פָּנָי מִי־בִקֵּשׁ זֹאת מִיֶּדְכֶם רְמֹס חֲצֵרָי. וְזֶהוּ פֵּרוּשׁ [וְאַתָּה] הֲסִבֹּתָ אֶת־לִבָּם, כִּי הָרְשָׁעִים בַּעֲשׂוֹתָם עֲבֵרָה, לֹא יִזְדַּמֵּן לָהֶם מוֹנֵעַ, כְּדֵי שֶׁתֵּצֵא רִשְׁעָתָם שֶׁבַּלֵּב לִידֵי מַעֲשֶׂה, כַּאֲשֶׁר אָמַר (יחזקאל יד ה) לְמַעַן תְּפֹשׂ אֶת־בֵּית־יִשְׂרָאֵל בְּלִבָּם. וְעַל כֵּן אָמַר הַנָּבִיא עָלָיו הַשָּׁלוֹם (ישעיה סג יז) לָמָּה תַתְעֵנוּ יְיָ מִדְּרָכֶיךָ. וְכֵן הוּא אוֹמֵר, אַל נָא תַתְעֵנוּ, פֶּן יִזְדַּמְּנוּ לָנוּ מְאֹרָעוֹת [אֲשֶׁר] יְעַכְּבוּ אוֹתָנוּ מֵעֲבוֹד אוֹתָךְ.

וְצָרִיךְ לְבַעַל־הָעֲבוֹדָה בְּחָשְׁבוֹ לַעֲשׂוֹת מִצְוָה וַיּוֹצִיאֶנָּה לָאוֹר מְהֵרָה, יֵשׁ לוֹ לְהַכִּיר, כִּי מָצָא חֵן בְּעֵינֵי אֱלֹהָיו, וְכִי הַבּוֹרֵא אוֹהֵב אוֹתוֹ. וּכְשֶׁיִּרְצֶה לַעֲשׂוֹת עֲבֵרָה וְיִזְדַּמְּנוּ לוֹ דְּבָרִים מַטְרִידִים וְלֹא תְשַׁלֵּם לוֹ, יֵדַע כִּי מָצָא חֵן בְּעֵינֵי אֱלֹהָיו, כְּמוֹ שֶׁאָמַר דָּוִד עָלָיו הַשָּׁלוֹם (ש״א כה לד) חַי־יְיָ אֱלֹהֵי יִשְׂרָאֵל אֲשֶׁר מְנָעַנִי מֵהָרַע אֹתָךְ. וְיֵשׁ לַנִּמְלָט מִן הָעֲבֵרָה לְהַכִּיר, כִּי הַבּוֹרֵא בָּחַר בַּעֲבוֹדָתוֹ וּבִתְפִלָּתוֹ, וְעַל כֵּן יִשְׁמְרֵהוּ מֵהִתְעַסֵּק בְּמַעֲשִׂים מְטֻנָּפִים, כְּדֵי שֶׁיְּהֵא נָקִי וְקָדוֹשׁ לַעֲבוֹד אֱלֹהָיו. וּבַעֲבוּר זֶה צָרִיךְ כָּל אָדָם לַעֲזוֹר לַשֵּׂכֶל, וּבַדָּבָר הַזֶּה יִגְבַּר הַשֵּׂכֶל עַל הַיֵּצֶר. וְיֵשׁ לָאָדָם, בַּעֲשׂוֹתוֹ עֲבֵרָה וְיִתְגַּבֵּר עָלָיו הַיֵּצֶר עַד עֲשׂוֹתוֹ חֶפְצוֹ, הוּא חַיָּב לְהִנָּחֵם אַחַר עֲשִׂיָּתָהּ, וְיִדְאַג

astonished [over what he has done.] If he does this, it will be a sign that he will improve his deeds as time goes on. If a man should grieve at any one of the following three times, there is hope that in the end he will improve his deeds: First, before he commits the transgression; second, while he is still committing the transgression, and, third, after he has committed it. When one repents before he commits a transgression, that is the best of all, and when one repents after he has done the transgression, that is the worst of all. This is like one who is filled with remorse and repents at the time of his death, but who did not remember his God when he was in his full health, when he trusted in his continued tranquility, and, therefore, there is no benefit in such remorse.

May God save us from the rage of the evil inclination. And may He make our path even and may He help us to do good deeds in this world and in the next, so may be His desire.

CHAPTER VII

Concerning Repentance And All Matters Pertaining To It, From The Order Of Prayer And The Matters Of Self-Restraint

Know this, my son, that the sickness of the body comes from a change in the mixture of the humors, whether it be by increase or by decrease or by the change in their strength. By increase is meant, for example, if there should be too much blood in the body. This could stir up severe illnesses. Or if there should be an increase in the red bile or the black bile, this could bring about different diseases. Or if the white humor should increase, this, too, could cause diseases. Just as an excess can bring about diseases, so can a deficiency cause other diseases which are the opposite of the first. Now, when one of these mixtures or fluids is in even balance and then a harmful change occurs, it will cause disease. For example, if the blood should be burnt and change to black, even though it is not deficient in quantity and does not increase in quantity, it will still bring about disease. And so it is with anything that disturbs the balance, whether in quantity or in quality, it will lead to disease. Therefore, it is necessary for the body when these diseases are

וְיִשְׁתּוֹמֵם. וְאִם יַעֲשֶׂה כֵּן, יִהְיֶה לְאוֹת עָלָיו כִּי יֵטִיב מַעֲשָׂיו בְּרֹב הַיָּמִים. וּכְשֶׁיִּתְעַצֵּב אָדָם בְּאַחַת מִשָּׁלֹשֶׁת עִתִּים, יֵשׁ תִּקְוָה לְאַחֲרִיתוֹ לְהֵיטִיב מַעֲשָׂיו: הָאַחַת, טֶרֶם עֲשׂוֹתוֹ הָעֲבֵרָה, וְהַשְּׁנִיָּה, בְּעוֹד עֲשׂוֹתוֹ הָעֲבֵרָה. וְהַשְּׁלִישִׁית, אַחֲרֵי עֲשׂוֹתוֹ אוֹתָהּ. וַאֲשֶׁר יִנָּחֵם טֶרֶם עֲשׂוֹתוֹ אוֹתָהּ, הוּא טוֹב מִכֻּלָּם. וַאֲשֶׁר יִנָּחֵם אַחֲרֵי עֲשׂוֹתוֹ אוֹתָהּ, הוּא רַע מִכֻּלָּם. וְזֶה יִדְמֶה, לְמִי שֶׁיִּנָּחֵם וְיַעֲשֶׂה תְשׁוּבָה בִּשְׁעַת מִיתָתוֹ וְלֹא זָכַר אֱלֹהָיו בְּעֵת בְּרִיאוּתוֹ וּבְבָטְחוֹ בְּשַׁלְוָתוֹ, וְעַל כֵּן אֵין בָּהּ תּוֹעֶלֶת.

הַשֵּׁם יַצִּילֵנוּ מִשְּׁאוֹן הַיֵּצֶר, וִייַשֵּׁר דְּרָכֵינוּ, וְיַעְזְרֵנוּ לְהֵיטִיב מַעֲשֵׂינוּ בָּזֶה וּבַבָּא. וְכֵן יְהִי רָצוֹן.

הַשַּׁעַר הַשְּׁבִיעִי

בְּעִנְיְנֵי הַתְּשׁוּבָה וְכָל הַדְּבָרִים הַתְּלוּיִים בָּהּ וְהַנִּלְוִים אֵלֶיהָ מִסֵּדֶר הַתְּפִלָּה וְעִנְיְנֵי הַפְּרִישׁוּת.

דַּע בְּנִי, כִּי (כַּאֲשֶׁר) חֳלִי הַגּוּף בָּא מֵהִשְׁתַּנּוּת מִמְסַךְ הַתַּעֲרוּבוֹת, אִם בְּתוֹסֶפֶת אִם בְּגֵרָעוֹן, אוֹ בְשִׁנּוּי כֹּחָם. וְהַתּוֹסֶפֶת הִיא, כְּגוֹן שֶׁיִּרְבֶּה הַדָּם בַּגּוּף וִיעוֹרֵר חֳלָיִים קָשִׁים, אוֹ שֶׁתִּרְבֶּה הַמָּרָה הָאֲדֻמָּה אוֹ הַשְּׁחוֹרָה וּתְעוֹרֵר חֳלָיִים מְשֻׁנִּים, אוֹ שֶׁתִּרְבֶּה הַלֵּחָה הַלְּבָנָה וּתְעוֹרֵר כְּמוֹ־כֵן חֳלָיִים. וְכַאֲשֶׁר הַתּוֹסֶפֶת תְּעוֹרֵר חֳלָיִים, כֵּן הַחֶסְרוֹן יְעוֹרֵר חֳלָיִים אֲחֵרִים הֵפֶךְ הָרִאשׁוֹנִים. גַּם כָּל אַחַת מֵאֵלּוּ הַתַּעֲרוּבוֹת, כְּשֶׁתַּעֲמוֹד בְּקַו-הַמִּישׁוֹר, וּתְשַׁנֶּה בָהֶן שִׁנּוּי רָע, תְּעוֹרֵר חֳלָיִים. כְּגוֹן הַדָּם כְּשֶׁיִּהְיֶה שָׂרוּף וְיִשְׁתַּנֶּה לִהְיוֹת שָׁחוֹר וְגַם אַף־עַל־פִּי שֶׁלֹּא יֶחְסַר וְלֹא יוֹסִיף, יְעוֹרֵר חֳלָיִים. וְכֵן כָּל אֶחָד כְּשֶׁיּוֹסִיף עַל הַקַּו, בֵּין בְּכַמּוּתוֹ בֵּין בְּאֵיכוּתוֹ, יְעוֹרֵר חֳלָיִים. עַל כֵּן צָרִיךְ לַגּוּף בְּעֵת יְעוֹרְרוּ עָלָיו חֳלָיִים

brought about by reason of one of these three causes, or another happening besides them, for example, a blow or the burning of fire, or the weariness of the body, or things similar to this, it is proper to quickly heal the disease before the illness grows and becomes worse.

As the strength of the one increases, the strength of the body weakens, and it will degenerate. Therefore, we have said that when an intelligent person feels illness in his body, he should hasten to heal it. Just as we have said that illnesses arise in the body, so is it with the soul, because of a change of powers or a change of quality or both combined or from some happening. The sickness of the body is the change of its customary habit when its natural functions weaken or alter. In this the sickness may be known. As long as the natural functions of the body continue perfectly and proceed in their customary way, and none of them ceases to function or is altered, we will say that such a man is not called sick. Here you have a sign by which you can distinguish sickness from health. Therefore, we say that the soul itself can be ill with severe sicknesses which arise from different causes. These are the emotions: each of them can cause illness either by the quality of the thing which causes the illness or by a lack of it. The sickness of the soul can be known when its spiritual activities are altered or one of them ceases to function. Therefore, it is necessary to heal it and to show the way in which the matters concerning the soul can be corrected.

Now, it is obvious that anything that is performing some action is not the recipient (of that action) unless it (receives this action) from something else, for it is not true that any limb of the body should be both the smiter and the smitten; of the mouth it cannot be said that it eats and is eaten, of the eye that it sees and is seen, of the hand that it builds and is built, nor does the candle both burn and kindle. The agent is distinct from the recipient. It is impossible for both to be one and the same—except the soul. For the soul knows all matters that can be known and knows itself. If this is so, then the soul knows itself and is known by itself.

Know that the things containing the active force are three: that which is made—it is known but does not know; it is the recipient of action but is not an agent. Second, the Creator Who knows but is not known

בְּאַחַת מֵאֵלּוּ שְׁלֹשֶׁת הַסִּבּוֹת אוֹ בְּמִקְרֶה אַחֵר זוּלָתָן, כְּגוֹן הַכָּאָה אוֹ שְׂרֵפַת אֵשׁ, אוֹ בִּיגִיעַת הַגּוּף וְכַדּוֹמֶה לוֹ, רָאוּי לְמַהֵר לְרַפְּאוֹת הַמַּחֲלָה בְּטֶרֶם יִגְדַּל וְיוֹסִיף הַחֹלִי. וּכְפִי תּוֹסֶפֶת כֹּחוֹ, יֶחֱלַשׁ כֹּחַ הַגּוּף וְיִתְקַבֵּץ עַל הָאָדָם הֶזֵּק וְיֹאבֵד. לְפִיכָךְ אָמַרְנוּ, שֶׁצָּרִיךְ לְכָל מַשְׂכִּיל, כְּשֶׁיַּרְגִּישׁ חֹלִי בְּגוּפוֹ, לְמַהֵר לְרַפְּאוֹתוֹ. וְכַאֲשֶׁר אָמַרְנוּ כִּי חֳלָיִים יִתְעוֹרְרוּ בַּגּוּף, כֵּן יֵשׁ לַנֶּפֶשׁ מִשִּׁנּוּי הַכֹּחוֹת אוֹ מִשִּׁנּוּי הָאֵיכוּת אוֹ מִשְּׁנֵיהֶם כְּאֶחָד אוֹ מִמִּקְרֶה אַחֵר. וְחֹלִי־הַגּוּף הוּא חִלּוּף מִנְהָגוֹ, כְּשֶׁיֶּחֶלְשׁוּ פְּעֻלּוֹתָיו הַטִּבְעִיּוֹת אוֹ יִשְׁתַּנּוּ, בָּזֶה יִוָּדַע הַחֹלִי. וְכָל עוֹד הֱיוֹת פְּעֻלּוֹת הַגּוּף הַטִּבְעִיּוֹת הוֹלְכוֹת לְתֻמָּן וְנוֹהֲגוֹת עַל מִנְהָגָן וְלֹא יִבָּטֵל דָּבָר מֵהֶן וְלֹא יִשְׁתַּנֶּה, נֹאמַר כִּי לֹא יִקָּרֵא הָאָדָם חוֹלֶה. וְהִנֵּה לְךָ הָאוֹת בְּמָה שֶׁנַּבְדִּיל בֵּין הַחֹלִי וְהַבְּרִיאוּת. וְעַל כֵּן נֹאמַר, כִּי יֵשׁ לַנֶּפֶשׁ עַצְמָהּ כְּמוֹ־כֵן חֳלָיִים רָעִים יָבוֹאוּ מֵהַסִּבּוֹת וְהֵם הַהֶרְגֵּשִׁים, וְכָל אֶחָד מֵהֶם יַחֲלִיאֶנָּה, בֵּין שֶׁיּוֹסִיף הַדָּבָר הַמַּחֲלִיא בְּאֵיכוּתוֹ בֵּין שֶׁיֶּחְסַר. וְיִוָּדַע חֹלִי־הַנְּשָׁמָה, בְּשָׁעָה שֶׁיִּשְׁתַּנּוּ פְּעֻלּוֹתֶיהָ הַנַּפְשִׁיּוֹת אוֹ תִתְבַּטֵּל אַחַת מֵהֶן, וְעַל כֵּן צָרִיךְ לְרַפֵּא אוֹתָהּ וּלְהַרְאוֹת הַדֶּרֶךְ אֲשֶׁר בָּהּ יוּכַל לְתַקֵּן עִנְיָנֶיהָ.

וְנֹאמַר, בְּיָדוּעַ כִּי כָל דָּבָר פּוֹעֵל לֹא יִהְיֶה פָּעוּל כִּי אִם לְזוּלָתוֹ, כִּי לֹא יִתָּכֵן לִהְיוֹת אֵבֶר מֵאֶבְרֵי־הַגּוּף מַכֶּה וּמֻכֶּה, וְלֹא הַפֶּה אוֹכֵל וְנֶאֱכָל, וְלֹא הָעַיִן רוֹאָה וְנִרְאֵית, וְלֹא הַיָּד בּוֹנָה וְנִבְנֵית, וְלֹא הַנֵּר דּוֹלֵק וּמַדְלִיק. אֲבָל הַפּוֹעֵל זוּלָתִי הַפָּעוּל. וְאִי־אֶפְשָׁר לִהְיוֹת הַפּוֹעֵל וְהַפָּעוּל דָּבָר אֶחָד, זוּלָתִי הַנְּשָׁמָה לְבַדָּהּ, כִּי הִיא יוֹדַעַת כָּל הַדְּבָרִים הַיְדוּעִים וְיוֹדַעַת עַצְמָהּ. אִם כֵּן, הִיא יוֹדַעַת עַצְמָהּ וִידוּעָה לְעַצְמָהּ.

דַּע, כִּי בַּעֲלֵי־הַפּוֹעַל הֵם שְׁלֹשָׁה: הַנִּבְרָא, הוּא יָדוּעַ וְאֵינוֹ יוֹדֵעַ, פָּעוּל וְאֵינוֹ פּוֹעֵל. וְהַבּוֹרֵא, יוֹדֵעַ וְאֵינוֹ יָדוּעַ

by His creatures; and third, the soul; It is intermediate between the Creator and the created. The soul has received from the power of the Creator the quality of knowing and from the power of the created the quality of being known. The power by which the soul knows testifies that it will never die, because it does all things and no power activates it. Therefore, death cannot act upon it. But the power by virtue of which it is known testifies that it will die, because it is a thing that is acted upon, and therefore we say that the soul has two powers: the power of knowing and the power of being known. When one of these is stronger, the other has no power, for it is its opposite. Therefore, we say that the capacity to be known constitutes ignorance, since that which is (merely) an object of knowledge are the metals, plants, and the artifacts. The soul's knowledge consists in (knowing) something of which it was previously ignorant. Therefore, the Creator is too lofty for any power of knowing to know Him, for if there was such a knowing power, then the Creator would be known. Since the soul contains some of these powers, we argue that if the power of knowing the ways of God, blessed be He, should prevail and the matters concerning Him and the things which are good in His eyes, not that the soul knows Him, (rather it knows) only His ways, His attributes, and that which He deems good; and if you add (the power) to know some matters concerning His creatures and the mystery of their creation, such a soul will not die at all. But if the power of the soul grows weak, then there will be folly in it, and it will be obvious that such a soul will die like the soul of an animal. Therefore, we cannot say that the soul of a wise man, though it be wicked, is still called a rational soul, for our intention is not to deal with the universal wisdom, but the righteous wisdom from which a man may learn the ways of God. To such a man we would apply the name of the wise man. Such a soul lives on and does not die at all.

I say further, now that it has been explained that the soul effects its action in itself and on things beyond itself, and that just as it knows things other than itself, it knows its own self, and whatever it can do to others, whether to know others or to make known any knowledge to others, it can do it for itself, to know itself, and to cause itself to know

מִבְּרוּאָיו. וְהַשְּׁלִישִׁי, הַנְּשָׁמָה, אֲשֶׁר הִיא בֵּינוֹנִית, בֵּין הַבּוֹרֵא וּבֵין הַנִּבְרָא. וְקִבְּלָה מִכֹּחַ הַבּוֹרֵא לִהְיוֹת יוֹדַעַת, וּמִכֹּחַ הַנִּבְרָא לִהְיוֹת יְדוּעָה. וְהַכֹּחַ אֲשֶׁר בּוֹ הִיא יוֹדַעַת, יָעִיד כִּי לֹא תָמוּת כְּלָל, מִפְּנֵי שֶׁהִיא פּוֹעֶלֶת הַכֹּל וְאֵין לָהּ פּוֹעֵל, וְעַל כֵּן לֹא פָעַל בָּהּ הַמָּוֶת פְּעֻלָּתוֹ. וְהַכֹּחַ אֲשֶׁר בּוֹ הִיא יְדוּעָה, יָעִיד כִּי תָמוּת, מִפְּנֵי שֶׁהִיא פְעוּלָה לְדָבָר אַחֵר. וְעַל כֵּן נֹאמַר, כִּי יֵשׁ בָּהּ שְׁנֵי כֹחוֹת: כֹּחַ יוֹדֵעַ, וְכֹחַ יָדוּעַ. כְּשֶׁיִּגְבַּר אֶחָד, אֵין כֹּחַ לַשֵּׁנִי, כִּי הוּא הָפְכּוֹ. וְעַל כֵּן נֹאמַר, כִּי כֹחַ הַיָּדוּעַ, הוּא הַסִּכְלוּת. בַּעֲבוּר כִּי הַיְדוּעִים הֵם הַמַּתָּכוֹת וְהַצְּמָחִים וְהַנִּבְרָאִים, וְלֹא תִהְיֶה יְדִיעַת הַנֶּפֶשׁ אֶלָּא בְּדָבָר שֶׁסָּכְלָה קֹדֶם זֶה. וְעַל כֵּן נִשְׂגָּב הַבּוֹרֵא מִלְּשְׁלוֹט בּוֹ הַכֹּחַ הַיּוֹדֵעַ. כִּי אִלּוּ יִהְיֶה יוֹדֵעַ, יִהְיֶה הוּא יָדוּעַ. וְאַחֲרֵי אֲשֶׁר הַנֶּפֶשׁ יֵשׁ בָּהּ אֵלֶּה הַכֹּחוֹת, נֹאמַר, כִּי אִם יִגְבַּר בָּהּ כֹּחַ הַיּוֹדֵעַ לָדַעַת דַּרְכֵי הָאֵל יִתְבָּרַךְ וְעִנְיָנָיו וְהַדְּבָרִים הַטּוֹבִים בְּעֵינָיו, לֹא שֶׁתִּהְיֶה הַנֶּפֶשׁ יוֹדַעַת אוֹתוֹ, רַק דְּרָכָיו וּמִדּוֹתָיו וְהַמַּעֲשֶׂה הַטּוֹב בְּעֵינָיו, וְתַחְבִּיר אֲלֵיהֶם לִהְיוֹת יוֹדַעַת קְצָת מֵעִנְיָנֵי בְרוּאָיו וּמִסּוֹדוֹת בְּרִיאָתָם, זֹאת הַנֶּפֶשׁ לֹא תָמוּת כְּלָל. אַךְ אִם יֶחֱלַשׁ זֶה הַכֹּחַ, תִּהְיֶה בָּהּ אִוֶּלֶת, וּבְיָדוּעַ כִּי זֹאת הַנֶּפֶשׁ תָּמוּת כַּאֲשֶׁר תָּמוּת נֶפֶשׁ הַבְּהֵמָה. וְעַל כֵּן לֹא נֹאמַר כִּי נֶפֶשׁ הֶחָכָם כְּשֶׁיִּהְיֶה רָשָׁע הִיא נִקְרֵאת נֶפֶשׁ יוֹדַעַת, כִּי אֵין כַּוָּנָתֵנוּ לַחָכְמוֹת הַזָּרוֹת, כִּי אִם אֶל הַחָכְמוֹת הַיְשָׁרוֹת אֲשֶׁר יִלְמַד אָדָם מֵהֶן דַּרְכֵי הָאֵל, לָזֶה יִקָּרֵא חָכָם, וְזֹאת תִּחְיֶה וְלֹא תָמוּת נַפְשׁוֹ כְּלָל.

וְעוֹד אוֹמַר, אַחֲרֵי אֲשֶׁר הִתְבָּאֵר כִּי הַנֶּפֶשׁ הִיא פוֹעֶלֶת בְּעַצְמָהּ וּבְזוּלָתָהּ, כִּי כַּאֲשֶׁר הִיא יוֹדַעַת זוּלָתָהּ, תֵּדַע נַפְשָׁהּ. וְכָל מַה שֶּׁתִּפְעַל בְּזוּלָתָהּ אִם לָדַעַת זוּלָתָהּ אוֹ לְהוֹדִיעַ דַּעַת לְזוּלָתָהּ, (כִּי) [כֵּן] תּוּכַל לִפְעוֹל לְעַצְמָהּ לָדַעַת עַצְמָהּ וּלְהוֹדִיעֶנָּה

additional knowledge. Behold, it would appear from our words that just as the intelligent person can teach others, he can teach himself and does not need someone else to teach him. But the soul sets a firm foundation and is in itself a foundation, and because man has within him the power of being able to warn himself, he is liable to receive punishment for the evil which he does and reward for the good. For he has the power to warn himself and does not require anyone else to warn him. Animals cannot warn others and they cannot warn themselves, and so is it with children and with those lacking in knowledge and with the deaf and the dumb. With them there can be no punishment, for they are not able to warn themselves, nor do they have a reward. For they cannot do righteous deeds by intention. But because there is in man the power to warn other souls, we must say that that is the power which guards him, and if the guardian blunders and the one guarded is lost or perishes, then the guardian must be punished. Similarly, if the rational soul blunders and he does not guard himself and perishes, we say that he perishes through his own sin. And he, therefore, receives the additional punishment of not having guarded himself. This makes clear what is said (Ezekiel 33:6), "But if the watchman see the sword come and blow not the horn and the people be not warned, and the sword do come and take any person from among them, he is taken away in his iniquity, but his blood will I require at the watchman's hand." Since the soul is both the guardian and the guarded, if it perishes, it perishes by its own sin, and, moreover, because it is also the guardian of other souls, it will be punished, and this is an important explanation of reward and punishment in the world to come. Know that the quality of being guarded cannot belong to those who are lacking in intelligence. For the Creator joins only with rational men, as it is said (Amos 3:2), "You only have I known of all the families of the earth." Therefore, since the Creator does join in the companionship of rational men and brings them near to himself, he punishes them but does not punish the wicked ones who are far away from him. It is said (Leviticus 10:3), "Through them that are nigh unto Me I will be sanctified." Now that we have explained this great principle, we will say that evil deeds are like the

הַדָּעַת. וְהִנֵּה יֵצֵא מִדְּבָרֵינוּ, כִּי הַמַּשְׂכִּיל, כְּמוֹ שֶׁיְּלַמֵּד לַאֲחֵרִים, יוּכַל לְלַמֵּד לְנַפְשׁוֹ וְלֹא יִצְטָרֵךְ לְזוּלָתוֹ, כִּי הַנֶּפֶשׁ הִיא הַמְיַסֶּדֶת וְהַמְיֻסֶּדֶת. וּבִשְׁבִיל שֶׁיֵּשׁ בָּאָדָם הַכֹּחַ הַזֶּה שֶׁהוּא יָכוֹל לְהַזְהִיר נַפְשׁוֹ, נִתְחַיֵּב לְקַבֵּל עֹנֶשׁ עַל הָרַע וְשָׂכָר עַל הַטּוֹב, מִפְּנֵי שֶׁיֵּשׁ לוֹ כֹּחַ לְהַזְהִיר עַצְמוֹ וְאֵין צָרִיךְ לְזוּלָתוֹ. כִּי הַבְּהֵמוֹת לֹא יוּכְלוּ לְהַזְהִיר לְזוּלָתָן וְלֹא לְהַזְהִיר עַצְמָן, וְכֵן הַתִּינוֹקוֹת וְחַסְרֵי־הַדַּעַת וְהַחֵרֵשׁ וְהָאִלֵּם, עַל כֵּן אֵין לָהֶם עֹנֶשׁ, כִּי לֹא יוּכְלוּ לְהַזְהִיר עַצְמָם. וְאֵין לָהֶם שָׂכָר, מִפְּנֵי שֶׁלֹּא יַעֲשׂוּ בְּכַוָּנָה מַעֲשֶׂה מִמַּעֲשֵׂי־הַיֹּשֶׁר. וּבַעֲבוּר שֶׁיֵּשׁ בָּאָדָם כֹּחַ לְהַזְהִיר נְפָשׁוֹת, נֹאמַר, כִּי זֶה הַכֹּחַ הוּא הַשּׁוֹמֵר אוֹתוֹ. וּכְשֶׁיִּשְׁגֶּה הַשּׁוֹמֵר אוֹתוֹ עַד אֲשֶׁר יֹאבַד הַשָּׁמוּר, יֵעָנֵשׁ הַשּׁוֹמֵר. וְכֵן כְּשֶׁתִּשְׁגֶּה הַנֶּפֶשׁ הַיּוֹדַעַת וְלֹא תִשְׁמוֹר אֶת עַצְמָהּ עַד שֶׁתֹּאבֵד, נֹאמַר כִּי תֹאבַד בַּעֲוֹנָהּ. וּמִלְּבַד זֶה, הָעֹנֶשׁ עַל אֲשֶׁר לֹא שָׁמְרָה נַפְשָׁהּ. וְזֶה מְבֹאָר כַּאֲשֶׁר אָמַר (יחזקאל לג ו) וְהַצֹּפֶה כִּי־יִרְאֶה אֶת־הַחֶרֶב בָּאָה וְלֹא־תָקַע בַּשּׁוֹפָר וְהָעָם לֹא־נִזְהָר וַתָּבוֹא חֶרֶב וַתִּקַּח מֵהֶם נֶפֶשׁ הוּא בַּעֲוֹנוֹ נִלְקָח וְדָמוֹ מִיַּד־הַצֹּפֶה אֶדְרֹשׁ. וְאַחֲרֵי אֲשֶׁר הַנֶּפֶשׁ תִּהְיֶה הַשּׁוֹמֶרֶת וְהַשְּׁמוּרָה, אִם תֹּאבֵד, תֹּאבַד בַּעֲוֹנָהּ. וְעוֹד, מִפְּנֵי שֶׁהִיא שׁוֹמֶרֶת, תֵּעָנֵשׁ. וְזֶהוּ בֵּאוּר גָּדוֹל עַל הָעֹנֶשׁ וְהַגְּמוּל בָּעוֹלָם הַבָּא. וְדַע, כִּי כֹּחַ הַשָּׁמוּר לֹא יִהְיֶה לְחַסְרֵי־הַשֵּׂכֶל, כְּמוֹ שֶׁאָמַרְנוּ, אֶלָּא לְמִי שֶׁיֵּשׁ לוֹ שֵׂכֶל. כִּי הַבּוֹרֵא לֹא יִתְחַבֵּר כִּי אִם לְאַנְשֵׁי־הַשֵּׂכֶל, כַּאֲשֶׁר אָמַר (עמוס ג ב) רַק אֶתְכֶם יָדַעְתִּי מִכֹּל מִשְׁפְּחוֹת הָאֲדָמָה. וְעַל כֵּן, אַחֲרֵי אֲשֶׁר יִתְחַבֵּר אֲלֵיהֶם, יַקְרִיבֵם אֵלָיו, וְעַל כֵּן יַעֲנוֹשׁ אוֹתָם וְלֹא יַעֲנוֹשׁ הָרְשָׁעִים הָרְחוֹקִים מִמֶּנּוּ, כַּאֲשֶׁר אָמַר (ויקרא י ג) בִּקְרֹבַי אֶקָּדֵשׁ.

וְאַחֲרֵי אֲשֶׁר בֵּאַרְנוּ זֶה הָעִקָּר הַגָּדוֹל, נֹאמַר, כִּי הַמַּעֲשִׂים

sicknesses we previously talked about. For when the various humors of the body are altered, whether in quality or in quantity, then the blood alters with them, the blood which is the sustenance of the body and and preserves it. When the blood is pure and good, then the body blossoms and gives light and its deeds are correct, but if it alters, then the body diminishes in strength and grows weak, for how shall the limbs strengthen themselves if the blood be not pure? It is for this reason that the parts of the body grow weak and thin, for the bad humors mingle with them and that blood flows to all of the body, and the body diminishes in its strength. Because of the bad quality of the blood, its functions are altered. Therefore, I must say that the soul grows sick just as the body does, and the sickness of the soul comes from five causes: from the sight of the eyes, from the hearing of the ears, from the work of the tongue and the lips, from the occupations of the hands, and from the motions of the feet. Aside from these five external causes, there is one inner cause which mingles with the soul, and that is the thought. And from that there arises lust which is the foundation of all sins. Now, thought comes from the soul, and if the soul did not have a body, thought would not be ugly and bad, but pure, like the souls of the angels. But because it is joined to the body, thought has become gross and vulgar, at times mingling with the higher qualities and at times with lower matters. An illustration of this would be that one of the angels had been left lying upon the earth and was formed into a body and became like one of us. We would then be compelled to think that there were two powers at war one with the other. One is drawn to higher and loftier deeds, and one is drawn to lower matters. They would be like two partners, one wise and one foolish, participating in one subject and each one performing his occupation. In this partnership, there will be apparent the occupation of the fool, strange and unworthy; and the occupation of the wise, lovely, and altogether beautiful. If they occupy themselves with one occupation which cannot be divided and where each one cannot do his work separately, but only with the companionship of his partner, that work will be seen as being mixed with good and with evil. But if one of the partners should have an advantage over the other,

הָרָעִים דּוֹמִים לָחֳלָיִים כְּמוֹ שֶׁזְּכַרְנוּ. כִּי בְעֵת יִשְׁתַּנּוּ הַתַּעֲרוּבוֹת, אִם בְּאֵיכוּתָן אִם בְּכַמּוּתָן, יִשְׁתַּנֶּה עִמָּהֶן הַדָּם אֲשֶׁר הוּא קִיּוּם־הַגּוּף וּמַעֲמִידוֹ. וּבִהְיוֹת הַדָּם צָלוּל וָטוֹב, יִפְרַח הַגּוּף וְיָאִיר, וְיִהְיוּ מַעֲשָׂיו בְּמִישׁוֹר. וּכְשֶׁיִּשְׁתַּנֶּה, יֵרֵד וְיֶחֱלַשׁ. כִּי הָאֵבָרִים, מִפְּנֵי שֶׁאֵין הַדָּם צָלוּל, בַּמֶּה יִתְחַזְּקוּ? עַל כֵּן הֵם חֲלוּשִׁים וְדַלִּים, כִּי הַתַּעֲרוּבוֹת הָרָעוֹת יִתְעָרְבוּ בָהֶם, וְהַדָּם הַהוּא יַשְׁקֶה כָּל הַגּוּף, וְיֵרֵד הַגּוּף מִפְּנֵי רֹעַ הַדָּם, וְיִשְׁתַּנּוּ פְּעֻלּוֹתָיו. וְעַל כֵּן אוֹמַר, כִּי הַנֶּפֶשׁ תֶּחֱלֶה כְּמוֹ הַגּוּף. וְחֳלִי־הַנֶּפֶשׁ יָבוֹא מֵחָמֵשׁ סִבּוֹת: מִמַּרְאֵה-הָעֵינַיִם, וְשֵׁמַע־הָאָזְנַיִם, וּמְלֶאכֶת הַלָּשׁוֹן וְהַשְּׂפָתַיִם, וְעִסְקֵי־הַיָּדַיִם, וּתְנוּעַת־הָרַגְלַיִם. וּמִלְּבַד אֵלֶּה הֶחָמֵשׁ הַגְּלוּיוֹת, יֵשׁ סִבָּה אַחֶרֶת פְּנִימִית, מִתְעָרֶבֶת בַּנֶּפֶשׁ, וְהִיא הַמַּחֲשָׁבָה, וּמִמֶּנָּה תִּתְעוֹרֵר הַתַּאֲוָה, אֲשֶׁר הִיא יְסוֹד כָּל הָעֲבֵרוֹת. אַךְ הַמַּחֲשָׁבָה הִיא מִן הַנֶּפֶשׁ. וְאִלּוּ לֹא יִהְיֶה לַנֶּפֶשׁ גּוּף, (וְ)לֹא הָיְתָה מַחֲשַׁבְתָּהּ עֲכוּרָה וְרָעָה, אֶלָּא זַכָּה כְּנַפְשׁוֹת הַמַּלְאָכִים. וְאוּלָם מִפְּנֵי חֶבְרָתָהּ לַגּוּף, הָיְתָה הַמַּחֲשָׁבָה גַּסָּה וְעָבָה, וְהָיְתָה מְעֹרֶבֶת, פַּעַם מִכֹּחוֹת עֶלְיוֹנִים וּפַעַם מֵעִנְיָנִים תַּחְתִּיִּים. וְהַדִּמְיוֹן לָזֶה, כְּאִלּוּ אֶחָד מֵהַמַּלְאָכִים הֻנַּח בָּאֲדָמָה וְנִבְרָא לְגוּף וְהָיָה כְּאַחַד מִמֶּנּוּ. וְצָרִיךְ לָנוּ לַחְשׁוֹב, כִּי יֵשׁ שְׁנֵי כֹחוֹת נִלְחָמִים זֶה עִם זֶה, אֶחָד נִמְשָׁךְ לְמַעְלָה לְמַעֲשִׂים עֶלְיוֹנִים, וְאֶחָד נִמְשָׁךְ לְעִנְיָנִים תַּחְתּוֹנִים. כִּשְׁנֵי שֻׁתָּפִים, אֶחָד חָכָם וְאֶחָד כְּסִיל, כְּשֶׁיִּשְׁתַּתְּפוּ בְּעֶצֶם־אֶחָד וְיַעֲשֶׂה כָּל אֶחָד מֵהֶם עִסְקוֹ, בָּעֵסֶק הַהוּא יֵרָאֶה עֵסֶק־הַכְּסִיל מְשֻׁנֶּה וְגָרוּעַ, וְעֵסֶק־הֶחָכָם נֶחְמָד כְּלִיל־יֹפִי. וְאִם יִתְעַסְּקוּ בְּעֵסֶק אֶחָד אֲשֶׁר לֹא יֵחָלֵק, וְלֹא יוּכַל כָּל אֶחָד לַעֲשׂוֹת מַעֲשֵׂהוּ לְבַדּוֹ כִּי אִם בְּחֶבְרַת שֻׁתָּפוֹ, תֵּרָאֶה הַמְּלָאכָה הַהִיא מְעֹרֶבֶת בֵּין טוֹב וּבֵין רָע. אֲבָל אִם יִהְיֶה לְאֶחָד מֵהַשֻּׁתָּפִין כֹּחַ וְיִתְרוֹן עַל הַשֵּׁנִי, תֵּרָאֶה פְּעֻלָּתוֹ

then his work will be seen as superior to the other's and as being more worthy than that of his companion. If the fool is stronger, then the worthlessness and the lack of quality will be evident. The difficulty of correction will be apparent in that task.

But if the wise part should be stronger, then it will be seen in the product that correction, improvement, and beauty govern. Therefore, I say that according to the strength of the soul and according to its sweetness, will the power of thought be seen. And if thought inclines to lofty things, then the acts which come from its power will incline towards piety and righteousness, and the acts of the five senses which we have mentioned will be drawn towards righteousness and piety.

These five senses are like channels or arteries through which the blood courses to quench the thirst of all the limbs of the body. Similarly, the emotions are channels through which the powers of thought flow in order to quench the thirst of the soul. Concerning this, it is said: (Numbers 15:39), "And that ye go not about after your own heart and your own eyes." And so did our Sages, of blessed memory, say in the first chapter of the Jerusalem Talmud, "The heart and the eye are two agents of sin, and when evil deeds are mingled in the soul, they corrupt its acts until they turn away from their regimen." Just as extraneous juices corrupt the structure of the body, so do evil thoughts corrupt the function of the soul. The functions of the soul are knowledge, intelligence, speech, humility, fear and hope, and other good qualities. But when evil lust is mingled with the soul, it destroys all of these good qualities; just as extraneous juices destroy the structure of the body, so does the mixture of lust destroy the work of the soul.

Therefore, we must heal the sickness in the same way as we heal the body—just as the sickness which comes from mixtures of the humors needs at the very beginning medicines that will cleanse and purify the wound from within so that the medicine from outside will be of value. For if you should give to the patient a medicament or an ointment or a bandage and the wound is still clearly discernible, the medicament will be of no advantage. It will only unite with the extraneous juices and increase the damage, as it is written (Exodus 1:10), ". . . and they also will join themselves unto our enemies." Moreover, what can healing do

יוֹתֵר מִפְּעֻלַּת חֲבֵרוֹ. אִם יִגְבַּר הַכְּסִיל, יֵרָאוּ הַגְּרִיעוּת וְהַחֶסְרוֹן, וְרֹעַ־הַתִּקּוּן גּוֹבֵר בַּמְּלָאכָה הַהִיא. וְאִם יֶחֱזַק הֶחָכָם, יֵרָאֶה בַּמְּלָאכָה הַהִיא הַתִּקּוּן וְהַיֹּשֶׁר, וְהַיֹּפִי גּוֹבֵר.

עַל כֵּן אוֹמֵר, כִּי כְּפִי כֹּחַ־הַנֶּפֶשׁ אוֹ חֻלְשָׁתָהּ, תֵּרָאֶה מִכֹּחָהּ הַמַּחֲשָׁבָה. וְאִם תִּהְיֶה הַמַּחֲשָׁבָה נוֹטָה לִדְבָרִים עֶלְיוֹנִים, יִהְיוּ הַפְּעֻלּוֹת הַבָּאוֹת מִכֹּחָהּ נוֹטוֹת לַחֲסִידוּת וְלַיֹּשֶׁר, וְיִהְיוּ פְּעֻלּוֹת הַהֶרְגֵּשִׁים הַחֲמִשָּׁה אֲשֶׁר זָכַרְנוּ נִמְשָׁכוֹת לַיֹּשֶׁר וְלַחֲסִידוּת. וְאֵלֶּה חֲמִשָּׁה הֶרְגֵּשִׁים הֵם כְּמוֹ תְּעָלוֹת־הַגִּידִין אֲשֶׁר בְּתוֹכָן יֵלֵךְ הַדָּם לְהַשְׁקוֹת כָּל אֵבְרֵי־הַגּוּף, וְכֵן אֵלֶּה הֶרְגֵּשִׁים הֵם תְּעָלוֹת יֵלְכוּ בָהֶן כֹּחוֹת־הַמַּחֲשָׁבָה לְהַשְׁקוֹת אֶת הַנֶּפֶשׁ. וְעַל זֶה אָמַר (במדבר טו לט) וְלֹא־תָתוּרוּ אַחֲרֵי לְבַבְכֶם וְאַחֲרֵי עֵינֵיכֶם. וְכֵן אָמְרוּ רַבּוֹתֵינוּ זִכְרוֹנָם לִבְרָכָה (ירושלמי ברכות פ״א ה״ה) לִבָּא וְעֵינָא תְּרֵין סַרְסוּרִין דְּחֶטְאָה. וּכְשֶׁיִּתְעָרְבוּ הַמַּעֲשִׂים הָרָעִים בַּנֶּפֶשׁ, יַשְׁחִיתוּ פְּעֻלּוֹתֶיהָ עַד אֲשֶׁר יָסוּרוּ מִמִּנְהָגָם. כַּאֲשֶׁר יַשְׁחִיתוּ הַתַּעֲרוּבוֹת מַעֲשֵׂה־הַגּוּף, כֵּן יַשְׁחִיתוּ הַמַּחֲשָׁבוֹת הָרָעוֹת מַעֲשֵׂה־הַנֶּפֶשׁ. וּמַעֲשֵׂה־הַנֶּפֶשׁ הוּא הַדֵּעָה, וְהַשֵּׂכֶל, וְהַדִּבּוּר, וְהָעֲנָוָה, וְהַיִּרְאָה, וְהַתִּקְוָה, וּשְׁאָר כֹּחוֹתֶיהָ הַטּוֹבִים. וּכְשֶׁתִּתְעָרֵב בָּהּ הַתַּאֲוָה הָרָעָה, תַּשְׁחִיתֵם כֻּלָּם. כַּאֲשֶׁר יַשְׁחִיתוּ הַתַּעֲרוּבוֹת מַעֲשֵׂה־הַגּוּף, כֵּן תַּשְׁחִית תַּעֲרֹבֶת־הַתַּאֲוָה מַעֲשֵׂה־הַנְּשָׁמָה. וְעַל כֵּן אָנוּ צְרִיכִין לִרְפָאוֹת זֶה הַחֳלִי עַל דֶּרֶךְ רְפוּאַת־הַגּוּף, וְנֹאמַר, כַּאֲשֶׁר הַחֳלִי הַבָּא מִתַּעֲרוּבוֹת צָרִיךְ בִּתְחִלָּתוֹ רְפוּאוֹת מְשַׁלְשְׁלוֹת מְטַהֲרוֹת אֶת הַנֶּגַע מִבִּפְנִים, וְאָז תּוֹעִיל הָרְפוּאָה מִבַּחוּץ. כִּי, אִם תִּתֵּן לוֹ רְפוּאָה אוֹ מְשִׁיחָה אוֹ תַחְבֹּשֶׁת וְהַנֶּגַע עוֹמֵד בְּעֵינָיו, לֹא תוֹעִיל הָרְפוּאָה, רַק לְהִתְחַבֵּר הַתַּעֲרוּבוֹת וְתוֹסִיף עַל הַהֶזֵּק, כְּמוֹ שֶׁכָּתוּב (שמות א י) וְנוֹסַף גַּם־הוּא עַל־שֹׂנְאֵינוּ. וְעוֹד, מַה תּוּכַל הָרְפוּאָה לַעֲשׂוֹת

from the outside when the enemy lurks in ambush from within. He spoils that which you would correct, and between the onslaught of both of them, the body perishes. Therefore, it is necessary to cleanse the body, and when the body is clean, the medicine will be effective. Just as with a soiled curtain—if you want to dye it, the dye will not be fast because of the stains. But if you wash it well it becomes clean. Then, according to its cleanliness, it will receive the dye well. So it is with the soul. When we wash away from it the taints of an evil thought and the lust which stains, then the power of repentance will cleave to it like to a garment which has been washed. And on this subject, King Solomon, peace be unto him, said (Ecclesiastes 9:8), "Let thy garments be always white." By this, he means cleanliness of the heart, which is to say that your intention at all times should be that your heart be pure, and then you will be able to receive good deeds. So did the prophet say concerning repentance (Isaiah 55:7), "Let the wicked forsake his way, and the man of iniquity his thoughts, and let him return unto the Lord, and He will have compassion upon him."

I say that when the body becomes ill, we must take a medicine that will be opposed to the sickness of the body, and according to the distance of the sickness from the normal balance of the body on one side, the healing must be strong on the other side. For example, if there should come upon the body a warmth, a little fever, you must give to the patient a cooling treatment. If the warmth should be great, then the cold remedy must also be great, for the fever will not return to its proper balance except with a cold remedy that will cool it according to its distance from the balance of normality. For the fever will not return to normal except with a cool application that will cool it completely, according to the distance of the heat from normality. So must it be with the healing of the soul. He who exposes himself to a love of money must accustom himself to giving charity by removing lust for gain from his heart. This can be done only by his being content with his portion and by remembering that all things perish. He should think about death that will come upon him suddenly, and he should seek the companionship of the sick, and he should contemplate on the dead, and he should visit a cemetery, and he should recognize that tomorrow he will be like one of them. Similarly, in the healing of the soul from the love of women, he must learn to reject them with a rejection as great as his love. He should remember their faults and their evil habits, that they are a net for a man, and that because of them, a man may forget to serve God. Similarly, in the healing of the soul when it comes to arrogance,

מִבַּחוּץ וְהָאוֹרֵב יוֹשֵׁב לוֹ בְּחֶדְרוֹ. וּכְפִי אֲשֶׁר תְּתַקֵּן, הוּא יְקַלְקֵל, וְיֹאבַד הַגּוּף בֵּין מִלְחֶמֶת שְׁנֵיהֶם. וְעַל כֵּן, צָרִיךְ לְטַהֵר הַגּוּף. וּכְשֶׁיִּהְיֶה נָקִי, אָז תּוֹעִיל הָרְפוּאָה. כְּמוֹ הַיְרִיעָה הַמְטֻנֶּפֶת, אִם תִּרְצֶה לִצְבּוֹעַ אוֹתָהּ, לֹא יִדְבַּק בָּהּ הַצֶּבַע, מִפְּנֵי הַטִּנּוּפִים, עַד יַרְחִיצוּהָ הֵיטֵב וְתִהְיֶה נְקִיָּה. וּכְפִי שֶׁתִּהְיֶה נְקִיָּה, תְּקַבֵּל הַצֶּבַע הֵיטֵב. וְכֵן הַנֶּפֶשׁ, כְּשֶׁנָּדִיחַ מִמֶּנָּה חֳלָאֵי הַמַּחֲשָׁבָה הָרָעָה וְהַתַּאֲוָה הַנִּגְעֶלֶת, אָז יִדְבַּק בָּהּ כֹּחַ הַתְּשׁוּבָה, כְּמוֹ הַבֶּגֶד הָרָחוּץ. וְעַל זֶה אָמַר שְׁלֹמֹה הַמֶּלֶךְ עָלָיו הַשָּׁלוֹם (קהלת ט ח) בְּכָל־עֵת יִהְיוּ בְגָדֶיךָ לְבָנִים, רוֹמֵז לִנְקִיּוּת הַלֵּב. כְּלוֹמַר, תִּהְיֶה כַּוָּנָתְךָ בְּכָל־עֵת, שֶׁיִּהְיֶה לִבְּךָ בַּר, וְאָז תּוּכַל לְקַבֵּל הַמַּעֲשִׂים הַטּוֹבִים. וְכֵן אָמַר בַּתְּשׁוּבָה (ישעיה נה ז) יַעֲזֹב רָשָׁע דַּרְכּוֹ וְאִישׁ אָוֶן מַחְשְׁבֹתָיו וְיָשֹׁב אֶל־יְיָ וִירַחֲמֵהוּ.

וְאוֹמַר, כִּי כְּשֶׁיֶּחֱלֶה הַגּוּף, נִקַּח רְפוּאָה שֶׁתִּהְיֶה כְּנֶגֶד חֳלִי־הַגּוּף. וּכְפִי רִחוּק הַחֳלִי מִקַּו־הַמִּישׁוֹר לְצַד אַחֵר, יִהְיֶה חוֹזֶק הָרְפוּאָה לְצַד אַחֵר. כְּגוֹן אִם בָּאָה עַל הַגּוּף חֲמִימוּת מְעַט, נִתֵּן לוֹ רְפוּאָה קָרָה מְעַט. וְאִם תִּהְיֶה חֲמִימוּת רַבָּה, תִּהְיֶה קְרִירוּת־הָרְפוּאָה בְּתַכְלִית־הַחִזּוּק, כִּי לֹא תָשׁוּב הַחֲמִימוּת לְקַו־הַמִּישׁוֹר כִּי אִם בִּקְרִירוּת שֶׁתְּקָרֵר אוֹתָהּ, כְּפִי רָחְקָהּ מִקַּו־הַמִּישׁוֹר. כֵּן רְפוּאַת־הַנֶּפֶשׁ אֲשֶׁר תַּפְלִיג בְּאַהֲבַת־מָמוֹן, יַרְגִּיל הָאָדָם נַפְשׁוֹ בִּצְדָקוֹת, וּלְהָסִיר הַתַּאֲוָה וְהַבֶּצַע. וְזֶה יִהְיֶה, בְּשִׂמְחָתוֹ בְחֶלְקוֹ, וְשֶׁיִּזְכּוֹר כִּי הַכֹּל יֹאבֵד, וְשֶׁיַּחְשׁוֹב כִּי הַמָּוֶת יְבוֹאֵהוּ פִּתְאוֹם. וְיִתְחַבֵּר לַחוֹלִים, וְיִתְבּוֹנֵן בַּמֵּתִים, וְיַעֲמוֹד בְּבֵית־הַקְּבָרוֹת, וְיַכִּיר כִּי מָחָר יִהְיֶה כְּאַחַד מֵהֶם. וְכֵן רְפוּאַת־הַנֶּפֶשׁ מֵאַהֲבַת־נָשִׁים, לִמְאוֹס אוֹתָן מְאוֹס כְּפִי אַהֲבָתוֹ, וְלִזְכּוֹר אֶת מוּמָן וּמִדּוֹתֵיהֶן הָרָעוֹת, וְכִי הֵן רֶשֶׁת לָאָדָם, וּבִשְׁבִילָן יִשְׁכַּח עֲבוֹדַת־אֱלֹהִים. וְכֵן רְפוּאַת־הַנֶּפֶשׁ מִן הַגַּאֲוָה,

it must be by modest conduct. If the illness is wickedness and flattery, then its healing must be with faith and righteousness. When he undertakes a healing for one of these evil qualities, or others similar to them, he must accustom his soul concerning this healing for many days, for the healing will not remove the illness in a moment, but it will take many days. We must make the healing constant and renew it every day. Such is the healing of the sick of soul. Here is an illustration of how to heal arrogance. Let a man accustom his soul to be humble of heart, to be modest in conduct, and to greet every man in a friendly manner, and take an oath that he will not speak arrogantly, nor lord it over his servants and those who are lower than he. If he hears himself being reviled by someone, let him be silent, and if they harm him, let him accept that harm and yield to God. Through all this, arrogance can be humbled and removed, but it will take not one day or two days, but many days. Let him take a vow to work diligently on this for a set time, just as we have mentioned, and if his evil inclination proves too strong for him on one day, then let him fast and confess his sin. Let him add to the time of his repentance so that he will be mindful of it on a second occasion and guard himself lest the evil inclination then seek to rule over him. In this way, he will be applying himself diligently to the precept of repentance until it becomes habit, as the wise man said, "I was impudent from my youth, and I was not ashamed to do any evil deed, until I became envious of my companions, and I accustomed my soul to be humble. And this did not come naturally, but was done by commitment and by pledge. As I worked diligently over this for some time and I saw its pleasantness, I became delighted with it, and I so clung to it. I was of good repute among the men of my contemporaries, for I conducted myself with utmost humility."

I say that lust is among the most severe diseases that slay the soul of a man, and therefore we must remember all the things through whose assistance lust can be nullified. These are: If a man is accustomed to much eating and drinking, and to the companionship of women, and to much wealth and honor, and to smugness and ease, and to much folly and lack of intelligence, and to much pleasure, and to an absence of the companionship of the sages and the pious, but enjoys instead the com-

תִּהְיֶה בְּהַצְנֵעַ־לֶכֶת. וְאִם חָלְיָה בְּרֶשַׁע וָחֹנֶף, תִּהְיֶה רְפוּאָתָהּ בֶּאֱמוּנָה וָצֶדֶק. וּבַעֲשׂוֹתוֹ רְפוּאָה לְאַחַת מֵאֵלֶּה הַמִּדּוֹת אוֹ זוּלָתָן, יַרְגִּיל הַנֶּפֶשׁ עַל הָרְפוּאָה יָמִים רַבִּים, כִּי הָרְפוּאָה לֹא תָסִיר הַחֹלִי בְּרֶגַע אֶחָד, כִּי אִם בְּיָמִים רַבִּים, כְּשֶׁיַּתְמִיד אוֹתָהּ וִיחַדְּשֶׁנָּה בְּכָל יוֹם. וְכָכָה רְפוּאַת חָלְיֵי־הַנֶּפֶשׁ. וְהִנֵּה לְךָ דִמְיוֹן לְרַפֵּא הַגַּאֲוָה: יַרְגִּיל נַפְשׁוֹ בְּשִׁפְלוּת־הַלֵּב, וּבְהַצְנֵעַ לֶכֶת, וּשְׁאֵלַת־שָׁלוֹם לְכָל אָדָם, וּבִשְׁבוּעָה לְבַל יְדַבֵּר בְּגַאֲוָה, וְאַל יִתְגָּאֶה עַל עֲבָדָיו וְלֹא עַל שְׁפָלִים מִמֶּנּוּ. וְאִם שָׁמַע חֶרְפָּתוֹ מִמֶּנּוּ, יִדּוֹם. וְאִם יַזִּיקוּהוּ, יְקַבֵּל וְיִכָּנַע לָאֵל. כִּי בְכָל זֶה, תִּכָּנַע הַגַּאֲוָה וְתָסוּר. אַךְ לֹא יוֹם אֶחָד וְלֹא יוֹמַיִם, כִּי אִם יָמִים רַבִּים. וְיִדּוֹר נֶדֶר לִשְׁקוֹד עַל זֶה זְמַן קָצוּב, כְּמוֹ שֶׁזְּכַרְנוּ. וְאִם יִתְגַּבֵּר עָלָיו הַיֵּצֶר יוֹם אֶחָד, יִתְעַנֶּה, וְיִתֵּן צְדָקָה, וְיִתְוַדֶּה חֶטְאוֹ, וְיוֹסִיף עַל הַזְּמָן, כְּדֵי שֶׁיִּהְיֶה לוֹ לְמִשְׁמֶרֶת בְּפַעַם שְׁנִיָּה, וְיִזָּהֵר פֶּן יִשְׁלוֹט בּוֹ הַיֵּצֶר. וּבָזֶה, יִשְׁקוֹד עַל הַמִּצְוָה, עַד שֶׁתָּשׁוּב לוֹ לְמִנְהָג, כַּאֲשֶׁר אָמַר הֶחָכָם, מִנְּעוּרַי הָיִיתִי עַז־פָּנִים וְלֹא נִכְלַמְתִּי מֵעֲשׂוֹת כָּל רָע, עַד אֲשֶׁר קִנֵּאתִי בַּחֲבֵרַי, וְהִרְגַּלְתִּי נַפְשִׁי בַּעֲנָוָה, וְלֹא הָיְתָה מִלִּבִּי, כִּי אִם בְּהֶכְרֵחַ וּבִשְׁבוּעָה. וְכַאֲשֶׁר שָׁקַדְתִּי עָלֶיהָ יָמִים וְרָאִיתִי נְעִימוֹתֶיהָ, חָשַׁקְתִּי בָהּ, וְדָבְקָה נַפְשִׁי אַחֲרֶיהָ, וְיָצָא שְׁמִי בְּאַנְשֵׁי־דוֹרִי, כִּי הָיִיתִי בְּתַכְלִית־הָעֲנָוָה.

וְכֵן אוֹמַר, כִּי הַתַּאֲוָה הִיא מִן הֶחֳלָיִים הָרָעִים הַמְּמִיתִים נֶפֶשׁ־הָאָדָם, וְעַל כֵּן אָנוּ צְרִיכִים לִזְכּוֹר כָּל הַדְּבָרִים אֲשֶׁר בָּהֶם תּוּכַל הַתַּאֲוָה לְהִתְבַּטֵּל, וְאֵלֶּה הֵם: כְּשֶׁיִּהְיֶה רָגִיל בְּרֹב אֲכִילָה וּשְׁתִיָּה, וּבְחֶבְרַת־הַנָּשִׁים, גַּם בְּרֹב הָעֹשֶׁר וְהַכָּבוֹד, גַּם בְּרֹב הַשַּׁלְוָה וְהַשֶּׁקֶט, וּבְרֹב הַפְּתַיּוּת וְחֶסְרוֹן־הַשֵּׂכֶל, וּבְרֹב הַתַּעֲנוּגִים, וְחֶסְרוֹן חֶבְרַת הַחֲכָמִים וְהַחֲסִידִים, גַּם בְּחֶבְרַת

panionship of worthless and wicked people, then the treatment must be to lessen the habit in the following ways: Eat and drink minimally and not to satiety. Let him not eat warm and highly seasoned foods, for by abstaining from these he will weaken his sexual desire. Let him lessen his companionship of women and of laughing with them and of reading books which arouse his desire, and let him remember every fault that there is in women, and in this way his lust will be weakened. As he accustoms himself to this, his sexual desire will grow weak. Let him be less and less in the company of the wealthy and the powerful, and in this way his lust for wealth and for power will grow weak. Let him be less and less concerned with business, and as he accustoms himself to this, his lust for worldly things and worldly occupations will grow weaker. Let him decrease his wearing of lovely garments, and from going to the house of feasting and of strolling about in gardens, and in this way, his lust for pleasures will grow weaker. Let him decrease his partaking of all sorts of foods, of delicacies and wine, and as he accustoms himself to this restraint, his lust for food will grow weaker. Let him be less and less in the companionship of wicked men, and as he accustoms himself in this, his lust for their deeds and their companionship will grow weaker. Now, just as it is necessary to do less of those things which cause the lust to grow, so it is necessary to do much of those things which weaken the lust. This is their explanation: If he is given too much to lust, he should eat cooling and meager foods, and then his lust for women will decrease. Let him fast several days a week, and on the day of his fasting, let him eat a crust of bread and water only, and in this way, his lust for food will grow very weak. Let him accustom himself to go to the houses of the dead, and let him tarry there for a long time alone, and in this way, his lust for the things of this world will greatly weaken. Let him accustom himself to always join the companionship of the poor and the downtrodden and the sick, and in this way, his lust for wealth and honor will greatly weaken. Let him accustom himself always to read Holy Writ and His revelations and His wonders, and let him contemplate that which he reads. Let him ponder and discern from Scripture the great deeds of his God and His punishment, His might, and His judgments, and in this way the cruelty of his heart and his stubbornness will grow weak, and he will fear his God. Let him accustom himself to read the words of our Sages, of blessed memory, to study their words and their wisdom and their mysteries and to recognize and know the true meaning of each precept. In this way, he will remove the folly of his heart and his ignorance, and his eyes will

אַנְשֵׁי־בְלִיַּעַל וְאַנְשֵׁי־רֶשַׁע — לְפִיכָךְ תִּהְיֶה הָרְפוּאָה לְהַמְעִיט אָדָם מִן הַהֶרְגֵּל בַּדְּבָרִים הָאֵלֶּה, וְיִהְיֶה מַאֲכָלוֹ וּשְׁתִיָּתוֹ כַּמִּשְׁפָּט וְלֹא לָשֹׂבַע. וְלֹא יֹאכַל מַאֲכָלִים חַמִּים בְּתַבְלִין, כִּי בָזֶה תֶּחֱלַשׁ תַּאֲוַת־הַמִּשְׁגָּל. וְיַמְעִיט מֵחֶבְרַת־הַנָּשִׁים, וּמִלִּשְׂחוֹק עִמָּהֶן, וּמִלִּקְרֹא סִפְרֵי־הַחֵשֶׁק, וְיִזְכּוֹר כָּל מוּם שֶׁיֵּשׁ בָּהֶן, וּבָזֶה תֶּחֱלַשׁ תַּאֲוָתוֹ. וּכְשֶׁיַּרְגִּיל בָּזֶה, תֶּחֱלַשׁ תַּאֲוַת־הַמִּשְׁגָּל. וְיַמְעִיט מֵחֶבְרַת הָעֲשִׁירִים וְהַשָּׂרִים, וּבָזֶה תֶּחֱלַשׁ תַּאֲוַת הָעֹשֶׁר וְהַשְּׂרָרָה. וְיַמְעִיט מֵעֲסָקָיו וּסְחוֹרוֹתָיו. וּכְשֶׁיַּרְגִּיל בָּזֶה, תֶּחֱלַשׁ תַּאֲוָתוֹ מִן הָעוֹלָם וּמֵעִסְקֵי־תֵבֵל. וְיַמְעִיט מִלִּלְבּוֹשׁ בְּגָדִים נָאִים, וּמִלָּבוֹא לְבֵית הַמִּשְׁתֶּה, וּלְטַיֵּל בַּגַּנִּים, וּבָזֶה תֶּחֱלַשׁ תַּאֲוָתוֹ מֵהַתַּעֲנוּגִים. וְיַמְעִיט לֶאֱכוֹל מִינִים רַבִּים מִמִּינֵי הַמַּטְעַמִּים וְהַיַּיִן. וּכְשֶׁיַּרְגִּיל, תֶּחֱלַשׁ תַּאֲוַת הָאֲכִילָה. וְיַמְעִיט מֵחֶבְרַת אַנְשֵׁי־רֶשַׁע. וּכְשֶׁיַּרְגִּיל בָּזֶה, תֶּחֱלַשׁ תַּאֲוָתוֹ בְּמַעֲשֵׂיהֶם וּבְחֶבְרָתָם. וּכְפִי שֶׁצָּרִיךְ לְהַמְעִיט מִן הַדְּבָרִים הַמַּגְדִּילִים הַתַּאֲוָה, כֵּן צָרִיךְ לְהַרְבּוֹת בִּדְבָרִים הַמַּחֲלִישִׁים אֶת הַתַּאֲוָה. וְזֶה פֵּרוּשָׁם: אִם תִּהְיֶה תַאֲוָתוֹ חֲזָקָה בְּאַהֲבַת־נָשִׁים, יָכוֹל לֶאֱכוֹל רְפוּאוֹת קָרוֹת וִיבֵשׁוֹת, וְאָז תַּמְעִיט תַּאֲוָתוֹ בַּנָּשִׁים. וְיִתְעַנֶּה יָמִים בַּשָּׁבוּעַ, וּבְיוֹם תַּעֲנִיתוֹ יֹאכַל פַּת בַּמַּיִם בִּלְבָד, וּבָזֶה תֶּחֱלַשׁ מְאֹד תַּאֲוַת־הָאֹכֶל. וְיַרְגִּיל לָלֶכֶת לְבָתֵּי־הַמֵּתִים, וְיֵשֵׁב שָׁם עַד שָׁעָה גְדוֹלָה לְבַדּוֹ, וּבָזֶה תֶּחֱלַשׁ מְאֹד תַּאֲוַת־הָעוֹלָם. וְיַרְגִּיל לְהִתְחַבֵּר תָּמִיד לָעֲנִיִּים וְלַמְּרוּדִים וּלְחוֹלִים, וּבָזֶה תֶּחֱלַשׁ מְאֹד תַּאֲוַת הָעֹשֶׁר וְהַכָּבוֹד. וְיַרְגִּיל תָּמִיד לִקְרֹא דִּבְרֵי־אֱלֹהִים וּמַרְאוֹתָיו וְנִפְלְאוֹתָיו, וְיִתְבּוֹנֵן בַּאֲשֶׁר יִקְרָא, וְיַכִּיר מִן הַכָּתוּב גְּבוּרוֹת אֱלֹהָיו וְעָנְשׁוֹ וְתַעֲצוּמוֹ וּמִשְׁפָּטָיו, וּבָזֶה תֶּחֱלַשׁ אַכְזְרִיּוּת־לִבּוֹ וּקְשִׁי־עָרְפּוֹ, וִיפַחֵד מֵאֱלֹהָיו. וְיַרְגִּיל לִקְרֹא דִּבְרֵי רַבּוֹתֵינוּ זִכְרוֹנָם לִבְרָכָה, לִלְמוֹד דִּבְרֵיהֶם וְחָכְמָתָם וְסוֹדוֹתָם, וְיַכִּיר וְיֵדַע הַמִּצְוָה, וּבָזֶה יָסִיר פְּתַיּוּת לִבּוֹ וְסִכְלוּתוֹ

be opened. Let him accustom himself to increase his prayers and petitions every day and at midnight. The burden of his wickedness and his impudence will grow lighter. Let him accustom himself to reflect in his heart upon all the pleasures which will come to him when the evil desire is removed. Let him accustom himself to reflect always in his heart about the evils and confusions which will come to him if he pursues lust. Just as a man can heal himself in this way from the sickness of lust, so can he in the same way heal himself from the sickness of anger, and in this matter, it is proper that a man should accustom his soul to all the things that lessen anger. These are the names and descriptions of a few of them: A man's anger grows when some matter that affects him goes awry, or some injury comes to him from a place from whence he expected only good, or despair comes to him in place of hope, or things are said that are opposite of his wish, or when he is shamed by a man who refuses his request, or if he wishes to correct some deed and it is spoiled, or if he is a simpleton or a fool, for we see that a wise man lessens his anger and is able to subdue his wrath. In a similar vein, if a man should join the companionship of wicked men and outlaws, we would say to him: that anger grows less where there is ample wisdom and reason and the companionship of moral men. A man should lessen the quantity of his food. One should read words which will cause him to fear his God. He should ponder that all the world, all its wealth and its goodness, are as naught. Therefore, he should not grow angry when he loses some desirable object or if his business matters go awry. If a man conducts himself always in this way, his anger will grow less, and this is a healing for the soul.

Know that the healing of the soul is divided into two parts, the part of thought and the part of deed. It is necessary first to heal the part of thought and afterwards, the part of deed, for the sicknesses of the body are similarly divided into two parts: the portion of the inner sicknesses which are within the body and the portion of the visible sicknesses. Similarly, the soul has hidden sicknesses, such as jealousy, hatred, deceit, flattery, anger, lust, and also visible sicknesses, such as theft, talebearing, speaking vile language, sexual immorality, murderous conduct, and taking of bribes. Therefore, a man must first nullify those qualities

וְיִפָּקְחוּ עֵינָיו. וְיַרְגִּיל לְהַרְבּוֹת תְּפִלּוֹת וְתַחֲנוּנִים בְּכָל יוֹם וּבַחֲצִי הַלַּיְלָה, וּבָזֶה יָקֵל מֵרִשְׁעוֹ וּזְדוֹנוֹ. וְיַרְגִּיל לְהַעֲבִיר עַל לִבּוֹ כָּל הַהֲנָאוֹת הַבָּאוֹת לוֹ בְּסוּר הַתַּאֲוָה הָרָעָה. וְיַרְגִּיל לְהַעֲבִיר עַל לִבּוֹ תָּמִיד הָרָעוֹת וְהַמְּהוּמוֹת, אֲשֶׁר יִמְצָאוּהוּ כְּשֶׁיִּרְדּוֹף אַחַר הַתַּאֲוָה. וְכַאֲשֶׁר יְרַפֵּא הָאָדָם עַל דֶּרֶךְ הַזֹּאת חֳלִי־הַתַּאֲוָה, כֵּן עַל דֶּרֶךְ זֹאת יְרַפֵּא חֳלִי־הַכַּעַס. וְהָעִנְיָן הַזֶּה, שֶׁיַּרְגִּיל אָדָם נַפְשׁוֹ בְּכָל עִנְיָנִים הַמְּמַעֲטִים אֶת הַכַּעַס. וְאֵלֶּה שְׁמוֹת קְצָתָם: כִּי הָאָדָם יִגְדַּל כַּעְסוֹ כְּשֶׁיִּשְׁתַּבֵּשׁ עִנְיָן מֵעִנְיָנוֹ, אוֹ יָבוֹא לוֹ הֶזֵּק מִמְּקוֹם הַטּוֹב, אוֹ יֵאוּשׁ מִמְּקוֹם הַתִּקְוָה, אוֹ יֵאָמְרוּ דְבָרִים הֵפֶךְ רְצוֹנוֹ, אוֹ יָשׁוּב נִכְלָם מֵאָדָם בִּשְׁאֵלָתוֹ, אוֹ כְּשֶׁיִּרְצֶה לְתַקֵּן מַעֲשֶׂה וְיִשָּׁחֵת לוֹ, אוֹ שֶׁיִּהְיֶה כְסִיל אוֹ פֶתִי. כִּי אָנוּ רוֹאִים הֶחָכָם יִמְעַט כַּעְסוֹ, וְיָכוֹל לִכְבּוֹשׁ כַּעְסוֹ. וְכֵן כְּשֶׁיִּתְחַבֵּר לְאַנְשֵׁי־רֶשַׁע וּפְרִיצִים, כָּכָה נֹאמַר: כִּי יִמְעַט הַכַּעַס בְּרֹב הַחָכְמָה וְהַשֵּׂכֶל, וְחֶבְרַת מְתֵי־מוּסָר, וּלְהַמְעִיט מֵהַרְבּוֹת הַמַּאֲכָלִים, וְלִקְרֹא הַדְּבָרִים אֲשֶׁר יְפַחֵד בָּהֶם מֵאֱלֹהָיו, וְיַחְשׁוֹב כִּי הָעוֹלָם כְּאַיִן וְכָל עָשְׁרוֹ וְכָל טוּבוֹ [מֵאֶפֶס], וְעַל כֵּן לֹא יִכְעַס כְּשֶׁיֹּאבַד חֶפְצוֹ אוֹ יִשְׁתַּבְּשׁוּ עֲסָקָיו. וּכְשֶׁיִּתְנַהֵג אָדָם בְּאֵלֶּה הַדְּבָרִים תָּמִיד, יִמְעַט כַּעְסוֹ, וְזוֹ הִיא רְפוּאַת הַנְּשָׁמָה.

וְדַע, כִּי מְלֶאכֶת רְפוּאַת־הַנְּשָׁמָה נֶחֱלֶקֶת לִשְׁנֵי חֲלָקִים: חֵלֶק הַמַּחֲשָׁבָה, וְחֵלֶק הַמַּעֲשֶׂה. וְצָרִיךְ לְרַפֵּא תְּחִלָּה חֵלֶק הַמַּחֲשָׁבָה וְאַחַר־כֵּן חֵלֶק הַמַּעֲשֶׂה, כִּי כֵן חֳלָיֵי־הַגּוּף נֶחֱלָקִים לִשְׁנֵי חֲלָקִים: חֵלֶק הֶחֳלָיִים הַפְּנִימִיִּים אֲשֶׁר בְּתוֹךְ הַגּוּף, וְחֵלֶק הֶחֳלָיִים הַגְּלוּיִים. כְּמוֹ־כֵן לַנֶּפֶשׁ חֳלָיִים נֶעְלָמִים, כְּגוֹן הַקִּנְאָה, וְהַמַּשְׂטֵמָה, וְהַמִּרְמָה, וְהַחֹנֶף, וְהַכַּעַס, וְהַתַּאֲוָה. וְהֶחֳלָיִים הַגְּלוּיִים, הַגְּנֵבָה, וְהָרְכִילוּת, וּלְדַבֵּר נְבָלָה, וְהַזְּנוּת, וְהָרַצְחָנוּת, וּמִקַּח שֹׁחַד. וְעַל כֵּן, הָאָדָם צָרִיךְ לְבַטֵּל בַּתְּחִלָּה הַכֹּחוֹת אֲשֶׁר גָּרְמוּ

which cause these two divisions. Next, he must nullify the portion which deals with thought, and, afterwards, the portion which deals with deed. He must accustom himself for many days in this discipline. When he has accustomed his soul for many days in this discipline, then he must weigh his soul to know if he is a righteous man or a wicked one. He must set his soul as though it were on a scale. If he sees that he has grown very weak because of previous sins, but does not wish to do them as before, if he longs to do good deeds, the performance of which he has begun to study, let him believe and know that he has found favor in the eyes of his God and that the mention of him will be good and that he is included among the pious ones. But if he sees that the powerful lust has still not grown weaker and that he still desires it, and he does not desire the good deeds, then he should know that he has not found favor in the eyes of his God, and that the gates of repentance have not been open to him as yet, and, therefore, he must try to add to his service of God.

CHAPTER VIII

Matters Concerning The Knowledge Of The Creator, Blessed Be He

Anyone who wishes to serve the Creator, blessed be He, must know What He is, and then he will know how to serve Him. And anyone who wishes to persuade himself of the truth of the existence of a Creator must consider in his heart those qualities through which every created object or person is known. Then by considering the opposite of these things, it will be clear that there is a Creator of all. I say that the qualities through which a thing is known are its kind, its quantity, its quality, and its form. A definition of something is such that the definiens (i.e., that which defines the original term) denotes the definiendum (i.e., the original term) and conversely. For example, if you should say that everyone who speaks is a man, and a man is one who speaks, or if you say that all even numbers can be divided equally and anything that can be divided equally is an even number, or if you say that everything that eats lives and everything that lives eats. By quality we mean this: the quality of the medicine is it warm or cold? Amount of, is when you refer

אֵלֶּה הַשְּׁנֵי חֲלָקִים, וְאַחַר־כֵּן לְבַטֵּל חֵלֶק הַמַּחֲשָׁבָה, וְאַחַר־כֵּן חֵלֶק הַמַּעֲשֶׂה, וּלְהַרְגִּיל הַנֶּפֶשׁ יָמִים רַבִּים בָּזֶה. וּכְשֶׁיַּרְגִּיל הַנֶּפֶשׁ יָמִים רַבִּים בָּזֶה, צָרִיךְ שֶׁיִּשְׁקוֹל נַפְשׁוֹ לָדַעַת אִם הוּא צַדִּיק אוֹ רָשָׁע, וְיָשִׂים נַפְשׁוֹ כְּמוֹ לְשׁוֹן הַמִּשְׁקָל בֵּין שְׁתֵּי הַכַּפּוֹת. וְאִם יִרְאֶה אוֹתָהּ כִּי נֶחְלְשָׁה מְאֹד מִן הָעֲבֵרוֹת הַקַּדְמוֹנִיּוֹת וְאֵינוֹ נִכְסָף לָהֶן כְּבַתְּחִלָּה, וְהוּא נִכְסָף לְמַעֲשִׂים הַטּוֹבִים אֲשֶׁר הֵחֵל לִלְמוֹד, יַאֲמִין וְיֵדַע כִּי מָצָא בְּעֵינֵי אֱלֹהָיו חֵן, וְעָלָה זִכְרוֹנוֹ לְטוֹב, וְנִכְלָל לְכַת הַחֲסִידִים. וְאִם יִרְאֶה כִּי עוֹד הַתַּאֲוָה הַחֲזָקָה לֹא נֶחְלְשָׁה, וְנִכְסָף אֵלֶיהָ עוֹד, וְהַמַּעֲשִׂים הַטּוֹבִים לֹא יִכְסוֹף אֲלֵיהֶם, יֵדַע כִּי לֹא מָצָא חֵן בְּעֵינֵי אֱלֹהָיו וְעוֹד לֹא נִפְתְּחוּ לוֹ שַׁעֲרֵי תְשׁוּבָה. וְעַל כֵּן, יִשְׁתַּדֵּל וְיוֹסִיף עֲבוֹדָתוֹ.

הַשַּׁעַר הַשְּׁמִינִי

מֵעִנְיְנֵי דַּעַת [הַבּוֹרֵא] יִתְבָּרֵךְ.

כָּל הָרוֹצֶה לַעֲבוֹד הַבּוֹרֵא יִתְבָּרַךְ, צָרִיךְ לָדַעַת מַה הוּא וְאָז יֵדַע לְעָבְדוֹ. וְכָל הָרוֹצֶה לָדַעַת אֲמִתַּת הַבּוֹרֵא, יַחְשׁוֹב בְּלִבּוֹ הַכֹּחוֹת אֲשֶׁר בָּהֶם יִהְיֶה נוֹדָע כָּל דָּבָר נִבְרָא. וּבְהֵפֶךְ הַדְּבָרִים הָהֵם, יִוָּדַע כִּי יֵשׁ בּוֹרֵא עַל כֹּל. וָאוֹמַר, כִּי הַכּוֹחוֹת אֲשֶׁר בּוֹ נוֹדָע לְכָל דָּבָר, הוּא מְגִדְרוֹ וּמִכַּמּוּתוֹ וּמִן אֵיכוּתוֹ וּמִתַּבְנִיתוֹ. וְגֶדֶר כָּל דָּבָר הוּא הַגְּבוּל הַמְּסוֹבֵב עַל מְגֻבָּלוֹ וּמְגֻבָּלוֹ עָלָיו, כְּאָמְרְךָ: כָּל מְדַבֵּר, אָדָם. וְכָל אָדָם, מְדַבֵּר. וּכְאָמְרְךָ: כָּל מִסְפַּר זוּג, הוּא נֶחֱלָק בְּשָׁוֶה. וְכָל נֶחֱלָק בְּשָׁוֶה, הוּא מִסְפַּר זוּג. וּכְאָמְרְךָ: כָּל אוֹכֵל, חַי. וְכָל חַי, אוֹכֵל. וְהָאֵיכוּת הִיא כְּאָמְרְךָ: אֵיכוּת זֹאת הָרְפוּאָה, חַמָּה אוֹ קָרָה. וְהַכַּמּוּת

to money, and you say so many thousands, and you are discussing form when you say, this form is a triangle or a square. None of these qualities existed except by the power of creation, but before creation, they were not. An illustration of these things would be the making of a trough on the coast of the great ocean, and letting the waters of the ocean enter this trough. Then the border which surrounds this trough is like the border of creation, and the waters which are in the trough are like the created things, while the waters of the ocean are like that which is outside of creation. Now, you can divide this trough into as many portions as you wish, and you will still know its depth and its breadth because it is limited. But as to the waters which are outside of the bordered trough, you will not be able to divide them or know their depth, and you will not be able to do anything with them as you did with the trough because they have no boundary and no limit. Now, the Creator existed before creation. If this is so, then such finite measurements as quantity, quality, and definition do not apply to Him, and, therefore, the Creator cannot be known through them. But since these qualities were not in existence except after creation, and did not exist before creation, we can say that their opposites did exist before creation. For everything has its opposite, just as a created object has as its opposite the Creator. There is a vast distance between each object and its opposite. Now we can say either that these qualities were in existence before the creation of the world or that they were not. Now, if you say that they were in existence before creation, then there would be no difference between the time of creation and the time prior to creation, for whatever was in existence before creation was in existence after creation. Therefore, we must conclude that these finite qualities did not exist before creation.

If you say that their opposites were not there, and even if their opposites were there, then when we search the matter earnestly, we will find definitions that will define the existence of the Creator for us, not in the usual signs which prove his existence, but from things other than that. Let us say that a man was created blind from the time of his birth and

הִיא כְּאָמְרְךָ: כַּמּוּת זֶה הַמָּמוֹן, כָּךְ וְכָךְ אֲלָפִים. וְתַבְנִיתוֹ כְּאָמְרְךָ: זֹאת הַתַּבְנִית, מְשֻׁלֶּשֶׁת אוֹ מְרֻבַּעַת. וְכָל אֵלֶּה הַכֹּחוֹת לֹא הָיוּ כִּי אִם מִכֹּחַ הַבְּרִיאָה, אֲבָל קֹדֶם הַבְּרִיאָה לֹא הָיוּ. וְהַדִּמְיוֹן בָּאֵלּוּ, עַל עֲשִׂיַּת חוֹף יָם אוֹקְיָנוֹס רַהַט אוֹ מִקְוֵה מַיִם וְתַכְנִיס אֵלָיו מֵימֵי הַיָּם, וְיִהְיֶה הַגְּבוּל הַמְסֻבָּב אֶל הָרַהַט הַהוּא כְּמוֹ גְּבוּל הַבְּרִיאָה, וְהַמַּיִם אֲשֶׁר בָּרַהַט הוּא דִּמְיוֹן לַנִּבְרָאִים. וְהַמַּיִם אֲשֶׁר בַּיָּם, דִּמְיוֹן לַאֲשֶׁר הוּא מִחוּץ לַבְּרִיאָה. וְתוּכַל לְחַלֵּק הָרַהַט הַהוּא לְכַמָּה חֲלָקִים שֶׁתִּרְצֶה וְלָדַעַת עָמְקוֹ וְרָחְבּוֹ, מִפְּנֵי שֶׁהוּא מֻגְבָּל. אַךְ הַמַּיִם אֲשֶׁר הֵם חוּץ לַגְּבוּל הַהוּא לֹא תוּכַל לְחַלֵּק אוֹתָם, וְלֹא לָדַעַת עָמְקָם, וְלֹא תוּכַל לַעֲשׂוֹת בָּהֶם דָּבָר מִכֹּל אֲשֶׁר עָשִׂיתָ בָּרַהַט, מִפְּנֵי שֶׁאֵין לָהֶם לֹא גְּבוּל וְלֹא תַכְלִית. וְהַבּוֹרֵא הוּא קֹדֶם הַבְּרִיאָה. אִם כֵּן הַכַּמּוּת וְהָאֵיכוּת וְהַגָּדֵר אֵינָן בּוֹ, וְעַל כֵּן לֹא יִוָּדַע הַבּוֹרֵא מֵהֶם. רַק נֹאמַר, אַחֲרֵי אֲשֶׁר אֵלֶּה הַכֹּחוֹת לֹא נִמְצְאוּ אֶלָּא אַחֲרֵי הַבְּרִיאָה וְלֹא הָיוּ קֹדֶם הַבְּרִיאָה, נֹאמַר, כִּי הָפְכָּם יִהְיֶה קֹדֶם הַבְּרִיאָה, כִּי כָל דָּבָר יֶשׁ לוֹ הֵפֶךְ, כַּאֲשֶׁר יֵשׁ לַבּוֹרֵא יִתְבָּרַךְ נִבְרָא וְהוּא הָפְכּוֹ, וְכָל אֶחָד מֵהֶם בְּתַכְלִית הָרֹחַק מִן הָאַחֵר. וְנֹאמַר, כִּי אֵלֶּה הַכֹּחוֹת, אוֹ הָיוּ קֹדֶם בְּרִיאַת הָעוֹלָם אוֹ לֹא הָיוּ. וְאִם תֹּאמַר כִּי הָיוּ, אֵין בֵּין שְׁעַת הַבְּרִיאָה לְשָׁעָה הַקּוֹדֶמֶת לָהּ הֶפְרֵשׁ, כִּי מַה שֶּׁהָיָה קֹדֶם הַבְּרִיאָה, הוּא הָיָה אַחֲרֵי הַבְּרִיאָה. אִם כֵּן, קֹדֶם הַבְּרִיאָה לֹא הָיוּ. וְאִם תֹּאמַר, כִּי לֹא הָיוּ שָׁם הָפְכָּם אוֹ אֲפִיסָתָם, וְאִם הָיָה הָפְכָּם אוֹ אֲפִיסָתָם, כְּשֶׁנַּחְקוֹר עָלָיו, נִמְצָא בוֹ גְּבוּלִים אֲשֶׁר יַגְבִּילוּ לָנוּ מְצִיאוּת הַבּוֹרֵא, וְלֹא מֵהָאוֹתוֹת שֶׁהֵם מוֹכִיחִים עַל מְצִיאוּתוֹ, אֶלָּא מִזּוּלָתָם.

וְנֹאמַר, אִלּוּ יִהְיֶה אָדָם נִבְרָא עִוֵּר וּמִהְיוֹתוֹ לֹא רָאָה

never saw the light, but if he is wise and intelligent, he knows that there is light in the world, though he cannot conceive of it, and does not know in what connection light exists or in what form it is—he only knows it is the opposite of what he can conceive. For with his eyes, he cannot conceive of the thing, but with his mind, he knows the powers of light. Yet even though another man teaches him and says to him that there is light, he will not be able to make its appearance known to him. If they should say to him that the sun is white, pure, and radiant, he will not discern what this is, for he has never in his life seen a white or a pure or a radiant thing. Since he has never seen the things which are white, clear, radiant, and pure, which are the qualities of the sun and its description, he will not be able to recognize the sun. Whereas if he did know what a white and pure thing was, he would at once recognize the sun, even though he had never seen it in his life. If this is so, then it should be obvious to you that the lack of his knowledge of the sun comes to him only because of the inability to recognize the sun's properties. But if he did know its properties, he would know the sun at once. We surely know that everything has qualities and that these are its attributes, and by means of this description we know the objects described. But as for him who cannot recognize the descriptions and cannot conceive of them, it is impossible for him to conceive of the essence of the thing. If this is so, we cannot conceive the Creator because of our failure to conceive his qualities, they are to us like attributes of Him. We shall never conceive them because we have nothing comparable, as He is the Creator and we are created. He is incorporeal while we have bodies. He is One while we are many; He is enduring while we perish. If this is so, then we cannot conceive of Him because no thing can conceive of another thing, except there be some kind of likeness or partnership between them—a likeness such as that which exists between the eye and the light. For the light is white and radiant, and it has a shining glow. These three qualities are found in the sun and in every luminary; therefore, the eye can conceive of light because of this likeness that is between them. Thus the hand can sense only an organ like itself, because it is corporeal, and between one hand and the other, there

אוֹר, אַךְ יִהְיֶה חָכָם וּמַשְׂכִּיל וְיֵדַע כִּי יֵשׁ בָּעוֹלָם אוֹרָה, וְאֵינוֹ מַשִּׂיג אוֹתָהּ, וְלֹא יֵדַע עַל אֵיזֶה עִנְיָן הִיא אוֹ אֵיזוֹ תַּבְנִית הִיא, רַק יֵדַע כִּי הִיא הֵפֶךְ מִמַּה שֶּׁיַּשִּׂיג, כִּי בְעֵינָיו לֹא יַשִּׂיג דָּבָר, אַךְ בְּשִׂכְלוֹ יֵדַע כֹּחוֹת הָאוֹר. וְאַף־עַל־פִּי שֶׁיְּלַמְּדֵהוּ אָדָם וְיֹאמַר לוֹ כִּי יֵשׁ אוֹר, לֹא יוּכַל לְהוֹדִיעוֹ מַרְאֵהוּ. וְאִם יֹאמְרוּ לוֹ כִּי הַשֶּׁמֶשׁ לָבָן וְזָךְ וּבָהִיר, לֹא יַכִּיר מַה הוּא, כִּי לֹא רָאָה מִיָּמָיו דָּבָר לָבָן וְזָךְ וּבָהִיר. וְאַחֲרֵי אֲשֶׁר לֹא רָאָה דָּבָר לָבָן וְזָךְ וּבָהִיר וָצַח, שֶׁהֵם מִדּוֹת הַשֶּׁמֶשׁ וּתְאָרָיו, לֹא יוּכַל לְהַכִּיר הַשֶּׁמֶשׁ. וְאִלּוּ הָיָה יוֹדֵעַ מַהוּ דָּבָר לָבָן וָזָךְ, מִיָּד הָיָה מַכִּיר הַשֶּׁמֶשׁ אַף־עַל־פִּי שֶׁלֹּא רָאָה אוֹתוֹ מִיָּמָיו. אִם כֵּן, הִנֵּה נוֹדַע לְךָ, כִּי חֶסְרוֹן יְדִיעָתוֹ הַשֶּׁמֶשׁ, לֹא בָא אֵלָיו אֶלָּא מֵחֶסְרוֹן הַכָּרַת תְּאָרָיו. וְאִלּוּ הָיָה יוֹדֵעַ תְּאָרָיו, הָיָה יוֹדֵעַ אוֹתוֹ מִיָּד. וְכֵן אֲנַחְנוּ נֵדַע, כִּי כָּל דָּבָר יֶשׁ לוֹ כֹּחוֹת הֵם תְּאָרָיו, וּמִן הַתְּאָרִים הָהֵם יֵדַע הַדְּבָרִים הָהֵם. וּמִי שֶׁלֹּא יַכִּיר הַתְּאָרִים וְלֹא יַשִּׂיגֵם, אִי־אֶפְשָׁר לוֹ לְהַשִּׂיג מַהוּת הַדָּבָר. אִם כֵּן, לֹא נַשִּׂיג הַבּוֹרֵא, מִפְּנֵי שֶׁלֹּא נַשִּׂיג כֹּחוֹתָיו, שֶׁהֵם כִּתְאָרִים לָנוּ בּוֹ. וְאוּלָם לֹא נַשִּׂיג אוֹתָם, מִפְּנֵי שֶׁאֵין בֵּינֵינוּ וּבֵינֵיהֶם שׁוּם דִּמְיוֹן וְשֻׁתָּפוּת, בַּעֲבוּר שֶׁהוּא בוֹרֵא וְאָנוּ נִבְרָאִים, וְאֵין לוֹ גוּף וַאֲנַחְנוּ בַּעֲלֵי גוּפִים, וְהוּא אֶחָד וַאֲנַחְנוּ רַבִּים, וְהוּא קַיָּם וַאֲנַחְנוּ אוֹבְדִים. אִם כֵּן, לֹא נוּכַל לְהַשִּׂיגוֹ, כִּי לֹא יַשִּׂיג דָּבָר לְדָבָר אַחֵר רַק בִּקְצָת שֻׁתָּפוּת וְדִמְיוֹן. [וּכְמוֹ שֶׁיֵּשׁ בֵּין הָעַיִן וְהָאוֹרָה, כִּי הָאוֹרָה הִיא לְבָנָה וּבְהִירָה וְיֵשׁ בָּהּ אוֹר נוֹצֵץ, וְאֵלֶּה הַשְּׁלֹשָׁה כֹּחוֹת הֵם מְצוּאִים בַּשֶּׁמֶשׁ וּבְכָל מָאוֹר, וְעַל כֵּן תַּשִּׂיג הָעַיִן הָאוֹרָה מִפְּנֵי זֶה הַשִּׁתּוּף שֶׁבֵּינֵיהֶם. וְכֵן הַיָּד לֹא תַשִּׂיג כִּי אִם גוּף כָּמוֹהָ, מִפְּנֵי שֶׁהִיא גוּף וְיֵשׁ בֵּינֵיהֶם שֻׁתָּפוּת, וְתַשִּׂיג כָּל דָּבָר חַם וָקַר, מִפְּנֵי שֶׁיֵּשׁ בָּהּ כֹּחַ

is likeness, and the hand can sense everything which is warm or cold, because there is within it an element blended of cold and of warm. For with the cold quality, it can sense the cold, and with the warm quality, it can sense the heat. Similarily, it can sense everything which is moist or dry because it has the two qualities comingled. It is neither very moist nor very dry, but it is all in balance. Therefore, with its moisture it can sense every moist thing, and with its dryness it can sense every dry thing. Thus the tongue can sense things with which it has a likeness. For the tongue is moist, and therefore it can sense every moist thing, and we should not say that it can sense the dry, but rather that it senses the absence of the moist, and from that point of view, it can sense the dry. The tongue can sense the various tastes. For it is mainly blood; it is able to sense the sweet which is blood-like. We do not say that it senses the bitter, but rather that it senses the lack of sweetness, for it spreads itself and it grows moist when it touches sweetness, and it contracts itself and dries itself when it touches bitterness, and it senses the taste of all fat and oily foods, because there is within the tongue some oil. It senses every sharp tasting thing because there is within it the opposite of sweetness, and similarly the eye can sense light and colors. At first, it senses the black color because it is like itself (i.e., the pupil); it perceives white because it is its (the eyes) light. It senses the red and the green because they are compounded of these two—the dark and the light.

Now that it has been made clear that no thing can conceive of another thing unless there is a likeness between them, we know that if we were able to conceive of one of the descriptions of the Creator, blessed be He, there would be between us and that description a similarity and a resemblance. Moreover, if we could conceive of a true description of Him, then we would be able to conceive of Him. There is no difference between Him and His qualities. In such a case, we would be compelled to say that there is a likeness between us and Him. If this is so, then the true sign of His being too lofty for our perception is that there is no resemblance between His qualities and us, for He is the Creator and we the created. He has no beginning and no end, while we have a beginning and an end. He endures constantly, while we perish. If this is so, then there is no way of conceiving Him. After it has been

מְמֻסֶּכֶת מִקְּרִירוּת וּמֵחֹם, בִּקְרִירוּת אֲשֶׁר בָּהּ תַּשִּׂיג הַקֹּר, וּבַחֲמִימוּת אֲשֶׁר בָּהּ תַּשִּׂיג הַחֹם. וְכֵן תַּשִּׂיג כָּל דָּבָר לַח וְיָבֵשׁ, מִפְּנֵי שֶׁיֵּשׁ בָּהּ שְׁנֵי אֵלֶּה הַכֹּחוֹת מְמֻסָּכִים, וְאֵינָהּ לַחָה מְאֹד וְלֹא יְבֵשָׁה רַק בְּמִישׁוֹר, וְעַל כֵּן בְּלַחוּת תַּשִּׂיג כָּל דָּבָר לַח, וּבִיבֵשׁוּת כָּל דָּבָר יָבֵשׁ. וְכֵן הַלָּשׁוֹן תַּשִּׂיג הַדְּבָרִים אֲשֶׁר בֵּינָהּ וּבֵינֵיהֶם שֻׁתָּפוּת וְדִמְיוֹן, כִּי הַלָּשׁוֹן לַחָה, וְעַל כֵּן תַּשִּׂיג כָּל דָּבָר לַח. וְלֹא נֹאמַר כִּי תַשִּׂיג הַיָּבֵשׁ, אַךְ תַּשִּׂיג חֶסְרוֹן הַלַּח. מִן הַצַּד הַזֶּה, תַּשִּׂיג הַיָּבֵשׁ. וְתַשִּׂיג הַטְּעָמִים, מִפְּנֵי שֶׁהִיא רְבָּה דָם, תַּשִּׂיג הַמָּתוֹק כִּי הוּא הַדָּם. וְלֹא נֹאמַר שֶׁתַּשִּׂיג הַמַּר, רַק תַּשִּׂיג חֶסְרוֹן הַמְּתִיקוּת כְּפִי שֶׁיִּתְפַּשֵּׁט וְיִתְלַחְלֵחַ בִּמְתִיקוּתוֹ וְיִתְקַבֵּץ וְיִתְנַגֵּב בִּמְרִירוּת. וְתַשִּׂיג טַעַם כָּל דָּשֵׁן וְשָׁמֵן, מִפְּנֵי שֶׁיֵּשׁ בָּהּ קְצָת שֻׁמָּן. וְתַשִּׂיג כָּל דָּבָר חָרִיף, מִפְּנֵי שֶׁיֵּשׁ בָּהּ הֵפֶךְ הַמְּתִיקוּת. וְכֵן הָעַיִן תַּשִּׂיג הַמַּרְאוֹת וְתַשִּׂיג הַצִּבְעוֹנִים. וּבַתְּחִלָּה תַּשִּׂיג הַמַּרְאֶה הַשָּׁחוֹר כִּי הוּא דִּמְיוֹנָהּ, וְתַשִּׂיג הַלָּבָן מִפְּנֵי שֶׁהוּא מְאוֹרָהּ. וְתַשִּׂיג הָאָדוֹם וְהַיָּרוֹק, מִפְּנֵי שֶׁהֵם מֻרְכָּבִים מִשְּׁנֵי אֵלֶּה.

וְאַחֲרֵי שֶׁהִתְבָּאֵר כִּי מִכָּל דָּבָר לֹא תַשִּׂיג כִּי אִם דָּבָר שֶׁיִּהְיֶה בֵּינֵיהֶם שֻׁתָּפוּת וְדִמְיוֹן, נֵדַע, כִּי אִלּוּ הָיִינוּ מַשִּׂיגִים תֹּאַר מִתְּאָרֵי הַבּוֹרֵא יִתְבָּרַךְ, הָיָה בֵינֵינוּ וּבֵין הַתֹּאַר הַהוּא שֻׁתָּפוּת וְדִמְיוֹן. וְעוֹד, אִם הָיִינוּ מַשִּׂיגִים תֹּאַר מִתְּאָרָיו הָאֲמִתִּיִּים, הָיִינוּ מַשִּׂיגִים אוֹתוֹ, כִּי אֵין הֶפְרֵשׁ בֵּינוֹ וּבֵין כֹּחוֹתָיו, וְהֻצְרַכְנוּ אָז לוֹמַר שֶׁיֵּשׁ שֻׁתָּפוּת בֵּינֵינוּ וּבֵינוֹ. אִם כֵּן, הָאוֹת הָאֲמִתִּי עַל הֱיוֹתוֹ נִשְׂגָּב מֵהַשָּׂגָתֵנוּ הוּא, מִפְּנֵי שֶׁאֵין שִׁתּוּף וְדִמְיוֹן בֵּין מִדּוֹתָיו וּבֵינֵינוּ, כִּי הוּא בּוֹרֵא, וַאֲנַחְנוּ נִבְרָאִים. וְהוּא אֵין לוֹ תְּחִלָּה וָסוֹף, וְאָנוּ יֵשׁ לָנוּ תְּחִלָּה וָסוֹף. וְהוּא קַיָּם, וַאֲנַחְנוּ אוֹבְדִים. אִם כֵּן, אֵין דֶּרֶךְ לְהַשִּׂיגוֹ. וְאַחֲרֵי

made clear that there is no way of conceiving Him for the lack of our ability to grasp all these qualities is a sign that they are found in the Creator (Hebrew emended) for the absence of any knowledge of His existence still assumes that He does exist. Just as a concept for His existence would prove that He does not exist. For if we were able to conceive of Him, then His existence would be like our existence which is transitory, passing, and perishing. If this is so, then His existence must be the opposite of our existence. If this is so, then we must say that any concept of His existence must be of a true existence, and after it has been made clear that His existence cannot be grasped by our reason, we must believe that that is the very proof of His existence. Since His wisdom is too lofty for us, we say that this is clear proof of the true wisdom which is in Him. Thus, since His being is hidden from our powers, we say that this is true proof of His being. For the lack of our ability to grasp all these qualities is a sign that they are found in the Creator. If we could conceive of them, it would be proof that they are lacking. Whatever we comprehend (of God) is (really) the absence (of this feature). (The Hebrew has been emended.) For everything which our perception can grasp from nothing, its end is to return to nothing. The Creator is at a vast distance from this subject.

If we wish to know the attributes and powers of the Creator, blessed be He, let it be said that the Creator is the totality of everything, and His oneness includes His description, powers, and attributes. If this is true, then it is not necessary for us to search out anything except His existence. For if a man searches out the totality of anything and knows it, it is not necessary to search out the details that are contained in it. For in knowing the totality, he knows the parts. So it is in discussing the Creator. After we have said in one all-inclusive word that He is One, with a Oneness of which we cannot conceive, then we say that that Oneness includes His existence, wisdom, power, eternity, and all the qualities which are fitting for Him. We are compelled to believe in His Oneness because this quality keeps us from believing that He is divisible or many.

אֲשֶׁר הִתְבָּאֵר, כִּי אֵין דֶּרֶךְ לְהַשִּׂיגוֹ, יִהְיֶה הָאוֹת עַל מְצִיאוּתוֹ בְּהַשָּׂגַת מְצִיאוּתוֹ. כִּי הֶעְדֵּר יְדִיעַת מְצִיאוּתוֹ, יִתְחַיֵּב לִהְיוֹתוֹ נִמְצָא כַּאֲשֶׁר הַשָּׂגַת מְצִיאוּתוֹ יִתְחַיֵּב לְבַל יִהְיֶה נִמְצָא. כִּי אִלּוּ נִהְיֶה מַשִּׂיגִים אוֹתוֹ, תִּהְיֶה מְצִיאוּתוֹ דּוֹמָה לִמְצִיאוּתֵנוּ שֶׁהִיא מִקְרִית וְהִיא חוֹלֶפֶת וְאוֹבֶדֶת. אִם כֵּן, מְצִיאוּתוֹ הֵפֶךְ מְצִיאוּתֵנוּ. אִם כֵּן, נֹאמַר כִּי הַשָּׂגַת מְצִיאוּתוֹ הִיא מְצִיאוּת הָאֲמִתִּית. וְאַחֲרֵי אֲשֶׁר נִתְבָּאֵר כִּי נֶעְדְּרָה מִשִּׂכְלֵנוּ מְצִיאוּתוֹ, נַאֲמִין כִּי הוּא הָאוֹת וְהַמּוֹפֵת עַל הֱיוֹתוֹ נִמְצָא. וְאַחֲרֵי אֲשֶׁר נִשְׂגְּבָה מִמֶּנּוּ חָכְמָתוֹ, נֹאמַר, כִּי [הוּא] הָאוֹת הַבָּרוּר עַל הַחָכְמָה הַנְּכוֹנָה אֲשֶׁר בּוֹ. וְכֵן אַחֲרֵי אֲשֶׁר נֶעֶלְמָה מִכֹּחֵנוּ יֵשׁוּתוֹ, נֹאמַר כִּי הוּא אוֹת אֱמֶת עַל יֵשׁוּתוֹ, כִּי חֶסְרוֹן הַשָּׂגָתֵנוּ לְכָל אֵלֶּה הַכֹּחוֹת הֵם לְאוֹת עַל הִמָּצְאָם בַּבּוֹרֵא. וְאִלּוּ הָיִינוּ מַשִּׂיגִים אוֹתָם, יִהְיֶה לְאוֹת עַל הֱיוֹתָם נֶעְדָּרִים. כִּי כָל מַה שֶּׁאָנוּ מַשִּׂיגִים, הוּא נֶעְדָּר. וְכָל מַה שֶּׁתִּשְׁלוֹט בּוֹ הַשָּׂגָתֵנוּ, הוּא יוֹצֵא לְיֵשׁ מֵאַיִן וְסוֹפוֹ לַחֲזוֹר לָאַיִן. וְהַבּוֹרֵא הוּא בְּתַכְלִית הַמֶּרְחָק מִן הָעִנְיָן הַזֶּה.

וּכְשֶׁנִּרְצֶה לָדַעַת מִדּוֹת הַבּוֹרֵא יִתְבָּרַךְ וְכֹחוֹתָיו וּתְאָרָיו, נֹאמַר, כִּי הַבּוֹרֵא הוּא כְּלַל הַכֹּל, וְאַחְדוּתוֹ הִיא כּוֹלֶלֶת תְּאָרָיו וְכֹחוֹתָיו וּמִדּוֹתָיו. אִם כֵּן, אֵין צָרִיךְ לָנוּ לַחְקוֹר אֶלָּא עַל מְצִיאוּתוֹ לְבַד. כִּי כְּשֶׁיַּחְקוֹר אָדָם עַל כְּלָלוֹ שֶׁל דָּבָר וְיֵדַע אוֹתוֹ, אֵינוֹ צָרִיךְ לַחְקוֹר עַל פְּרָטָיו הַנִּכְלָלִים בְּתוֹכוֹ, כִּי בִּידִיעַת הַכְּלָל יֵדַע הַפְּרָטִים. וְכֵן הַבּוֹרֵא, אַחֲרֵי אֲשֶׁר אָמַרְנוּ בְּמִלָּה כּוֹלֶלֶת כִּי הוּא אֶחָד, אַחְדוּת אֲשֶׁר לֹא נַשִּׂיגֶנָּה, נֹאמַר, כִּי הָאַחְדוּת הַהִיא, כּוֹלֶלֶת מְצִיאוּתוֹ וְחָכְמָתוֹ וּגְבוּרָתוֹ וְקִיּוּמוֹ וְכָל כֹּחוֹתָיו הָרְאוּיִים לוֹ. וְהֻצְרַכְנוּ לְהַאֲמִין בְּאַחְדוּתוֹ מִפְּנֵי כֹחוֹ, לְבַל נַאֲמִין כִּי הוּא נֶחֱלָק אוֹ מְרֻבֶּה.

CHAPTER IX

*Concerning The Signs Of The Will Of The Creator And How
A Man Can Know He Has Found Favor In The Eyes Of
His God And If God Has Accepted His Deeds*

Know that anyone who wishes to know if his God is pleased with him should weigh within himself, as we have said, his merits and deficiencies. If he sees that he inclines to evil lusts and the pursuit of wealth, the lust of women, immoral profit, robbery, and pleasures more than he inclines to the service of God and to prayer, charity, and good deeds, let him know that he is wicked and that God does not accept his actions. But if he inclines to good deeds more than he inclines to things which are bad, let him know that he has been noted for good. If a man wishes to do a worthy deed or fulfill a commandment, and this deed happens to be close at hand and nothing restrains him from doing this deed, then let him know that he has found favor in the eyes of his God. But if he sees that when he wishes to do a sinful thing, nothing happens to interfere or restrain him, and that when he wishes to do a worthy deed or observe a commandment, there are certain things which do interfere and restrain him, let him know that the Creator rejects him and does not love his deeds. It is said (Isaiah 1:15), "And when you spread forth your hands, I will hide Mine eyes from you." But if a man is visited by sufferings, illness, troubles, or if he is exiled from his land, let him know that the Creator loves Him and corrects him as a man corrects his son. But if he sees that he is tranquil and confident without sufferings and illnesses and that he remains at peace and no trials come upon him, let him know that the Creator does not love him. Moreover, if he sees that his heart is hardened and uncharitable, or he does not fast to remember the day of judgment, and that when he sees people die, he does not reflect in his heart concerning the day of death, this is

186

הַשַּׁעַר הַתְּשִׁיעִי

בְּסִימָנֵי רְצוֹן הַבּוֹרֵא, וּבַאֲשֶׁר יוּכַל הָאָדָם לְהַכִּיר אִם מָצָא חֵן בְּעֵינֵי אֱלֹהָיו, וְאִם קִבֵּל מַעֲשָׂיו.

דַּע, שֶׁכָּל הָרוֹצֶה לְהַכִּיר אִם אֱלֹהָיו רוֹצֶה אוֹתוֹ, יִשְׁקוֹל נַפְשׁוֹ, כַּאֲשֶׁר אָמַרְנוּ, בֵּין הַזְּכִיּוֹת וְהָעֲוֹנוֹת. וְאִם יִרְאֶה כִּי נַפְשׁוֹ נוֹטָה לְתַאֲווֹת הָרָעוֹת וְלִרְדּוֹף אַחַר הָעֹשֶׁר וּלְתַאֲוַת הַנָּשִׁים וְהַבֶּצַע וְהַגָּזֵל וְהַתַּעֲנוּגִים יוֹתֵר מֵאֲשֶׁר הִיא נוֹטָה לַעֲבוֹדַת־הָאֵל וְלִתְפִלָּה וְלִצְדָקוֹת וּלְמַעֲשִׂים טוֹבִים, יֵדַע כִּי הוּא רָשָׁע וְכִי הָאֵל אֵינוֹ מְקַבֵּל מַעֲשָׂיו. וְאִם הָיָה נוֹטֶה לַמַּעֲשִׂים הַטּוֹבִים יוֹתֵר מֵאֲשֶׁר הוּא נוֹטֶה לַדְּבָרִים הָרָעִים, יֵדַע כִּי עָלָה זִכְרוֹנוֹ לְטוֹבָה. וְכַאֲשֶׁר יִרְצֶה הָאָדָם לַעֲשׂוֹת דְּבַר־מִצְוָה וְתִזְדַּמֵּן וְתִקְרַב לְיָדוֹ וְלֹא נִזְדַּמֵּן לוֹ דָּבָר מְעַכֵּב לוֹ, יֵדַע כִּי מָצָא חֵן בְּעֵינֵי אֱלֹהָיו. וְאִם יִרְאֶה כִּי בִרְצוֹתוֹ לַעֲשׂוֹת עֲבֵרָה לֹא יִזְדַּמֵּן לוֹ דָּבָר מַטְרִיד אוֹ מְעַכֵּב, וּבַעֲשׂוֹתוֹ דְּבַר־מִצְוָה יִזְדַּמְּנוּ לוֹ דְּבָרִים מְעַכְּבִים וּמַטְרִידִים, יֵדַע כִּי הַבּוֹרֵא מוֹאֵס בּוֹ וְאֵינוֹ אוֹהֵב מַעֲשָׂיו, שֶׁנֶּאֱמַר (ישעיה א טו) וּבְפָרִשְׂכֶם כַּפֵּיכֶם אַעְלִים עֵינַי מִכֶּם. וְעוֹד, כְּשֶׁיָּבוֹאוּ עַל אָדָם יִסּוּרִים וָחֳלָיִים וְצָרוֹת אוֹ יִגְלֶה מֵאַרְצוֹ, יֵדַע כִּי הַבּוֹרֵא אוֹהֵב אוֹתוֹ וִייַסְּרֵהוּ כַּאֲשֶׁר יְיַסֵּר אִישׁ אֶת בְּנוֹ. וְאִם יִרְאֶה כִּי [הוּא] שׁוֹקֵט וּבוֹטֵחַ בְּלֹא יִסּוּרִים וָחֳלָיִים וְהוּא עוֹמֵד בְּשַׁלְוָה וְלֹא עָבְרוּ עָלָיו נִסְיוֹנוֹת, יֵדַע כִּי אֵין הַבּוֹרֵא אוֹהֵב אוֹתוֹ. וְעוֹד, בִּרְאוֹתוֹ לְבָבוֹ קָשֶׁה מֵעֲשׂוֹת צְדָקָה וּמִלְּהִתְעַנּוֹת וּמִלִּזְכּוֹר יוֹם הַדִּין, וּבִרְאוֹתוֹ אֲנָשִׁים יָמוּתוּ וְלֹא יַעֲבִיר עַל לִבּוֹ יוֹם הַמִּיתָה,

a great sign that, "Their eyes are bedaubed lest they, seeing with their eyes, and hearing with their ears, and understanding with their heart, return and be healed." When an evil decree is enforced against the people of the city, or against a nation, and he escapes from it, let him know that the Creator loves him and has shown his superiority over the others. Similarly, if the people of the city or a nation are altogether wicked and they walk in the obstinacy of their hearts, while this man's eyes are opened and he stirs from his sleep and does not turn to those wicked people, but hastens to do complete repentance, this is a sign of the will of his God, that he has found favor in His eyes. Similarly, if he was extreme in his evil deeds, and did all things abominable to God and angered his God, but afterwards aroused himself and forsook all his evil deeds and removed all the evil from his heart, without fear, except the fear of his God, because God inspired him with fear of Him, this is a great sign of the love of the Creator, blessed be He, and that He will have pity on him because he has removed the heart of stone from his flesh, and God has given to him a heart of flesh and His spirit he has given within him. There is no greater good than this!

It is similar when sickness comes upon a man and he reaches the gates of death, and afterwards is spared, that is a sign of the love of the Creator, blessed be He, and that He has pity upon him, and that He wanted to warn him in order that he might turn away from his evil. But if a man commits blasphemies and is advanced in age and still does not repent, but clings to his wickedness, and if he advances in age and grows older, his lusts continue to renew themselves, he begins to build houses and to deal much in merchandise and to amass money from robbery, more than he did in the days of his youth, this is a great sign that the Creator rejects him, and therefore does not arouse him to repentance and does not correct him. He lets him go on in the stubbornness of his heart, as it is said (Psalms 81:13), "So I let them go after the stubbornness of their heart that they might walk in their own counsels." Similarly, if a man gives alms, or fulfills some commandment and then regrets it, all the more so if there was great effort expended in fulfilling the commandment, and he loathes the doing of it after he has done it, this is a great sign that the heart of his God is not set upon him, and that he does not find favor in His eyes, and that all of his expenditure of

זֶה לְאוֹת גָּדוֹל כִּי טַח מֵרְאוֹת עֵינָיו, פֶּן יִרְאֶה בְעֵינָיו וּבְאָזְנָיו יִשְׁמָע וּלְבָבוֹ יָבִין וָשָׁב וְרָפָא לוֹ. וְכֵן, כְּשֶׁתָּבוֹא גְזֵרָה עַל אַנְשֵׁי עִיר אוֹ עַל מִשְׁפָּחָה וְיִמָּלֵט הוּא מִמֶּנָּה, יֵדַע כִּי הַבּוֹרֵא אוֹהֲבוֹ וְהֶרְאָה לוֹ הַיִּתְרוֹן אֲשֶׁר בֵּינוֹ וּבֵין הָאֲנָשִׁים הָאֵל. וְכֵן כְּשֶׁיִּהְיוּ אַנְשֵׁי־עִיר אוֹ מִשְׁפָּחָה כֻּלָּם רְשָׁעִים הוֹלְכִים בִּשְׁרִירוּת לִבָּם, וְזֶה הָאִישׁ נִפְקְחוּ עֵינָיו וַיִּתְעוֹרֵר מִשְּׁנָתוֹ וְלֹא פָנָה לָאֵלֶּה הָרְשָׁעִים, וּמִהֵר לַעֲשׂוֹת תְּשׁוּבָה גְמוּרָה, זֶה לְאוֹת עַל רְצוֹן אֱלֹהָיו וְכִי מָצָא חֵן בְּעֵינָיו. וְכֵן כְּשֶׁיִּהְיֶה מַפְלִיג בְּמַעֲשִׂים רָעִים וְעָשָׂה כָּל תּוֹעֲבַת הַשֵּׁם וְהִכְעִיס אֱלֹהָיו וְאַחַר כֵּן הִתְעוֹרֵר וְעָזַב כָּל הַמַּעֲשִׂים הָרָעִים הָהֵם וְעָזַב הַכֹּל מִלִּבּוֹ מִבְּלִי מוֹרָא כִּי אִם מִפַּחַד אֱלֹהָיו אוֹ מִפְּנֵי שֶׁהֱרִיחוֹ בְּיִרְאָתוֹ, זֶה לְאוֹת גָּדוֹל עַל אַהֲבַת הַבּוֹרֵא יִתְבָּרַךְ, וְכִי יַחְמוֹל עָלָיו בַּהֲסִירוֹ אֶת לֵב הָאֶבֶן מִבְּשָׂרוֹ וְנָתַן לוֹ לֵב בָּשָׂר וְאֶת רוּחוֹ נָתַן בְּקִרְבּוֹ, וְאֵין טוֹבָה לְמַעְלָה מִזּוֹ. וְכֵן בְּבוֹא עָלָיו חֳלִי וְיַגִּיעַ עַד שַׁעֲרֵי־מָוֶת וְאַחַר־כֵּן נִמְלַט, הוּא לְאוֹת עַל אַהֲבַת הַבּוֹרֵא יִתְבָּרַךְ, וְכִי יַחְמוֹל עָלָיו, וְכִי רָצָה לְהַזְהִירוֹ לְמַעַן יָסוּר מֵרָעָתוֹ. אַךְ אִם הָאָדָם עוֹשֶׂה נֶאָצוֹת וּבָא בַּיָּמִים וְעוֹדֶנּוּ לֹא יָשׁוּב, רַק מַחֲזִיק בְּרִשְׁעָתוֹ, וְכֹל אֲשֶׁר יָבוֹא בַּיָּמִים וְיַזְקִין יוֹסִיפוּ לְהִתְחַדֵּשׁ תַּאֲווֹתָיו וְיַתְחִיל לִבְנוֹת בָּתִּים וְלַעֲשׂוֹת סְחוֹרוֹת רַבּוֹת וּלְקַבֵּץ מָמוֹן מִגָּזֵל יוֹתֵר מִמַּה שֶּׁעָשָׂה בִּימֵי בְחוּרוֹתָיו, זֶה לְאוֹת גָּדוֹל כִּי הַבּוֹרֵא מוֹאֵס אוֹתוֹ, וְעַל כֵּן לֹא יְעִירֵהוּ וְלֹא יְיַסְּרֵהוּ, רַק יְשַׁלְּחֵהוּ בִּשְׁרִירוּת לִבּוֹ, כַּאֲשֶׁר אָמַר (תהלים פא יג) וָאֲשַׁלְּחֵהוּ בִּשְׁרִירוּת לִבָּם יֵלְכוּ בְּמוֹעֲצוֹתֵיהֶם. וְכֵן בַּעֲשׂוֹתוֹ צְדָקָה אוֹ דְּבַר־מִצְוָה וְיִתְחָרֵט עָלֶיהָ, וְכָל־שֶׁכֵּן אִם תִּהְיֶה בַּמִּצְוָה הַהִיא יְגִיעָה וְיָקוּץ עַל עֲשׂוֹתָהּ אַחֲרֵי עֲשׂוֹתָהּ, זֶה לְאוֹת הַגָּדוֹל כִּי אֵין לֵב אֱלֹהָיו עָלָיו וְלֹא יִמְצָא חֵן בְּעֵינָיו וִיגִיעוֹ לָרִיק.

energy was in vain. It is the same if he does a sin and completes it and rejoices in it very much and has no remorse for having done it, but his desire is to do it a second time, this is a sign that the Creator, blessed be He, has turned His face from him. But when he fulfills a precept of the Torah and rejoices in it, because he was able to do it, even though the precept may have been an easy one to perform, or if he exerted himself in performing the precept and was very happy with the fact that he exerted himself, and it was very sweet to his palate, just as rest is sweet to the fool, this is a sign that the Creator loves him.

Similarly, when he hears the words of God and subdues his heart and is very fearful and knows that he is a wicked man, there is hope for his final end, that he will repent, for the spirit of the fear of God is treasured up in his heart. Therefore, we know that when the lust which blinds the eyes grows weak, or when he reaches advanced age, then this fear which is hidden in his heart, will be stirred up, and, therefore, this is a sign that the Creator has at least a little love for him. Continuing with this theme, every intelligent man should weigh himself in these balances which we have called to mind. If he recognizes from them that the Creator rejects him, let his tears fall like a stream on the evil of his fate and on his sad end. If he discerns from them that the Creator loves him, let him rejoice and say, "Happy am I, how good is my portion and how beautiful is my lot," and let him hasten to arouse and to stir up love to the extent to which he is able.

וְכֵן בַּעֲשׂוֹתוֹ הָעֲבֵרָה וַיַּשְׁלִימֶנָּה יִשְׂמַח בָּהּ מְאֹד וְלֹא יִתְחָרֵט, רַק תַּאֲוָתוֹ לַעֲשׂוֹת שְׁנִיָּה, זֶה לְאוֹת כִּי הַבּוֹרֵא יִתְבָּרַךְ הִסְתִּיר פָּנָיו מִמֶּנּוּ. אַךְ אִם יַעֲשֶׂה דְּבַר־מִצְוָה וְיִשְׂמַח בָּהּ וְיַחְשׁוֹב כִּי כְבָר מָצְאָה יָדוֹ אַף־עַל־פִּי שֶׁהִיא נְקַלָּה, וְאִם יָגֵעַ בַּמִּצְוָה הַהִיא שָׂמֵחַ מְאֹד בִּיגִיעָתוֹ וְתִמְתַּק מְאֹד לְחִכּוֹ כַּאֲשֶׁר תִּמְתַּק הַמְּנוּחָה לַכְּסִיל, זֶה לְאוֹת כִּי הַבּוֹרֵא אוֹהֵב אוֹתוֹ. וְכֵן בְּשָׁמְעוֹ דִּבְרֵי־אֱלֹהִים וְיִכָּנַע לְבָבוֹ וִיפַחֵד מְאֹד וְאַף־עַל־פִּי שֶׁהוּא רָשָׁע, יֵשׁ תִּקְוָה לְאַחֲרִיתוֹ שֶׁיַּחֲזוֹר בִּתְשׁוּבָה, כִּי רוּחַ־הַיִּרְאָה הִיא צְפוּנָה בְּלִבּוֹ. וְעַל כֵּן נֵדַע, כִּי כְּשֶׁתֶּחֱלַשׁ הַתַּאֲוָה הַמְעוֶּרֶת עֵינָיו אוֹ כְּשֶׁיָּבוֹא בַּיָּמִים, אָז תִּתְעוֹרֵר לוֹ הַיִּרְאָה הַצְּפוּנָה בְלִבּוֹ, וְעַל כֵּן הוּא אוֹת כִּי יֵשׁ לַבּוֹרֵא קְצָת אַהֲבָה בּוֹ. וְעַל זֶה יֵשׁ לְכָל מַשְׂכִּיל לִשְׁקוֹל נַפְשׁוֹ בְּאֵלֶּה הַמִּשְׁקָלִים אֲשֶׁר זָכַרְנוּ. וְאִם יַכִּיר מֵהֶם כִּי הַבּוֹרֵא מוֹאֵס אוֹתוֹ, יַזִּיל כַּנַּחַל דִּמְעָה עַל רֹעַ מַזָּלוֹ וְאַחֲרִיתוֹ הָרָעָה. וְאִם יַכִּיר מֵהֶם כִּי הַבּוֹרֵא אוֹהֲבוֹ, יִשְׂמַח וְיֹאמַר, אַשְׁרַי מַה טּוֹב חֶלְקִי וּמַה יָּפֶה גּוֹרָלִי. וִימַהֵר לְהָעִיר וּלְעוֹרֵר אֶת הָאַהֲבָה עַד שֶׁתֶּחְפָּץ.

CHAPTER X

Concerning Repentance

Know that the complete repentance of a wicked man will cleanse him of all his sins, and he will be like a newborn infant. Just as the infant is innocent of all sin, but possesses no merit whatever, so is the wicked man, when he does repentance, innocent of all his sins, and he is spared from the punishment of the Creator, but he has no merits. Therefore, he does not equal the righteous who are pure and have never in all their days committed a sin. Just as it would be impossible in the case of two men who have ministered to the king. One was faithful, and never was there found in him anything unseemly, while the second man conspired against the king and enraged him and rebelled against him. Afterwards, he humbled himself to him, admitted his sin, just as Shimei ben Gera did, when he came and fell before King David, of blessed memory. Obviously, even though the king should forgive him, his virtue in the eyes of the king would not be like the virtue of his faithful servant. Logic tells us that although Menassah ben Hezekiah did repentance, such repentance as no other man has ever done, and greatly afflicted his soul in humility in his service of God in all of his days, still he did not reach the height of Moses, our teacher, of blessed memory. Nor did he reach the height of David, king of Israel, who was God-fearing from his youth. As to what our Sages, of blessed memory, said (Berakhot 34b), "In the place where the repentant stand, the completely righteous cannot stand," they said the truth. For obviously, the righteous men and the intermediate ones have each one a lofty place near the Creator, blessed be He. Therefore, our Sages, of blessed memory, said that in the place where the repentant ones are, the righteous do not stand: they meant that their place was not among the repentant ones but in another

192

הַשַּׁעַר הָעֲשִׂירִי

בְּעִנְיְנֵי הַתְּשׁוּבָה.

דַּע, כִּי הַתְּשׁוּבָה הַגְּמוּרָה לָרָשָׁע, תְּטַהֲרֶנּוּ מִכֹּל חַטֹּאתָיו, וִיהְיֶה כְּבֶן־יוֹמוֹ. וְכַאֲשֶׁר הַיִּלּוֹד נָקִי מִכָּל חֵטְא אֲבָל אֵין לוֹ שׁוּם זְכוּת, כָּךְ הָרָשָׁע בַּעֲשׂוֹתוֹ תְּשׁוּבָה גְמוּרָה, הוּא נָקִי מִכָּל חַטֹּאתָיו, וְנִמְלָט מֵעֹנֶשׁ הַבּוֹרֵא, אַךְ אֵין לוֹ זְכִיּוֹת, וְלֹא יִזְכֶּה לְמַעֲלַת הַצַּדִּיקִים הַטְּהוֹרִים אֲשֶׁר מִימֵיהֶם לֹא עָשׂוּ עֲבֵרָה, כַּאֲשֶׁר אִי־אֶפְשָׁר לִשְׁנֵי אֲנָשִׁים מִמְּשָׁרְתֵי הַמֶּלֶךְ, הָאֶחָד נֶאֱמָן, מִיּוֹם הֱיוֹתוֹ לֹא נִמְצָא בוֹ עֶרְוַת דָּבָר, וְהַשֵּׁנִי קָשַׁר עָלָיו וְהִכְעִיסוֹ וּמָרַד בּוֹ וְאַחַר־כֵּן נִכְנַע אֵלָיו וְהִכִּיר חֶטְאוֹ, כְּמוֹ שִׁמְעִי בֶן־גֵּרָא בְּבוֹאוֹ מִתְנַפֵּל לִפְנֵי דָוִד הַמֶּלֶךְ עָלָיו הַשָּׁלוֹם, בְּיָדוּעַ, אַף־עַל־פִּי שֶׁיִּמְחוֹל לוֹ הַמֶּלֶךְ, לֹא תִהְיֶה מַעֲלָתוֹ בְעֵינָיו כְּמַעֲלַת עַבְדּוֹ הַנֶּאֱמָן. וְהַשֵּׂכֶל יוֹרֵנוּ, כִּי מְנַשֶּׁה בֶן־חִזְקִיָּהוּ עָשָׂה תְשׁוּבָה, אֲשֶׁר כָּמוֹהָ לֹא עָשָׂה אִישׁ, וְהִפְלִיג נַפְשׁוֹ בְעִנּוּי בַּעֲבוֹדַת הָאֵל כָּל יָמָיו, לֹא הִגִּיעַ לְמַעֲלַת מֹשֶׁה רַבֵּנוּ עָלָיו הַשָּׁלוֹם, וְלֹא לְמַעֲלַת דָּוִד מֶלֶךְ יִשְׂרָאֵל אֲשֶׁר הָיָה מִנְּעוּרָיו יְרֵא־אֱלֹהִים.

וּמַה שֶּׁאָמְרוּ רַבּוֹתֵינוּ זִכְרוֹנָם לִבְרָכָה (ברכות לד ב) מָקוֹם שֶׁבַּעֲלֵי־תְשׁוּבָה עוֹמְדִים צַדִּיקִים־גְּמוּרִים אֵינָם עוֹמְדִים, אָמְרוּ הֵם אֱמֶת. כִּי בְיָדוּעַ, שֶׁהַצַּדִּיקִים וְהַבֵּנוֹנִים יֵשׁ לְכָל אֶחָד מַעֲלָה אֵצֶל הַבּוֹרֵא בָּרוּךְ־הוּא זֶה לְמַעְלָה מִזֶּה, וְעַל כֵּן אָמְרוּ רַבּוֹתֵינוּ זִכְרוֹנָם לִבְרָכָה, כִּי בְמַעֲלַת בַּעֲלֵי־תְשׁוּבָה, לֹא יַעַמְדוּ שָׁם הַצַּדִּיקִים, כִּי אֵינוֹ מְקוֹמָם וְאֵינָם בְּכַת בַּעֲלֵי־תְשׁוּבָה, אֶלָּא

place. There is still another meaning, namely, that the Creator will do for the sake of the penitents more than He will do for the sake of the righteous, just as He did for the sake of the people of Nineveh, and as He did for the sake of Ahab with whom he was extremely patient, and all this that the Creator might show the wicked His love for the repentant ones. This is an illustration of His hand being outstretched to the repentant ones in order that they should repent of their evil, and for this reason He will at times do miracles for the penitents such as He would not do for the righteous. This is not because the virtue of the repentant ones is as great as the virtue of the righteous, but because in the case of the repentant ones, if the Creator does not receive them and does not show His love for him, they will return at once to their evil ways. But as for the righteous man, because the Creator knows his heart, He does not reveal His love to him, for the Creator knows the integrity of his heart, and that the righteous man will not blaspheme God or be wrathful because he quarrels with His judgments. A parable on this theme would be a king who has two servants, one faithful and the second a flatterer, and the flatterer angered the king and did all sorts of evil things to him, all the evil that he could, and the king was wrathful with him and cast him out from his presence. Thereafter, the flatterer returned to seek the good will of the king, and he fell at his feet, and the king had pity upon him and received him. One day the faithful servant made a request of the king, and the flatterer made a different request of him, and the king ordered that the request of the flatterer be granted, and did not grant the request of the faithful servant because he knew the honest heart of his faithful servant, and he knew that his faithful servant would not consider the refused request as an evil thing, and that the faithful servant would not reproach himself for being faithful. As for the flatterer, the king knew that if he did not grant his request, the flatterer would return to his original evil and consider the king's refusal wicked, and in the evil of his heart he would repent that he had served his king, and he would say to his companions, "It is not fitting to serve a king such as this, for I requested of him a simple thing and he did not grant it. How then can any man trust him?" This is the way of the Creator with repentant ones. Here is another interpretation, and it is the right one. There are repentant people whose hearts are as honest as those of the righteous and those who are called righteous.

בְּמָקוֹם אַחֵר. וְעוֹד פֵּרוּשׁ אַחֵר, כִּי הַבּוֹרֵא יַעֲשֶׂה בִּשְׁבִיל בַּעֲלֵי תְשׁוּבָה יוֹתֵר מִמַּה שֶׁיַּעֲשֶׂה בִּשְׁבִיל הַצַּדִּיקִים, כַּאֲשֶׁר עָשָׂה בַּעֲבוּר אַנְשֵׁי־נִינְוֵה, וְכַאֲשֶׁר עָשָׂה בִּשְׁבִיל אַחְאָב וְהֶאֱרִיךְ לוֹ אַפּוֹ. וְכָל זֶה כְּדֵי לְהַרְאוֹת הַבּוֹרֵא לָרְשָׁעִים אַהֲבָתוֹ בְּבַעֲלֵי תְשׁוּבָה. וְזוֹ הִיא יָדוֹ הַפְּשׁוּטָה לַשָּׁבִים לְמַעַן יָשׁוּבוּ מֵרָעָתָם. וְעַל זֶה יַעֲשֶׂה לִפְעָמִים לְבַעֲלֵי־תְשׁוּבָה נִסִּים אֲשֶׁר לֹא יַעֲשֶׂה כָּהֶם לַצַּדִּיקִים. וְלֹא מִפְּנֵי שֶׁמַּעֲלַת בַּעֲלֵי־תְשׁוּבָה כְּמַעֲלַת הַצַּדִּיקִים, אַךְ מִפְּנֵי שֶׁבַּעֲלֵי־תְשׁוּבָה, אִם הַבּוֹרֵא לֹא יְקַבֵּל אוֹתָם וְלֹא יַרְאֶה אַהֲבָתוֹ לָהֶם, יָשׁוּבוּ מִיָּד לְרִשְׁעָתָם. אַךְ הַצַּדִּיק מִפְּנֵי שֶׁמַּכִּיר הַבּוֹרֵא אֶת לְבָבוֹ, עַל כֵּן לֹא יְגַלֶּה לוֹ אַהֲבָתוֹ, כִּי יֵדַע הַבּוֹרֵא תָּם־לְבָבוֹ, וְכִי לֹא יִתֵּן תִּפְלָה לֵאלֹהִים וְלֹא יִתְקַצֵּף עַל דִּינָיו. וְהַמָּשָׁל עַל זֶה, כְּמֶלֶךְ שֶׁיֵּשׁ לוֹ שְׁנֵי עֲבָדִים, הָאֶחָד נֶאֱמָן וְהַשֵּׁנִי חָנֵף, וְהֶחָנֵף הִכְעִיס לַמֶּלֶךְ וְעָשָׂה לוֹ כָּל הָרָעוֹת אֲשֶׁר יָכוֹל, וְהַמֶּלֶךְ קָצַף עָלָיו וְהִשְׁלִיכוֹ מֵעַל פָּנָיו, וְאַחַר־כָּךְ חָזַר זֶה הֶחָנֵף לְבַקֵּשׁ רְצוֹן הַמֶּלֶךְ, וְהִתְנַפֵּל לְרַגְלָיו, וְהַמֶּלֶךְ חָמַל עָלָיו וְקִבֵּל אוֹתוֹ. וְיוֹם אֶחָד בִּקֵּשׁ מִמֶּנּוּ זֶה הַנֶּאֱמָן שְׁאֵלָה וְהֶחָנֵף בִּקֵּשׁ מִמֶּנּוּ שְׁאֵלָה אַחֶרֶת, וְצִוָּה לְמַלֹּאת שְׁאֵלַת הֶחָנֵף וְלֹא נָתַן שְׁאֵלַת הַנֶּאֱמָן, בַּעֲבוּר אֲשֶׁר יַכִּיר תְּמִימוּת לֵב הַנֶּאֱמָן, וְיֵדַע כִּי לֹא יַחְשׁוֹב עָלָיו רָעָה וְלֹא יֶחֱרַף לְבָבוֹ מֵאֱמוּנָתוֹ. וְהֶחָנֵף, מִפְּנֵי שֶׁיֵּדַע כִּי אִם לֹא יִתֵּן שְׁאֵלָתוֹ, יָשׁוּב לְקַדְמוּתוֹ לְרָעָתוֹ, וְיַחְשׁוֹב עַל הַמֶּלֶךְ רָעָה בְּרֹעַ לְבָבוֹ, וְיִנָּחֵם עַל עֲבוֹדָתוֹ, וְיֹאמַר לַחֲבֵרָיו, אֵין רָאוּי לַעֲבוֹדַת הַמֶּלֶךְ כָּזֶה, כִּי חִלִּיתִי פָּנָיו בְּדָבָר נָקֵל וְלֹא מִלֵּא שְׁאֵלָתִי, וּבַמֶּה יוּכַל אָדָם לִבְטוֹחַ בּוֹ? וְכֵן מִדַּת הַבּוֹרֵא עִם בַּעֲלֵי־תְשׁוּבָה. פֵּרוּשׁ אַחֵר, וְהוּא הַנָּכוֹן, כִּי יֵשׁ בַּעֲלֵי־תְשׁוּבָה אֲשֶׁר לִבָּם נָכוֹן כְּלֵב הַצַּדִּיקִים, וְאֵלֶּה הַנִּקְרָאִים צַדִּיקִים, כִּי

In the beginning, they were perfectly righteous, and they erred, or it happened that they sinned, their evil inclination was stronger than their good inclination. After this, they returned to their original righteousness. Their righteousness and their service to God were doubled because of their desire to atone for their sin which they had done, and these are more honored ones than the righteous, for their righteousness is double that of the righteous who never sinned. Of these one can say, "In the place where the repentant stand, the completely righteous cannot stand."

Know that in the matter of repentance, there are eight occasions when a man can do this:

First, immediately after he has committed a sin. Second, after he has lingered in his evil conduct. Third, when the object of his pleasure is beyond his reach. Fourth, when he is ill. Fifth, when he is in great trouble, or in siege or in the hands of his enemy. Sixth, when he finds someone who can teach him and warn him. Seventh, in his old age when his strength fails. Eight, at the hour of death. The choicest of these occasions is the first that we have mentioned. This is the repentance of the righteous of whom it is said, "In the place where the repentant stands, the completely righteous cannot stand." Of less worth than the first is the second, when he has lingered long in his wickedness and afterwards stirred himself up and awakened from his sleep and knew that he was in the darkness, and he quickly hurried and purified his heart to build what he had ruined. Of less worth than the second is the third, when a man is unable to attain his desires. He repents ashamed. Yet in spite of all this, God will receive him in His service. The fourth occasion is when a man is ill. Then he is humbled, and he gives alms and petitions the Creator and makes a vow, and when he is healed he fulfills some of his undertakings, but not all of them. But if he does this, he is received. Of less worth than the fourth is the fifth. If he falls into the hands of his enemies, then he returns to the Creator out of the multitude of his troubles which surround him, and in spite of all this, if his repentance is complete, he will be received. The sixth time: if he chances upon a pious

בִּתְחִלָּתָם יְשָׁרִים הָיוּ, וְשָׁגוּ, אוֹ נִזְדַּמְּנָה לָהֶם עֲבֵרָה וְגָבַר עֲלֵיהֶם הַיֵּצֶר, וְאַחַר־כֵּן שָׁבוּ לְקַדְמוּתָם וּלְיָשְׁרָם, וְנִכְפְּלָה צִדְקָתָם וַעֲבוֹדָתָם בַּעֲבוּר הַחֵטְא אֲשֶׁר עָשׂוּ, וְאֵלֶּה הֵם הַנִּכְבָּדִים מֵהַצַּדִּיקִים, כִּי צִדְקָתָם כִּפְלַיִם מִצִּדְקַת הַצַּדִּיק אֲשֶׁר לֹא חָטָא. וְעַל אֵלֶּה יֵשׁ לוֹמַר, בְּמָקוֹם שֶׁבַּעֲלֵי־תְשׁוּבָה עוֹמְדִים, אֵין צַדִּיקִים גְּמוּרִים יְכוֹלִים לַעֲמוֹד.

וְדַע, כִּי הַתְּשׁוּבָה יֵשׁ לָהּ שְׁמוֹנֶה עִתִּים, אֲשֶׁר בָּהֶן יוּכַל אָדָם לַעֲשׂוֹתָהּ: הָרִאשׁוֹנָה, תֵּכֶף בְּהֵעָשׂוֹת הָעֲבֵרָה. וְהַשְּׁנִיָּה, אַחֲרֵי אֲשֶׁר יַאֲרִיךְ יָמָיו בְּרָעָתוֹ. וְהַשְּׁלִישִׁית, כְּשֶׁיֹּאבְדוּ תַּעֲנוּגָיו וְלֹא יַשִּׂיגֵם. וְהָרְבִיעִית, כְּשֶׁיִּהְיֶה חוֹלֶה. וְהַחֲמִישִׁית, כְּשֶׁיִּהְיֶה בְּצָרָה גְדוֹלָה אוֹ בְּמָצוֹר אוֹ בְיַד אוֹיְבָיו. הַשִּׁשִּׁית, כְּשֶׁיִּמְצָא מַזְהִיר וּמוֹרֶה. הַשְּׁבִיעִית, בְּזִקְנוּתוֹ וְכִכְלוֹת כֹּחוֹ. הַשְּׁמִינִית, בִּשְׁעַת הַמָּוֶת. וּמִבְחַר אֵלֶּה הָעִתִּים, הָעֵת הָרִאשׁוֹנָה אֲשֶׁר זָכַרְנוּ, וְזֹאת הִיא תְּשׁוּבַת הַצַּדִּיקִים אֲשֶׁר עֲלֵיהֶם נֶאֱמַר, בְּמָקוֹם שֶׁבַּעֲלֵי־תְשׁוּבָה עוֹמְדִים, אֵין צַדִּיקִים גְּמוּרִים עוֹמְדִים. וּפָחוֹת מִן הָעֵת הָרִאשׁוֹנָה הִיא הָעֵת הַשְּׁנִיָּה, כְּשֶׁיַּאֲרִיךְ יָמִים בְּרִשְׁעָתוֹ, וְאַחַר־כֵּן הִתְעוֹרֵר וַיִּיקַץ מִשְּׁנָתוֹ, וַיַּכִּיר כִּי הוּא בַחֹשֶׁךְ, וַיְמַהֵר לְטַהֵר לְבָבוֹ וְלִבְנוֹת אֲשֶׁר הָרַס. וּפָחוֹת מִן הָעֵת הַשְּׁנִיָּה, הַשְּׁלִישִׁית, כְּשֶׁיִּהְיֶה הָאָדָם בִּקְצַר יָד וְלֹא יוּכַל לְהַשִּׂיג חֲפָצָיו, יָשׁוּב בְּבֹשֶׁת־פָּנִים. וְעִם כָּל זֶה, יְקַבֵּל אוֹתוֹ הָאֱלֹהִים אִם תִּהְיֶה עֲבוֹדָתוֹ תְּמִימָה. הָרְבִיעִית, בִּהְיוֹתוֹ חוֹלֶה, אָז יִכָּנַע אוֹ יִתֵּן צְדָקָה וְיִתְחַנֵּן לַבּוֹרֵא וְיִדּוֹר נֶדֶר. וְכַאֲשֶׁר יִתְרַפֵּא, יַשְׁלִים קְצַת עִנְיָנָיו וְלֹא בְכֻלָּם. בְּכָל זֹאת, אִם יַעֲשֶׂה תְשׁוּבָה בִּמְהֵרָה, הוּא מְקֻבָּל. וּפָחוֹת מִזֶּה, [הַחֲמִישִׁית], כְּשֶׁיִּפּוֹל בְּיַד אוֹיְבָיו, אָז יָשׁוּב לַבּוֹרֵא מֵרֹב הַצָּרוֹת אֲשֶׁר אֲפָפוּהוּ. וּבְכָל זֹאת, אִם תְּשׁוּבָתוֹ גְּמוּרָה, תְּקֻבָּל. הַשִּׁשִּׁית, כְּשֶׁיִּזְדַּמֵּן לוֹ

man who will teach him the ways of repentance and accustom him to its ways. The seventh occasion: when a man is in his advanced age and his strength fails, and he wishes to attain his pleasures, but he cannot because his strength is spent, and then he returns to the Creator. Least of these is the eighth, when a man does all the evil things that he can, but when he approaches death, he does repentance, and yet in spite of this, if his repentance is complete, it will be accepted. This is the general rule: there is no hour in the life of man that if he does complete repentance, it will not be accepted and his prayer answered.

The Creator is not like the created who can abandon forever or bear a grudge forever, as it is said (Isaiah 57:16), "For I will not contend forever, neither will I be always wroth." And as it is said (Jeremiah 3:12), "For I am merciful, saith the Lord, I will not bear a grudge for ever." And on this theme, it is said (Isaiah 55:6), "Seek ye the Lord while He may be found," meaning at those times when He can be found or in other words, as long as a man lives.

Know that the world was created out of four basic elements. They are the pillars of man, and everything depends upon them, and they are: fire and water, air and earth. Just as out of these corporeal elements the physical parts embrace and interweave, so is repentance the pillar of the world, and everything depends upon it. And repentance is made up out of four things: that the sinner abandons his sin and leave it completely, that he repents of that which he has done, that he testifies before his Creator that he will not return to do that which he has done, and that he confesses with his lips all that he has done. And of these, the first in importance is the abandoning of the sin. This is like the fire which ascends above and is separated from its place and never returns. The second act of repentance is that he repents all that he has done and mourns his sins all of his days and thinks about them always, like the air which encircles the earth, always. The third act of repentance is that he testifies before his Creator that he will never return to his sins, like the waters which flow to the earth and are never gathered. The fourth act of repentance is that he confesses his sin with the humility of his soul and humbles and subdues himself like the dust which is the path for the soles of his feet. Let him know that whoever does these four

אִישׁ חָסִיד, יוֹרֵהוּ בְּדַרְכֵי הַתְּשׁוּבָה וְיַרְגִּילֵהוּ. הַשְּׁבִיעִית, בִּהְיוֹת אָדָם בְּזִקְנוּתוֹ וּבִכְלוֹת כֹּחוֹ וְיִרְצֶה לְהַשִּׂיג תַּעֲנוּגָיו אֲבָל לֹא יוּכַל מִפְּנֵי כְלוֹת כֹּחוֹ, וְאָז יָשׁוּב לַבּוֹרֵא. וּפְחוּת מִכֻּלָּם, [הַשְּׁמִינִית], כְּשֶׁיַּעֲשֶׂה אָדָם כָּל רָעוֹת שֶׁיּוּכַל, וּבְעֵת הַגִּיעוֹ לָמוּת יַעֲשֶׂה תְשׁוּבָה. וּבְכָל זֹאת, אִם תִּהְיֶה שְׁלֵמָה, תְּקֻבָּל. זֶה הַכְּלָל, כִּי אֵין שָׁעָה בְּכָל חַיֵּי הָאָדָם אֲשֶׁר יַעֲשֶׂה בָהּ תְּשׁוּבָה גְמוּרָה אֲשֶׁר לֹא תְקֻבַּל תְּשׁוּבָתוֹ וְתֵעָנֶה עֲתִירָתוֹ, כִּי הַבּוֹרֵא אֵינוֹ כַנִּבְרָא שֶׁיִּזְנַח לְעוֹלָם וְיִטּוֹר לָנֶצַח, כְּמוֹ שֶׁאָמַר (ישעיה נז טז) כִּי לֹא לְעוֹלָם אָרִיב וְלֹא לָנֶצַח אֶקְצוֹף. וְאוֹמֵר (ירמיה ג יב) כִּי חָסִיד אֲנִי נְאֻם־יְיָ לֹא אֶטּוֹר לְעוֹלָם. וְעַל זֶה אָמַר (ישעיה נה ו) דִּרְשׁוּ יְיָ בְּהִמָּצְאוֹ, כְּלוֹמַר, בָּעִתִּים אֲשֶׁר יִמָּצֵא בָהֶן. רְצוֹנוֹ לוֹמַר, בְּעוֹד שֶׁהָאָדָם חָי.

וְדַע, כִּי הָעוֹלָם נִבְרָא מֵאַרְבָּעָה יְסוֹדוֹת, וְהֵם עַמּוּדֵי־אָדָם, וְהַכֹּל תְּלוּיִים בָּהֶם וְהֵם: אֵשׁ, וּמַיִם, רוּחַ, וְעָפָר. וְכַאֲשֶׁר מֵאֵלֶּה הַגּוּפוֹת יִתְלַכְּדוּ הַגּוּפוֹת וְיִתְעָרְבוּ, כֵּן הַתְּשׁוּבָה עַמּוּד־הָעוֹלָם וְהַכֹּל תָּלוּי בָּהּ, וְהִיא נַעֲשֵׂית מֵאַרְבָּעָה דְבָרִים: שֶׁיַּעֲזוֹב הַחוֹטֵא חֶטְאוֹ עֲזִיבָה גְמוּרָה, וְשֶׁיִּנָּחֵם עַל מַה שֶּׁעָשָׂה, וְיָעִיד *לִפְנֵי בוֹרְאוֹ לְבַל יָשׁוּב לַעֲשׂוֹת מַה שֶּׁעָשָׂה, וְשֶׁיִּתְוַדֶּה בִּשְׂפָתָיו כֹּל מַה שֶּׁעָשָׂה. וְהַקּוֹדֵם לָאֵלֶּה הָאַרְבָּעָה בַּמַּעֲלָה הִיא עֲזִיבַת הַחֵטְא, וְהִיא כְּמוֹ הָאֵשׁ הָעוֹלָה לְמַעְלָה וְנִפְרְדָה מִמְּקוֹמָהּ וְלֹא תָשׁוּב לְעוֹלָם. וְהַשֵּׁנִי, שֶׁיִּנָּחֵם עַל אֲשֶׁר עָשָׂה וְיִתְאַבֵּל עַל חֲטָאָיו כָּל יָמָיו, וְיַחְשׁוֹב בָּהֶם תָּמִיד, כְּמוֹ הָאֲוִיר הַמְסוּבָב תָּמִיד סָבִיב לָעוֹלָם. וְהַשְּׁלִישִׁי, שֶׁיָּעִיד *לִפְנֵי בוֹרְאוֹ לְבַל יָשׁוּב לַחֲטָאָיו, כְּמוֹ הַמַּיִם הַנִּגָּרִים אַרְצָה אֲשֶׁר לֹא יֵאָסֵפוּ. וְהָרְבִיעִי, שֶׁיִּתְוַדֶּה חֶטְאוֹ בְּהַכְנָעַת הַנֶּפֶשׁ וְיַשְׁפִּיל עַצְמוֹ וְיִכָּנַע, כֶּעָפָר אֲשֶׁר הוּא מְדֹרָךְ לְכַף־רַגְלַיִם. וְיֵדַע, כִּי כָל הָעוֹשֶׂה אֵלֶּה

*) עיין הרמב"ם הלכות תשובה פ"ב ה"ב.

things will receive as his reward four benefits: The first is that he will have good repute in the world. The second is that he will escape the punishment of the Creator. The third is that his good portion will continue on to his seed after him. The fourth is that he will gain his reward in the world to come. He will merit seeing the face of the Creator, blessed be He.

Know that with regard to the repentance which a man does, let him not think that the moment he repents and takes upon himself the obligation that he will not return to his sin, his sin will be forgiven; but only after a length of time in serving God will his repentance be accepted. For the heart is not humbled in one day or two, but in many days. Just as in the case of a king's son who sins against the king. Even though the king has pity upon him, and intends to do good to him, he will not show him a pleasant countenance except after a long period of affliction and crying out and weeping, just as King David, of blessed memory, did in the case of Absalom. Even though he consented to restore him to Jerusalem, Absalom stood waiting for two years and did not see the face of the king until his heart was completely subdued. Such is the way of the penitent, to plead for many days and to cry out, and then his repentance will be accepted, as it is said, (Psalms 22:3), "O my God, I call by day but Thou answereth not; and at night there is no surcease for me." And as Habakkuk, the prophet, lamented (1:2), "How long, O Lord, shall I cry and Thou wilt not hear?" Now the prophets are not answered except after much affliction, imploring, crying out, and petitioning, all the more so a man who sins and acts wickedly even in the midst of his affliction. Now, the cause of this is the need to purify the heart, for even though the heart may have a sincere intention, it is necessary to subdue it for many days by intense service to God, by self-affliction, by fasting, and by weeping; then the uncircumcised heart will be humbled. When it is humbled, it will be clean and when it is clean, then the Creator will accept it, as it is said (Job, 13:16), "That a hypocrite cannot come before Him." And as it is said, (Psalms 24:3), "Who shall ascend into the mountain of the Lord and who shall stand in His holy place? He that hath clean hands and a pure heart."

הָאַרְבָּעָה, יִהְיֶה גְמוּלוֹ אַרְבַּע טוֹבוֹת: הָרִאשׁוֹנָה, שֵׁם טוֹב בָּעוֹלָם, וְהַשְּׁנִיָּה, כִּי יִמָּלֵט מֵעֹנֶשׁ הַבּוֹרֵא. וְהַשְּׁלִישִׁית, כִּי תִּמָּשֵׁךְ טוֹבָתוֹ לְזַרְעוֹ אַחֲרָיו. וְהָרְבִיעִית, כִּי יִמְצָא לָעוֹלָם הַבָּא גְּמוּלוֹ הַטּוֹב, וְיִזְכֶּה לִרְאוֹת פְּנֵי הַבּוֹרֵא יִתְבָּרַךְ.

וְדַע, כִּי הַתְּשׁוּבָה אֲשֶׁר יַעֲשֶׂה אוֹתָהּ הָאָדָם, אַל יַחְשֹׁב כִּי תֵּלֶךְ שֶׁיִּנָּחֵם וִיקַבֵּל עָלָיו שֶׁלֹּא יָשׁוּב לְחֶטְאוֹ כִּי תְּכַפֵּר חַטָּאתוֹ, רַק בְּאֹרֶךְ יְמֵי עֲבוֹדָתוֹ תְּקֻבַּל תְּשׁוּבָתוֹ, כִּי לֹא יִכָּנַע הַלֵּב בְּיוֹם אֶחָד וְלֹא בִשְׁנַיִם, אֶלָּא בְּיָמִים רַבִּים. כַּאֲשֶׁר בֶּן־הַמֶּלֶךְ חוֹטֵא לַמֶּלֶךְ, אַף־עַל־פִּי שֶׁהַמֶּלֶךְ חוֹמֵל עָלָיו וְחוֹשֵׁב לַעֲשׂוֹת לוֹ טוֹבָה, לֹא יַרְאֶה־לוֹ פָּנִים יָפוֹת אֶלָּא אַחֲרֵי אָרוֹךְ עָלָיו עָנְיוֹ וְצַעֲקָתוֹ וּבִכְיָתוֹ, כַּאֲשֶׁר עָשָׂה דָּוִד הַמֶּלֶךְ עָלָיו הַשָּׁלוֹם לְאַבְשָׁלוֹם, אַף־עַל־פִּי שֶׁנִּתְרַצָּה לַהֲשִׁיבוֹ לִירוּשָׁלַיִם, עָמַד שְׁתֵּי שָׁנִים וּפְנֵי הַמֶּלֶךְ לֹא רָאָה עַד נִכְנַע לְבָבוֹ. וְכֵן מִנְהַג בַּעֲלֵי־תְשׁוּבָה לְהִתְחַנֵּן יָמִים רַבִּים וְלִצְעוֹק, וְאָז תְּקֻבַּל תְּשׁוּבָתוֹ, כְּמוֹ שֶׁנֶּאֱמַר (תהלים כב ג) אֱלֹהַי אֶקְרָא יוֹמָם וְלֹא תַעֲנֶה וְלַיְלָה וְלֹא־דֻמִיָּה לִי. וְאָמַר חֲבַקּוּק הַנָּבִיא עָלָיו הַשָּׁלוֹם (חבקוק א ב) עַד־אָנָה יְיָ שִׁוַּעְתִּי וְלֹא תִשְׁמָע. וְהִנֵּה הַנְּבִיאִים אֵינָם נַעֲנִים כִּי אִם אַחֲרֵי רֹב עָנְיָם וְשַׁוְעָתָם וְצַעֲקָתָם וּתְחִנָּתָם, וְכָל־שֶׁכֵּן אִישׁ חוֹטֵא מִתְעוֹלֵל (מִתְגּוֹלֵל) בִּדְמֵי עָנְיוֹ. וְהַסִּבָּה הַגּוֹרֶמֶת לָזֶה, נִקְיוֹן הַלֵּב. כִּי הַלֵּב, אַף־עַל־פִּי שֶׁכַּוָּנָתוֹ נְכוֹנָה, צָרִיךְ לְהַכְנִיעוֹ יָמִים רַבִּים בַּעֲבוֹדָה חֲזָקָה וּבְתַעֲנִית, בְּצוֹם וּבְכִי, וְאָז יִכָּנַע הַלֵּב הֶעָרֵל. וּבְעֵת יִכָּנַע, אָז יִהְיֶה נָקִי. וְכַאֲשֶׁר יִהְיֶה נָקִי, אָז יְקַבְּלֵהוּ הַבּוֹרֵא, כְּמוֹ שֶׁנֶּאֱמַר (איוב יג טז) כִּי־לֹא לְפָנָיו חָנֵף יָבוֹא. וְנֶאֱמַר (תהלים כד ג) מִי־יַעֲלֶה בְהַר יְיָ וּמִי־יָקוּם בִּמְקוֹם קָדְשׁוֹ, נְקִי כַפַּיִם וּבַר לֵבָב.

CHAPTER XI

Concerning The Virtues Of The Righteous

We know that the Creator is One and the created are many. The more distant the created are from the Creator, the more do they multiply in number, while those who are near to the Creator are less. Just as there are many twigs while the main branch is one. The more distant the branches are from the trunk, the more do they multiply and interlace, while those branches which are closer to the trunk are less.

Know that the creatures are many and above all of them is the soul, reason, and knowledge, and they are three. Above them is the will. Above that is the First Cause and that is the Creator. Therefore, the wicked are many, according to their distance from the Creator, blessed be He. The righteous are few because of their nearness to God, and those who are between the righteous and the wicked are in the middle. Because of this a man should try by works of righteousness to be among the few, for the smaller the company, it is a sign of their virtue and their closeness to the Creator. Pay close heed to this chapter and understand it.

הַשַּׁעַר הָאַחַד־עָשָׂר

בְּמַעֲלוֹת־הַצַּדִּיקִים.

יָדַעְנוּ, כִּי הַבּוֹרֵא אֶחָד וְהַנִּבְרָאִים רַבִּים. וְכֹל אֲשֶׁר יִרְחֲקוּ הַנִּבְרָאִים מִן הַבּוֹרֵא, יִרְבּוּ. וְכֹל אֲשֶׁר יִקְרְבוּ, יִמְעָטוּ. כַּאֲשֶׁר הָעֲנָפִים רַבִּים וְהָעִקָּר אֶחָד, וְכֹל אֲשֶׁר יִרְחֲקוּ הָעֲנָפִים מִן הָעִקָּר, יִרְבּוּ וְיִשְׂתָּרְגוּ. וְכֹל אֲשֶׁר יִקְרְבוּ, יִמְעָטוּ. וְדַע, כִּי הַבְּרוּאִים רַבִּים. וּלְמַעְלָה מִכֻּלָּם, הַנֶּפֶשׁ וְהַשֵּׂכֶל וְהַמַּדָּע, וְהֵם שְׁלֹשָׁה. וּלְמַעְלָה מֵהֶם, הַחֵפֶץ. וּלְמַעְלָה מִמֶּנּוּ, הַתְּכוּנָה הָרִאשׁוֹנָה וְהוּא הַבּוֹרֵא. וְעַל כֵּן נִמְצְאוּ הָרְשָׁעִים רַבִּים כְּפִי רָחְקָם מִן הַבּוֹרֵא יִתְבָּרַךְ. וְהַצַּדִּיקִים מְעַטִּים, מִפְּנֵי קִרְבָתָם לָעִקָּר. וְעַל כֵּן, הַבֵּינְתַיִם אֶמְצָעִיִּים. וּבַעֲבוּר זֶה, צָרִיךְ אָדָם לְהִשְׁתַּדֵּל בְּמַעֲשֵׂה הַצֶּדֶק וְלִהְיוֹת מֵהַמְעַטִּים. כִּי כֹל אֲשֶׁר תִּמְעַט חֶבְרָתָב, הוּא לְאוֹת עַל מַעֲלָתָם וְקִרְבָתָם לַבּוֹרֵא.

וְשִׂים לִבְּךָ לְשַׁעַר זֶה וְהָבֵן אוֹתוֹ.

CHAPTER XII

Concerning The Mysteries Of The World To Come

The world to come is beyond the celestial spheres that revolve above us. The world to come is wide and endless without darkness, but with a great light which is not similar to the light of this world. There is no up or down, and these celestial wheels are a partition between this world and the world to come. This world is like a cave in a wilderness, a cave beneath the earth, and as for this cave, he who dwells in it thinks that there is no other world except this. Because he has not seen what is outside. But if he came out of there, he would see broad lands, and the heavens and the great sea, the luminaries, and the stars. Similarly, a man in this world thinks that there is no other world, but if he were to go out of his cave, he would see the width of the world to come and the precious beauty of its greatness.

Know that the Creator caused the soul to emanate from His own power, and He breathed it into the body of man after He had brought it into this world in the midst of these celestial wheels, just as men enclose the air in a skin bottle. Therefore, when the soul separates from the body, if it is pious and pure, it returns to its place, and it passes from the celestial wheels to beyond them, like a bird that has been snared in an evil trap. When it escapes it returns to its nest. But if the soul is a sinful one, then it is like a bird whose wing has been cut, and it cannot fly. It nests in the side of the mouth of a pit. It falls into a deep abyss and cannot get out of that abyss until its wings grow and it is able to fly. So the sinful soul cannot ascend because of the weight of the sins which burden it and will not permit it to ascend to its place.

הַשַּׁעַר הַשְּׁנֵים־עָשָׂר

בְּסוֹדוֹת הָעוֹלָם־הַבָּא.

הָעוֹלָם־הַבָּא הוּא חוּצָה מֵהַגַּלְגַּלִּים הַמְּסוֹבְבִים עָלֵינוּ, וְהָעוֹלָם־הַבָּא הוּא רָחָב בְּלִי קְצָווֹת, בְּלִי אֹפֶל, רַק בְּאוֹרָה גְדוֹלָה אֲשֶׁר לֹא תִדְמֶה לְאוֹר [הָעוֹלָם] הַזֶּה, וְאֵין שָׁם מַעְלָה וּמָטָּה. וְהַגַּלְגַּלִּים הָאֵלֶּה הֵם מְחִיצָה בֵּין הָעוֹלָם־הַזֶּה וְהָעוֹלָם־הַבָּא. וְהָעוֹלָם־הַזֶּה דּוֹמֶה לִמְעָרָה בַּמִּדְבָּר תַּחַת הָאָרֶץ. וְזֹאת הַמְּעָרָה יַחְשׁוֹב הַשּׁוֹכֵן בָּהּ כִּי אֵין עוֹלָם אַחֵר זוּלָתָהּ, מִפְּנֵי שֶׁלֹּא רָאָה מַה שֶּׁיֵּשׁ בַּחוּץ. וְאִלּוּ יָצָא מִשָּׁם, הָיָה רוֹאֶה אֲרָצוֹת רְחָבוֹת וְהַשָּׁמַיִם וְהַיָּם הַגָּדוֹל וְהַמְּאוֹרוֹת וְהַכּוֹכָבִים. כֵּן הָאָדָם בָּעוֹלָם־הַזֶּה יַחְשׁוֹב כִּי אֵין עוֹלָם אַחֵר, וְאִלּוּ יָצָא מִמֶּנּוּ, הָיָה רוֹאֶה רֹחַב הָעוֹלָם-הַבָּא וְאֶת יְקָר תִּפְאֶרֶת גְּדֻלָּתוֹ.

וְדַע, כִּי הַנְּשָׁמָה אָצַל אוֹתָהּ הַבּוֹרֵא מִכֹּחוֹ, וְנָפַח אוֹתָהּ בְּגוּף הָאָדָם אַחֲרֵי הֲבִיאָהּ בָּעוֹלָם־הַזֶּה בְּתוֹךְ הַגַּלְגַּלִּים הָאֵלֶּה, כַּאֲשֶׁר יִסְכְּרוּ הָרוּחַ בְּתוֹךְ הַנֹּאד. וְעַל כֵּן כְּשֶׁתִּפָּרֵד מִן הַגּוּף, אִם תִּהְיֶה חֲסִידָה נְקִיָּה, תָּשׁוּב אֶל מְקוֹמָהּ, וְתַעֲבוֹר מִן הַגַּלְגַּלִּים, וְתֵצֵא לַחוּץ, כָּעוֹף הַנִּתְפָּשׂ בִּמְצוֹדָה רָעָה. וְכַאֲשֶׁר יִמָּלֵט, יָשׁוּב אֶל קִנּוֹ. אַךְ אִם הַנְּשָׁמָה תִּהְיֶה חוֹטֵאת, תִּהְיֶה כְּמוֹ הָעוֹף אֲשֶׁר אֶבְרָתוֹ קְצוּצָה וְלֹא יוּכַל לְהִתְעוֹפֵף, וְהוּא מְקוֹנֵן בְּעֶבְרֵי פִּי פַחַת, וְנוֹפֵל בְּתוֹךְ שׁוּחָה עֲמֻקָּה, וְלֹא יוּכַל לָצֵאת מִמֶּנָּה עַד אֲשֶׁר נִצְמְחוּ אֶבְרוֹתָיו וְיוּכַל לָעוּף. כֵּן הַנֶּפֶשׁ הַחוֹטֵאת לֹא תוּכַל לַעֲלוֹת, מִפְּנֵי כֹּבֶד הָעֲוֹנוֹת אֲשֶׁר יִכְבְּדוּ עָלֶיהָ וְלֹא יַנִּיחוּהָ לַעֲלוֹת אֶל מְקוֹמָהּ.

Know that the world to come is the place of the souls of the righteous, and their nearness to the Creator is according to their virtue. But the soul of the wicked does not go forth from this world until it has been punished and cleansed; then it can easily ascend to its place, when God wills it. As for the souls that ascend to the world to come, their work is the work of the angels, at the time that they separate from the body until the Creator wishes to restore them to their bodies as at first. That will be at the time of the resurrection of the dead, when He decrees that some of them may return to their bodies. Then this world will be renewed because of its people being renewed, and on this theme the prophet said (Isaiah 65:17), "For, behold, I create new heavens and a new earth." And it is possible that after the Creator renews the bodies after they have separated and decayed, and the souls after they have ascended, there will likewise be renewed in the heavens a power which the heavens do not now possess. So will He renew in the earth another power. Just as a king does when he wishes to make a great feast for those who love him. He commands that the house be made empty for them and that everything that is in the house be removed in order to renew it, to plaster it, and to place therein delightful objects in honor of his allies who are coming to his feast. This world which He will renew at the time of the resurrection is also called the world to come. There will stand the pious ones and holy ones of God, each because of his desire to stand and to serve Him and to praise His Name and to learn new and holy wisdoms, like the wisdoms of the prophecies and things similar to it. They will neither eat nor drink, just as Enoch and Elijah stood before Him without food or drink, and like Moses, our Teacher, of blessed memory, who stood before Him for forty days without eating or drinking. For food and drink are a bad mixture in the body, and it is impossible that a man should be in the utmost degree of piety and holiness when he is still eating and drinking. For it is not a matter of eating and drinking alone, but that men are drawn by them to other and evil pleasures and sweet delights, enjoyments, and flatteries. But when

וְדַע, כִּי הָעוֹלָם־הַבָּא הוּא מַעֲמַד נַפְשׁוֹת הַצַּדִּיקִים, וְתִהְיֶה קִרְבָתָם לַבּוֹרֵא כְּפִי מַעֲלָתָם. אַךְ נֶפֶשׁ הָרְשָׁעִים לֹא תֵצֵא מִן הָעוֹלָם־הַזֶּה, עַד אֲשֶׁר תֵּעָנֵשׁ וְתִטָּהֵר, וְאָז תֵּקַל לַעֲלוֹת אֶל מְקוֹמָהּ כְּשֶׁיִּרְצֶה אֱלֹהֶיהָ. וְהַנְּפָשׁוֹת הָעוֹלוֹת לָעוֹלָם־הַבָּא, תִּהְיֶה מְלַאכְתָּן מְלֶאכֶת הַמַּלְאָכִים מֵעֵת הִפָּרְדָן מִן הַגּוּף, עַד אֲשֶׁר יִרְצֶה הַבּוֹרֵא לַהֲשִׁיבָן לִגְוִיָּתָן כְּבַתְּחִלָּה, וְזֶה יִהְיֶה בְּעֵת תְּחִיַּת־הַמֵּתִים. וְכַאֲשֶׁר יִגְזוֹר עַל קִצָּתָן לָשׁוּב לִגְוִיָּתָן, יִתְחַדֵּשׁ הָעוֹלָם־הַזֶּה מִפְּנֵי חִדּוּשׁ אֲנָשָׁיו. וְעַל זֶה אָמַר (ישעיה סה יז) כִּי־הִנְנִי בוֹרֵא שָׁמַיִם חֲדָשִׁים וָאָרֶץ חֲדָשָׁה. וְאֶפְשָׁר, כִּי כַּאֲשֶׁר יְחַדֵּשׁ הַבּוֹרֵא הַגְּוִיּוֹת אַחֲרֵי הִפָּרְדָן וּכְלוֹתָן וְהַנְּשָׁמוֹת אַחֲרֵי עֲלוֹתָן, כֵּן יְחַדֵּשׁ בַּשָּׁמַיִם כֹּחַ אֲשֶׁר אֵין בָּהֶם עַתָּה, וְכֵן יְחַדֵּשׁ בָּאָרֶץ כֹּחַ אַחֵר. כְּמוֹ שֶׁיַּעֲשֶׂה הַמֶּלֶךְ בִּרְצוֹתוֹ לַעֲשׂוֹת סְעוּדָה לְאוֹהֲבָיו, יְצַוֶּה לְפַנּוֹת לָהֶם בֵּיתוֹ, וּלְהוֹצִיא כָּל מַה שֶּׁיֵּשׁ בּוֹ, כְּדֵי לְחַדֵּשׁ אוֹתוֹ וְלָטוּחַ אוֹתוֹ, וְלַעֲשׂוֹת בּוֹ שְׂכִיּוֹת־חֶמְדָּה לִכְבוֹד בַּעֲלֵי־בְרִיתוֹ הַבָּאִים לִסְעוּדָתוֹ. וְזֶה הָעוֹלָם אֲשֶׁר יִתְחַדֵּשׁ בְּעֵת תְּחִיַּת־הַמֵּתִים נִקְרָא גַּם כֵּן הָעוֹלָם־הַבָּא. וְיַעַמְדוּ בוֹ חֲסִידֵי הָאֵל וּקְדוֹשָׁיו בְּעַד רְצוֹנוֹ לַעֲמוֹד וְלַעֲבוֹד אוֹתוֹ, וּלְהַלֵּל לִשְׁמוֹ, וְלִלְמוֹד חָכְמוֹת חֲדָשׁוֹת וּקְדוֹשׁוֹת כְּחָכְמַת הַנְּבוּאוֹת וְהַדּוֹמֶה לָהּ. וְלֹא יִהְיוּ אוֹכְלִים וְשׁוֹתִים, רַק כַּאֲשֶׁר עָמְדוּ חֲנוֹךְ וְאֵלִיָּהוּ בְּלֹא אֲכִילָה וּשְׁתִיָּה, וּכְמֹשֶׁה רַבֵּנוּ עָלָיו הַשָּׁלוֹם אֲשֶׁר עָמַד אַרְבָּעִים יוֹם בְּלֹא אֲכִילָה וּשְׁתִיָּה, כִּי הָאֲכִילָה וְהַשְּׁתִיָּה הֵן תַּעֲרֹבֶת רָעָה בַּגּוּף, וְאִי־אֶפְשָׁר שֶׁיִּהְיֶה אָדָם בְּתַכְלִית הַחֲסִידוּת וּקְדֻשָּׁה בְּעוֹד שֶׁהוּא אוֹכֵל וְשׁוֹתֶה, כִּי הָאֲכִילָה וְהַשְּׁתִיָּה אֵינָן לְבַדָּן, רַק יִמָּשְׁכוּ אַחֲרֵיהֶן שְׁאָר הַתַּעֲנוּגִים הָרָעִים. וְיִמָּשְׁכוּ אַחֲרֵי הַתַּעֲנוּגִים הַמְּתוּקִים, הַהֲנָאוֹת וְהַחֲנוּפוֹת. וּכְשֶׁתָּסוּר הָאֲכִילָה

eating and drinkings are removed, then all these wicked deeds are also removed, and therefore Scripture says (Ezekiel 36:27), "And I will put My spirit within you." If a man should say that it is impossible for a body to exist without food and drink, we will say to him that all of the matters concerning the redemption will be by miraculous means, for example, the renewal of heaven and earth, and as further example, the resurrection of the dead. As we know, there is no power in the body that can make it live after its death (just as it is not within the power of a growing thing to renew itself after it is burned) except through the wonders of the Creator, blessed be He. Similarly, the Creator can cause bodies to exist without eating and drinking for three reasons. First, that their holiness may be as complete as that of the angels. Second, to distinguish between evil deeds which follow from eating and drinking. Third, that they should not die, for the cause of death is eating and drinking. This is the great superiority of the days of the Messiah over the time of the exodus from Egypt. When this will come to pass, I wish to say that there will be no eating and drinking, and this will be a cause of their not dying. There will be nothing to weaken the body, to cause it to be ill, to cause it to be in pain, or to cause it to deteriorate. For just as health comes from eating and drinking in moderation, so do sickness and death come either from too much or too little eating and drinking or from a change in the proper balance of food and drink. After the cause of sickness and death is removed, the bodies will be like the angels until the Creator, blessed be He, wishes them to ascend.

וְהַשְּׁתִיָּה, יָסוּרוּ כָּל אֵלֶּה הַמַּעֲשִׂים הָרָעִים. וְעַל כֵּן אָמַר הַכָּתוּב (יחזקאל לו כז) וְאֶת־רוּחִי אֶתֵּן בְּקִרְבְּכֶם. וְאִם יֹאמַר אָדָם, אִי־אֶפְשָׁר לַגּוּף שֶׁיִּתְקַיֵּם בְּלֹא אֲכִילָה וּשְׁתִיָּה, נֹאמַר לוֹ כִּי עִנְיְנֵי הַגְּאֻלָּה כֻּלָּם יִהְיוּ עַל מַעֲשֵׂה נֵס, כְּגוֹן חִדּוּשׁ הַשָּׁמַיִם וְהָאָרֶץ, וּכְגוֹן תְּחִיַּת־הַמֵּתִים, אֲשֶׁר אָנוּ יוֹדְעִים כִּי אֵין כֹּחַ בַּגּוּף שֶׁיִּחְיֶה אַחַר מוֹתוֹ אֶלָּא בְנִפְלְאוֹת הַבּוֹרֵא יִתְבָּרַךְ, כְּמוֹ שֶׁאֵין בְּכֹחַ הַצּוֹמֵחַ כֹּחַ שֶׁיִּתְחַדֵּשׁ אַחֲרֵי שֶׁיִּשָּׂרֵף. וּכְמוֹ כֵן יוּכַל הַבּוֹרֵא לְקַיֵּם הַגְּוִיּוֹת בְּלֹא אֲכִילָה וּשְׁתִיָּה לִשְׁלֹשֶׁת סִבּוֹת: הָאַחַת, לִהְיוֹת קְדֻשָּׁתָן גְּמוּרָה כְּמוֹ הַמַּלְאָכִים. וְהַשֵּׁנִית, לְהַבְדִּיל בֵּין הַמַּעֲשִׂים הָרָעִים הַנִּמְשָׁכִים אַחַר אֲכִילָה וּשְׁתִיָּה. וְהַשְּׁלִישִׁית, לְבַל יָמוּתוּ, כִּי סִבַּת הַמָּוֶת הִיא הָאֲכִילָה וְהַשְּׁתִיָּה. וְזֶה הַיִּתְרוֹן הַגָּדוֹל יִהְיֶה בֵּין זְמַן יְמוֹת הַמָּשִׁיחַ לִזְמַן יְצִיאַת מִצְרָיִם. וּכְשֶׁיִּהְיֶה כֵּן הַדָּבָר, רְצוֹנִי לוֹמַר שֶׁלֹּא יִהְיֶה שָׁם אֲכִילָה וּשְׁתִיָּה, יִהְיֶה זֶה סִבָּה שֶׁלֹּא יָמוּתוּ, כִּי אֵין לָהֶן דְּבָרִים מַחֲלִישִׁים הַגּוּף וּמַחֲלִיאִים וּמַכְאִיבִים וּמְכַלִּים אוֹתוֹ. כִּי, כַּאֲשֶׁר תָּבוֹא הַבְּרִיאוּת מִן הָאֲכִילָה וְהַשְּׁתִיָּה בְּמִישׁוֹר, כֵּן תִּהְיֶה סִבַּת הֶחֳלָאִים וְהַמָּוֶת אוֹ מִתּוֹסֶפֶת אוֹ מֵחֶסְרוֹן אֲכִילָה וּשְׁתִיָּה, אוֹ מִשִּׁנּוּי הַמֶּזֶג אֲשֶׁר לָהֶן. וְאַחֲרֵי אֲשֶׁר תָּסוּר הַסִּבָּה הַגּוֹרֶמֶת הֶחֳלָיִים וְהַמָּוֶת, יִהְיוּ כְּמוֹ הַמַּלְאָכִים, עַד שֶׁיִּרְצֶה הַבּוֹרֵא יִתְבָּרַךְ לְהַעֲלוֹתָן.

CHAPTER XIII

Concerning Service to God

Everyone who comes to worship God and to receive upon himself the yoke of fear of Him in truth, must first have a book which contains the reminder of the wonders of the Creator, blessed be He, the fear of Him and the might of Him, and this book should also contain those matters which bring to mind the punishment of the wicked by the Creator, blessed be He, His miracles to the righteous, and the story of His mighty and awesome deeds. As, for example, when God speaks to Job and says (38:3), "Gird up now thy loins like a man; for I will demand of thee and declare thou unto me," and all the verses which follow. He should return again and again to this book, and strengthen his will with an oath to read it once a week, quietly and with concentration. He should pay close attention to all the matters contained in it, for it will be as tefillin between his eyes. It is necessary that the worshipper, before he draws near to serve God, should completely repent of all the sins which he has committed, and then his service will be true, for the service of God is divided into two parts. The first is that a man should cleanse his heart of all its transgressions and of the willful sins he has committed. And that he improve his faith and that his heart should be pure of all the dross of sins which were committed, and when he is clean and when he washes in clear water and is cleansed, then let him put on the garments of holiness to serve in holiness, and then he will be able to walk in the paths of the pious and to draw near to God. This is the second part of the objectives of worship which no man can attain until he attains the first part. Now I will discuss each one of them.

Know that the first part is that a man should repent of his deeds, and have in mind that he has sinned before his God. He should confess his sins at every moment and take a vow that he will not return to these deeds any more all the days of his life. After he repents and confesses

210

הַשַּׁעַר הַשְּׁלשָׁה־עָשָׂר

בְּכָל עִנְיָנֵי הָעֲבוֹדָה.

כָּל הַבָּא לַעֲבוֹד עֲבוֹדַת הָאֵל וּלְקַבֵּל עָלָיו עֹל יִרְאָתוֹ בֶּאֱמֶת, צָרִיךְ תְּחִלָּה שֶׁיִּהְיֶה לוֹ סֵפֶר כּוֹלֵל זִכְרוֹן נִפְלְאוֹת הַבּוֹרֵא יִתְבָּרֵךְ, יִרְאָתוֹ וְתַעֲצוּמוֹ, וְלִכְלוֹל בּוֹ כָּל הָעֲסָקִים אֲשֶׁר בָּם זִכְרוֹן עֹנֶשׁ הַבּוֹרֵא יִתְבָּרֵךְ לָרְשָׁעִים וְנִסָּיו לַצַּדִּיקִים, וְסִפּוּר גְּבוּרוֹתָיו וְנוֹרְאוֹתָיו, כְּגוֹן אֱזָר־נָא כְגֶבֶר חֲלָצֶיךָ וְאֶשְׁאָלְךָ וְהוֹדִיעֵנִי (איוב לח ג) וְכָל הַפְּסוּקִים אֲשֶׁר אַחֲרָיו. וְיָשׁוּב עָלָיו לְחַזֵּק בִּשְׁבוּעָה לִקְרוֹתוֹ פַּעַם אַחַת בַּשָּׁבוּעַ בְּנַחַת וְכַוָּנָה, וְיָשִׂים לִבּוֹ לְכָל עִנְיָנָיו, כִּי הוּא יִהְיֶה לְטוֹטָפוֹת בֵּין עֵינָיו. וְצָרִיךְ לְבַעַל־הָעֲבוֹדָה לַעֲשׂוֹת קֹדֶם שֶׁיִּקְרַב אֶל הָעֲבוֹדָה, תְּשׁוּבָה שְׁלֵמָה עַל כָּל חַטֹּאתָיו אֲשֶׁר עָשָׂה, וְאָז תִּהְיֶה הָעֲבוֹדָה נְכוֹנָה, כִּי מְלֶאכֶת הָעֲבוֹדָה נֶחֱלֶקֶת לִשְׁנֵי חֲלָקִים. הָאֶחָד, לְטַהֵר אָדָם לִבּוֹ מִכָּל פְּשָׁעָיו וּזְדוֹנָיו אֲשֶׁר עָשָׂה, וְיֵיטִיב אֱמוּנָתוֹ, וְיִהְיֶה לְבָבוֹ זַךְ וְנָבָר מִכָּל סִיגֵי הָעֲווֹנוֹת אֲשֶׁר עָבָרוּ. וְכַאֲשֶׁר יִהְיֶה נָקִי וְיִרְחַץ בְּמַיִם טְהוֹרִים וְיִטְהָר, אָז יִלְבַּשׁ בִּגְדֵי קֹדֶשׁ לְשָׁרֵת בַּקֹּדֶשׁ, וְאָז יוּכַל לָלֶכֶת בְּדַרְכֵי הַחֲסִידִים וּלְהִתְקָרֵב לָאֵל, וְזֶהוּ הַחֵלֶק הַשֵּׁנִי, אֲשֶׁר לֹא יַגִּיעַ אֵלָיו עַד עֲשׂוֹתוֹ הַחֵלֶק הָרִאשׁוֹן. וְהִנֵּה אֶזְכּוֹר לְךָ כָּל אֶחָד מֵהֶם.

דַּע, כִּי הַחֵלֶק הָרִאשׁוֹן הוּא לְהִנָּחֵם אָדָם מִמַּעֲשָׂיו, וּלְהַזְכִּיר כִּי חָטָא לֵאלֹהָיו, וּלְהִתְוַדּוֹת חֲטָאָיו בְּכָל רֶגַע, וְיִדּוֹר נֶדֶר לְבַל יָשׁוּב לַעֲשׂוֹתָם עוֹד כָּל יְמֵי חַיָּיו, וְאַחֲרֵי אֲשֶׁר

and places it in his heart not to do his evil deeds again all the days of his life, then it is necessary that he humble himself before the Creator, blessed be He, through fasting, weeping, and doing charity, by arising at midnight to utter prayers of petition and seek forgiveness for his sins with a complete heart and with complete concentration. Let him accustom himself to do this for a year or two, and when he does so, then God will pardon his fault and he will be forgiven. His repentance will be accepted, and then he will be like a newborn infant, clean of all sin. But having done all this, he still has not ascended to the lofty state of the pious. After he discerns that his heart is clean and pure, it is necessary for him to love the Creator, not out of fear of punishment, and not out of hope of reward, but because he recognizes His greatness and that it is fitting and proper for everyone who recognizes the greatness of God to love Him. We should know that whenever a man loves a thing, it is because it is of his kind. When a man loves the Creator, it is a sign that his soul is godlike and that he wishes to be like God in His ways. Since the Creator is kind, the soul tries to learn this quality and to be kind. Since the Creator is just, the soul tries to be just. The Creator is forgiving, and the soul seeks with all its might to learn this quality. The Creator is merciful, and the soul seeks to be like him. The Creator rejects men of wickedness, and so the soul accustoms itself to reject men of wickedness. The Creator is pure of eyes and does not wish to see evil, and the soul seeks to be worthy like Him. These are the ways of the Lord. This is the second portion of the service of God, blessed be He. It is the portion which deals with the truly pious. Through it, a man will ascend to the loftiest height.

Every man who comes to the service of God should keep all of these conditions mentioned, for they are the principles of the worship of God. It is essential that not even one day should occur on which he does not read the words of the Torah or the words of our Sages, of blessed memory. For concerning the words of the Torah, it is said (Joshua 1:8), "This book of the Torah shall not depart out of thy mouth, but thou shalt meditate therein day and night." In the words of the Torah, he will see the wonders of the Creator, blessed be He, and all His deeds,

יִתְנַחֵם וְיִתְוַדֶּה וְיָשִׂים בְּלִבְבוֹ לְבַל יָשׁוּב לַעֲשׂוֹתָם כָּל יָמָיו, אָז הוּא צָרִיךְ שֶׁיִּכָּנַע לִפְנֵי הַבּוֹרֵא יִתְבָּרַךְ, בְּצוֹם וּבְכִי וּצְדָקוֹת, וְלָקוּם בַּחֲצִי הַלֵּילוֹת, וְלוֹמַר דִּבְרֵי תַחֲנוּנִים, וּלְבַקֵּשׁ מְחִילָה עֲלֵיהֶם בְּלֵב שָׁלֵם וְכַוָּנָה גְמוּרָה. וְיַרְגִּיל בָּזֶה שָׁנָה אוֹ שְׁנָתַיִם. וּבַעֲשׂוֹתוֹ כֵן, אָז יִשָּׂא פָנָיו מִמּוּם וְנִסְלַח לוֹ, וְתִהְיֶה תְשׁוּבָתוֹ מְקֻבֶּלֶת, וְאָז יִהְיֶה כְּבֶן־יוֹמוֹ נָקִי מִכָּל חֵטְא, אֲבָל לֹא עָלָה בָזֶה לְמַעֲלַת הַחֲסִידִים. וְאַחֲרֵי אֲשֶׁר יַכִּיר כִּי לִבּוֹ טָהוֹר וְנָקִי, צָרִיךְ לוֹ שֶׁיֶּאֱהַב הַבּוֹרֵא לֹא לְפַחַד עֹנֶשׁ וְלֹא לְתִקְוַת שָׂכָר, אֶלָּא מִפְּנֵי שֶׁיַּכִּיר גְּדֻלָּתוֹ וְכִי הוּא רָאוּי לְאַהֲבָה אוֹתוֹ כָּל מִי שֶׁיַּכִּירֵהוּ. וְלָדַעַת כִּי כָל אוֹהֵב דָּבָר, הוּא מִמִּינוֹ. וּכְשֶׁיֶּאֱהַב אָדָם לַבּוֹרֵא, הוּא לְאוֹת כִּי נַפְשׁוֹ אֱלֹהִית וְרוֹצָה לְהִדַּמּוֹת אֵלָיו בְּמַהֲלָכָיו. כִּי הַבּוֹרֵא חָסִיד, וְהִיא תִשְׁתַּדֵּל לִלְמוֹד זֹאת הַמִּדָּה וְלִהְיוֹת חֲסִידָה. וְהַבּוֹרֵא צַדִּיק, וְתִשְׁתַּדֵּל לִהְיוֹת כֵּן. וְהַבּוֹרֵא מוֹחֵל, וְהִיא תִיגַע בְּכָל כֹּחָהּ לִלְמוֹד זֹאת הַמִּדָּה. וְהַבּוֹרֵא רַחֲמָן, וּכְמוֹ כֵן תִּלְמַד הִיא לִהְיוֹת כָּמוֹהוּ. וְהַבּוֹרֵא מוֹאֵס בְּאַנְשֵׁי רֶשַׁע, וְכֵן תַּרְגִּיל הִיא לִמְאוֹס אַנְשֵׁי רֶשַׁע. וְהַבּוֹרֵא טְהוֹר עֵינַיִם מֵרְאוֹת בְּרָע, וְהִיא רְאוּיָה לְהִדַּמּוֹת אֵלָיו. וְאֵלֶּה הַדְּבָרִים הֵם דַּרְכֵי הַשֵּׁם, וְהוּא הַחֵלֶק הַשֵּׁנִי מֵעֲבוֹדַת הָאֵל יִתְבָּרַךְ, וְהוּא חֵלֶק הַחֲסִידִים, וּבוֹ יַעֲלֶה אָדָם לְמַעֲלָה הָעֶלְיוֹנָה.

וְצָרִיךְ כָּל אָדָם הַבָּא לַעֲבוֹדַת הָאֵל, לִשְׁמוֹר כָּל אֵלֶּה הַתְּנָאִים אֲשֶׁר אָנֹכִי זוֹכֵר, כִּי הֵם עִקְּרֵי הָעֲבוֹדָה. צָרִיךְ שֶׁלֹּא יַעֲמוֹד יוֹם אֶחָד שֶׁלֹּא יִקְרָא בוֹ דִּבְרֵי תוֹרָה וְדִבְרֵי רַבּוֹתֵינוּ זִכְרוֹנָם לִבְרָכָה, כִּי בְּדִבְרֵי תוֹרָה הוּא אוֹמֵר (יהושע א ח) לֹא־יָמוּשׁ סֵפֶר הַתּוֹרָה הַזֶּה מִפִּיךְ וְהָגִיתָ בּוֹ יוֹמָם וָלַיְלָה, וּבָהֶם יִרְאֶה נִפְלְאוֹת הַבּוֹרֵא יִתְבָּרַךְ וְכָל מַעֲשָׂיו. וּבְדִבְרֵי

and in the words of our Sages, of blessed memory, he will see all the aspects of things permitted and things forbidden, and they will provide Him with a fence, and they will not let him break it down or commit a sin. For the words of the Sages are explained and made clear even more than the words of the Torah, for the words of the Torah are obscure and concealed. A man should accustom himself to the companionship of the sages and the pious, and to keep at a great distance from atheists, scoffers, and men of violence, for if he joins the companionship of these, his faith will perish. But if he cannot separate himself from them because he needs them for his livelihood, then let him be less and less in their company. Let their relationship be a speaking acquaintance and not a matter of heart. Let him hasten to arrange his occupation so as to put them at a great distance from himself. A man should accustom himself to ponder all the fourteen causes which we have mentioned which deal with those qualities which nullify the service of God. A man should accustom himself to read those portions on reproof which are found in the Torah and in the Prophets, and those passages on punishment by the Creator, blessed be He, and His strength, His wrath, and the miracles and the wonders which He has done for His servants, and the awesome matters dealing with the creation of heaven and earth. These matters should be written before him in concise but comprehensive words so he may look at them at all times.

One should accustom himself that his prayer be with great intent, and if he cannot empty his heart of unworthy thoughts, let him seek a way. For example, let him think at the time of his prayers that the Creator is standing opposite him and looking at every outward expression of his lips, as it is said (Psalms 33:14), "From the place of His habitation He looketh intently upon all the inhabitants of the earth." If a man believes this, he will have fear and will empty his heart. He should close his eyes when he prays, for this will help him in the matter of intent, and at all times let his garments be white and let him firmly intend that his body be clean and pure of all uncleanliness. If he draws near to his wife and washes and cleanses his body afterwards, he will be doing an intelligent thing. For the cleanliness of the body renews the cleanliness of the heart; and similarly, the soiling of the body soils the heart, and let him resolve that in the matter of his prayer he will be among the first to enter and among the last to leave. Let his prayer be with gentleness of spirit and with a contrite heart. Let him not be like the crane who speaks but does not know what it is saying. But he

רַבּוֹתֵינוּ זִכְרוֹנָם לִבְרָכָה, יִרְאֶה כָּל עִנְיָנֵי הָאָסוּר וְהַמֻּתָּר, וְיִתְּנוּ לוֹ סְיָג, וְלֹא יַנִּיחוּהוּ לִפְרוֹץ גָּדֵר אוֹ לַעֲשׂוֹת עֲבֵרָה, כִּי הֵם מְפֹרָשִׁים וּמְבֹאָרִים יוֹתֵר מִדִּבְרֵי תוֹרָה, וְדִבְרֵי תוֹרָה סְתוּמִים וַחֲתוּמִים. וְהוּא צָרִיךְ לְהַרְגִּיל נַפְשׁוֹ בְּחֶבְרַת הַחֲכָמִים וְהַחֲסִידִים וּלְהַרְחִיק מִן הָאֶפִּיקוֹרְסִים וְהַלֵּצִים וְהַפָּרִיצִים. כִּי אִם יִתְחַבֵּר לָהֶם, תֹּאבַד אֱמוּנָתוֹ. וְאִם לֹא יוּכַל לִפָּרֵד מֵהֶם מִפְּנֵי שֶׁהוּא צָרִיךְ לָהֶם בְּצָרְכֵי מִחְיָתוֹ, יַמְעִיט מֵחֶבְרָתָם, וְתִהְיֶה חֶבְרָתָם בְּפִיו וּבִשְׂפָתָיו וְלֹא בְלִבּוֹ, וִימַהֵר לְהַשְׁלִים עִסְקוֹ וּלְהַרְחִיקָם מֵעָלָיו. וְצָרִיךְ לְהַרְגִּיל נַפְשׁוֹ לְהִסְתַּכֵּל כָּל אַרְבָּעָה־עָשָׂר הַשְּׁעָרִים הַמְבַטְּלִים הָעֲבוֹדָה אֲשֶׁר זָכַרְנוּ. וְצָרִיךְ לְהַרְגִּיל נַפְשׁוֹ וְלִקְרֹא עִנְיָנֵי הַתּוֹכֵחוֹת אֲשֶׁר בַּתּוֹרָה וּבַנְּבִיאִים, וְעִנְיָנֵי עֹנֶשׁ הַבּוֹרֵא יִתְבָּרַךְ, וְעֻזּוֹ וְאַפּוֹ, וְהַנִּסִּים וְהַנִּפְלָאוֹת אֲשֶׁר עָשָׂה עִם עֲבָדָיו, וְנוֹרְאוֹת בְּרִיאַת שָׁמַיִם וָאָרֶץ, וְיִהְיוּ כְתוּבִים לְפָנָיו בְּמִלִּים קְצָרוֹת כּוֹלְלוֹת לְהַבִּיט בָּהֶן בְּכָל עֵת.

וְצָרִיךְ לְהַרְגִּיל נַפְשׁוֹ לִהְיוֹת תְּפִלָּתוֹ בְּכַוָּנָה גְדוֹלָה. וְאִם לֹא יוּכַל לְפַנּוֹת לִבּוֹ מִן הַמַּחֲשָׁבוֹת, יְבַקֵּשׁ עֵצָה, כְּגוֹן שֶׁיַּחְשׁוֹב בְּעֵת תְּפִלָּתוֹ, כִּי הַבּוֹרֵא נִצָּב כְּנֶגְדּוֹ וּמַבִּיט מוֹצָא שְׂפָתָיו, כְּמוֹ שֶׁנֶּאֱמַר (תהלים לג יד) מִמְּכוֹן־שִׁבְתּוֹ הִשְׁגִּיחַ אֶל כָּל־יֹשְׁבֵי הָאָרֶץ. וּכְשֶׁיַּאֲמִין אָדָם בָּזֶה הַדָּבָר, אָז יֶחֱרַד וִיפַנֶּה לְבָבוֹ. וְצָרִיךְ שֶׁיִּסְגּוֹר עֵינָיו בִּתְפִלָּתוֹ, כִּי זֶה יַעֲזוֹר עַל הַכַּוָּנָה. וּבְכָל עֵת יִהְיוּ בְגָדָיו לְבָנִים, וְיִתְכַּוֵּן לִהְיוֹת גּוּפוֹ טָהוֹר וְנָקִי מִכָּל טֻמְאָה. וְאִם יִקְרַב לְאִשְׁתּוֹ וְיוּכַל לִרְחוֹץ וּלְטַהֵר גּוּפוֹ בְּכָל פַּעַם, אָז יַשְׂכִּיל לַעֲשׂוֹת. כִּי נְקִיּוּת הַגּוּף, יְחַדֵּשׁ נְקִיּוּת הַלֵּב. וְטִנּוּף הַגּוּף, יְטַנֵּף כְּמוֹ כֵן הַלֵּב. וְיִתְכַּוֵּן בִּתְפִלָּתוֹ לִהְיוֹת מִן הַבָּאִים רִאשׁוֹנָה וְהַיּוֹצְאִים בָּאַחֲרוֹנָה, וְתִהְיֶה תְּפִלָּתוֹ בְּנַחַת־רוּחַ וּבְלֵב נִשְׁבָּר. וְאַל יִהְיֶה כְּמוֹ עָגוּר הַמְדַבֵּר וְלֹא יֵדַע מָה

should keep watch over the words that leave his mouth and concentrate his mind on their meaning. Let his prayer not be like a body without a soul, for the words are like the body, and their meaning is like the soul. When the one who prays does not pay close attention to them, they are a body without a soul, and the soul which is within man must not approach the Creator with empty words but with meaningful words, and he should be like an angel in his prayer wrapped in his tallit and adorned with tefillin. When he sees and discerns in himself that he is like an angel, it would be shameful in his eyes to stretch forth his hand to commit sins or evil deeds.

He should accustom himself to fast, but together with good deeds and almsgiving. For if one fasts and his heart is filled with deceit, there is no benefit from his fast, but only affliction, hunger, and thirst. No man should afflict his soul with fasts unless they are replete with good deeds. For good deeds and almsgiving are like the soul, while the fasts are like the body, just as we have pointed out. Therefore, a body without a soul can avail nothing. Let him accustom himself to give some alms each day. Let him give as much as he can. Every day that he gives alms, he will be confident that he will be saved from unnatural death, as it is said (Proverbs 10:2), "But the giving of alms delivereth from death." Or let him feed the poor at his table, for in this way he will honor his table, just as the wise man said, "When the Creator wishes to send a present to one of his pious ones, he invites a poor man to his house."

In his service to God a man should conduct himself humbly and conceal his worship from men, for then his reward will be doubled, and he will be saved from the mocking of the scoffers. In this way it will be known that he does not deceive his fellow creatures. For one who reveals his righteousness and his worship has no other intent but to be publicly praised and to become a leader, so that fools will trust him in order that he will be able to derive benefits from them. Let him not be like the man mentioned in the Proverbs and parables of Kalila Vadamna. Therein it is told that the cat grew so old that he was not able to snatch his prey with his claw, and so he became a monk whereupon

אוֹמֵר, רַק צָרִיךְ שֶׁיִּשְׁמוֹר הַמִּלּוֹת הַיּוֹצְאוֹת מִפִּיו וְיִתְכַּוֵּן לִבּוֹ לְעִנְיְנֵיהֶן, וְאַל תִּהְיֶה תְפִלָּתוֹ גוּף בְּלֹא נֶפֶשׁ. כִּי הַמִּלּוֹת הֵן כְּמוֹ הַגּוּף, וְהָעִנְיָנִים אֲשֶׁר בָּהֶן הֵם הַנֶּפֶשׁ. וּכְשֶׁלֹּא יָשִׁית הַמִּתְפַּלֵּל לִבּוֹ אֲלֵיהֶם, הֵן גּוּף בְּלִי נֶפֶשׁ. וְהַנֶּפֶשׁ אֲשֶׁר בָּאָדָם, לֹא תִקְרַב לַבּוֹרֵא בְּמִלִּים רֵקוֹת כִּי אִם בְּמִלִּים חֲזָקוֹת. וְצָרִיךְ שֶׁיִּהְיֶה בִתְפִלָּתוֹ כְּמַלְאָךְ, מִתְעַטֵּף בְּצִיצִית וּבִתְפִלִּין. וּכְשֶׁיִּרְאֶה וְיַכִּיר בְּעַצְמוֹ כִּי הוּא דוֹמֶה לְמַלְאָךְ, אָז יִבֶז בְּעֵינָיו לִשְׁלוֹחַ יָד בַּעֲבֵרוֹת וּבְמַעֲשִׂים רָעִים.

וְצָרִיךְ לְהַרְגִּיל עַצְמוֹ בְּתַעֲנִיּוֹת, אַךְ עִם מַעֲשִׂים טוֹבִים וּצְדָקוֹת. כִּי הַמִּתְעַנֶּה וְלִבּוֹ מָלֵא מִרְמָה, אֵין לוֹ מִתַּעֲנִיּוֹתָיו כִּי אִם עִנּוּי וְהָרָעָב וְהַצָּמָא. וְאֵין אָדָם רָאוּי לְעַנּוֹת נַפְשׁוֹ בְּצוֹמוֹת בִּלְתִּי מַעֲשִׂים טוֹבִים, כִּי הַמַּעֲשִׂים הַטּוֹבִים וְהַצְּדָקוֹת הֵם כְּמוֹ הַנֶּפֶשׁ, וְהַצּוֹמוֹת הֵם כְּמוֹ הַגּוּף, כַּאֲשֶׁר זָכַרְנוּ, וְעַל כֵּן לֹא יוֹעִיל גּוּף בְּלֹא נֶפֶשׁ. וְיַרְגִּיל עַצְמוֹ לָתֵת מְעַט צְדָקָה בְּכָל יוֹם כְּפִי אֲשֶׁר תַּשִּׂיג יָדוֹ. וּבְכָל יוֹם אֲשֶׁר יִתֵּן צְדָקָה, יִבְטַח לְהִנָּצֵל מִמִּיתָה מְשֻׁנָּה, כְּמוֹ שֶׁנֶּאֱמַר (משלי י ב) וּצְדָקָה תַּצִּיל מִמָּוֶת. אוֹ, לְהַאֲכִיל עָנִי עַל שֻׁלְחָנוֹ, כִּי בָזֶה יְכַבֵּד שֻׁלְחָנוֹ, כְּמוֹ שֶׁאָמַר חָכָם, כְּשֶׁיִּרְצֶה הַבּוֹרֵא לִשְׁלוֹחַ מִנְחָה לַחֲסִידָיו, יַזְמִין לוֹ עָנִי עַל שַׁעַר בֵּיתוֹ.

וְצָרִיךְ בַּעֲבוֹדָתוֹ לְהִתְנַהֵג בַּעֲנָוָה, וְיַסְתִּיר כָּל עִנְיְנֵי עֲבוֹדָתוֹ מִבְּנֵי אָדָם, כִּי אָז יִכְפֹּל שְׂכָרוֹ וְיִנָּצֵל מִלַּעַג הַלּוֹעֲגִים, וּבָזֶה יִוָּדַע כִּי אֵינוֹ גוֹנֵב דַּעַת הַבְּרִיּוֹת. כִּי הַמְגַלֶּה צִדְקָתוֹ וַעֲבוֹדָתוֹ, אֵין כַּוָּנָתוֹ כִּי אִם לְהַלְּלוֹ בַּשְּׁעָרִים וְלִהְיוֹת לְרֹאשׁ, וְלִבְטוֹחַ בּוֹ הַכְּסִילִים, כְּדֵי שֶׁיּוּכַל לִמְצוֹא חֲפָצָיו מֵהֶם. וְאַל יְהִי דוֹמֶה (לְגֶבֶר) [לַנִּזְכָּר] בְּמִשְׁלֵי „כְּלִילָא וְדַמְנָא", כִּי הֶחָתוּל כְּשֶׁהִזְקִין וְקָצַר יָדוֹ לִטְרוֹף טֶרֶף, וְנַעֲשָׂה נָזִיר, וּבָטְחוּ בוֹ הַחַיּוֹת

all the animals that had previously feared him trusted him, until they were caught in his net and he ground their bones.

It is necessary for one to weigh his deeds every day, every month, every year, to see what difference there is between his deeds this year and his deeds of the year that has passed. If he sees that he has added good qualities, let him be happy, rejoice, and recognize that his soul is wise. If he sees that he has added nothing or subtracted nothing from his good deeds, let him recognize that his soul is weak and that it is too weary to pursue the precepts. This is a sign that his soul is not complete. If he sees that this year there are lacking good deeds which he performed in the year before, let him weep for his evil end, and let him despair of fulfilling the will of God, unless his soul stirs him up to mend quickly what he has torn and to make straight what he has made crooked. He should engage less in worldly occupations and abstain from such trade and business affairs.

As he ages, let him pray every night and let him arrange his prayers as petition. Let him restrain himself from approaching a woman, and let him eat less meat, and drink less wine, and let him occupy himself with the needs of the poor and the sick. Let him accompany the dead to their burial. Let him go to the graves of the dead each week, and let him stand alone among them, and let him remind his soul of that estate, just as a certain man did who was most depraved and lawless. People told of his abominable deeds in the presence of the king, and one man among them spoke up and said, "Your Majesty, know that now he has done much more evil than he has previously done, for I testify before you that I heard him in the middle of the night going to the graves to steal the shrouds of the dead, for my home is in the wall of this city." The king commanded two of his faithful servants to search into the matter, and they followed the man in the night until they saw him enter a certain tomb, and from there he removed a chain of iron, and he bound this chain around his neck and he pulled it mightily with his hand, and he said, "Woe to you, O bruised body, O wretched substance, O desolate soul, O dejected spirit, O foolish reason, O incurable mortal, O man of earth, what is your hope, and what will your repentance be in

הַיִרְאוֹת מִמֶּנּוּ, עַד אֲשֶׁר נִלְכְּדוּ בְרִשְׁתּוֹ וְגָרַם עַצְמוֹתָן.

וְצָרִיךְ לוֹ לִשְׁקוֹל מַעֲשָׂיו בְּכָל יוֹם וּבְכָל חֹדֶשׁ וּבְכָל שָׁנָה, לִרְאוֹת מַה שֶּׁבֵּין מַעֲשָׂיו בְּשָׁנָה זוֹ וּבֵין הַשָּׁנָה שֶׁעָבְרָה. וְאִם יִרְאֶה כִּי הוֹסִיף מִדּוֹת טוֹבוֹת, יִשְׂמַח וְיָגִיל וְיַכִּיר כִּי נַפְשׁוֹ חֲכָמָה. וְאִם יִרְאֶה כִּי לֹא הוֹסִיף וְלֹא הֶחְסִיר, יַכִּיר כִּי נַפְשׁוֹ חֲלוּשָׁה, וְכִי הִיא עֲיֵפָה מִלִּרְדּוֹף אַחַר הַמִּצְוֹת, וְהוּא לְאוֹת עַל כִּי אֵינֶנָּה גְמוּרָה. וְאִם יִרְאֶה כִּי הֶחְסִיר בְּשָׁנָה זוֹ מִן הַמַּעֲשִׂים הַטּוֹבִים שֶׁעָשָׂה בְּשָׁנָה שֶׁעָבְרָה, יִבְכֶּה עַל אַחֲרִיתוֹ הָרָעָה, וְיִיָאֵשׁ מִלְּהַשִּׂיג רְצוֹן אֱלֹהָיו, לְבַד אִם תְּעִירֵהוּ נַפְשׁוֹ לִתְפּוֹר מְהֵרָה מַה שֶּׁקָּרַע וּלְתַקֵּן אֶת אֲשֶׁר עִוֵּת. וְצָרִיךְ לְחַסֵּר מְעַט מֵעִסְקֵי הָעוֹלָם וּלְהִנָּזֵר מֵרֹב הַסְּחוֹרוֹת וְהָעֲסָקִים.

וְצָרִיךְ כְּשֶׁיָּבוֹא בַּיָּמִים, לְהִתְפַּלֵּל בְּכָל לַיְלָה, וְלַעֲרוֹךְ תַּחֲנוּנִים, וּלְהִמָּנַע מִגֶּשֶׁת אֶל אִשָּׁה, וִימַעֵט מִלֶּאֱכוֹל בָּשָׂר וְלִשְׁתּוֹת יַיִן, וְיִתְעַסֵּק בְּצָרְכֵי עֲנִיִּים וְחוֹלִים, וִילַוֶּה מֵתִים לִקְבוּרָתָם, וְיֵלֵךְ לְקִבְרוֹת הַמֵּתִים בְּכָל שָׁבוּעַ, וְיַעֲמוֹד לְבַדּוֹ בָּהֶם, וְיִזְכּוֹר לְנַפְשׁוֹ אֶת הַמַּעֲמָד הַהוּא, כַּאֲשֶׁר הָיָה עוֹשֶׂה אִישׁ אֶחָד שֶׁהָיָה בְּתַכְלִית הָרֶשַׁע וְהַפְּרִיצוּת, וְהָיוּ מְסַפְּרִים תּוֹעֲבוֹתָיו לִפְנֵי הַמֶּלֶךְ. וַיַּעַן אִישׁ אֶחָד מֵהֶם וַיֹּאמַר, אֲדוֹנִי הַמֶּלֶךְ, דַּע, כִּי עַתָּה הִפְלִיג לַעֲשׂוֹת מֵאֲשֶׁר עָשָׂה מִיָּמָיו, וַאֲנִי מֵעִיד לְפָנֶיךָ כִּי שָׁמַעְתִּי אוֹתוֹ בַּחֲצִי הַלַּיְלָה הוֹלֵךְ לְקִבְרוֹת לִגְנוֹב תַּכְרִיכֵי מֵתִים, כִּי בֵיתִי בְּקִיר הַחוֹמָה. וַיְצַו הַמֶּלֶךְ לִשְׁנַיִם מִנֶּאֱמָנָיו לַחְקוֹר הַדָּבָר, וְהָלְכוּ אַחֲרָיו בַּלַּיְלָה, עַד אֲשֶׁר רָאוּהוּ כִּי נִכְנַס בְּקֶבֶר אֶחָד, וְהוֹצִיא שַׁלְשֶׁלֶת שֶׁל בַּרְזֶל, וְקָשַׁר אוֹתָהּ עַל צַוָּארוֹ וְהָיָה מוֹשֵׁךְ אוֹתָהּ בְּיָדוֹ בְּחָזְקָה, וְהָיָה אוֹמֵר, אוֹי לְךָ גּוּף נָגוּף, וּגְוִיָּה עֲנִיָּה, וּנְשָׁמָה נְשַׁמָּה, וִיחִידָה גַּלְמוּדָה, וְשֵׂכֶל סָכָל, וֶאֱנוֹשׁ אָנוּשׁ, וְאָדָם מֵאֲדָמָה, מַה תִּקְוָתְךָ, וּמַה תִּהְיֶה

the day that you lie down in this place and what will your answer be, you who are the enemy of His own soul, you who are the troubler of His spiritual good, why have you sold yourself to evil and dealt presumptuously, and concerning this state you did not think, and on whom did you rely, and where are your helpers, and where are those who are supposed to love you and be faithful to you, and where are your acquaintances now? Let them arise if they can help you at this evil time. You did the evil and now you must bear its consequences. You sowed and now you must reap. You rejected and now you will be rejected. Humble yourself, O foolish soul who blasphemes its Rock and profanes its glory. Know your foundation and discern your source. Behold now your home and your glory. The clod and the worm will subdue you and worms will divide you and bolts of flaming fire will devour you, and what will you do when you come to this place, a house of darkness and the shadow of death, a house of terror and confusion, a house of sorrow and wrath? The heavens will grow dark over you and the sun will be turned to darkness and the moon to blood and the stars will withhold their light from you. Whither will you flee, whither will you escape? This is your home and your dwelling place. What need have you of the houses of men and magnificent temples? You thought spacious upper chambers to be your legacy; do you not know that just as others go forth from them, so will you go forth from them? O, my heart, my heart! Behold your house, narrow and dark and without light. Its lamps are extinguished as stars are extinguished. Here you will be as though you never were. You will die as though you never lived. You have done enough! Return to your God! Keep this hour in mind, for if you were able to escape from it, you would surely do so. And I too would praise you that your right hand has been able to help you (Job 40:14), but since your end is to be in this state and here you will lie in sorrow, know that there is no fruit for your labor except repentance."

When the king heard about this matter, he was astounded, and he wondered exceedingly concerning this man's repentance, and the king humbled himself because of his evil deeds, and he and many men among the outlaws of his people repented.

The worshipper should divide the day and the night. The first and the last hour of the day should be devoted to his prayers. From the second hour until noon should be devoted to business; the seventh and eighth hours for eating and for sleeping. The ninth hour, to supervise

תְּשׁוּבָתְךָ בְּיוֹם שָׁכְבְךָ בַּמָּקוֹם הַזֶּה, וּמַה יִהְיֶה מַעַנְךָ, הָאוֹיֵב לְנַפְשׁוֹ, הָעוֹכֵר רְכוּשׁוֹ. מַדּוּעַ הִתְמַכַּרְתָּ וְזַדְתָּ, וּבַמַּעֲמָד הַזֶּה לֹא חָשַׁבְתָּ, וְעַל מִי בָטַחְתָּ, אַיֵּה עוֹזְרֶיךָ, וְאַיֵּה אוֹהֲבֶיךָ וְנֶאֱמָנֶיךָ, וְאַיֵּה אֵיפֹה מַכִּירֶיךָ, יָקוּמוּ אִם יוֹשִׁיעוּךָ בְּעֵת רָעָתֶךָ. אַתָּה עָשִׂיתָ וְאַתָּה תִשָּׂא, אַתָּה זָרַעְתָּ וְאַתָּה תִקְצוֹר, אַתָּה מָאַסְתָּ וְאַתָּה תִהְיֶה נִמְאָס. הִכָּנְעִי נֶפֶשׁ אִוֶּלֶת, אֲשֶׁר צוּרָהּ מְנֻבֶּלֶת וּכְבוֹדָהּ מְחֻלֶּלֶת. דְּעִי יְסוֹדֵךְ וְהַכִּירִי שָׁרְשֵׁךְ. רְאִי בֵיתֵךְ וְהַדְרֵךְ, גּוּשׁ וְרִמָּה יַכְנִיעוּךְ, וְתוֹלָעִים יְחַלְּקוּךְ, וְרִשְׁפֵּי אֵשׁ שַׁלְהֶבֶת יֹאכְלוּךְ. וּמַה תַּעֲשִׂי בְּבוֹאֵךְ בַּמָּקוֹם הַזֶּה, בֵּית חֹשֶׁךְ וְצַלְמָוֶת, בֵּית פַּחַד וְשָׁאוֹן, בֵּית יָגוֹן וְחָרוֹן, הַשָּׁמַיִם יִתְקַדְּרוּ עָלַיִךְ, וְהַשֶּׁמֶשׁ יֵהָפֵךְ לְחֹשֶׁךְ, וְהַיָּרֵחַ לְדָם, וְהַכּוֹכָבִים יַאַסְפוּ מִמֵּךְ נָגְהָם. אָנָה תִבְרְחִי, אוֹ אָנָה תִמָּלְטִי? זֶה בֵיתֵךְ וְזֶה מְעוֹנֵךְ. מַה לָּךְ לְבָתֵּי גְבָרִים וְהֵיכָלִים בְּנוּיִים וַעֲלִיּוֹת מְרֻוָּחִים, חָשַׁבְתְּ אוֹתָם נַחֲלָתֵךְ וִירֻשָּׁתֵךְ – הֲלֹא יָדַעַתְּ, כִּי כַּאֲשֶׁר יֵצְאוּ מִשָּׁם שׁוֹכְנֵיהֶם, כֵּן תֵּצְאִי גַּם אַתְּ. לִבִּי, לִבִּי, רְאֵה בֵּיתְךָ צַר וָאֹפֶל וְאֵין נֹגַהּ לוֹ, מְאוֹרָיו דּוֹעֲכִים וְכוֹכָבָיו נִזְעָכִים, פֹּה תִהְיֶה כְּאִלּוּ לֹא הָיִיתָ, וְתָמוּת כְּאִלּוּ לֹא חָיִיתָ. דַּי לְךָ מִכֹּל אֲשֶׁר עָשִׂיתָ, וְשׁוּב לֵאלֹהֶיךָ. זְכוֹר הַמַּעֲמָד הַזֶּה, כִּי אִלּוּ הָיִיתָ יָכוֹל לְהִמָּלֵט מִמֶּנּוּ, הָיִיתָ רָאוּי לַעֲשׂוֹת רְצוֹנֶךָ, וְגַם אֲנִי אוֹדֶךָּ כִּי תוֹשִׁיעַ לְךָ יְמִינֶךָ. אֲבָל אַחֲרֵי אֲשֶׁר סוֹפְךָ לַמַּעֲמָד הַזֶּה וּפֹה תִשְׁכַּב לַמַּעֲצֵבָה, דַּע, כִּי אֵין לַעֲמָלְךָ תְּנוּבָה, כִּי אִם הַתְּשׁוּבָה.

וְכַאֲשֶׁר נִשְׁמַע הַדָּבָר לַמֶּלֶךְ, תָּמַהּ וְנִפְלָא עַל תְּשׁוּבָתוֹ, וְנִכְנַע הַמֶּלֶךְ מִמַּעֲשָׂיו הָרָעִים, הוּא וַאֲנָשִׁים רַבִּים מִפְּרִיצֵי עַמּוֹ.

וְצָרִיךְ לְבַעַל־הָעֲבוֹדָה לְחַלֵּק הַיּוֹם וְהַלַּיְלָה. וְהַשָּׁעָה הָרִאשׁוֹנָה וְהָאַחֲרוֹנָה מִן הַיּוֹם, תִּהְיֶה לִתְפִלּוֹתָיו. וּמִשָּׁעָה שְׁנִיָּה עַד חֲצִי הַיּוֹם, לָעֵסֶק. וְהַשְּׁבִיעִית וְהַשְּׁמִינִית, לֶאֱכוֹל וְלִישׁוֹן. וְהַתְּשִׁיעִית,

the conduct of his household, and the needs of his children and his wife; and the rest of the day to reading the words of God. Thus should he divide the hours of the night. At the beginning of the night, let him study if it is his custom to study. After that let him sleep until the middle of the night is passed. Then let him arise from his sleep while the stars of the morning are singing together, and let him stand praying prayers of petition before his Creator until the time 'of the morning prayer. Anyone who accustoms himself to this discipline will add for himself another fence to guard him from committing sins. He will have no time to think about sins and, all the more so, to occupy himself with them.

If a worshipper occupies himself with business matters, he must guard himself from cheating, oppression, robbery, flattery, usury, and oaths, from doing anything dishonest, in measure, or in weight. He should not be a partner in business with a worthless man, or a man who is always swearing, or a man frantic to amass wealth. Let him not be angry when he sees his companions getting rich and prospering. If it should happen that he sustains a loss, let him not be angry, but let him think that this has happened to him for his own good and for the redemption of his soul. If he has attained great wealth, let him not close his hands from giving tithes, alms, and from fulfilling vows, and giving free-will offerings. For through what he has given, the rest of his wealth will be guarded. Through the little that is lacking, his complete fortune will be secure. Just as circumcision causes a lack in one of the members of the body, but in that lack we find the perfection of man, and were it not for this lacking, he would be lacking all the days of his life, so it is with the giving of alms. A man should not rejoice too much if he attains wealth, and he should not depend upon it, for he does not know, if it will remain with him or will be lost. Then if it should be lost and he did not depend upon it, he will not worry concerning his loss, but he will justify God's judgment, just as Job said (1:20), "The Lord gave, and the Lord hath taken away; Blessed be the name of the Lord."

If he should occupy himself with the service of the king, let him assume as his prior duty the service of the King of Kings. Let him not exalt himself in his heart, because of royal power. Let him not hurt his fellow men with his power and that of his cohorts, as Job said (31:21), "If I have lifted up my hand against the fatherless because I saw my

לִהְיוֹת צוֹפֶה הֲלִיכוֹת בֵּיתוֹ וְצָרְכֵי בָנָיו וְאִשְׁתּוֹ. וּשְׁאָר הַיּוֹם, לִקְרוֹת דִּבְרֵי־אֱלֹהִים. וְכֵן הוּא צָרִיךְ לְחַלֵּק שְׁעוֹת הַלַּיְלָה. וּבִתְחִלַּת הַלַּיְלָה יִלְמַד אִם מִנְהָגוֹ לִלְמוֹד, וְאַחַר־כֵּן יִישַׁן עַד עֲבוּר חֲצוֹת הַלַּיְלָה, וְאָז יָקוּם מִשְּׁנָתוֹ בְּרָן יַחַד כּוֹכְבֵי־בֹקֶר, וְיַעֲמוֹד בְּתַחֲנוּנִים לִפְנֵי בוֹרְאוֹ עַד תְּפִלַּת הַשַּׁחַר. וְכָל הַמַּרְגִּיל עַצְמוֹ בָּזֶה, יוֹסִיף לוֹ סְיָג מֵהָעֲבֵרוֹת, וְלֹא יִהְיֶה לוֹ פְּנַאי לַחְשׁוֹב בָּהֶן, וְכָל־שֶׁכֵּן לְהִתְעַסֵּק בָּהֶן.

וְצָרִיךְ בַּעַל־הָעֲבוֹדָה, אִם יִהְיֶה מִתְעַסֵּק בִּסְחוֹרוֹת, לְהִשָּׁמֵר מִן הָאוֹנָאָה וְעֹשֶׁק וּגְזֵלָה וְהַחֲנוּפוֹת וְהָרִבִּית וְהַשְּׁבוּעוֹת, וּמֵעֲשׂוֹת עָוֶל בַּמִּדָּה וּבַמִּשְׁקָל וּבַמְּשׂוּרָה. וְלֹא יִשְׁתַּתֵּף עִם אִישׁ בְּלִיַּעַל וּבַעַל־שְׁבוּעוֹת וְנִבְהָל לַהוֹן. וְאַל יִתְקַצֵּף בִּרְאוֹתוֹ חֲבֵרָיו יַעֲשִׁירוּ וְיַצְלִיחוּ. וְאִם יֶאֱרַע לוֹ וְיַפְסִיד, אַל יִכְעַס, רַק יַחְשׁוֹב כִּי לְטוֹבָתוֹ וּלְפִדְיוֹן נַפְשׁוֹ אֵרַע לוֹ. וְאִם הִשִּׂיגָה יָדוֹ הוֹן עָתָק, אַל יִקְפּוֹץ יָדוֹ מִתֵּת מִמֶּנּוּ מַעֲשֵׂר וּצְדָקוֹת וּנְדָרִים וּנְדָבוֹת, כִּי בַנָּתוּן יִהְיֶה הַנִּשְׁאָר שָׁמוּר, וּבָזֶה הַחֶסְרוֹן תִּהְיֶה שְׁלֵמוּת הוֹנוֹ. כַּאֲשֶׁר בְּרִית־הַמִּילָה הִיא חֶסְרוֹן קְצָת מֵאֵבָרָיו, וּבַחֶסְרוֹן הַהוּא תִּהְיֶה שְׁלֵמוּת הָאָדָם. וְאִם לֹא יְחַסְּרֵהוּ, יִהְיֶה חָסֵר כָּל יָמָיו. כֵּן מַתַּת־הַצְּדָקָה. וְצָרִיךְ לְבַל יִשְׂמַח בּוֹ* יוֹתֵר מִדַּי, וְלֹא יִבְטַח עָלָיו, כִּי לֹא יֵדַע אִם יִשָּׁאֵר לוֹ אוֹ יֹאבֵד. עַל כֵּן, אִם יֹאבַד לוֹ וְהוּא לֹא בָטַח עָלָיו, לֹא יִדְאַג עַל אָבְדוֹ, רַק יַצְדִּיק דִּין־אֱלֹהָיו, כַּאֲשֶׁר אָמַר אִיּוֹב (איוב א כא) יְיָ נָתַן וַייָ לָקָח יְהִי שֵׁם יְיָ מְבֹרָךְ.

וְאִם יִתְעַסֵּק בַּעֲבוֹדַת־הַמֶּלֶךְ, הוּא צָרִיךְ לְהַקְדִּים עַל עֲבוֹדַת־הַמֶּלֶךְ עֲבוֹדַת מֶלֶךְ־מַלְכֵי־הַמְּלָכִים, וְאַל יִתְגָּאֶה לִבּוֹ בְּכֹחַ־הַמַּלְכוּת, וְאַל יַזִּיק לִבְנֵי־אָדָם בְּכֹחוֹ וּבְרֹב עוֹזְרָיו, כַּאֲשֶׁר אָמַר אִיּוֹב (שם לא כא) אִם־הֲנִפוֹתִי עַל־יָתוֹם יָדִי כִּי־אֶרְאֶה

* בהון.

help in the gate." Let him admonish the wicked and humble them, and let him intercede in favor of every man, and let him stand in the breach of those doomed to be slain, and let him rescue those who are to be taken to death, let him help the poor. Let him do all this for the sake of the Creator, blessed be He, and not in order to attain fame.

If he should occupy himself with the healing of the sick and it is in the power of his hand to help, let him not accept a reward from a sick person. Let him keep the high road and not destroy it for the sake of the easy path, for with this he will acquire eternal life. For he is like one who saves those who are doomed to death. Even though everything is in the hand of the Creator, blessed be He, since his intention was for good and to help the sick person and to save him from his misfortune, it is accounted to him as though he saved him from death. If he cannot earn enough for his sustenance, let him accept from the rich as much as he knows will be sufficient for him rather than accepting it from the poor. Let him visit the sick who are critically ill three times a day and those who are moderately ill, twice, evening and morning. Let him speak to them encouragingly, and give them hope of recovery.

If a man occupies himself with the secular wisdoms from which he obtains his livelihood, he should seek another occupation which will enable him to earn a living. Let him reject this occupation, for greater will be the harm that comes to him than the advantage that he gains through it. All those who destroy their faith, all those who lose their hope concerning the world to come, they are the ones who cleaved to the secular wisdoms and joined the companionship of those who study them. If he should think in his soul that he is pious, and that these secular wisdoms cannot destroy his faith, the thing is not as he imagines. For he will find that he is departing from faith little by little, and he does not even sense it, just as the poet said, "We are in this world like the stars, which think they are at rest, but in reality they are traveling." So will he think that he is clinging to his integrity, and he does not know that he is very far from it. Even though his intention is only for good, even though his intention is to know the unity of the Creator, by way of demonstration and proof, is there not enough of this in the tradition, the words of our Sages, of blessed memory? He is like one who is not satisfied with his portion and wants to seek things too great and too

בְּשַׁעַר עֶזְרָתִי. וְיִהְיֶה מְיַסֵּר הָרְשָׁעִים וּמַכְנִיעָם, וְיָלִיץ טוֹב עַל כָּל אָדָם, וְיַעֲמוֹד בַּפֶּרֶץ לַמָּטִים לַהֶרֶג, וְיַצִּיל לְקוּחִים לַמָּוֶת, וְיַעֲזוֹר הַדַּלִּים, לְמַעַן הַבּוֹרֵא יִתְבָּרַךְ וְלֹא לְמַעַן הֱיוֹת לוֹ שֵׁם גָּדוֹל.

וְאִם יִתְעַסֵּק בִּרְפוּאַת־חוֹלִים וְיֵשׁ לְאֵל יָדוֹ, אַל יְקַבֵּל שָׂכָר מֵחוֹלֶה, וְיִשְׁמוֹר הַשְּׁבִיל הַגָּדוֹל וְאַל יְאַבְּדֵהוּ בִּשְׁבִיל הַנָּקָל, כִּי בָזֶה יִקְנֶה חַיֵּי הָעוֹלָם־הַבָּא, כִּי הוּא כְּמַצִּיל לְקוּחִים לַמָּוֶת. וְאַף־עַל־פִּי שֶׁהַכֹּל בְּיַד הַבּוֹרֵא יִתְבָּרַךְ, אַחֲרֵי אֲשֶׁר כַּוָּנָתוֹ לְטוֹב וְלַעֲזוֹר הַחוֹלֶה וּלְהַצִּילוֹ מֵרָעָתוֹ, נֶחְשָׁב לוֹ כְּאִלּוּ חִלְּצָהוּ מִמָּוֶת. וְאִם לֹא תַשִּׂיג יָדוֹ דֵּי־מְזוֹנוֹ, יִקַּח מִן הָעֲשִׁירִים כְּפִי אֲשֶׁר יֵדַע כִּי יַסְפִּיק לוֹ, מִלִּקַּח מִן הָעֲנִיִּים. וִיבַקֵּר חוֹלִים הַמְסֻכָּנִים שָׁלֹשׁ פְּעָמִים בַּיּוֹם, וְהַבֵּנוֹנִים פַּעֲמַיִם, עֶרֶב וָבֹקֶר, וִידַבֵּר עַל לִבָּם, וִיבַשְּׂרֵם בְּשָׁלוֹם.

וְאִם יִתְעַסֵּק בְּחָכְמוֹת חִיצוֹנִיּוֹת אֲשֶׁר מִחְיָתוֹ מֵהֶן, צָרִיךְ לְבַקֵּשׁ עֵסֶק אַחֵר שֶׁתִּהְיֶה מִחְיָתוֹ מִמֶּנּוּ, וְיַשְׁלִיךְ זֶה הָעֵסֶק אַחֲרֵי גֵוּוֹ, כִּי יוֹתֵר יִהְיֶה הַהֶזֵּק הַבָּא עָלָיו מִן הַתּוֹעֶלֶת אֲשֶׁר יַרְוִיחַ בּוֹ. כִּי כָל הַמַּשְׁחִיתִים אֱמוּנָתָם, הַמְאַבְּדִים תִּקְוָתָם מִן [הָעוֹלָם] הַבָּא, הֵם אֲשֶׁר דָּבְקוּ בְּחָכְמוֹת הַחִיצוֹנִיּוֹת וַאֲשֶׁר הִתְחַבְּרוּ לְלוֹמְדֵיהֶן. וְאִם יַחְשׁוֹב בְּנַפְשׁוֹ כִּי הוּא חָסִיד וְכִי לֹא יוּכְלוּ הַחָכְמוֹת לְהַשְׁחִית אֱמוּנָתוֹ, אֵין הַדָּבָר כַּאֲשֶׁר יְדַמֶּה, אֲבָל הוּא מִתְרַחֵק מְעַט מְעַט מִן הָאֱמוּנָה וְאֵינוֹ מַרְגִּישׁ, כַּאֲשֶׁר אָמַר הַמְשׁוֹרֵר, נַחְנוּ בָּעוֹלָם הַזֶּה כַּכּוֹכָבִים אֲשֶׁר חָשְׁבוּ חוֹנִים וְהֵם יִסָּעוּ. וְיַחְשׁוֹב כִּי הוּא מַחֲזִיק בְּתֻמָּתוֹ, וְהוּא לֹא יֵדַע כִּי הוּא רָחוֹק מִמֶּנָּה מְאֹד. וְאִם כִּי אֵין כַּוָּנָתוֹ כִּי אִם לְטוֹב, לָדַעַת יִחוּד הַבּוֹרֵא מִדֶּרֶךְ הַמּוֹפֵת – אֵין לוֹ דַּי בַּקַּבָּלָה וּבְדִבְרֵי רַבּוֹתֵינוּ זִכְרוֹנָם לִבְרָכָה!? וְהוּא כְּמִי שֶׁלֹּא יִסְתַּפֵּק בְּחֶלְקוֹ,

wonderful for him and to join the companionship of kings, and this could be a cause of losing his money and himself, and if he should escape, it would be after great pain and severe troubles which would come upon him. Whereas, if he were satisfied with what God has graciously given him, he would remain at peace. Therefore, a man should stay away completely from these secular wisdoms, unless he has a teacher who possesses two qualities: he must be of the utmost piety and he must be well-versed in that wisdom. For with the quality of piety he will guard his pupil at all times from evil doubts, and because he is well-versed in the secular wisdom, he will know the place where stumbling could occur, and he will warn his pupil not to believe in it. He will bring proofs that will nullify them, just as a teacher of the generation will do for those who err. He will warn them and guard them. In this way a man can escape though his soul thirsts for this wisdom.

But if he occupies himself with the study of the Torah and teaching it to his pupils, happy is he, for this is the best and most righteous occupation. For if he should err they will warn him, and if he should forget they will remind him, and if he should sleep they will arouse him, and if he should be wicked they will consider him righteous in spite of himself. As for him who occupies himself with the study of the Torah and repents only a little and so clings to his wickedness, know that if he were to engage in any other occupation, his wickedness would be double and his evil twice as much. Therefore, one should occupy oneself with the study of the Torah and be very careful with that precious treasure which the Creator gave to him.

Let him not make of it an instrument to attain his desires and his pleasures, as our Sages, of blessed memory, said (Ethics of the Fathers Chapter 4), "Do not make them a crown with which to vaunt yourself, nor a spade with which to dig." When a man teaches someone else or admonishes his pupils, let him not forget to punish his own soul the while, and to teach it, for it is not proper for a man to instruct someone else in what he himself does not do, and to teach him what he does not believe. For anything that comes out of the heart will enter into the heart, while anything that comes out of the mouth only will not

וְיִרְצֶה לְבַקֵּשׁ גְּדוֹלוֹת וְנִפְלָאוֹת מִמֶּנּוּ וּלְהִתְחַבֵּר לִמְלָכִים, וְיִהְיֶה סִבָּה לְאַבֵּד מָמוֹנוֹ וְגוּפוֹ. וְאִם יִמָּלֵט, אַחֲרֵי צַעַר גָּדוֹל וּתְלָאוֹת קָשׁוֹת אֲשֶׁר יַעַבְרוּ עָלָיו. וְאִם הָיָה מִסְתַּפֵּק בְּמַה שֶּׁחֲנָנוֹ אֱלֹהָיו, הָיָה עוֹמֵד בִּמְנוּחָה. וְעַל כֵּן צָרִיךְ הָאָדָם לִרְחוֹק מֵהֶן לְגַמְרֵי, אֶלָּא אִם יִהְיֶה לוֹ מוֹרֶה שֶׁיִּהְיוּ בוֹ שְׁתֵּי מִדּוֹת, שֶׁיִּהְיֶה בְּתַכְלִית הַחֲסִידוּת, וְשֶׁיִּהְיֶה בָקִי בַּחָכְמָה הַהִיא. כִּי בְּמִדַּת הַחֲסִידוּת, יִשְׁמוֹר לְתַלְמִידוֹ בְּכָל עֵת מִן הַסְּפֵקוֹת הָרָעִים. וּבַעֲבוּר שֶׁהוּא בָקִי בְּאוֹתָהּ הַחָכְמָה, יַכִּיר מְקוֹם הַמִּכְשׁוֹלוֹת וְיַזְהִיר לְתַלְמִידוֹ לְבַל יַאֲמִין בָּהֶן, וְיָבִיא לוֹ רְאָיוֹת עַל בִּטּוּלָן, כְּמוֹ שֶׁיַּעֲשֶׂה מוֹרֵה־הַדּוֹר לַתּוֹעִים יַזְהִירֵם וְיִשְׁמְרֵם, וּבָזֶה יוּכַל הָאָדָם לְהִמָּלֵט אַחֲרֵי אֲשֶׁר נַפְשׁוֹ מִשְׁתּוֹקֶקֶת לְזֹאת הַחָכְמָה.

וְאִם יִהְיֶה מִתְעַסֵּק בְּתַלְמוּד־תּוֹרָה וּלְלַמֵּד לְתַלְמִידָיו, אַשְׁרָיו, כִּי הוּא הָעֵסֶק הַטּוֹב וְהַיָּשָׁר, אֲשֶׁר אִם יִשְׁגֶּה יַזְהִירוּהוּ, וְאִם יִשְׁכַּח יַזְכִּירוּהוּ, וְאִם יִישַׁן יְעִירוּהוּ. וְאִם יִהְיֶה רָשָׁע, בְּעַל־כָּרְחוֹ יַצְדִּיקוּהוּ. וּמִי שֶׁהוּא מִתְעַסֵּק בְּתַלְמוּד־תּוֹרָה וְהוּא שָׁב בְּמִקְצָת וּמַחֲזִיק בְּרִשְׁעָתוֹ, דַּע, כִּי אִלּוּ הָיָה מִתְעַסֵּק בְּעִנְיָן אַחֵר, הָיָה רִשְׁעוֹ כָּפוּל וְרָעָתוֹ פִּי־שְׁנַיִם. וְעַל־כֵּן, צָרִיךְ לַעֲסוֹק בְּתַלְמוּד־תּוֹרָה לִהְיוֹת נִזְהָר בַּחֵפֶץ הַהוּא אֲשֶׁר נָתַן לוֹ הַבּוֹרֵא, וְאַל יַעֲשֶׂה מִמֶּנּוּ כְּלִי לְהַשִּׂיג חֲפָצָיו וַהֲנָאוֹתָיו, כְּמוֹ שֶׁאָמְרוּ חֲכָמֵינוּ זִכְרוֹנָם לִבְרָכָה (אבות פ״ד מ״ה) אַל תַּעֲשֵׂם עֲטָרָה לְהִתְגַּדֵּל בָּהֶם וְלֹא קַרְדּוֹם לַחְפּוֹר בָּהֶם. וְכַאֲשֶׁר יְלַמֵּד לְזוּלָתוֹ אוֹ יְיַסֵּר לְתַלְמִידָיו, אַל יִשְׁכַּח לְיַסֵּר נַפְשׁוֹ עִמּוֹ וּלְלַמְּדָהּ, כִּי לֹא נָכוֹן לָאָדָם לְיַסֵּר לְזוּלָתוֹ בְּמַה שֶּׁאֵינוֹ עוֹשֶׂה, וּלְלַמֵּד מַה שֶּׁאֵינוֹ מַאֲמִין בּוֹ. כִּי כָּל דָּבָר שֶׁיֵּצֵא מִן הַלֵּב, יִכָּנֵס בַּלֵּב. וְכֹל אֲשֶׁר לֹא יֵצֵא כִּי אִם מִן הַפֶּה, לֹא יַעֲבוֹר הָאֹזֶן. וְהָיָה הֶחָכָם אוֹמֵר,

go beyond the ear. A wise man said, "Whenever a man admonishes me and I want to know if that admonishment comes from the heart, I look to see if his instruction has entered my heart and aroused my soul to pay attention to his words. If so, I recognize that he is speaking with all his heart and all his might. But if my soul does not pay attention to his words and has not aroused itself to cling to them, then I know that his rebuke is nothing but the word of his lips."

A man should occupy himself with the needs of the poor and go to their houses. For there are two good results that will come from this, the first, the reward of the Creator, and the second, the humbling of his arrogance, causing the contriteness of his heart. He should speak warmly to them and help them as much as he is able. And if he has nothing, let him help them with the words of his mouth, by interceding favorably for them and occupying himself with their work. He should repay good for the evil done to him by his enemies. When they come into his power let him not desire to avenge himself, but let him forgive them and do good to them, more than he would have done for them previously. When he begins to come to worship his God, he should not consider it as something which, if he wearies of it, he can put aside and not worry about it. But he should not draw near to the service of his God until he has agreed with his heart to concentrate diligently on it all of his days. And he should begin with a little in order to increase his worship every day, just as our Sages, of blessed memory, said (Berakhot 28a), "In matters of holiness one ascends rather than descends."

He should remember in his very soul all the conditions of worship, and if he discerns in this heart that he is not able to bear all of its conditions, let him select from them that which he is able to bear. Better for him is a little but permanent rather than much which does not last. When he comes to the worship of the Creator, even though he be in the service of mortal kings, let him remove from on his neck the yoke of serving human beings, so that he will have no other master except the Creator, blessed be He. Happy is he when he goes forth from the service of slaves and comes to the service of the Great King for whom he must sanctify himself and keep guard, for one does not come to the gate of the King in the garment of strangeness and sinful deeds. For in

כְּשֶׁיְּיַסְּרֵנִי אָדָם וְאֶרְצֶה לְהַכִּיר אִם הַמּוּסָר הַהוּא יָבוֹא מִן הַלֵּב, אֶרְאֶה אִם נִכְנַס מוּסָרוֹ בְּלִבִּי וְהִתְעוֹרְרָה נַפְשִׁי לִדְבָרָיו, אַכִּיר כִּי בְּכָל לִבּוֹ וּבְכָל מְאוֹדוֹ הוּא מְדַבֵּר. וְאִם נַפְשִׁי לֹא תָשִׁית לִבָּהּ לִדְבָרָיו וְלֹא הִתְעוֹרְרָה לְהַחֲזִיק בָּם, אֵדַע כִּי מוּסָרוֹ אֵינוֹ כִּי אִם דְּבַר־שְׂפָתַיִם.

וְצָרִיךְ לְהִתְעַסֵּק בְּצָרְכֵי־הָעֲנִיִּים וְלָבוֹא לְבָתֵּיהֶם, כִּי יֵשׁ לוֹ בַּדָּבָר שְׁתֵּי טוֹבוֹת. הָרִאשׁוֹנָה, שְׂכַר־הַבּוֹרֵא. וְהַשְּׁנִיָּה, הַכְנָעַת־גַּאֲוָתוֹ וְשִׁבְרוֹן־לִבּוֹ. וְצָרִיךְ לְדַבֵּר עַל לִבָּם וְלַעֲזוֹר אוֹתָם מֵאֲשֶׁר תַּשִּׂיג יָדוֹ. וְאִם אֵין לוֹ כֹּל, יַעְזְרֵם בְּאִמְרֵי־פִיו, לְהָלִיץ בַּעֲדָם טוֹב וּלְהִתְעַסֵּק בִּמְלַאכְתָּם. וְצָרִיךְ לִגְמוֹל טוֹבָה תַּחַת רָעָה לְאוֹיְבָיו. כְּשֶׁיָּבוֹאוּ לְיָדוֹ, לֹא יִרְצֶה לְהִנָּקֵם, רַק יִמְחוֹל לָהֶם וְיֵטִיב אֲלֵיהֶם יוֹתֵר מֵאֲשֶׁר הָיָה עוֹשֶׂה קֹדֶם לָכֵן. וְצָרִיךְ בְּהַתְחִילוֹ לָבוֹא אֶל עֲבוֹדַת־אֱלֹהָיו לְבַל יַחְשְׁבֶנָּה כִּמְלָאכוֹת אֲשֶׁר אִם יָקוּץ בָּהֶן וְיַנִּיחֵן אֵין לִדְאוֹג עָלָיו, רַק הוּא צָרִיךְ לְבַל יִקְרַב לַעֲבוֹדַת־אֱלֹהָיו, עַד יַסְכִּים עִם לְבָבוֹ לִשְׁקוֹד עָלֶיהָ כָּל יָמָיו, וּלְהַתְחִיל בִּמְעַט מִמֶּנָּה כְּדֵי לְהוֹסִיף בָּהּ בְּכָל יוֹם, כְּמוֹ שֶׁאָמְרוּ רַבּוֹתֵינוּ זִכְרוֹנָם לִבְרָכָה (ברכות כח א) מַעֲלִין בַּקֹּדֶשׁ וְלֹא מוֹרִידִין.

וְצָרִיךְ לִזְכּוֹר לְנַפְשׁוֹ כָּל תְּנָאֵי־הָעֲבוֹדָה. וְאִם יַכִּיר מִלְּבָבוֹ כִּי לֹא יוּכַל לִסְבּוֹל כָּל תְּנָאֶיהָ, יִקַּח מֵהֶם מַה שֶּׁיּוּכַל לִסְבּוֹל, וְטוֹב לוֹ הַמְּעַט הַתְּמִידִי מִן הָרַב אֲשֶׁר לֹא יַעֲמוֹד. וְצָרִיךְ לוֹ בְּבוֹאוֹ בַּעֲבוֹדַת־הַבּוֹרֵא, אִם יִהְיֶה בַּעֲבוֹדַת הַמְּלָכִים, לְהָסִיר מֵעַל צַוָּארוֹ עֹל עֲבוֹדַת בְּנֵי־אָדָם, כְּדֵי שֶׁלֹּא יִהְיֶה לוֹ אָדוֹן אַחֵר, כִּי אִם הַבּוֹרֵא יִתְבָּרַךְ. וְאַשְׁרָיו אִם יֵצֵא מֵעֲבוֹדַת־עֲבָדִים וְיָבוֹא בַּעֲבוֹדַת הַמֶּלֶךְ הַגָּדוֹל, אֲשֶׁר הוּא צָרִיךְ לְהִתְקַדֵּשׁ וּלְהִשָּׁמֵר, כִּי אֵין לָבוֹא אֶל שַׁעַר־הַמֶּלֶךְ בִּלְבוּשׁ זָרוּת וּמַעֲשֶׂה

the service of men he is the slave of a slave, but in the service of God he is free. How fittingly has it been said, "Those who serve for a set time are slaves of slaves. The servant of the Lord alone is free." For he who bears the yoke of men upon him cannot fulfill a religious precept in its time. He cannot pray nor worship God at the proper time, but if he does not bear upon himself the yoke of a human master, then his desires are under his own control. He can pray whenever he wishes, and he can be tranquil and not fear the terror of the King or the violence of the wicked, and he will have the time to occupy himself with the service of his God, and he will be lowly and humble and of a contrite heart. For when a person is in the companionship of kings and princes, his importance grows in his eyes and he becomes proud, and his inclination does not humble itself to serve his God, when in reality he should guard himself against words of scoffing and profanity or pointing out the blemish in human beings. He should guard himself from making oaths, whether they be false or whether they be true, and he should go to the houses of the dying at the time of their dying, and he should stand near them at the time that they breathe their last, and then his uncircumcised heart will be humbled when he reflects upon the terror of death, and if he is rich he should not wear embroidered gowns, but modest garments, and let him attend to his food, his joy, and even his pleasures in balanced measure. If he has great wealth let him not multiply buildings, cattle, servants, and worldly goods, for the desire and lust of a man will grow if he amasses all of these, and his worship of God will be neglected. If troubles should come upon him or men should afflict him, or men of violence attack him, or if men should bind him with chains, or if his children or acquaintances or dear friends should die, let him not grow angry, but accept everything with a pleasant countenance, and let him not be angry with his God, and let him not abrogate or leave out a single part of his worship. But let him cling to his righteousness and let him not grow weak and let his heart not reproach him. He should seek mercy from his God in his prayer that He may save him from the evil inclination and rescue him from sinning before Him, and not cause him to stray from His path, and let not his labor be in vain, and let not his hope turn to despair. Let him remember that there are people who

עֲבֵרוֹת. וּבַעֲבוֹדַת בְּנֵי־אָדָם הוּא עֶבֶד־עֲבָדִים, וּבַעֲבוֹדַת־הָאֵל הוּא חָפְשִׁי. וּמַה־טּוֹב אָמַר הָאוֹמֵר: עַבְדֵי־זְמָן, עַבְדֵי־עֲבָדִים הֵם. עֶבֶד־הַשֵּׁם, הוּא לְבַד חָפְשִׁי. כִּי מִי שֶׁיֵּשׁ לוֹ עָלָיו עֹל בְּנֵי־אָדָם, לֹא יַעֲשֶׂה דָבָר בְּעִתּוֹ, לֹא יִתְפַּלֵּל וְלֹא יַעֲשֶׂה עֲבוֹדַת אֱלֹהָיו בְּעִתָּהּ. וְכַאֲשֶׁר לֹא יִהְיֶה עָלָיו עֹל אָדוֹן, יִהְיוּ חֲפָצָיו בִּרְשׁוּתוֹ, יִתְפַּלֵּל בְּכָל עֵת שֶׁיִּרְצֶה, וְיִהְיֶה בְּשַׁלְוָה, וְלֹא יִירָא מֵאֵימַת־הַמֶּלֶךְ וְלֹא מִשֹּׁד־רְשָׁעִים, וְיִהְיֶה לוֹ פְּנַאי לַעֲסוֹק בַּעֲבוֹדַת־אֱלֹהָיו, וְיִהְיֶה שְׁפַל וְעָנָיו וְלִבּוֹ נִשְׁבָּר. כִּי כָּל מִתְחַבֵּר לַמְּלָכִים וּלְשָׂרִים, תִּיקַר נַפְשׁוֹ בְּעֵינָיו, וְיִתְגָּאֶה, וְלֹא יִכָּנַע יִצְרוֹ לַעֲבוֹדַת־אֱלֹהָיו. וְכֵן הוּא צָרִיךְ לְהִזָּהֵר מִדִּבְרֵי־לֵיצָנוּת וּמִדִּבְרֵי־נַבְלוּת אוֹ לָתֵת דֹּפִי בִּבְנֵי־אָדָם, וּלְהִשָּׁמֵר מִן הַשְּׁבוּעוֹת, הֵן לַשָּׁוְא הֵן לָאֱמֶת. וְכֵן הוּא צָרִיךְ לָלֶכֶת לְבָתֵּי־הַמֵּתִים בְּעֵת מוֹתָם, וְיַעֲמוֹד עֲלֵיהֶם בִּשְׁעַת יְצִיאַת־נְשָׁמָה, וְאָז יִכָּנַע לְבָבוֹ הֶעָרֵל בְּהַעֲבִירוֹ עַל לִבּוֹ חֶרְדַּת־הַמָּוֶת. וְכֵן צָרִיךְ לוֹ, אִם יִהְיֶה עָשִׁיר, לְבַל יִלְבַּשׁ בִּגְדֵי־רִקְמָה, כִּי אִם בְּגָדִים בֵּנוֹנִיִּים, וְיָשִׂים אֲכִילָתוֹ וְשִׂמְחָתוֹ וְגַם תַּעֲנוּגָיו בְּמִישׁוֹר וּבְמִשְׁפָּט. וְצָרִיךְ לוֹ, אִם יִהְיֶה לוֹ הוֹן עָתָק, לְבַל יַרְבֶּה בִּנְיָנִים וְלֹא בְהֵמוֹת וַעֲבָדִים וּסְחוֹרוֹת, כִּי הַמַּרְבֶּה מִכָּל אֵלֶּה, תִּגְדַּל נַפְשׁוֹ וְתַאֲוָתוֹ, וְתִדַּל עֲבוֹדָתוֹ. וְכֵן הוּא צָרִיךְ, אִם יָבוֹאוּ עָלָיו צָרוֹת אוֹ יְעַנּוּ אוֹתוֹ, אוֹ יָבוֹאוּ עָלָיו שׁוֹדְדִים, אוֹ יַאַסְרוּהוּ בַּנְחֻשְׁתַּיִם, אוֹ יָמוּתוּ בָנָיו אוֹ מְיֻדָּעָיו אוֹ [רֵעָיו] וְאוֹהֲבָיו, לְבַל יִתְקַצֵּף, וּלְקַבֵּל הַכֹּל בְּסֵבֶר פָּנִים יָפוֹת, וְאַל יִכְעַס עַל אֱלֹהָיו, וְאַל יְבַטֵּל עִנְיָן מֵעִנְיְנֵי עֲבוֹדָתוֹ, רַק יַחֲזִיק בְּצִדְקָתוֹ וְאַל יִתְרַפֶּה וְלֹא יֶחֱרַף לְבָבוֹ. וְכֵן צָרִיךְ לְבַקֵּשׁ רַחֲמִים בִּתְפִלָּתוֹ מֵאֱלֹהָיו לְהַצִּילוֹ מִן הַיֵּצֶר־הָרָע וּלְמַלְּטֵהוּ מִלַּחֲטֹא לְפָנָיו, וְאַל יַתְעֵהוּ מִדְּרָכָיו, וְאַל תִּהְיֶה יְגִיעָתוֹ לָרִיק וְתִקְוָתוֹ לְמַפַּח־נָפֶשׁ. וְיִזְכּוֹר, כִּי יֵשׁ

exerted themselves in the worship of God for a long, long time, but at the end of their days the adversary stood at their right hand, and their evil inclination was too strong for them and they destroyed all their good deeds. Some of them went forth to practice idolatry. Some of them returned to their previous evil state and died in their wickedness, and their labor was in vain and they went to their destruction. Therefore, every man should be fearful concerning his soul, and he should pray every day to his God to save him from the might of the evil inclination, and he should occupy himself with the words of the Sages and the words of the Torah, day and night. He should admonish sinners with the rod of his mouth after he has first admonished his own soul. He should give tithes of his wealth, and he should not omit any part of his service to God. If he should omit a part, let him not abrogate it altogether when evil happenings come upon him or when new good fortune comes to him or when he goes on journeys or when he is sick or when old age takes hold of him. If he has children, he should teach them from their youth to know the Lord, and he should keep them at a distance from the companionship of wicked people and refrain from teaching them evil wisdoms which will destroy their faith, and he should admonish them always in order that the fear of God shall always be before them. If he is unmarried, he should take a wife to himself that she may be his helpmate. Then his worship of God will be firmly established and he will be saved from the errors of evil lust, and then his worship will be pure and perfect. And he should, when he comes to the service of his God, seek the companionship of a pious man and learn from his deeds. Or let him acquire a companion and let both of them participate in worship and let them be envious of each other in the doing of good deeds. Let each man be envious of his brother and be mindful of him. In this way the worship of God will grow and increase.

אֲנָשִׁים יָגְעוּ בַּעֲבוֹדָה יָמִים רַבִּים, וּבְסוֹף יְמֵיהֶם עָמַד שָׂטָן לִימִינָם וְגָבַר יִצְרָם עֲלֵיהֶם וְהִשְׁחִיתוּ כָּל מַעֲשֵׂיהֶם, וְיֵשׁ מֵהֶם שֶׁיָּצְאוּ לַעֲבוֹדָה־זָרָה, וּמֵהֶם שֶׁחָזְרוּ לְקַדְמוּתָם וּמֵתוּ בְּרִשְׁעוּתָם, וְהָיָה יְגִיעָם לָרִיק וְהָלְכוּ לָאֲבַדּוֹן. וְעַל כֵּן צָרִיךְ לְכָל אָדָם לְפַחֵד עַל נַפְשׁוֹ, וּלְהִתְפַּלֵּל בְּכָל יוֹם לֵאלֹהָיו לְהַצִּילוֹ מִתֹּקֶף יֵצֶר־הָרָע. וְצָרִיךְ לְהִתְעַסֵּק בְּדִבְרֵי־חֲכָמִים וּבְדִבְרֵי־תוֹרָה יוֹמָם וָלַיְלָה. וְצָרִיךְ לְיַסֵּר הַפּוֹשְׁעִים בְּשֵׁבֶט פִּיו, אַחֲרֵי אֲשֶׁר יְיַסֵּר נַפְשׁוֹ. וְצָרִיךְ לָתֵת מַעֲשֵׂר מֵהוֹנוֹ. וְצָרִיךְ לְבַל יַחְסִיר מֵעֲבוֹדָתוֹ. וְאִם יַחְסִיר, אַל יְבַטֵּל אוֹתָהּ לְגַמְרֵי, בְּבוֹא עָלָיו מְאֹרָעוֹת רָעִים, וּבְבוֹא עָלָיו חִדּוּשִׁים טוֹבִים, וּבְלֶכְתּוֹ בַדְּרָכִים, וּבִהְיוֹתוֹ חוֹלֶה, וְכִי תִתְקְפֶנּוּ זִקְנָה. וְכֵן הוּא צָרִיךְ, אִם יִהְיוּ לוֹ בָנִים, לְלַמֵּד אוֹתָם מִנְּעוּרֵיהֶם לָדַעַת אֶת הַשֵּׁם, וּלְהַרְחִיקָם מֵחֶבְרַת מְתֵי־רֶשַׁע וּמִלַּמְּדָם חָכְמוֹת רָעוֹת אֲשֶׁר יַשְׁחִיתוּ אֱמוּנָתָם, וּלְיַסְּרָם תָּמִיד, כְּדֵי שֶׁתִּהְיֶה יִרְאָתוֹ עַל פְּנֵיהֶם. וְכֵן הוּא צָרִיךְ, אִם הוּא פָּנוּי, לָקַחַת לוֹ אִשָּׁה לִהְיוֹת לוֹ עֵזֶר כְּנֶגְדּוֹ, וְאָז תִּכּוֹן עֲבוֹדָתוֹ וְיִמָּלֵט מֵחִצֵּי־הַתַּאֲוָה הָרָעָה, וְאָז תִּהְיֶה עֲבוֹדָתוֹ נְקִיָּה וּתְמִימָה. וְכֵן הוּא צָרִיךְ, בְּבוֹאוֹ לַעֲבוֹדַת־אֱלֹהָיו, לְהִתְחַבֵּר לְאִישׁ חָסִיד וְיִלְמַד מִמַּעֲשָׂיו, אוֹ יִקַּח לוֹ חָבֵר וְיִהְיוּ שְׁנֵיהֶם מִשְׁתַּתְּפִים בַּעֲבוֹדָה, וִיקַנֵּא אִישׁ בְּאָחִיו, וְיִזָּכֵר אִישׁ בְּאָחִיו, וּבָזֶה תִּגְדַּל וְתוֹסִיף הָעֲבוֹדָה.

CHAPTER XIV

Concerning The Reckoning A Man Must Make With Himself

A man should remember at all times the kindnesses and miracles which the Holy One, blessed be He, did for his pious ones, for example, the awesome deeds at the sea and in Egypt. When His people hovered between death and life, he bared His holy arm and fought with their enemies with anger, fury, and with great wrath, and He caused them to descend into the pit of destruction and that which he did to the mighty kings when he humbled their pride before His people, and when He caused the sun to stand still midway in the heavens until a nation could be avenged upon its enemies. When He answered Hezekiah in his illness and heard his prayer and saw his tears and lengthened the days of his life. When He answered Jonah out of the bowels of the fish, when He answered him out of the belly of the nether world and caused him to ascend from the depths and brought him forth to the light of the world. When He answered Hananiah, Mishael, and Azariah in the fire of the furnace, and He sent His angel and saved them and the fire had no dominion over them. And God, in Whom they trusted, showed His power and sanctified His name before the multitude. And that which He did for Daniel in the lion's den, when he sent His angel and closed the mouth of the lions so that they did not devour him. He gave as his ransom those of his enemies who had plotted his death. And that which He did for Mordecai and Esther when he saw their affliction and their fasting and their prayer, and His mercies were kindled towards them. He annulled the plot of Haman and caused it to descend on Haman's own head. And that which He did to the people of Nineveh when He saw their affliction and the bitterness of their soul and He saved them from death, and that which He had planned to do to them, He did not do. All this is to let you know that repentance can turn aside an evil decree, and the expression of it. Conversely, if the tidings are good, then all that he spoke will come to pass in order that we may discern from this the compassion of our God upon us. When it comes to an evil de-

הַשַּׁעַר הָאַרְבָּעָה־עָשָׂר

בְּחֶשְׁבּוֹן הָאָדָם עִם נַפְשׁוֹ

יֶשׁ לוֹ לָאָדָם לִזְכּוֹר בְּכָל־עֵת הַחֲסָדִים וְהַנִּסִּים אֲשֶׁר עָשָׂה הַקָּדוֹשׁ־בָּרוּךְ־הוּא עִם חֲסִידָיו, כְּגוֹן נוֹרְאוֹת הַיָּם וּמִצְרָיִם. וּבִהְיוֹת עַמּוֹ בֵּין מָוֶת לַחַיִּים, חָשַׂף זְרוֹעַ קָדְשׁוֹ וְנִלְחַם עִם אוֹיְבֵיהֶם בְּאַף וּבְחֵמָה וּבְקֶצֶף גָּדוֹל וְהוֹרִידָם לִבְאֵר שָׁחַת. וְכַאֲשֶׁר עָשָׂה לַמְּלָכִים הָאַדִּירִים, אֲשֶׁר הִכְנִיעַ גְּאוֹנָם מִפְּנֵי עַמּוֹ. וְכַאֲשֶׁר הֶעֱמִיד לָהֶם הַשֶּׁמֶשׁ בַּחֲצִי הַשָּׁמַיִם עַד יִקּוֹם גּוֹי אוֹיְבָיו. וְכַאֲשֶׁר עָנָה לְחִזְקִיָּהוּ בַּחֲלוֹתוֹ, וְשָׁמַע תְּפִלָּתוֹ, וְרָאָה דִמְעָתוֹ, וְהֶאֱרִיךְ יְמֵי חַיּוּתוֹ. וְכַאֲשֶׁר עָנָה לְיוֹנָה בִּמְעֵי הַדָּגָה, אֲשֶׁר מִבֶּטֶן שְׁאוֹל עָנָהוּ, וּמִמַּעֲמַקֵּי תְהוֹם הֶעֱלָהוּ, וּלְאוֹר עוֹלָם הוֹצִיאָהוּ. וְכַאֲשֶׁר עָנָה לַחֲנַנְיָה מִישָׁאֵל וַעֲזַרְיָה בְּאֵשׁ הַכִּבְשָׁן, וַאֲשֶׁר שָׁלַח מַלְאָכוֹ וְהִצִּילָם וְלֹא שָׁלְטָה בָהֶם הָאֵשׁ. וְהָאֵל אֲשֶׁר בָּטְחוּ בוֹ, הֶרְאָה כֹּחוֹ וְקִדֵּשׁ שְׁמוֹ בָּרַבִּים. וְכַאֲשֶׁר עָשָׂה לְדָנִיֵּאל בְּגֻבָּא דְאַרְיָוָתָא, אֲשֶׁר שָׁלַח מַלְאָכוֹ וְסָגַר פִּי הָאֲרָיוֹת וְלֹא אֲכָלוּהוּ, וַיִּתֵּן כָּפְרוֹ לְאוֹיְבָיו אֲשֶׁר לַמָּוֶת הִגִּידוּהוּ. וְכַאֲשֶׁר עָשָׂה לְמָרְדְּכַי וְאֶסְתֵּר, אֲשֶׁר רָאָה בְּעָנְיָם וְתַעֲנִיתָם וּתְפִלָּתָם, וַיִּכְמְרוּ רַחֲמָיו לָהֶם, וְהֵפֵר מַחֲשֶׁבֶת הָמָן [וְהֵשִׁיבָהּ] עַל רֹאשׁוֹ. וְכַאֲשֶׁר עָשָׂה לְאַנְשֵׁי נִינְוֵה, אֲשֶׁר רָאָה תְחִנָּתָם וּמְרִירוּת נַפְשָׁם, וְהִצִּילָם מִמָּוֶת, וַאֲשֶׁר דִּבֶּר לַעֲשׂוֹת לָהֶם לֹא עָשָׂה. לְהוֹדִיעֲךָ, כִּי דִבְרֵי הָרַע וְנִיבוֹ, הַתְּשׁוּבָה לְאָחוֹר תְּשִׁיבוֹ. וְאִם יִהְיֶה בְּשׂוֹרָה טוֹבָה, כֹּל אֲשֶׁר דִּבֵּר בּוֹא יָבוֹא. לְמַעַן נַכִּיר מִזֶּה חֶמְלַת אֱלֹהֵינוּ עָלֵינוּ. כִּי

cree, He will not establish it if there is repentance and good deeds. But when it comes to a good decree, He will never renounce it. We should recall that which He did to Ahab when He caused him to humble himself before Him, and He did not bring evil upon him in his lifetime. And that which He did to Manasseh when He saw his great trouble and heeded his prayer and restored him to Jerusalem, and that which He did to Job when He tested him in order to show His righteousness. Afterwards He had compassion upon him and increased his bounty out of His love and out of His compassion. On all this a man should reflect constantly, and then he will know and discern that there is good hope for him as in the case of all these, if he will do as they did. Let him not despair of the mercies of God, and let him not say, "After I have done so much evil, how can I repent?" But let him reflect in his heart concerning the people of Nineveh, and Ahab and Manasseh, who did greater evil than all those before them and after them, but when they repented, the Lord, blessed be He, accepted them, and favored them and saved them from their misfortune. A man should look at the works of the Creator, the heavens, the earth and all their host, so that he may know that all this was created for the sake of man. He should look at the luminaries and at the stars and know that all these were created to guide the children of man and to give light to them in the night, and he should thoughtfully consider the winds that blow, the clouds and the rains, and let him know that all these were created for the life of the children of man. He should thoughtfully observe every sprout, and bird of the heavens, and the creatures of the earth, the water, the flocks, the herds and the cattle. He will know that all this was created for food for the children of man, for his benefit and for his delight. Some of them are medicines and some are sustenance. Similarly, let him consider all the good things of the world and the valued properties of kings and the treasuries of gold, silver, pearls, and precious stones, and let him know that all things were created for the pleasure of men and that they may have delight in them. Similarly, let him consider the buildings of the world and the castles of delight and the places and the cities and the chief cities and the upper chambers and the vineyards, and let him recognize and discern that all of them were created to be a dwelling place for men and a haven of rest in which he may delight. Let him re-

דְּבָרוֹ הָרָע, בִּתְשׁוּבָה וּמַעֲשִׂים טוֹבִים לֹא יְקִימֶנּוּ. וּדְבָרוֹ הַטּוֹב, לְעוֹלָם אָחוֹר לֹא יְשִׁיבֶנּוּ. וְכַאֲשֶׁר עָשָׂה לְאַחְאָב בְּהִכָּנְעוֹ לְפָנָיו, וְלֹא הֵבִיא הָרָעָה בְּיָמָיו. וְכַאֲשֶׁר עָשָׂה לִמְנַשֶּׁה, אֲשֶׁר רָאָה בְּצָרָתוֹ וַיֵּעָתֶר לוֹ וַיְשִׁיבֵהוּ לִירוּשָׁלָיִם. וְכַאֲשֶׁר עָשָׂה לְאִיּוֹב אֲשֶׁר נִסָּהוּ לְהַרְאוֹת צִדְקָתוֹ, וְאַחַר כֵּן חָמַל עָלָיו וְהִגְדִּיל טוֹבָתוֹ בְּאַהֲבָתוֹ וּבְחֶמְלָתוֹ. כָּל זֶה יֵשׁ לָאָדָם לְהָשִׁיב אֶל לִבּוֹ בְּכָל עֵת, וְאָז יֵדַע וְיַכִּיר, כִּי יֶשׁ לוֹ תִּקְוָה טוֹבָה כְּכָל אֵלֶּה אִם יַעֲשֶׂה כְּמַעֲשֵׂיהֶם, וְאַל יְהִי נוֹאָשׁ מֵרַחֲמֵי הָאֵל. וְאַל יֹאמַר, אַחֲרֵי אֲשֶׁר הִגְדַּלְתִּי לַעֲשׂוֹת כָּל רָע, אֵיךְ אֶעֱשֶׂה הַתְּשׁוּבָה? וְיַעֲבִיר עַל לִבּוֹ אַנְשֵׁי נִינְוֵה וְאַחְאָב וּמְנַשֶּׁה, כִּי הִגְדִּילוּ לַעֲשׂוֹת רָע מִכֹּל אֲשֶׁר לִפְנֵיהֶם וּלְאַחֲרֵיהֶם, וּבִתְשׁוּבָה קִבֵּל אוֹתָם הַשֵּׁם יִתְבָּרַךְ, וְרָצָה בַּעֲדָם וְהִצִּילָם מִצָּרָתָם.

וְיֵשׁ לָאָדָם לְהַבִּיט יְצוּרֵי הַבּוֹרֵא וְהַשָּׁמַיִם וְהָאָרֶץ וְכָל צְבָאָם, וְלָדַעַת כִּי לֹא נִבְרָא הַכֹּל כִּי אִם בַּעֲבוּר הָאָדָם. וְיֶשׁ לוֹ לְהַבִּיט לַמְּאוֹרוֹת וְלַכּוֹכָבִים, וְלָדַעַת כִּי לֹא נִבְרְאוּ כִּי אִם לְאוֹרוֹת לִבְנֵי־אָדָם וּלְהָאִיר לָהֶם בַּלַּיְלָה. וְיֶשׁ לוֹ לְהִתְבּוֹנֵן בְּרוּחוֹת הַנּוֹשְׁבוֹת, הָעֲנָנִים וְהַגְּשָׁמִים, וְיֵדַע כִּי לֹא נִבְרְאוּ כִּי אִם לְחַיֵּי בְנֵי־אָדָם. וְיֶשׁ לוֹ לְהִתְבּוֹנֵן בְּכָל צֶמַח וְעוֹף הַשָּׁמַיִם וְחַיּוֹת הָאָרֶץ וְהַמַּיִם וְהַצֹּאן וְהַבָּקָר וְהַמִּקְנֶה, וְיֵדַע כִּי הַכֹּל נִבְרָא לְמַאֲכַל בֶּן־אָדָם וּלְתוֹעַלְתּוֹ וְלַהֲנָאָתוֹ, מֵהֶם רְפוּאוֹת וּמֵהֶם מְזוֹנוֹת. וְכֵן יִתְבּוֹנֵן בְּכָל טוֹבוֹת הָעוֹלָם וּסְגֻלּוֹת מְלָכִים וְאוֹצְרוֹת הַזָּהָב וְהַכֶּסֶף וְהַפְּנִינִים וַאֲבָנִים יְקָרוֹת, וְיֵדַע כִּי הַכֹּל לֹא נִבְרָא כִּי אִם לַהֲנָאַת בְּנֵי־אָדָם וּלְהִתְעַנֵּג בָּהֶם. וְכֵן יִתְבּוֹנֵן בְּבִנְיָנֵי הָעוֹלָם וְהַבְלֵי הָעֹנֶג וְהָאַרְמוֹנִיּוֹת וְהָעֲיָרוֹת וְהַבִּירוֹת וְהָעֲלִיּוֹת וְהַכְּרָמִים, וְיַכִּיר כִּי כֻלָּם לֹא נִבְרְאוּ כִּי אִם לִהְיוֹת מָעוֹן לְבֶן־אָדָם וּבֵית־מָנוֹחַ לְהִתְעַנֵּג בְּתוֹכָם. וְיֶשׁ

flect in his heart about wisdom which is more precious than rubies and how God gave the Torah to Israel, the Torah which is more precious than rubies. And that the Creator gave the Torah to Israel in order that they might know Him and that they might study His commandments and do His will. A man should cause his heart to remember all the troubles which come in this world, that a man may reach the gates of death and yet afterwards the Creator, blessed be He, will have pity upon him and bring him forth from trouble into light and from thick darkness into great light. A man should remember in his heart all his sins and trespasses which he has done in every hour and in every moment, and that God will not repay him according to his deeds, but will be patient with him, and there are times when He will punish him as when a man punishes his son, but He will not destroy him utterly. Let him remember the superiority which the Creator gave to the children of man, the superiority over His other creatures in reason, knowledge, speech, and in the recognition of good and evil. So must he be mindful of the great superiority which the Creator gave to His people over all the other nations, that He gave them His commandments and statues and divided the sea for them and spoke with them face to face, and gave them the Torah, and built a Temple for them, and raised up from among their children prophets, a kingdom of priests, and a holy people, and established from their seed sages who became the light of the world and illumined His holy Torah, and that the Torah is our life and the length of our days. So were our teachers, of blessed memory, the light of the Torah and its perpetuity, for its hidden meaning was maintained, renewed, and explained through them, and to them were its secrets revealed.

After he reflects in his heart all these great and awesome things, which include most of the matters which concern mankind, let him consider in his heart the favors which the Creator has done to him alone in the day of his birth. First, let him be mindful of the good which God did for him when He brought him forth into the world, and breathed a soul into him, and covered him with bones and sinews, and afterwards reared him, and gave him the faculty of a good mind, and caused him to know

לוֹ לְהַעֲבִיר עַל לִבּוֹ הַחָכְמָה כִּי הִיא יְקָרָה מִפְּנִינִים, וְכַאֲשֶׁר נָתַן הַתּוֹרָה לְיִשְׂרָאֵל כִּי הִיא יְקָרָה מִפְּנִינִים, וְכִי לֹא נְתָנָהּ הַבּוֹרֵא כִּי אִם לְמַעַן יֵדְעוּ אוֹתוֹ וְיִלְמְדוּ מִצְוֹתָיו וְיַעֲשׂוּ רְצוֹנוֹ. וְיֵשׁ לָאָדָם לְהַזְכִּיר אֶל לִבּוֹ כָּל הַצָּרוֹת הַבָּאוֹת בָּעוֹלָם, אֲשֶׁר יַגִּיעַ הָאָדָם לְשַׁעֲרֵי מָוֶת וְאַחַר כֵּן יְרַחֵם הַבּוֹרֵא יִתְבָּרֵךְ עָלָיו וְיוֹצִיאֵהוּ מִצָּרָה לְאוֹרָה וּמֵאֲפֵלָה לְאוֹר גָּדוֹל. וְיֵשׁ לָאָדָם לִזְכּוֹר עַל לִבּוֹ כָּל חַטֹּאתָיו וַאֲשָׁמָיו אֲשֶׁר עָשָׂה בְּכָל שָׁעָה וּבְכָל רֶגַע, וְלֹא יִגְמְלֵהוּ הָאֵל כְּמַעֲשֵׂהוּ, כִּי יַאֲרִיךְ לוֹ אַפּוֹ. וְיֵשׁ עֵת אֲשֶׁר יְיַסְּרֵהוּ, כַּאֲשֶׁר יְיַסֵּר אִישׁ אֶת בְּנוֹ, אֲבָל לֹא יַעֲשֶׂה כָּלָה. וְיֵשׁ לוֹ לִזְכּוֹר הַיִּתְרוֹן אֲשֶׁר נָתַן הַבּוֹרֵא לִבְנֵי־אָדָם עַל שְׁאָר בְּרוּאָיו בְּשֵׂכֶל וּבְדַעַת וּבְדִבּוּר וּבְהַכָּרַת הַטּוֹב וְהָרָע. כֵּן יֵשׁ לוֹ לִזְכּוֹר הַיִּתְרוֹן הַגָּדוֹל אֲשֶׁר נָתַן הַבּוֹרֵא לְעַמּוֹ עַל כָּל הָעַמִּים, אֲשֶׁר [נָתַן] לָהֶם מִצְוֹתָיו וְחֻקָּיו, וְקָרַע לָהֶם אֶת הַיָּם, וְדִבֵּר עִמָּהֶם פָּנִים אֶל פָּנִים, וְנָתַן לָהֶם הַתּוֹרָה, וּבָנָה לָהֶם בֵּית־הַמִּקְדָּשׁ, וְהֵקִים מִבְּנֵיהֶם לִנְבִיאִים וּמַמְלֶכֶת כֹּהֲנִים וְגוֹי קָדוֹשׁ, וְהֵקִים מִזַּרְעָם חֲכָמִים קְדוֹשִׁים אֲשֶׁר הָיוּ אוֹר הָעוֹלָם, וְהֵאִירוּ תּוֹרָתוֹ הַקְּדוֹשָׁה. וְכַאֲשֶׁר הַתּוֹרָה הִיא חַיֵּינוּ וְאֹרֶךְ יָמֵינוּ, כֵּן רַבּוֹתֵינוּ זִכְרוֹנָם לִבְרָכָה, הָיוּ חַיֵּי הַתּוֹרָה וְקִיּוּמָהּ, כִּי בָהֶם נִתְקַיְּמָה וְנִתְחַדְּשָׁה, וְהִתְבָּאֲרוּ סְתוּמֶיהָ וְנִגְלוּ תַּעֲלוּמֶיהָ.

וְאַחֲרֵי אֲשֶׁר יָשִׁיב אֶל לִבּוֹ כָּל הַגְּדוֹלוֹת וְהַנּוֹרָאוֹת הָאֵלֶּה הַכּוֹלְלִים רֹב עִנְיְנֵי בְּנֵי־הָאָדָם, יֵשׁ לוֹ לְהָשִׁיב אֶל לִבּוֹ הַטּוֹבוֹת אֲשֶׁר עָשָׂה הַבּוֹרֵא עִמּוֹ לְבַדּוֹ מִיּוֹם הֱיוֹתוֹ. יֵשׁ לוֹ לִזְכּוֹר בָּרִאשׁוֹנָה הַטּוֹבָה אֲשֶׁר גְּמָלָהוּ, כִּי הוֹצִיאוֹ לַאֲוִיר הָעוֹלָם, וְנָפַח בּוֹ נְשָׁמָה, וּבַעֲצָמוֹת וּבְגִידִים סוֹכְכָהוּ, וְאַחַר כֵּן הִגְדִּילָהוּ, וְשֵׂכֶל טוֹב הִנְחִילָהוּ, וְדֶרֶךְ תְּבוּנוֹת הוֹדִיעָהוּ.

the path of understanding. Let him remember the favors which God did for him when He caused him to find grace in the eyes of his father and mother until they came to love him more than their own soul. They took bread from their own mouths in order to feed him, and they removed their own garments in order to clothe him, and they afflicted themselves in order to satisfy his needs. He should remember that as he grew and acquired intelligence, God gave him bread to eat and a garment to wear and gave to him wealth and desirable possessions and helped him to acquire a home and to take a wife in order to perpetuate his seed. Let him remember all the troubles and misfortunes which surrounded him and occurred to him from the day of his birth, and that God saved him from all of them. Let him consider in his heart, whether he was saved from unnatural death, or whether he was surrendered unto the hands of his enemies and his God saved him, or whether he passed a dangerous place and he was spared. Or whether troubles and evil happenings befell all of his companions, while he was saved from all of them. Let him remember when he was sick and approached death, and the Creator brought his soul up from the pit. Let him remember if he was destitute and poor in his youth, and afterwards God gave to him wealth and riches, or if he was lowly and held in contempt by the people and yet arose to a great height. Let him remember if he had many debts, and the Creator gave him relief and bestowed gifts upon him from his own bounty until he paid his debts and came forth from the yoke of his distress. Similarly, he should reflect whether a decree of a king was ever issued against him that he be slain or punished, and God saved him, or whether he was taken captive or confined in jail and later released, or if he planned to commit a sin and the Creator saved him from doing that sin, as it is said (Proverbs 12:21), "There shall no mischief befall the righteous." Let him consider whether he entreated God in time of trouble and was answered, and whether he prayed in his heart because he had enemies and his prayer was heard concerning those who sought to do him evil, and he saw that he was avenged or they fell into his power, and he repaid them with good in place of evil. He should consider whether many evil happenings came upon him, but he received them all with a pleasant countenance, as it is said (Job 2:10), "Shall we receive good at the hands of God, and shall we not receive evil?" Let him think about how many good virtues God has shown to us. Let

וְיֵשׁ לוֹ לִזְכּוֹר הַטּוֹבוֹת אֲשֶׁר גְּמָלוֹ, כִּי הִמְצִיאוֹ לְחֵן בְּעֵינֵי אָבִיו וְאִמּוֹ, עַד אֲשֶׁר אֲהֵבוּהוּ יוֹתֵר מִנַּפְשָׁם, וַיָּסִירוּ הַלֶּחֶם מִפִּיהֶם וַיַּאֲכִילוּהוּ, וַיַּפְשִׁיטוּ עַצְמָם וַיַּלְבִּישׁוּהוּ, וַיְעַנּוּ נַפְשָׁם כְּדֵי שֶׁיַּשְׂבִּיעוּהוּ. וְיֵשׁ לוֹ לִזְכּוֹר, כִּי כַּאֲשֶׁר גָּדַל וְקָנָה שֵׂכֶל, נָתַן לוֹ הָאֵל לֶחֶם לֶאֱכוֹל וּבֶגֶד לִלְבּוֹשׁ, וְנָתַן לוֹ הוֹן וַחֲפָצִים, וַעֲזָרוֹ לִקְנוֹת לוֹ בַּיִת וְאִשָּׁה לְחַיּוֹת זֶרַע אֲנָשִׁים. וְיֵשׁ לוֹ לִזְכּוֹר כָּל הַתְּלָאוֹת וְהַמְּאֹרָעוֹת אֲשֶׁר סְבָבוּהוּ וּמְצָאוּהוּ מִיּוֹם הֱיוֹתוֹ, וְהִצִּילוֹ הָאֵל מִכֻּלָּם. יֵשׁ לוֹ בַּתְּחִלָּה לַחְשׁוֹב בְּלִבּוֹ, אִם נִמְלַט מִמִּיתָה מְשֻׁנָּה, וְאִם נִמְסַר בְּיַד אוֹיְבָיו וְהִצִּילוֹ אֱלֹהָיו, וְאִם עָבַר עַל מְקוֹם סַכָּנָה וְנִמְלַט, אוֹ אִם בָּאוּ תְּלָאוֹת וּמְאֹרָעוֹת עַל חֲבֵרָיו וְנִצַּל בֵּין כֻּלָּם. וְיִזְכּוֹר אִם חָלָה וְהִגִּיעַ לַמָּוֶת, וְהַבּוֹרֵא הֶעֱלָה מִשְּׁאוֹל נַפְשׁוֹ. וְיִזְכּוֹר אִם הָיָה בִּנְעֲרוּתוֹ אֶבְיוֹן וָרָשׁ וְאַחַר כֵּן נָתַן לוֹ הָאֱלֹהִים הוֹן וָעֹשֶׁר, אוֹ אִם הָיָה שָׁפָל וּבְזוּי־עַם וְעָלָה לְמַעֲלָה גְּדוֹלָה. וְיִזְכּוֹר אִם הָיוּ עָלָיו חוֹבוֹת, וְהַבּוֹרֵא הִרְחִיב לוֹ וְהֶעֱנִיקוֹ מִטּוּבוֹ עַד אֲשֶׁר פָּרַע חוֹבוֹתָיו וְיָצָא מֵעַל מְצוּקוֹתָיו. וְיַחְשׁוֹב כְּמוֹ כֵן אִם יָצְאָה עָלָיו גְּזֵרַת מֶלֶךְ לַהֲרֹג אוֹ לַעֲנֹשׁ וְהִצִּילוֹ הָאֵל, אוֹ נִלְקַח בַּשֶּׁבִי אוֹ נֶאֱסַר בְּבֵית־הַסֹּהַר וְנִצַּל מִמֶּנּוּ, אוֹ אִם חָשַׁב לַעֲשׂוֹת עֲבֵרָה וְהַבּוֹרֵא הִצִּילוֹ מֵעֲשׂוֹת הָעֲבֵרָה הַהִיא, כְּמוֹ שֶׁאָמַר (משלי יב כא) לֹא־יְאֻנֶּה לַצַּדִּיק כָּל־אָוֶן. וְיַחְשׁוֹב כִּי הֶעְתִּיר לָאֵל בְּעֵת צָרָה וְנֶעֱנָה, וְהִתְפַּלֵּל בְּלִבּוֹ אִם הָיוּ לוֹ אוֹיְבִים, וְנִשְׁמְעָה תְפִלָּתוֹ מִמְּבַקְשֵׁי רָעָתוֹ, וְרָאָה נִקְמָתוֹ מֵהֶם, אוֹ בָּאוּ לְיָדוֹ וּגְמָלָם טוֹבָה תַּחַת רָעָה. וְיַחְשׁוֹב כִּי אִם עָבְרוּ עָלָיו מְאֹרָעוֹת רַבִּים וְקִבֵּל הַכֹּל בְּסֵבֶר פָּנִים יָפוֹת, כְּמוֹ שֶׁאָמַר אִיּוֹב (איוב ב י) גַּם אֶת־הַטּוֹב נְקַבֵּל מֵאֵת הָאֱלֹהִים וְאֶת־הָרָע לֹא נְקַבֵּל. וְיֵשׁ לוֹ לַחְשׁוֹב כַּמָּה מַעֲלוֹת טוֹבוֹת

him think whether or not there came upon him an evil or pain or exile or serious illness, or whether he fell from a high place, or was smitten by a stone or a sword, or fell into the fire, or an evil beast bit him, or there arose aaginst him false witnesses, or violent men plotted against him to slay him, and he was saved from all of them, and God gave him a good wife and children that are wise in all things. Of these things which are too numerous to be mentioned should a man think at all times and reflect upon them in his heart. From these things he will be able to regard with understanding the awesome deeds of his God, and he will recognize all the favors which God has done for him.

CHAPTER XV

Explaining The Time Which Is Most Proper For The Service Of God, Blessed Be He

If the wise one should search out all the good things of this world, he will discern that every favor which has been apportioned to him will not accompany him at his death. Neither will his glory follow him. But he will leave everything and go barren and empty, except for one good thing which has been apportioned to him, and that is the service of God— this alone will go before him, as it is said (Isaiah 58:8), "And thy righteousness shall go before thee."

Therefore, King David, of blessed memory, said (1 Chronicles 28:9), "If thou seek Him, He will be found of thee." And as it is said (Hosea 10:12), "For it is time to seek the Lord." As the prophet, of blessed memory, said (Isaiah 55:6), "Seek ye the Lord while He may be found, call ye upon Him while He is near."

We should search out and inquire why he said, "while He may be found." Is there a time when the Lord may be found and a time when He may not be found? And when we reflect upon this matter, we will discern that there are times when God may be found by those who seek Him and there are times when He may not be found, and, therefore, the prophet said, "Seek ye the Lord while He may be found."

The first time is when a man acquires reason, as it is said (Proverbs 3:4), "So shalt thou find grace and good favour in the sight of God

לַמָּקוֹם עָלֵינוּ. [וְ]יֵשׁ לוֹ לַחְשׁוֹב אִם בָּאָה עָלָיו צָרָה, אוֹ צַעַר, אוֹ טִלְטוּל, אוֹ מְצָאוּהוּ חֳלָיִים מְשֻׁנִּים, אוֹ נָפַל מִמָּקוֹם גָּבוֹהַּ, אוֹ הֻכָּה בָאֶבֶן אוֹ בַחֶרֶב, אוֹ נָפַל בָּאֵשׁ, אוֹ נְשָׁכַתְהוּ חַיָּה רָעָה, אוֹ קָמוּ בוֹ עֵדֵי שֶׁקֶר, אוֹ נוֹעֲצוּ עָלָיו עָרִיצִים לְהָרְגוֹ, וְנִצַּל מִכֻּלָּם. אוֹ נָתַן לוֹ הָאֵל אִשָּׁה טוֹבָה וּבָנִים מַשְׂכִּילִים בַּכֹּל.

וּבַדְּבָרִים הָאֵלֶּה, אֲשֶׁר לֹא יְסֻפְּרוּ מֵרֹב, צָרִיךְ הָאָדָם בְּכָל עֵת לַחְשׁוֹב בָּהֶם וְלַהֲשִׁיבָם אֶל לִבּוֹ, וּמֵהֶם יִתְבּוֹנֵן נוֹרְאוֹת אֱלֹהָיו וְיַכִּיר כָּל הַטּוֹבוֹת אֲשֶׁר עָשָׂה לוֹ.

הַשַּׁעַר הַחֲמִשָּׁה־עָשָׂר

בְּפֵרוּשׁ הָעֵת הָרְאוּיָה לַעֲבוֹדַת הָאֵל יִתְבָּרַךְ

כְּשֶׁיַּחְקוֹר הַמַּשְׂכִּיל עַל טוֹבוֹת הָעוֹלָם־הַזֶּה, יַכִּיר כִּי כָּל טוֹבָה אֲשֶׁר נֶחְלְקָה לוֹ, לֹא יוֹלִיכֶנָּה בְּמוֹתוֹ, וְלֹא יֵרֵד אַחֲרָיו כְּבוֹדוֹ, אַךְ יַנִּיחַ הַכֹּל וְיֵלֵךְ נָעוּר וָרֵק, לְבַד מִטּוֹבָה אַחַת אִם נֶחְלְקָה לוֹ, הִיא עֲבוֹדַת הָאֵל, זוֹ לְבַדָּהּ תֵּלֵךְ לְפָנָיו, כְּמוֹ שֶׁנֶּאֱמַר (ישעיה נח ח) וְהָלַךְ לְפָנֶיךָ צִדְקֶךָ. וְעַל כֵּן אָמַר דָּוִד הַמֶּלֶךְ עָלָיו הַשָּׁלוֹם (דברי הימים א כח ט) אִם־תִּדְרְשֶׁנּוּ יִמָּצֵא לָךְ. וְאָמַר (הושע י יב) וְעֵת לִדְרוֹשׁ אֶת־יְיָ. וְאָמַר הַנָּבִיא עָלָיו הַשָּׁלוֹם (ישעיה נה ו) דִּרְשׁוּ יְיָ בְּהִמָּצְאוֹ קְרָאֻהוּ בִּהְיוֹתוֹ קָרוֹב. וְאָנוּ צְרִיכִים לַחְקוֹר וְלִשְׁאוֹל, לָמָּה אָמַר בְּהִמָּצְאוֹ, הֲיֵשׁ עֵת שֶׁיִּמָּצֵא וְעֵת אֲשֶׁר לֹא יִמָּצֵא? וּכְשֶׁנִּתְבּוֹנֵן בַּדָּבָר הַזֶּה, נַכִּיר כִּי יֵשׁ עִתִּים אֲשֶׁר יִמָּצֵא הָאֵל לְדוֹרְשָׁיו וְעִתִּים לֹא יִמָּצֵא, וְעַל כֵּן אָמַר דִּרְשׁוּ יְיָ בְּהִמָּצְאוֹ. הָעֵת הָרִאשׁוֹנָה, כְּשֶׁיִּקְנֶה הָאָדָם שֵׂכֶל, כְּמוֹ (משלי ג ד) וּמְצָא־חֵן וְשֵׂכֶל טוֹב

and man." Because before a man acquires reason, he does not recognize his Creator, and therefore the Lord will not avail Himself to him.

The second time is before he commits any sins and angers his God. Then his heart is righteous and clean, and with a pure and clean heart God may be found. But if he sins against Him and transgresses His commandments, then the Lord may not be found by him except after very great labor, until he is humbled and cleanses his heart from its uncleanliness in complete repentance.

The third time when the Lord may be found is when the congregation fasts and prays together, for the prayer of the congregation is more acceptable than the prayer of a lone individual.

The fourth time when the Lord may be found is before he joins the companionship of wicked people and atheists, and his faith is destroyed. Then he can never be healed.

The fifth time when the Lord may be found is while a man is still in comfortable and enlarged circumstances, for at a time of trouble a man is compelled to repent, and therefore we cannot say that the Lord is found by him unless he does his repentance for His name's sake. (The times of trouble are these: A time of his illness, or when he is in the hands of his enemies or is under siege, or when he is poor and destitute, or when he is advanced in days, or when he goes in dangerous paths, or when he crosses the ocean, or when his power is weakened and his ability to give wise counsel declines.) At these five times, which we have previously mentioned, when a man seeks God—in those times his Creator will be found by him. Even before he calls upon Him, the Lord will answer him, as it is said (Isaiah 65:24), "And it shall come to pass that before they call, I will answer," and therefore it devolves upon the rational person to be warned about these times before they are lost out of his control and no repentance will avail him.

It is important for the intelligent person to know and to see how many occasions of repentance he has lost, and let him hasten in those times of repentance that are still left to seek in them the will of his God before they are lost, as the other occasions of repentance were lost. May the Lord help us to do what is good in his sight, and may He be found by us when we call unto Him.

בְּעֵינֵי אֱלֹהִים וְאָדָם. כִּי בְטֶרֶם שֶׁיִּקְנֶה הָאָדָם שֵׂכֶל, לֹא יַכִּיר אֶת בּוֹרְאוֹ, וְעַל כֵּן לֹא יִמָּצֵא לוֹ. וְהַשְּׁנִיָּה, בְּטֶרֶם שֶׁיַּעֲשֶׂה עֲוֹנוֹת וְיַכְעִיס אֱלֹהָיו, אָז לִבּוֹ יָשָׁר וְנָקִי, וּבְלֵב זַךְ וְנָקִי יִמָּצֵא הָאֵל. וּכְשֶׁיֶּחֱטָא לוֹ וְיַעֲבוֹר עַל מִצְוֹתָיו, לֹא יִמָּצֵא לוֹ כִּי אִם אַחֲרֵי יְגִיעָה רַבָּה מְאֹד, עַד אֲשֶׁר יִכָּנַע וִינַקֶּה לְבָבוֹ מִטֻּמְאָתוֹ בִּתְשׁוּבָה שְׁלֵמָה. וְהַשְּׁלִישִׁית, בְּשָׁעָה שֶׁהַצִּבּוּר (מִתְעַנִּין) [מִתְפַּלְּלִים], כִּי תְפִלַּת הַקָּהָל הִיא יוֹתֵר מְקֻבֶּלֶת מִתְּפִלַּת הַיָּחִיד. וְהָרְבִיעִית, בְּטֶרֶם שֶׁיִּתְחַבֵּר לַאֲנָשִׁים רָעִים וְלָאֶפִּיקוֹרְסִים, וְתֹאבַד אֱמוּנָתוֹ, וְלֹא תוּכַל לְהֵרָפֵא לְעוֹלָם. וְהַחֲמִישִׁית, בְּעוֹד שֶׁהוּא בַּמֶּרְחָב, כִּי בְעֵת צָרָה יָשׁוּב אָדָם בְּעַל כָּרְחוֹ, וְלֹא יִמָּצֵא לוֹ אֶלָּא אִם יַעֲשֶׂה לְמַעַן שְׁמוֹ. וְעִתּוֹת הַצָּרָה הֵן בְּעֵת חָלְיוֹ, וּבְעֵת הֱיוֹתוֹ בְּיַד אוֹיְבָיו אוֹ בְמָצוֹר, וּבְעֵת הֱיוֹתוֹ עָנִי וְאֶבְיוֹן וּבְעֵת בּוֹאוֹ בְיָמִים, וּבְעֵת לֶכְתּוֹ בִּדְרָכִים מְסֻכָּנִים, וּבְעֵת עָבְרוֹ בַּיַּמִּים, וּבְעֵת שֶׁיֶּחֱלַשׁ כֹּחוֹ וְתֹאבַד עֲצָתוֹ. וְאֵלֶּה הֶחָמֵשׁ עִתִּים אֲשֶׁר הִקְדַּמְנוּ, כְּשֶׁיְּבַקֵּשׁ אָדָם בָּהֶן אָז, בּוֹרְאוֹ יִמָּצֵא לוֹ. גַּם בְּטֶרֶם שֶׁיִּקְרָאֶנּוּ, יַעֲנֶנּוּ, כְּמוֹ שֶׁאָמַר (ישעיה סה כד) וְהָיָה טֶרֶם יִקְרָאוּ וַאֲנִי אֶעֱנֶה. וְעַל כֵּן, יֵשׁ לַמַּשְׂכִּיל לְהִזָּהֵר בְּאֵלֶּה הָעִתִּים בְּטֶרֶם יֹאבְדוּ מֵרְשׁוּתוֹ וְאָז יִנָּחֵם וְלֹא יוֹעִיל לוֹ. וְרָאוּי לַמַּשְׂכִּיל לָדַעַת וְלִרְאוֹת כַּמָּה עִתִּים אָבְדוּ לוֹ וְכַמָּה עִתִּים יִשָּׁאֲרוּ לוֹ, וִימַהֵר בְּאֵלֶּה הַנִּשְׁאָרוֹת לְבַקֵּשׁ בָּהֶן רְצוֹן אֱלֹהָיו, בְּטֶרֶם יֹאבְדוּ כַּאֲשֶׁר אָבְדוּ הָאֲחֵרוֹת. וְהַשֵּׁם יַעְזְרֵנוּ לַעֲשׂוֹת הַטּוֹב בְּעֵינָיו, וְיִמָּצֵא לָנוּ בְּכָל קָרְאֵנוּ אֵלָיו.

CHAPTER XVI

I shall note in this chapter some of the delights of the world to come, and as opposed to them I will note the plagues, the stumbling blocks, and the evil of this world.

Know that the fool does not discern the troubles of this world, its evils and every fault which is in it, but the intelligent man does. The fool does not discern these things because the troubles of this world and its evils are covered with delights and pleasures, and therefore the fool cannot discern them, just as in the case of an evil woman whom a man desires—he does not recognize any fault in her because of his love for her. But if another man who does not love her sees her, he will discern every blemish which is in her. So is it with this world, when a man is occupied with it, he does not discern its evils because of his great love for it, but when he separates himself from it, he does discern them.

Know that the evils of this world are too mighty to relate, and there is no end to them. But opposed to them are the good things of the world to come. For we see that this world does not endure, and all of its dwellers wither and perish, and all of its good does not remain. But the world to come endures, and its dwellers do not wither, and its goodness does not change. Concerning this world, a man cannot trust in his strength and in his honor, but in the world to come, a man can trust in his goodness, that it will not depart. This world is full of sighs, fear, troubles, overturnings, evil news, strange diseases, sins, enmities, wars, shame, disgrace, deaths, plague, toil and heavy labor, and the world to come is filled with tranquility, calm, security, joy, eternal life, health, peace, glory, rest. In this world a man cannot trust in himself or in his righteousness until the day of his death. It is possible that he be righteous and a servant of his God all of his days, yet in the end become a

246

הַשַּׁעַר הַשִּׁשָּׁה־עָשָׂר

אֶזְכּוֹר בּוֹ קְצָת חֲמוּדוֹת הָעוֹלָם־הַבָּא
וּכְנֶגְדָּם אַזְכִּיר פִּגְעֵי הָעוֹלָם־הַזֶּה וּמִכְשׁוֹלוֹתָיו וְרָעוֹתָיו

דַּע, כִּי תְלָאוֹת הָעוֹלָם הַזֶּה וְרָעוֹתָיו וְכָל מוּם אֲשֶׁר בּוֹ, לֹא יַכִּירֵם הַכְּסִיל, כִּי אִם הַמַּשְׂכִּיל, בַּעֲבוּר כִּי תְלָאוֹת הָעוֹלָם וְרָעוֹתָיו, מְכֻסּוֹת בְּשְׂכִיוֹתָיו וְתַעֲנוּגָיו, וְעַל כֵּן לֹא יַכִּירֵן הַכְּסִיל. כְּמוֹ אִשָּׁה רָעָה, אֲשֶׁר יַחֲשׁוֹק אָדָם אוֹתָהּ, וְלֹא יַכִּיר כָּל מוּם אֲשֶׁר בָּהּ בְּאַהֲבָתוֹ אוֹתָהּ, רַק כְּשֶׁיִּרְאֶה אוֹתָהּ אָדָם אַחֵר אֲשֶׁר לֹא יֶאֱהָבֶנָּה, הוּא יַכִּיר כָּל מוּם אֲשֶׁר בָּהּ. וְכֵן הָעוֹלָם הַזֶּה, בְּעוֹד שֶׁיַּעֲסוֹק בּוֹ הָאָדָם וְלֹא יַכִּיר רָעוֹתָיו מֵרֹב אַהֲבָתוֹ אוֹתוֹ. וּכְשֶׁיִּפָּרֵד מִמֶּנּוּ, אָז יַכִּירֵן.

וְדַע, כִּי רָעוֹת הָעוֹלָם הַזֶּה עָצְמוּ מִסַּפֵּר, וְאֵין לָהֶן תִּכְלָה. וּכְנֶגְדָּן הֵן טוֹבוֹת הָעוֹלָם־הַבָּא. כִּי אָנוּ רוֹאִים הָעוֹלָם הַזֶּה אֵינוֹ קַיָּם, וְכָל שׁוֹכְנָיו יִבְלוּ וְיֹאבֵדוּ, וְכָל טוּבוֹ לֹא יַעֲמוֹד. וְהָעוֹלָם הַבָּא קַיָּם, וְשׁוֹכְנָיו לֹא יִבְלוּ, וְטוּבוֹ לֹא יַחֲלוֹף. הָעוֹלָם הַזֶּה, לֹא יִבְטַח אָדָם בְּעֻזּוֹ וּכְבוֹדוֹ. וְהָעוֹלָם־הַבָּא, יִבְטַח אָדָם בְּטוּבָתוֹ, כִּי לֹא תָסוּר. הָעוֹלָם־הַזֶּה, מָלֵא אֲנָחוֹת, וָפַחַד, וְצָרוֹת, וְתַהְפּוּכוֹת, וּשְׁמוּעוֹת רָעוֹת, וָחֳלָיִים מְשֻׁנִּים, וַעֲוֹנוֹת, וְאֵיבוֹת, וּמִלְחָמוֹת, וְקָלוֹן, וְחֶרְפָּה, וּמִיתוֹת, וְדֶבֶר, וִיגִיעָה, וַעֲבוֹדָה קָשָׁה. וְהָעוֹלָם־הַבָּא מָלֵא שַׁלְוָה, וְהַשְׁקֵט וּבִטְחָה, וְשִׂמְחָה, וְחַיִּים נִצְחִיִּים, וּבְרִיאוּת, וְשָׁלוֹם, וְכָבוֹד, וּמְנוּחָה. הָעוֹלָם־הַזֶּה, לֹא יַאֲמִין אָדָם בְּעַצְמוֹ וְלֹא בְּצִדְקָתוֹ עַד יוֹם מוֹתוֹ. וְאֶפְשָׁר, שֶׁיִּהְיֶה צַדִּיק וְעוֹבֵד אֱלֹהָיו כָּל יָמָיו, וּבְאַחֲרִיתוֹ

villain, so that all of his labor was in vain. In the world to come, no one who is rescued through His righteousness will fear, for the justice and the righteousness which are within him will not change and will not be altered. This world is a devil's den and a dwelling place of wickedness and is filled with worthless men, and they are the ones who delight in the good things of the world, while most of the righteous who are in it are oppressed, afflicted, and sick and all their days are rejected. This tells us that this world is not the dwelling place of the pious, but the world to come is the dwelling place of truth, faith, righteousness, and merit, and the pious delight in its goodness. In it there is no portion or inheritance for the wicked, and the only ones who find rest in it are the holy ones and the pure. In this world, every new thing which is in it will wither, and every beginning will end. But as for the world to come, its goodness will not wither, and there is no end or finality to it. In this world, its goodness and its wealth cause men to steal and to oppress, to lust and to deceive, but in the world to come, its goodness and its glory cause a man to do righteousness and justice and stir up his spirit to serve God. In this world, its choicest pleasures are matters which are ugly and shameful, for example, the companionship of women with which no defilement can compare. But as for the world to come, its delights lie in matters that are holy and pure as, for example, that one will seek the radiance of the *Shekhinah* and will join the companionship of angels and will do according to their deeds in order to praise the name of the Creator, praised be He. This world with its delights causes wise men to be foolish, and it beguiles the great, and deprives the elders of their discernment, and blinds the eyes of the seeing until it draws them after it and they are caught in its snares. But the world to come causes the simple to be wise, it opens up the eyes of the blind and gives knowledge to the fools, and arouses the sleeping and gives reason to the mockers. In this world, the good and the wealth and the glory that a man attains is at the expense of much toil in his occupations by day and by night. But in the world to come, the good which a man achieves leads to great rest and tranquility. His weariness and his many concerns will depart.

יִהְיֶה נָבָל, וְיִהְיֶה כָּל יְגִיעוֹ לָרִיק. וְהָעוֹלָם־הַבָּא, כָּל מִי שֶׁיִּמָּלֵט בְּצִדְקָתוֹ, לֹא יִפְחָד. [כִּי] הַצֶּדֶק וְהַיֹּשֶׁר אֲשֶׁר בּוֹ, לֹא יִשְׁתַּנֶּה וְלֹא יֵהָפֵךְ. הָעוֹלָם־הַזֶּה, הוּא מְעָרַת־פָּרִיצִים, וּנְוֵה־הָרֶשַׁע, וּמָלֵא מֵאַנְשֵׁי־בְלִיַּעַל, וְהֵם הַמִּתְעַנְּגִים בְּטוּבוֹת־הָעוֹלָם. אַךְ רֹב הַצַּדִּיקִים אֲשֶׁר בּוֹ, נִגָּשִׂים וּמְעֻנִּים וְחוֹלִים כָּל יְמֵיהֶם וּמְאוּסִים, לְהוֹדִיעֲךָ כִּי אֵין הָעוֹלָם־הַזֶּה נְוֵה־הַחֲסִידִים. אַךְ הָעוֹלָם־הַבָּא, הוּא נְוֵה־הָאֱמֶת, וְהָאֱמוּנָה, וְהַיֹּשֶׁר, וְהַזְּכוּת, וְהַחֲסִידִים הֵם מִתְעַנְּגִים בְּטוּבָתוֹ, וְאֵין בּוֹ חֵלֶק וְנַחֲלָה לָרְשָׁעִים, וְלֹא יָנוּחוּ בוֹ כִּי אִם הַקְּדוֹשִׁים הַטְּהוֹרִים. הָעוֹלָם־הַזֶּה, כָּל חָדָשׁ אֲשֶׁר בּוֹ, יִבְלֶה. וְכָל מַתְחִיל, יִכְלֶה. אַךְ הָעוֹלָם־הַבָּא, לֹא תִבְלֶה טוּבָתוֹ, וְאֵין לוֹ תַכְלִית וָסוֹף. הָעוֹלָם־הַזֶּה, טוּבָתוֹ וְעָשְׁרוֹ, גּוֹרֵם לִבְנֵי־אָדָם לִגְנוֹב, וְלַעֲשׁוֹק, וְלַחְמוֹד, וְלַעֲשׂוֹת אוֹנָאוֹת. וְהָעוֹלָם־הַבָּא, טוּבָתוֹ וּכְבוֹדוֹ, גּוֹרֵם לָאָדָם לַעֲשׂוֹת יֹשֶׁר וָצֶדֶק, וְיָעִיר רוּחוֹ לַעֲבוֹדַת־הָאֵל. הָעוֹלָם־הַזֶּה, מִבְחַר תַּעֲנוּגָיו אֵינוֹ כִּי אִם בְּעִנְיָנִים מְאוּסִים וְנִבְזִים, כְּגוֹן חֶבְרַת הַנָּשִׁים אֲשֶׁר אֵין טִנּוּף כָּמוֹהָ. אַךְ הָעוֹלָם־הַבָּא, אֵין תַּעֲנוּגָיו אֶלָּא בְּעִנְיָנִים קְדוֹשִׁים זַכִּים וּצְחִים, כְּגוֹן שֶׁיִּרְאֶה זִיו־הַשְּׁכִינָה, וְיִתְחַבֵּר עִם הַמַּלְאָכִים וְיַעֲשֶׂה כְּמַעֲשֵׂיהֶם לְהַלֵּל לְשֵׁם יוֹצְרוֹ בָּרוּךְ־הוּא. הָעוֹלָם־הַזֶּה, בְּתַעֲנוּגָיו יְסַכֵּל הַחֲכָמִים, וְיַשִּׂיא הַגְּדוֹלִים, וְיִקַּח טַעַם־הַזְּקֵנִים, וִיעַוֵּר פִּקְחִים, עַד אֲשֶׁר יִמְשְׁכֵם אַחֲרָיו וְיִתְלַכְּדוּ בְּמוֹקְשָׁיו. אַךְ הָעוֹלָם־הַבָּא, מַחְכִּים הַפְּתָאיִם, וּפוֹקֵחַ עִוְרִים, וְנוֹתֵן דַּעַת לַכְּסִילִים, וִיעוֹרֵר הַיְשֵׁנִים, וְיַשְׂכִּיל הַמְהוֹלָלִים. הָעוֹלָם־הַזֶּה, עַל־פִּי הַטּוֹבָה וְהָעֹשֶׁר וְהַכָּבוֹד אֲשֶׁר יַשִּׂיג הָאָדָם מִמֶּנּוּ, יִהְיֶה רֹב יְגִיעוֹ וַעֲסָקָיו בַּיּוֹם וּבַלָּיְלָה. אַךְ הָעוֹלָם־הַבָּא, כְּפִי הַטּוֹבָה אֲשֶׁר יַשִּׂיג הָאָדָם בּוֹ, כֵּן תִּהְיֶה רֹב מְנוּחָתוֹ וְשַׁלְוָתוֹ, וְתָסוּר יְגִיעָתוֹ וְכָל עֲסָקָיו.

CHAPTER XVII

When A Man Remembers The Day Of Death

It is fitting for everyone who fears the word of the Lord to reflect in his heart concerning the day of death, its calamity and its terror, and let it be to him as a reminder. Let him say to his heart, "My heart, my heart, did you not know that you were not created except to return to the dust?" From the day when you first came into being why did you not remember your final end? Do you know that all the days that you live upon the earth, you are like a passing shadow and like chaff that is driven by the whirlwind away from the threshing floor, and like smoke from a window. Your days are determined and your life is cut short. Every day or night that passes over you causes a lessening in the portions of your life allotted to you. Every day you draw nearer to the grave, and you will fly away without wings. Why did you not know that you are dust? Why did you not remember that you were formed of the earth? On whom did you rely when you rebelled, and why were you so rash and did not reflect in your heart concerning the bitter day, the day in which your discernment would perish, and your wisdom would degenerate, the day in which your tongue would cleave to your palate, the day when they would carry you on their shoulders, and when they would bury you, and on the lowest earth they would cast you. For every deed they would demand a reckoning of you, and you would be crushed like the dust, and your fire will not be quenched the day in which you will see the accounting and the book open, and the scales of justice and the cup of staggering in the hand of the Lord. There will you drain its dregs, and your soul will moan in its writhings, and what will you answer concerning your arrogant deeds? Will you not then behold the fruit of your evil deeds and find your reward? If you were to die the death of an animal, and not have to give an accounting, then you could rejoice in your death, but you are going to that which is more bitter than death, the place of thick darkness, a land of darkness and the shadow of death. There a great terror will fall upon you and shame will cover you, and your garment will be the clod of the worm. Brimstone will be strewn upon your body, leaving you no remnant. Behold that day is fearful and awesome, a day for which there is no ransom, a day

הַשַּׁעַר הַשִּׁבְעָה־עָשָׂר

בְּזִכְרוֹן הָאָדָם יוֹם־הַמָּוֶת

רָאוּי לְכָל הַיָּרֵא דְּבַר הַשֵּׁם, לְהָשִׁיב אֶל לִבּוֹ יוֹם הַמָּוֶת וּשְׁוֹאָתוֹ וְחֶרְדָּתוֹ, וִיהְיֶה לוֹ לְמַזְכֶּרֶת, וְיֹאמַר לְלִבּוֹ, לִבִּי, לִבִּי! הֲלֹא יָדַעְתָּ, כִּי לֹא נִבְרֵאתָ כִּי אִם לָשׁוּב לֶעָפָר. מִיּוֹם הֱיוֹתְךָ מַדּוּעַ לֹא זָכַרְתָּ אַחֲרִיתֶךָ, הֲלֹא תֵדַע, כִּי כָּל הַיָּמִים אֲשֶׁר אַתָּה חַי עַל הָאֲדָמָה, כְּצֵל עוֹבֵר אַתָּה, וּכְמֹץ יְסֹעַר מִגֹּרֶן, וּכְעָשָׁן מֵאֲרֻבָּה, יָמֶיךָ חֲרוּצִים וְחַיֶּיךָ קְצוּצִים, וְכֹל אֲשֶׁר יַעֲבֹר עָלֶיךָ יוֹם אוֹ לַיְלָה, תְּחַסֵּר חֵלֶק מֵחֶלְקֵי חַיֶּיךָ, וּבְכָל יוֹם תִּקְרַב אֶל הַקֶּבֶר, וְתָטוּף בְּלֹא אֵבֶר. וּמַדּוּעַ לֹא יָדַעְתָּ כִּי עָפָר אַתָּה, וְלֹא זָכַרְתָּ כִּי מִן הָאֲדָמָה נוֹצַרְתָּ, וְעַל מִי בָטַחְתָּ כִּי מָרַדְתָּ. וּמַדּוּעַ אַתָּה נִמְהָר, וְלֹא תַעֲבִיר עַל לִבְּךָ יוֹם הַמָּר, יוֹם אֲשֶׁר תֹּאבַד עֲצָתְךָ וְנִסְרְחָה חָכְמָתֶךָ, יוֹם תִּדְבַּק לְשׁוֹנְךָ לְחִכֶּךָ, יוֹם יִשָּׂאוּךָ עַל כָּתֵף יִסְבְּלוּךָ, וְעַל אֶרֶץ תַּחְתִּית יַשְׁלִיכוּךָ, וְעַל כָּל מַעֲשֶׂה יְחַשְּׁבוּךָ, וּכְאָבָק תִּדְכֶּה וְאִשְּׁךָ לֹא תִכְבֶּה. יוֹם תִּרְאֶה הַחֶשְׁבּוֹן עָרוּךְ וְהַסֵּפֶר פָּתוּחַ, וּמֹאזְנֵי־מִשְׁפָּט וְכוֹס־תַּרְעֵלָה בְּיַד הַשֵּׁם, שָׁם תִּמְצָא שְׁמָרֶיהָ וְתֶהֱמֶה נַפְשְׁךָ בְּצִירֶיהָ, וּמַה תָּשִׁיב עַל זְדוֹנוֹתֶיךָ, הֲלֹא אָז תִּרְאֶה פְּרִי מַעֲלָלֶיךָ וְתִמְצָא גְמוּלֶךָ. וְאִלּוּ תָמוּת כְּמוֹת הַבְּהֵמָה וְלֹא תִהְיֶה עָתִיד לָתֵת חֶשְׁבּוֹן, הָיָה לְךָ לִשְׂמוֹחַ בְּמוֹתֶךָ, אַךְ תֵּלֵךְ לְמַר מָוֶת, וְלִמְקוֹם אֹפֶל, אֶרֶץ חֹשֶׁךְ וְצַלְמָוֶת, שָׁם תִּפּוֹל עָלֶיךָ אֵימָה, וּתְכַסְּךָ כְלִמָּה, וּלְבוּשְׁךָ גּוּשׁ רִמָּה, וִיזוֹרֶה עַל גּוּפְךָ גָּפְרִית, לְבִלְתִּי הִשְׁאִיר לְךָ שָׂרִיד, הֲלֹא הַיּוֹם הַהוּא נוֹרָא וְאָיוֹם, יוֹם אֲשֶׁר

bitter with weeping, with mourning, and with sorrow, a day of terror and crying out, a day of calamity and of groaning, a day of bitter mourning, a day when you will spread forth your lamentation from watch to watch, a day when the wrath and zeal of God will be kindled. A day when His fury will be poured out like fire, a day when pains and sorrows will be many, a day when every man will moan, his hands on his loins in utter hopelessness, a day when all of his delights will perish, a day that his soul departs and there is left the body, like a vessel filled with shame, cast away like a silent stone. Now, son of man, to whom will you escape for help? Or who will be a hiding place for you? Will you not say then, "Woe to me, what have I done, and why did I shame the word of the Lord?" Why did I turn to walk after the obstinacy of my heart? With what shall I cover myself, for I am naked? Take hold, of yourself and be abashed and ashamed because of your sins, and give thanks to God while still the soul is within your body before the stars of your twilight are darkened.

God will save us from evil decrees and will redeem us from death, and our eyes will see and our hearts will rejoice.

CHAPTER XVIII

Concerning The Difference Between The Righteous Man And The Wicked One

Know that the wicked man will not be instructed until he is punished. He will not be warned while he is in good circumstances, until calamity comes upon him, and then he will awaken from his sleep.

But the righteous man, when he is in secure circumstances, will be very careful and will be fearful lest evil come upon him, as it is said (Ecclesiastes 7:14), "In the day of prosperity be joyful, and in the day of adversity, consider."

But for the wicked man, if the Lord should give him riches, possessions, and honor, then he will increase vexation, and he will not stop from committing any sin. He will look and be secure in his great wealth and his importance will grow in his eyes. He will harm his fellow men, and he will not have pity upon the poor and the downcast.

But the righteous man, if he has great wealth, will not forget the poor and will remember the downtrodden, and he will help them always,

אֵין לוֹ פִּדְיוֹם, יוֹם תַּמְרוּר בְּבִכְיָה וְתַאֲנִיָּה וַאֲנִיָּה, יוֹם חֲרָדָה וּצְעָקָה, יוֹם שׁוֹאָה וּנְאָקָה, יוֹם מִסְפֵּד מַר, יוֹם תַּעֲרוֹךְ אֵבֶל מִשְׁמָר מוּל מִשְׁמָר, יוֹם יֶחֱרֶה אַף הָאֵל וְקִנְאָתוֹ, וְנִתְּכָה כָּאֵשׁ חֲמָתוֹ, יוֹם יִרְבּוּ הַמְּעַצְּבִים וְהַמַּכְאוֹבִים, יוֹם יֶהֱמֶה כָּל אִישׁ יָדָיו עַל חֲלָצָיו, יוֹם יֹאבְדוּ כָּל חֲפָצָיו. יוֹם תֵּצֵא הַנְּשָׁמָה, וְיִשָּׁאֵר הַגּוּף כִּכְלִי מָלֵא כְלִמָּה, מֻשְׁלָךְ כְּאֶבֶן דּוּמָם, וְעַתָּה בֶּן־אָדָם, עַל מִי תָּנוּס לְעֶזְרָה, אוֹ מִי יִהְיֶה עָלֶיךָ סִתְרָה, הֲלֹא אָז תֹּאמַר, אוֹי לִי מֶה עָשִׂיתִי, וּמַדּוּעַ דְּבַר־הַשֵּׁם בָּזִיתִי, וְאַחֲרֵי שְׁרִירוּת לִבִּי פָּנִיתִי, וּבַמֶּה אֶתְכַּסֶּה וְעָרֹם אָנֹכִי. הִתְקוֹשֵׁשׁ וְהִתְבּוֹשֵׁשׁ וְהִכָּלֵם מֵחַטֹּאתֶיךָ, וְתֵן תּוֹדָה לֵאלֹהֶיךָ, בְּעוֹד נֶפֶשׁ בְּגוּפֶךָ, בְּטֶרֶם יֶחְשְׁכוּ כּוֹכְבֵי נִשְׁפֶּךָ.

הָאֵל מִמִּשְׁפָּטִים הַקָּשִׁים יַצִּילֵנוּ, וּמִמָּוֶת יִגְאָלֵנוּ, וְיִרְאוּ עֵינֵינוּ וְיִשְׂמַח לִבֵּנוּ.

הַשַּׁעַר הַשְּׁמוֹנָה־עָשָׂר

בְּהֶפְרֵשׁ אֲשֶׁר בֵּין צַדִּיק וְרָשָׁע

דַּע כִּי הָרָשָׁע לֹא יִוָּסֵר עַד יְיַסְּרוּהוּ, וְלֹא יִזָּהֵר בִּהְיוֹתוֹ בְטוֹבָה עַד אֲשֶׁר תְּבוֹאֵהוּ שׁוֹאָה, וְאָז יִיקַץ מִשְּׁנָתוֹ. אַךְ הַצַּדִּיק בִּהְיוֹתוֹ בְשַׁלְוָה, אָז יִזָּהֵר וִיפַחֵד פֶּן תָּבוֹא עָלָיו הָרָעָה, כְּמוֹ שֶׁאָמַר (קהלת ז יד) בְּיוֹם טוֹבָה הֱיֵה בְטוֹב וּבְיוֹם רָעָה רְאֵה. וְהָרָשָׁע, אִם יִתֵּן לוֹ הַשֵּׁם עֹשֶׁר וּנְכָסִים וְכָבוֹד, אָז יוֹסִיף צָרָה, וְלֹא יֶחְדַּל מֵעֲשׂוֹת כָּל עֲבֵרָה, וְיַבִּיט וְיִבְטַח בְּרֹב עָשְׁרוֹ, וְתִיקַר נַפְשׁוֹ בְּעֵינָיו, וְיַזִּיק לִבְנֵי־אָדָם, וְלֹא יַחְמוֹל עַל הָעֲנִיִּים וּמְרוּדִים. וְהַצַּדִּיק, אִם יִהְיֶה לוֹ הוֹן עָתָק, לֹא יִשְׁכַּח הָעֲנִיִּים, וְיִזְכּוֹר הַמְּרוּדִים, וְיַעֲזוֹר אוֹתָם תָּמִיד, וְיַכְנִיעַ נַפְשׁוֹ, וְלֹא

and he will humble his soul, and he will not be arrogant to any man. He will not rely on his wealth, and he will know that he is but a wind that blows.

But as for the wicked, if he attains a great state, riches, and honor, he says in his heart, "Whom does the king delight in honoring more than me? God has seen that I am worthy of all this honor. Through my devices and through my wise counsel have I gathered this wealth, but if I were like this one, or that one, who are lazy, I would be as destitute and poor as they."

But when the righteous man attains great honor he says, as did King David, of blessed memory, (II Samuel 7:18), "Who am I, O Lord God, and what is my house that Thou has brought me thus far?" The righteous man will continue and say, "Why has God caused me to merit all this good? For I have no good deeds, and I deserved to be oppressed and afflicted all my days because of my many sins. But the Creator has turned my evil into good, and with what can I repay Him even a little of what He deserves?" The righteous man will debate with himself and will say, "O my heart, my heart, do not trust in your great glory, for who knows if it is for your good or if this wealth is being guarded for someone else! Or do you know if night robbers will come and despoil you of all for which you have labored? Or do you know that God has given to you this glory because he rejects you, and if you have any merit whatever, he is rewarding you for it in this world in order that you go empty of merit in the world to come?"

If the wicked man enjoys the companionship of kings, he will say in his heart, "Because I am an honored companion and the possessor of reason and knowledge, therefore have I risen to this lofty state, for the Creator would not give His glory to anyone but to him who is worthy of it. Therefore He has apportioned to me this honor."

But the righteous man will say, "I pray thee, my God, behold I am dust and ashes, maggot and worm, the shame of man and held in contempt by the people. In what have I merited this honor when there are in the world men more saintly and better than I, and they are in pain and in distress and helplessness? They have not been privileged to receive even a little of all that I have been privileged to receive."

If the wicked man becomes poor, he becomes wrathful and dissatisfied with his portion, and he goes at night to steal and rob, and he com-

יִתְגָּאֶה עַל אָדָם, וְלֹא יִבְטַח בְּעָשְׁרוֹ, וְיֵדַע כִּי הוּא רוּחַ הוֹלֵךְ וְלֹא יָשׁוּב. וְהָרָשָׁע, אִם יַשִּׂיג מַעֲלָה גְדוֹלָה וְעֹשֶׁר וְכָבוֹד, יֹאמַר בְּלִבּוֹ, לְמִי יַחְפּוֹץ הַמֶּלֶךְ לַעֲשׂוֹת יְקָר יוֹתֵר מִמֶּנִּי. רָאָה הָאֵל כִּי הָיִיתִי רָאוּי לְכָל הַכָּבוֹד הַזֶּה, בְּתַחְבּוּלוֹתַי וַעֲצָתִי צָבַרְתִּי הָעֹשֶׁר הַזֶּה. וְאִלּוּ אֶהְיֶה כְּמוֹ פְּלוֹנִי וּפְלוֹנִי הָעֲצֵלִים, הָיִיתִי רָשׁ וְעָנִי כָּהֶם. וְהַצַּדִּיק, כַּאֲשֶׁר תַּשִּׂיג יָדוֹ לְכָבוֹד גָּדוֹל, יֹאמַר כַּאֲשֶׁר אָמַר דָּוִד הַמֶּלֶךְ עָלָיו הַשָּׁלוֹם (שמואל ב ז יח) מִי אָנֹכִי אֲדֹנָי אֱלֹהִים וּמִי בֵיתִי כִּי הֲבִיאֹתַנִי עַד־הֲלֹם. וְיֹאמַר, מַדּוּעַ זִכַּנִי הַבּוֹרֵא לְכָל הַטּוֹבָה הַזֹּו וַאֲנִי אֵין בִּי מַעֲשִׂים טוֹבִים, וְהָיִיתִי רָאוּי לִהְיוֹת נִגָּשׂ וְנַעֲנֶה כָּל יָמַי עַל רֹב חַטֹּאתַי, וְהַבּוֹרֵא הָפַךְ לִי הָרַע בְּטוֹב, וּבַמֶּה אוּכַל לִגְמוֹל אוֹתוֹ אַחַת מֵאֶלֶף. וְיִתְוַכַּח עִם לִבּוֹ וְיֹאמַר, לִבִּי לִבִּי, אַל תִּבְטַח בְּרֹב כְּבוֹדֶךָ, כִּי מִי יוֹדֵעַ אִם הוּא לְטוֹבָתֶךָ, אוֹ הָעֹשֶׁר הַזֶּה אִם הוּא לְבַעֲלֶיךָ שָׁמוּר, אוֹ הֲתֵדַע אִם יָבֹאוּ לְךָ שׁוֹדְדֵי לַיְלָה וְיָבֹזּוּ יְגִיעֶךָ, אוֹ הֲתֵדַע שֶׁנָּתַן לְךָ הָאֵל זֶה הַכָּבוֹד מִפְּנֵי שֶׁהוּא מוֹאֵס בְּךָ, וְאִם יֵשׁ לְךָ שׁוּם זְכוּת גּוֹמֶלְךָ אוֹתָהּ בָּעוֹלָם הַזֶּה כְּדֵי שֶׁתֵּלֵךְ רֵיקָם בָּעוֹלָם הַבָּא. הָרָשָׁע, אִם יִתְחַבֵּר לִמְלָכִים, יֹאמַר בְּלִבּוֹ, מִפְּנֵי שֶׁאֲנִי מְחֻבָּר נִכְבָּד וּבַעַל שֵׂכֶל וָדַעַת, עַל כֵּן עָלִיתִי לַמַּעֲלָה הַזֹּאת, וְלֹא יִתֵּן הַבּוֹרֵא כְבוֹדוֹ אֶלָּא לְמִי שֶׁרָאוּי לוֹ, וְעַל כֵּן חָלַק לִי הַכָּבוֹד הַזֶּה. וְהַצַּדִּיק יֹאמַר, אָנָּא, אֱלֹהַי, הִנֵּה אָנֹכִי עָפָר וָאֵפֶר, רִמָּה וְתוֹלֵעָה, חֶרְפַּת־אָדָם וּבְזוּי־עָם, וּבַמֶּה זָכִיתִי לָזֶה הַכָּבוֹד, וְיֵשׁ בָּעוֹלָם חֲסִידִים וְטוֹבִים מִמֶּנִּי וְהֵם בְּצַעַר וּבְדֹחַק וְקֹצֶר־יָד, וְלֹא זָכוּ לְאֶחָד מִנִּי־אֶלֶף מִכֹּל אֲשֶׁר זָכִיתִי. וְהָרָשָׁע אֲשֶׁר יִוָּרֵשׁ, יִכְעַס וְיִתְקַצֵּף וְלֹא יִסְתַּפֵּק בְּחֶלְקוֹ, וְיֵלֵךְ בַּלַּיְלָה לִגְנוֹב וְלַעֲשׁוֹק, וְיַעֲשֶׂה הוֹנָאוֹת, כְּדֵי שֶׁיָּבוֹא

mits acts of deception in order that great wealth should come into his hand. He is jealous of his fellow men. He asks every man to busy himself and to help him. But if the righteous man becomes poor, he gives praise to the Creator, as it is said (Job 1:21), "The Lord gave and the Lord hath taken away; blessed be the name of the Lord." He is satisfied with a dry crust, and he rejoices in his portion, and he does not profane his spiritual glory by asking help of his fellow men, but he seeks the help of God alone.

The wicked man when he grows ill is frightened, and he fears greatly that his time has come. Then he is remorseful for all that he has done, and he makes a vow to repent if he is healed, but when he is healed he returns to his wickedness.

Whereas the righteous man if he grows ill does not fear death, for he knows that he is going from darkness to light, from suffering to rest, and he discerns that the Creator loves him and is therefore chastising him in order that he should be pure and clean of all of his sins when he goes to the world to come. He vows that if he is healed he will add to his service (of God), and when he is healed he does not profane his promise, and he does according to all that went forth from his mouth.

When the wicked man is given wisdom, he quickly destroys his faith because of his wisdom, and he mocks the saintly ones, and he thinks that they are fools, and he thinks that wisdom was given to him alone. The very first fruits of his sin that he acquires because of his wisdom are that he does not believe in the resurrection of the dead, nor in the day of judgment, nor in words of our Sages, of blessed memory. But he considers everything as being nothing. He brings proofs and signs from his poor wisdom and neglects our mighty tradition, and he pursues after weak signs and inferior opinions, and he is like Jeroboam who sinned and caused multitudes of sin, and therefore he bears the guilt of the multitude.

But if a pious man is wise, his faith is doubled, and its foundations are strengthened in his heart. He teaches those who stray, and he instructs the sinners, and he strengthens their weak faith with strong signs and proofs from reason, and from Scripture and from the words of our Sages, of blessed memory.

If there should come upon the wicked man new situations or business through which he may be deceived, he forgets his God, and if he was accustomed to pray, he neglects his prayer. If he had been accustomed

לְיָדוֹ הוֹן עָתָק, וִיקַנֵּא בַּחֲבֵרָיו, וִיבַקֵּשׁ מִכָּל אָדָם לַעֲסוֹק וְלַעֲזוֹר אוֹתוֹ. וְהַצַּדִּיק אִם יִוָּרֵשׁ, יִתֵּן שֶׁבַח לַבּוֹרֵא, כְּמוֹ שֶׁאָמַר אִיּוֹב (איוב א כא) יְיָ נָתַן וַייָ לָקָח יְהִי שֵׁם יְיָ מְבֹרָךְ. וְיִסְתַּפֵּק בְּפַת חֲרֵבָה, וְיִשְׂמַח בְּחֶלְקוֹ, וְלֹא יְחַלֵּל לִכְבוֹדוֹ עֶזְרַת בְּנֵי אָדָם, כִּי אִם עֶזְרַת הָאֵל לְבַדּוֹ. וְהָרָשָׁע, אִם יֶחֱלֶה, יְפַחֵד וְיִירָא מְאֹד שֶׁמָּא קָרְבָה עִתּוֹ, וְאָז יִנָּחֵם עַל כֹּל אֲשֶׁר עָשָׂה, וְיִדּוֹר נֶדֶר לַעֲשׂוֹת תְּשׁוּבָה אִם יִתְרַפֵּא. וְכַאֲשֶׁר יִתְרַפֵּא, יָשׁוּב לְרִשְׁעָתוֹ. וְהַצַּדִּיק, אִם יֶחֱלֶה, לֹא יְפַחֵד מִן הַמָּוֶת, כִּי הוּא יוֹדֵעַ כִּי יֵצֵא מֵאֲפֵלָה לְאוֹרָה וּמֵאֲנָחָה לִמְנוּחָה, וְיַכִּיר כִּי הַבּוֹרֵא אוֹהֵב אוֹתוֹ, וְעַל כֵּן יְיַסְּרֵהוּ, כְּדֵי שֶׁיִּהְיֶה טָהוֹר וְנָקִי מִכָּל עֲוֹנוֹתָיו בְּלֶכְתּוֹ לָעוֹלָם־הַבָּא. וְיִדּוֹר נְדָרִים, אִם יִתְרַפֵּא, לְהוֹסִיף עַל עֲבוֹדָתוֹ. וְכַאֲשֶׁר יִתְרַפֵּא, לֹא יַחֵל דְּבָרוֹ, כְּכָל הַיּוֹצֵא מִפִּיו יַעֲשֶׂה. וְהָרָשָׁע, אִם יֶחְכַּם, מִיָּד יַשְׁחִית אֱמוּנָתוֹ בְּחָכְמָתוֹ, וְיִלְעַג עַל הַחֲסִידִים, וְיַחְשׁוֹב כִּי הֵם פְּתָאִים, וְיַחְשׁוֹב כִּי הַחָכְמָה לוֹ לְבַדּוֹ נִתְּנָה. וְרֵאשִׁית פְּרִי חַטָּאתוֹ אֲשֶׁר יִקְנֶה מֵחָכְמָתוֹ, כִּי לֹא יַאֲמִין בִּתְחִיַּת-הַמֵּתִים וְלֹא בְּיוֹם־הַדִּין וְלֹא בְּדִבְרֵי רַבּוֹתֵינוּ זִכְרוֹנָם לִבְרָכָה, רַק יַחְשׁוֹב הַכֹּל כְּאַיִן, וְיָבִיא רְאָיוֹת וְאוֹתוֹת מֵחָכְמָתוֹ הַדַּלָּה, וְיַנִּיחַ הַקַּבָּלָה הַחֲזָקָה, וְיִרְדּוֹף אַחֲרֵי אוֹתוֹת חֲלוּשׁוֹת וּסְבָרוֹת גְּרוּעוֹת, וְהוּא כְּמוֹ יָרָבְעָם חוֹטֵא וּמַחֲטִיא אֶת הָרַבִּים, וְעַל כֵּן עֲוֹן הָרַבִּים תָּלוּי בּוֹ. וְאִם יֶחְכַּם הֶחָסִיד, תִּכְפַּל אֱמוּנָתוֹ, וְיִתְחַזְּקוּ מוֹסְדוֹתֶיהָ בְּלִבּוֹ, וְיוֹרֶה הַתּוֹעִים, וִילַמֵּד לַפּוֹשְׁעִים, וִיחַזֵּק אֱמוּנָתָם הַחֲלוּשָׁה בְּאוֹתוֹת וּמוֹפְתִים חֲזָקִים, מִן הַשֵּׂכֶל וּמִן הַכָּתוּב וּמִדִּבְרֵי רַבּוֹתֵינוּ זִכְרוֹנָם לִבְרָכָה. וְאִם יָבוֹאוּ עַל הָרָשָׁע חִדּוּשִׁים אוֹ עֲסָקִים אֲשֶׁר יַשְׁלֶה בָּהֶם, יִשְׁכַּח אֱלֹהָיו. וְאִם הָיָה מִתְפַּלֵּל, יַנִּיחַ תְּפִלָּתוֹ. וְאִם הָיָה עוֹזֵר דַּלִּים, יִשְׁכָּחֵם. וְאִם הָיָה לוֹמֵד

to help the poor, he forgets them. If it was his custom to study the precepts of God, he forgets them.

But if new situations or business come upon the righteous person, he does not let his hands slacken from service to God. The important matters do not trouble him, nor do the new situations or the mistakes.

But if bad happenings come upon the wicked man, or he is taken captive, or he is imprisoned, or they afflict him, or they deal severely with him, he gets angry with the judgment of his God and says, "My death is better than my life. Behold how bad my luck is compared to that of my companions, for they live in tranquility and the wrath of God is not directed against them. But as for me, from the day that I was created I found no rest. From evil to evil I have gone forth, and for me the Lord has added the sorrow of my sighing because of my pains." There may be a time when the wicked man is so angry with himself because his many troubles take such strong hold of him that he dies from anxiety or he kills himself or he hurries to serve idols in order that he may escape from that trouble.

But when trouble or distress come upon the righteous man, he says, "My sins have brought about these things, and all this came about through my own hand. I did it and I must bear it, I am obliged to accept all of this. The Creator has not done me evil. Far be it from God to do wickedly. But I have done evil to myself." And he will say, "Who knows if the Creator is not admonishing me because of His great pity for me, or if these troubles are not for my own good, or to atone for my sins through them, or in order that there will be no time for me to occupy myself with evil deeds, or to give me a reward because of them, or to be saved because of them from an unnatural death or from other troubles greater than these."

When the wicked man is delivered from his troubles and goes forth to a prosperous and comfortable state, then he removes his fear, and he says in his heart, "Now I will be able to complete every business which I began, and now I will enjoy myself in proportion to the way I labored, and I will make this an occasion of great rejoicing and feasts because I have escaped, and I will give myself all the pleasures that I can."

But as for the righteous man, when he goes forth from trouble to a comfortable state, he gives thanks to God, and he says in his heart, "Why should I believe that other troubles will not come upon me?

דִּבְרֵי־אֱלֹהִים, יַנִּיחֵם. וְאִם יָבוֹאוּ עַל הַצַּדִּיק חִדּוּשִׁים אוֹ עֲסָקִים רַבִּים, לֹא יִרֶף יָדוֹ מֵעֲבוֹדָתוֹ, וְלֹא יֶחֱרַף לְבָבוֹ מִיָּמָיו, רַק לְבָבוֹ וְעֵינָיו אַחֲרֵי עֲבוֹדַת אֱלֹהָיו, וְלֹא יַטְרִידוּהוּ הָעֲסָקִים הַחֲזָקִים, וְלֹא הַחִדּוּשִׁים וְהַשִּׁבּוּשִׁים. וְאִם יָבוֹאוּ עַל הָרָשָׁע מְאֹרָעוֹת רָעִים, אוֹ יִקָּחוּהוּ בַּשֶּׁבִי, אוֹ יַאַסְרוּהוּ בַּמַּאֲסָר, אוֹ יְעַנּוּהוּ, אוֹ יַעֲשׂוּ בוֹ שְׁפָטִים, יִתְקַצֵּף עַל דִּין אֱלֹהָיו וְיֹאמַר, טוֹב מוֹתִי מֵחַיַּי, וּמֶה הָיָה מַזָּלִי הָרַע בֵּין חֲבֵרַי, כִּי הֵם בְּשַׁלְוָה וְלֹא שֵׁבֶט־אֱלוֹהַּ עֲלֵיהֶם, וַאֲנִי מִיּוֹם שֶׁנִּבְרֵאתִי, מְנוּחָה לֹא מָצָאתִי, מֵרָעָה אֶל רָעָה יָצָאתִי, וַיּוֹסֵף הַשֵּׁם לִי יָגוֹן אֲנְחוֹתַי עַל מַכְאוֹבָי. וְיֵשׁ עֵת אֲשֶׁר יִכְעַס הָרָשָׁע עַל נַפְשׁוֹ, לְרֹב הַצָּרוֹת אֲשֶׁר יִתְקְפוּהוּ, עַד אֲשֶׁר יָמוּת מִדַּאֲגָתוֹ, אוֹ יַהֲרוֹג עַצְמוֹ, אוֹ שֶׁיְּמַהֵר לַעֲבוֹד עֲבוֹדָה־זָרָה, כְּדֵי שֶׁיְּמַלֵּט מֵאוֹתָהּ צָרָה. וְכַאֲשֶׁר תָּבוֹא עַל צַדִּיק תְּלָאָה אוֹ צָרָה, יֹאמַר, עֲוֹנוֹתַי הִטּוּ אֵלֶּה, וּמִיָּדִי הָיְתָה זֹּאת אֵלַי, אֲנִי עָשִׂיתִי וַאֲנִי אֶשָּׂא, חַיָּב אֲנִי לְקַבֵּל כָּל זֶה, כִּי הַבּוֹרֵא לֹא עָשָׂה לִי רָע, וְחָלִילָה לָאֵל מֵרֶשַׁע, אַךְ אֲנִי הֲרֵעוֹתִי לְעַצְמִי. וְיֹאמַר, מִי יוֹדֵעַ, אִם הַבּוֹרֵא מְיַסְּרֵנִי מֵרֹב חֶמְלָתוֹ עָלַי, אוֹ אִם הַצָּרוֹת הָאֵלֶּה הֵן לְטוֹבָתִי, אוֹ לְכַפֵּר בָּהֶן עֲוֹנִי, אוֹ לְמַעַן לֹא יִהְיֶה לִי פְּנַאי לְהִתְעַסֵּק בְּמַעֲשִׂים רָעִים, אוֹ לָתֵת לִי שָׂכָר עֲלֵיהֶם, אוֹ לְנַצֵּל בִּשְׁבִילָן מִמִּיתָה מְשֻׁנָּה, אוֹ מִצָּרוֹת אֲחֵרוֹת גְּדוֹלוֹת מֵאֵלֶּה. וְכַאֲשֶׁר יִמָּלֵט הָרָשָׁע מִצָּרָתוֹ וְיֵצֵא לָרְוָחָה, וְיָסוּר פַּחְדּוֹ, וְיֹאמַר בְּלִבּוֹ, עַתָּה אוּכַל לְהַשְׁלִים כָּל עֵסֶק אֲשֶׁר הַחִלּוֹתִי, וְעַתָּה אֶתְעַנֵּג כְּפִי אֲשֶׁר יָגַעְתִּי, וְאֶעֱשֶׂה שִׂמְחָה גְדוֹלָה וּסְעוּדוֹת בַּעֲבוּר כִּי נִמְלַטְתִּי, וְאֶעֱשֶׂה לְנַפְשִׁי כָּל הַנָּאוֹת אֲשֶׁר אוּכָל. וְהַצַּדִּיק, כַּאֲשֶׁר יֵצֵא מִצָּרָה לָרְוָחָה, יִתֵּן הוֹדָאוֹת לָאֵל, וְיֹאמַר בְּלִבּוֹ, בַּמֶּה אַאֲמִין כִּי לֹא יָבוֹאוּ עָלַי צָרוֹת

Shall it be because of my great righteousness and my piety? Who knows if I did not escape from this trouble in order to do good deeds or to add transgression to my sin, and in what way have I merited to find favor in the eyes of the Lord? Behold great troubles happen to kings, and how did I escape and why was I saved?"

If a wicked man is delivered from severe sickness, he hurries to do business and to build houses and to take delight in his women and to renew his lovely garments, to join the companionship of the great, to purchase slaves, and to increase his commerce.

But when the righteous man is healed, he continues to do deeds of lovingkindness, to help the poor, and to be humble before his God, and to multiply prayers of petition, and to keep his vows and to improve his ways and his deeds.

But if the wicked man does justice to the poor, his importance grows in his own eyes, and he boasts about it to his associates, and he thinks that there is no one like him in his generation. If he is saved from trouble, he thinks that he was spared because of his righteousness.

As for the righteous man, his deeds are as nothing in his eyes, and he conceals his righteousness from men, and he does not praise himself with them, and he feels despised in his own eyes, and if he is saved from trouble, he says, that it was through the kindness of God that he escaped and not through his own righteousness.

If the commerce of the wicked man is great and he achieves many things, he will not rest until he completes them, and all of his schemes conclude that there is no God (see Psalms 10:4). When he has time, he may go and pray and study Scripture and enjoy the company of the wise.

But as for the righteous man, the more he is occupied, the more does he add to his service of God and does not omit anything from it.

If the wicked man has children, he teaches them from their youth a business or a trade, but he does not teach them the words of God.

Whereas the righteous man teaches his children the Torah of the Lord, and rebukes them and admonishes them always. Concerning him, it is said (Proverbs 20:7), "He that walks in his integrity as a just man, happy are his children after him."

This treatise has now been completed. All praise to the Creator of the Universe.

Blessed is the Lord forever. Amen and amen. Blessed be He that gives power to the faint; and to him that has no right, he increases strength (Isaiah 40:29).

אַחֵרוֹת, הַבְרֹב צִדְקָתִי וַחֲסָדַי, וּמִי יוֹדֵעַ אִם לֹא נִמְלַטְתִּי מִן הַצָּרָה הַזֹּאת לַעֲשׂוֹת מַעֲשִׂים טוֹבִים, אוֹ לְהוֹסִיף עַל חַטָּאתִי פֶּשַׁע, וּבַמֶּה זָכִיתִי לִמְצֹא חֵן בְּעֵינֵי הַשֵּׁם, וְהִנֵּה הַמְּלָכִים יָבֹאוּ עֲלֵיהֶם צָרוֹת רַבּוֹת, וְאֵיךְ נִמְלַטְתִּי אֲנִי וְנִצַּלְתִּי? וְאִם יִמָּלֵט הָרָשָׁע מֵחֳלִי רָע, יְמַהֵר לַעֲשׂוֹת סְחוֹרוֹת וְלִבְנוֹת בָּתִּים וּלְהִתְעַנֵּג עִם נָשָׁיו, וּלְחַדֵּשׁ בִּגְדֵי חֲמוּדוֹת, וּלְהִתְחַבֵּר לִגְדוֹלִים, וְלִקְנוֹת עֲבָדִים, וּלְהַרְבּוֹת עֲסָקִים. וְאִם יִתְרַפֵּא הַצַּדִּיק, יוֹסִיף לַעֲשׂוֹת חֲסָדִים, וְלַעֲזוֹר דַּלִּים, וּלְהִכָּנַע לֵאלֹהָיו, וּלְהַרְבּוֹת תַּחֲנוּנִים, וּלְשַׁלֵּם נְדָרָיו, וּלְהֵיטִיב דְּרָכָיו וּמַעֲשָׂיו. וְאִם יַעֲשֶׂה הָרָשָׁע צְדָקָה, תִּיקַר נַפְשׁוֹ בְּעֵינָיו, וְיִתְפָּאֵר בָּהּ לַחֲבֵרָיו, וְיַחְשׁוֹב כִּי אֵין בְּדוֹרוֹ כָּמוֹהוּ. וְאִם יִמָּלֵט מִצָּרָה, יֹאמַר כִּי בְצִדְקָתוֹ נִמְלָט. וְהַצַּדִּיק, מַעֲשָׂיו בְּעֵינָיו כְּאַיִן, וְיַסְתִּיר צִדְקוֹתָיו מִבְּנֵי־אָדָם, וְלֹא יִתְהַלֵּל בָּהֶן, וְהוּא נִבְזֶה בְּעֵינָיו. וְאִם יִמָּלֵט מִצָּרָה, יֹאמַר כִּי בְּחַסְדֵי הָאֵל נִמְלָט, וְלֹא בְּצִדְקָתוֹ. וְאִם יִרְבּוּ עִסְקֵי הָרָשָׁע וְיִהְיוּ לוֹ מַעֲשִׂים רַבִּים, לֹא יִשְׁקוֹט עַד אֲשֶׁר יַשְׁלִימֵם, וְאֵין אֱלֹהִים כָּל מְזִמּוֹתָיו. וְכַאֲשֶׁר יִהְיֶה לוֹ פְּנַאי, אָז יֵלֵךְ וְיִתְפַּלֵּל, וְלִקְרוֹת וּלְהִתְחַבֵּר לַחֲכָמִים. וְהַצַּדִּיק, כָּל אֲשֶׁר יִרְבּוּ עֲסָקָיו, תּוֹסִיף עֲבוֹדָתוֹ, וְלֹא יְחַסֵּר מִמֶּנָּה דָּבָר. וְאִם יִהְיוּ לָרָשָׁע בָּנִים, יְלַמְּדֵם מִנְּעוּרוֹתָם לִסְחוֹר וְלַעֲשׂוֹת מְלָאכָה, לֹא יְלַמְּדֵם דִּבְרֵי אֱלֹהִים. וְהַצַּדִּיק יְלַמֵּד לְבָנָיו תּוֹרַת הַשֵּׁם, וְיוֹכִיחֵם וְיַיַסְּרֵם תָּמִיד, עָלָיו נֶאֱמַר (משלי כ ז) מִתְהַלֵּךְ בְּתֻמּוֹ צַדִּיק אַשְׁרֵי בָנָיו אַחֲרָיו.

תם ונשלם שבח לבורא עולם
ברוך יי לעולם אמן ואמן

ברוך הנותן ליעף כח ולאין אונים עצמה ירבה

NOTES

Page 10. Line 11.
"They thus believe that the Creator is first." See Bahya Ibn Paquda, *Hovat La-Levavot (Duties of the Heart)*, Book 1:10, (Jerusalem: Eshkol, 1969-5729), p. 75.

Page 11. Line 17.
"Peel." This is a possible allusion to a favorite theme in Jewish Mysticism. "Evil is the *Kelipah*, the 'bark' of the cosmic tree or 'The shell of the nut' ". Gershom G. Scholem, *Major Trends in Jewish Mysticism* (New York: Schocken, 1946), p. 239.

Page 12. Line 17.
"Just as a piece of fruit has a peel." This metaphor seems to be Kabbalistic, especially the use of "peel" for "evil."

Page 12. Line 21.
"Evil weeds with the wheat." See Isaiah 5:2.

Page 12. Line 28.
"and there is the part in between." This refers to some kind of intermediary state between excellence and worthlessness.

Page 12. Line 25-35.
This paragraph sounds Kabbalistic, not only in the imagery but also in the idea that evil is a necessary part in the creation of the world. Theodore Friedman in his review of Ephraim E. Urbach's *The Sages—Their Concepts and Beliefs* (Hebrew) Jerusalem, Magnes: 1969, in *Judaism* Vol. 21:4, p. 499 deals with the famous controversy between the Schools of Shammai and Hillel, whether or not it would have been better for man never to have been born (Eruvin 13b). Urbach said that the question that exercised the two Schools was whether or not it would have been better for [the wicked] never to have been born. Friedman feels "unconvinced" that such is the plain meaning of the text. It is interesting to observe that the text which Urbach uses (p. 226) taken from the *Ethics of the Fathers* VI:11 "Whatsoever the Holy One, blessed be He, created in His world, He created it only for His glory", as it is written, *Everything that is called by my name and that I have created, I have formed it, yea, I have made it* (Isaiah 43:7) contains the very same verse which was cited by our author in the beginning of this chapter. See p. 10, lines 21-22.

Page 12. Lines 25-26.
Our author seems to presuppose here Maimonides' rejection of the Aristotelian theory that the heavenly motions are without beginning. (Guide 2, Introduction, Proposition 26). On the 26th Proposition or "Premise" see Moses Maimonides, *The Guide to the Perplexed* translated by Shlomo Pines, (Chicago: University of Chicago Press, 1963), pp. 240-241.

Page 14. Line 31.
"Even though the Divine name does not lack anything." See Psalms 10:16, "The Lord is King for ever and ever; the nations are perished out of His land." M. L. Malbim in his commentary on the Psalms *Kitbe Kodesh Psalms,* (Vilna: Romm. 1911), p. 21 observed "although the nations are absent from His land, God is God with or without people."

Page 18. Line 6.
"Heavenly bodies and spheres." According to Maimonides, the spheres have music. Sir Thomas Brown (1605-1682) said "We maintain the music of the spheres."

Page 22. Line 28.
"Furthermore, we see that the work of the tabernacle," Dr. Seymour Siegel called my attention to the fact that the tabernacle is like man or indeed a picture of the whole world. My teacher, Professor Louis Ginzberg, *The Legends of the Jews,* (Philadelphia: Jewish Publication Society of America, 1911) Vol. 3, p. 165 observed that "the separate parts of the tabernacle had each a symbolic significance, for to all that is above there is something corresponding below." In the explanatory footnote Vol. 6, p. 67, footnote 346, he observes that "The most elaborate symbolic explanation of the tabernacle, found in rabbinic sources, is the one given by R. Shemaiah of Soisson in his treatise on the tabernacle published by Berliner in *Montasschrift* XIII, 225-231 and 258-264. A. Epstein, *Mikkadmoniyyot* (supplement), 2-4, calls attention to the close resemblance of the symbolic explanation, as given by R. Shemaiah, to that found in Tadshe and Bereshit Rabbati, all three attempting to show that man, the world, and the Sanctuary correspond to one another." Alexander Altmann in his *Studies in Religious Philosophy and Mysticism,* (London: Routledge and Kegan Paul, 1969), p. 26 observes "That the Sanctuary and its furniture mirror the cosmos is an old midrashic motif, particularly pronounced in *Midrash Tadshe* (133). The observation that creation began with the macrocosm and ended with the microcosm is already found in Philo (Opif. 82) and Abraham bar Hiyya *(Hegyon Ha-Nefesh,* 1b)." Altmann observes that S. Z. Netter in his supercommentary on Ibn Ezra offers a wealth of detail concerning these analogies.

Page 26. Lines 15-36.
Altmann, *ibid.,* p. 18 in discussing the Delphic Maxim, "Know Thyself", quotes from the *Zohar Hadash,* where there is a coupling together of knowing oneself and knowing one's Lord, and makes the following comment: "The text continues: "And to make himself aware who he is"—this is the question we met twice in Moses de Leon—"and how he was created; whence he comes and whither he goes"—quoting the well-known passage in *Abot* 3, 1 which reflects Gnostic influence, as S. Lieberman has shown (95) "and how his body has been arranged (tiqquna de-gufa he'akh ittaqen)!—This reflects a philosophical motif which will be more fully discussed below (pp. 23, 25, 27): from the arrangement of his body man can infer the wisdom of his Maker. The term "tiqquna" used in our passage has a precedent in, for example, Samuel ben Nissim Masnut's *Ma'yan Ganim* (twelfth century),

where the meaning of Job 19:26, "From my flesh I behold God", is explained: "From the formation of my limbs and from the arrangement of my body (we-taqqanat gufi)—contemplating them—I behold God" (ed. Buber, 61)." He also observes, *ibid.*, p. 24-25, "Abraham bar Hiyya closely follows Bahya in interpreting Job 19:26 to mean that "from the formation of your body (literally, 'flesh') and the arrangement of your limbs you can see and understand the wisdom of your Creator." This theme becomes a popular topic in the twelfth and thirteenth centuries. Samuel ben Nissim Masnut, who lived in twelfth-century Aleppo, quotes Job 19:26 as meaning to say that "From the formation of my limbs and from the arrangement of my body—contemplating them—I behold God (that is, the wonders of the Creator); for by seeing the created, man knows the wonders of the Creator, in the way in which it is said, 'The heavens declare . . .' (Ps. 19:2), which the *Targum* renders, 'Those who contemplate the heaven tell the glory of the Lord.' "

Page 26. Line 20.
"The forms of this world are contained in the same principle." An allusion to prime matter which is a substratum.

Page 26. Line 33.
"For the upper world is like a root." A Platonic notion that the idea comes first. In Midrashic thought, *Torah*, the idea comes first, then God's throne of glory, then Israel, then *Olam Ha'ba*, the future eternity.

Page 28. Lines 21-22.
"It will be contained therein by force so long as the bag is closed." The term "by force" is a technical term connoting Aristotle's notion of motion against the natural motion of a body. *(Physics V: 6)*

Page 28. Lines 27-28.
"Thus the soul, when it is taken from Heaven and joined to the body." The doctrine of the heavenly origin of the soul is Platonic (Phaedo) and is found in Maimonides, especially in his *Ma-amar Tehiyyat ha-Maytim*. Maimonides' *Treatise on Resurrection*. Original Arabic and Hebrew translation by Samuel Ibn Tibbon, edited by Joshua Finkel.

Page 30. Line 16.
"As an act of grace and kindness." The word *"Hesed"* has several meanings in Biblical Hebrew. Louis Jacobs "The Concept of Hasid in the Biblical and Rabbinic Literatures" (*Journal of Jewish Studies*, Vol. VIII, numbers 3 and 4, pp. 20 ff) writes that the word *"Hesed"* means "mercy, loving kindness, loyalty, grace or charm, according to the context in which it occurs." See Nelson Glueck *Das Wort Hesed im Alttestamentlichen Sprachgebrauche; English edition, Hesed in the Bible,* Cincinnati, 1967.

Page 34. Line 12.
Job was regarded by Jewish tradition as a gentile, as were Enoch and Noah. The latter two lived prior to the time of Abraham, the founder of Judaism.

Page 36. Line 8.
"In order to obtain a reward." Elias J. Bickerman explains the meaning of this phrase. "The Maxim of Antigonus of Socho," *Harvard Theological Review*, XLIV (1951) pp. 153-165.

Page 40. Line 28.
"They cast him into the fiery furnace." Our Hebrew Text reads: *Holeechuhu.* However, the British Museum MS Add. 27, 174 reads *Hishleechuhu* as does the Cracow edition p. 5a.

Page 42. Lines 21-22.
"When a man casts the world behind his back . . . and longs for his own death." This example sounds like Socrates' saying that the philosopher is always seeking death.

Page 44. Lines 17-18.
"In whom is found the fear of the Creator." Our Hebrew text reads *nizkar.* The British Museum MS. Add. 27, 174 reads *nekar.*

Page 52. Lines 27-28.
"Nor do they long to wear garments of scarlet." See Maimonides *Hilchot De'ot* 5.9 on the garb of the scholar.

Page 58. Lines 24-25.
"The qualities of reason and the moral values." *Da'ot* has the connotation of moral values or beliefs (cf. Maimonides, *Hilchot De'ot. Mishne Torah.*)

Page 64.
Chapter 3 is analyzed thoroughly by G. Vadja which is included in Addenda 2.

Page 66. Line 9.
"The four elements." See J. Klatzkin, *Thesaurus Philosophicus* (New York: Philipp Feldheim 1968) Vol. 2, p. 40 for the meaning of this term.

Page 66. Line 23.
"Natural heat." Aristotle *Generation of Animals.*

Page 66. Line 27.
"The vegetative power." One of the four classes of reality.

Page 66. Line 32.
"The general soul." This sounds like the Platonic notion of the world soul. (Plato, *Timaeus* Paragraph 30, 34 b-d). On the other hand, it may refer to the soul that in certain neo-Aristotelian views, resides in each celestial body. It all depends upon the reference, cf. *galgal* sphere. Does it refer to the whole universe? If so, then the Platonic theory is implied. If it refers to individual heavenly bodies or their spheres, then the Aristotelian theory is implied. The first interpretation seems more plausible.

Page 68. Line 28.
"The powers that emanate from the Creator." Active (or agent) intellect. Aristotle distinguished the active intellect that makes things actually intelligible from the passive intellect that receives these intelligibles. The exact meaning of Aristotle has been debated over the centuries. See John M. Rise "Notes on Aristotle De anima 3.5" in *Essays in Ancient Greek Philosophy*, State University of New York 1971, pp. 505 reprinted from *Classical Philology*, LXI (1966) pp. 8-20.

Page 70. Lines 12-13.
"The fact that we must negate our conception of His existence." See Harry

A. Wolfson "Maimonides on Negative Attributes" *Louis Ginzberg Jubilee Volume* (English) (New York: American Academy for Jewish Research, 1945) pp. 411-446. Wolfson clarifies Maimonides' *Guide to the Perplexed* Vol. 1, Chapter 58. On the Attributes of God, see A. Altmann's article, "Attributes of God", *Encyclopedia Judaica,* vol. 7, pp. 663-670, which is a digest of a lengthier study "The Divine Attributes", *Judaism,* Vol. 15, No. 1 (Winter, 1966), pp. 40-60.

Page 82. Line 33.
"The poor, the downcast." Professor Max Arzt called my attention to Professor Saul Lieberman's clarification of the phrase "the downcast poor" in *L'Shonenu,* XXXII (5728) p. 90.

Page 86. Line 11.
"The act of knowing, the knower and the unknown." Aristotle, *Metaphysics* XII:9, 1075a 104. Jacob Klatzkin *Thesaurus Philosophicus* Vol. 2, p. 286. Maimonides *Guide to the Perplexed* (Chicago translation), Vol. 1, Chapter 68, p. 163. See Abraham Halkin's treatment of Joseph Ibn Aknin in *Harry A. Wolfson Jubilee Volume* (Hebrew) (Jerusalem: American Academy for Jewish Research, 1965) p. 102, f.n. 56. See New Catholic Encyclopedia Vol. 7, p. 557 *Unity of Intellect.*

Page 104. Line 13.
"Wandered about." *The Book of Job. A New Commentary* (Jerusalem: Kiryath Sepher Ltd. 1957) p. 38-45.

Page 106. Line 21.
"The fiery sphere", that is, that region in outer space occupied by the element of fire (Aristotle *Meteorologica* 1:3).

Page 112. Lines 3-4.
"Since it has been explained that the soul is knowledge." David W. Silverman drew my attention to Harry Blumberg's "Problems of Immortality" *Harry A. Wolfson Jubilee Volume* (English) p. 168 ff, "The destruction of the body will therefore not result in the destruction of the soul. Adopting the neo-Platonic theory that the souls are infused into the body by the 'Giver of forms', i.e., the Active Intellect, which is the last of the Separate Intelligences (18). Avicenna explains that bodies are endowed with vegetable, animal and rational souls. The first two souls perish with the destruction of the body, but the rational soul, i.e., the acquired intellect thereof, survives."

Page 116. Line 16.
"Increases perfection." This doctrine is "Platonic", especially the idea that in knowing itself, the soul knows everything. It is a version of the innate ideas theory.

Page 142. Line 12.
"His chariot". Professor Y. Dan suggested that *Merchavto* might possibly be read *Harchavto,* his nature. The word is used in an earlier sense in Lev. 15:9 "And what saddle soever he that hath the issue rideth upon shall be unclean." See also *Mishnah Kelim* 23:3.

Page 156. Lines 13-14.
"In this world and in the next." *Ba-zeh U'bava* is a technical phrase for "this world and the next." It was properly used in both moralistic and Hasidic literature.

Page 178. Line 6.
"The border which surrounds this trough." "the surrounding limit of the trough", i.e., its place (cf. Aristotle *Physics* IV: 1-4).

Page 182. Line 30.
"A likeness." This argument makes use of Maimonides' *Guide* (1—51-65).

Page 185. Lines 1-2.
The first word in the Hebrew, line 2, *b'hasagat,* is most difficult. This phrase cannot be correct since the subsequent argument denies this principle. It is the fact that we don't comprehend some feature of God that proves that God possesses this feature. We should translate "for the lack of our ability to grasp all these qualities is a sign that they are found in the Creator." The word *b'hasagat* should be read as two words, *b'ee hasagat.* All of the early editions have the same reading as our text. Constantinople (1520), Venice (1544, p. 49b), Cracow (1586, p. 20b), Frankfurt (1735, p. 26a).

Page 184. Lines 16-17.
"Whatever we comprehend (of God.)" This is an abbreviated version of Maimonides' doctrine of Negative Attributes.

Page 188. Line 1.
"Their eyes are bedaubed." This is a paraphrase of Isaiah 44:18.

Page 188. Lines 1-2.
This is based on Isaiah 6:10.

Page 188. Line 13.
"Without fear." Hoffman's German translation understood this as "without a teacher."

Page 192. Line 21.
"In the place." See Meyer Waxman *A History of Jewish Literature* (New York: Bloch, 1933) Vol. 2, pp. 278-279 for an analysis of our author's unique treatment of this passage.

Page 202. Line 9.
"The first cause." A difficult phrase. Generally it has the meaning of "figure", "shape." It can also signify "place" (Harry A. Wolfson *Crescas' Critique of Aristotle,* p. 689 n. 8) and perhaps this is the meaning here. God is the First Place, in that He is the "place of the world."

Page 212. Line 15.
"When a man loves the Creator." See Maimonides' *Guide to the Perplexed* (Chicago edition) Vol. 1, Chapter 39, p. 89, Vol. 3, Chapter 28, p. 512.

Page 216. Line 20.
"But the giving of alms." Hebrew *Tsedaka.* This means either righteousness or charity.

Page 216. Line 22.
"Just as the wise man said." Sometimes the "wise man" means a non-Jewish philosopher. This passage is discussed in the introduction.

Page 216. Lines 31-32.
"In the Book of Proverbs and parables of *Kalila Vadamna*." This was a Book of Fables, originally from India, but widely known in medieval Europe, especially among Jews. *(Steinschneider, Hebraische Ubersetzungen* pp. 872-882).

Page 224. Line 6.
"If he should occupy himself with the healing of the sick." Guttmann believes that our author was a physician.

Pages 228. Lines 12-13.
"and if he has nothing." See Maimonides' *Laws of Charity.* Compare *Leviticus Rabbah* Chapter 34:15 explaining the verse in Isaiah 58:10 "and if thou draw out thy soul to the hungry." R. Levi explained this to mean that if you have nothing to give him, console him with kind words.

Page 230. Lines 2-3.
"Those who serve for a set time are slaves of slaves." This quotation is from the poet Judah Ha-Levi.

Page 230. Line 2.
"those who serve for a set time." This citation from Judah Ha-Levi is discussed in Guttmann's article (Addenda 1). The allusion to "those who serve for a set time" is found in Kiddushin 22b, "for unto Me the children of Israel are servants, they are My servants and not servants of servants."

Page 230. Line 14.
"Words of scoffing." The classic Jewish view that better a poem in Arabic without vulgarity than a tasteless Hebrew poem.

Page 236. Line 34.
"The chief cities." Abraham J. Heschel interprets the Hebrew phrase *birah, God in Search of Man* (New York: Meridian 1959) p. 367.

Page 242. Line 21.
"Seek ye the Lord." See *Pesikta de Rav Kahana* edited by B. Mandelbaum (New York: Jewish Theological Seminary, 1962) Vol. 2, p. 471.

Page 252. Line 14.
"Be abashed." This phrase is based on Zephaniah 2:1.

Page 254. Line 5.
"The king." A paraphase of Esther 6:7.

Addendum I

THE ETHICAL WORK "SEFER HAYASHAR" AND THE PHILOSOPHICAL VIEWS CONTAINED THEREIN

by Jacob Guttmann

Translated from: Guttmann, Jacob: Die ethische Schrift Sefer Hajaschar
und Ihre Philosophischen Anschauungen

Monatschrift, Volume 63, July/December 1919, pp. 291-314

Among the ethical works handed down to us by the Jewish writers of the Middle Ages the so-called *"Sefer Hayashar"* occupies an eminent place. This is so not only because of its specific literary value or because of the originality of the views expressed there but because of the high esteem the work enjoyed for a long time and the large audience it has reached. The book has been appreciated because of a certain pleasantness in the presentation, its profound moral seriousness and the conviction with which its doctrines are taught. To these values must be added the fact that there existed but a few works which dealt with ethics systematically (1) so that those who were looking for edification automatically turned to literary works in that field. The first author to mention our book is Judah Ben Asher (1270-1349), and he advised his children to study it regularly, together with Bahya Ibn Paquda's "Duties of the Heart" and the "Book of Repentance" by Jonah of Gerona. (2) Abraham Saba (ca. 1500), who had been expelled from Portugal remarks that out of everything that had been written concerning the conditions of repentance, only the statements made in the *Sefer Hayashar* had pleased him. (3) However, his quotations from the book are rather inexact, since, together with the rest of his library, he had to leave it behind when being driven out of Portugal, so that he had to rely on his memory. (4)

We have no reliable information concerning the authorship of this work. Judah Ben Asher mentions it without referring to its author's name. (5) The same is true of Joseph Jabez (6), a contemporary of Abraham Saba, who, like the latter, had been expelled from Portugal, and was known to be opposed to philosophy. Abraham Saba was the first one who even guessed the author's name. He states that the work is attributed to the famous Tosafist Rabbenu Tam of Rameru, Rashi's grandson. (7) The same view—this time definitely—is held by Elijah De Vidas (1550-before 1624?) a disciple of the Cabbalist Moses Cordovero (1522-70). He refers to it frequently in his book "Reshit Hokhmah", and always as the work of R. Tam. (8) However, the latter's authorship is strongly contested by the learned and critical Menahem De Lonzano (1570) (9) He remarks rightly that the assumption is based on a mix-up with R. Tam's talmudical work by the same title. (10) Following a tradition of which he does not seem to be quite sure he believes the author to be a certain Zerahiah ha-Yevani, of whom we know nothing otherwise (11) Some scholars who misinterpreted this idea of Lonzano's attributed our work to a writer with a similar name, Zerahiah Ha-Levi Gerondi, the author of annotations to Alfasi's Talmudical compendium entitled Ha-Ma'or. (12)

Concerning the author's personal life, I would assume that he was a physician. This view is based on a remark made in chapter 13. There he states that a pious man should be careful not to spoil his proper goal in life—the worship of God by pursuing his earthly affairs. After having mentioned briefly the representatives of trade and of the service at court and their duties, he continues in this way: "If he heals the sick, he shall, if possible, accept no pay from his patients but keep in mind his great aim and not give it up in favor of a smaller one. Thus he acquires life eternal, for he saves those who are on the threshold of death. For although everything is in God's hand, it is as if he had saved him from death, since he had the good intention to lessen the sick man's sufferings. If, however, he cannot afford such generosity he shall charge his wealthy patients so much that he does not have to charge the poor anything. Those who are seriously ill should be visited three times a day, others twice—in the morning and evening—, and he should talk to them kindly and try to calm them". (13) Apparently the physician's professional activity was close to him.

Lacking any testimonies about the time of the publication, we can venture only an approximate date, based on these observations: The only author mentioned in the book is Bahya Ibn Paquda (second half of the eleventh century), whose "Duties of the Heart" is recommended by the author for regular study, together with similar works. (14) Since our book does not betray any knowledge of Arabic language or literature (15) we may assume that our author did not know Bahya's work in the original (Arabic), but had read it in one of the two existing Hebrew translations—by Judah Ibn Tibbon or Joseph Kimhi—, both of which date from the second half of the twelfth century. (16) As mentioned before, the first reference to our work is to be found in the last will of Judah Ben Asher (d.1349). (17) Accordingly, the book must have been written between the second half of the twelfth century and the second half of the fourteenth. Since statements concerning God's self-sufficiency show some similarity with the treatment of this problem in "Microcosm" by Joseph Ibn Zaddik (d.1149), Bruell assumes that our author must have known that work. (18) Yet a closer look reveals many essential differences (19), so that his conclusion may not be justified.

Another way of fixing the date of our work is the absence of a reference to Maimonides' "Eight Chapters" (an introduction to his commentary to the Ethics of the Fathers), in which he presents a system of ethics. (20) If our author had known Maimonides, who was so important to the spiritual life of the Jews, he would not have failed to mention him. But this argument is not conclusive either, since he may have deliberately avoided a controversy with Maimonides for the following reason: the latter's writings caused a violent fight to arise concerning the admissibility of esoteric teachings, and our author did not wish to take sides in the argument. On the other hand, in consequence of that discussion, he frequently deals with the problem.

In his relationship to science the author's attitude is rather vacillating. The vagueness of his thinking does not allow him to arrive at a satisfactory balance between faith and science. On the one hand, he despises those pious people whose reverence of God is not based on a recognition of God but rather on a belief in miracles, and he does not refrain from calling them ignoramuses and fools. (21) To him the source of all religious commandments is reason, and then the prophets. Through both of these man attains self-perfection and is beloved by God. (22) According to him proofs based on reason are better than those based on Scripture since the former are more easily accessible. (23) On the other side, he sees in the study of esoteric knowledge and particularly that of philosophy a danger to faith, and he makes sure to caution his readers against that peril. One of the conditions of true religion based on love is to limit the study of esoteric science to that amount which is needed for a strengthening of faith. Too much occupation with science makes man forsake faith. (24) A religious student may lose his faith before getting any benefit from esoteric studies, the science of atheists, and philosophy, and therefore he should stay away from them. (Some who consider themselves wise believe to have attained the summit of science and to have solved secrets which they withhold from other people.) They do not notice that they have left faith, just as one who partakes of tasty but damaging food does not realize that he ruins the entire organism of his body. The same is true of philosophy. *It is the very purpose of philosophy to recognize the unity of God and thus to arrive at the true worship of God.* (25) But some students of philosophy are like those who, looking for pearls and precious stones in the ocean, perish without having reached their goal. Thus does the student of philosophy expose himself to certain dangers to his faith. He can avoid these only by being protected, through a pious teacher, from doctrines inimical to faith; only then can he benefit from them. He who reads philosophical books without the guidance of a teacher, or is taught by a not entirely pious one, will realize more damage than profit. (26) He who chooses as his profession the study of esoteric teachings ought to change his profession since otherwise the damage will outweigh the benefit. Even if his intention is a good one and he wishes to recognize the unity of God by the way of proofs, we must object that he is not satisfied with our tradition and the teachings of our sages but strives after distant shores, particularly so if this is done without the guidance by a learned and pious teacher. (27) It is true that man attains immortality through knowledge, but it must be the right kind of knowledge. Faulty science does not help the soul to acquire the proper insight. (28)

The author sees the real purpose of his work in guiding man to the reverence of God, whereto all of man's moral striving tends, and which is the only path through which he can be loved by God. (29) The reverence of God is the very purpose of creation, for even the Torah, for the sake of which the world has been created, has the sole purpose of teaching man how to revere God. The highest reverence of God must be based on the love of God, for love includes also reverence, while reverence or fear does not include love. This is the case of Abraham, whose reverence of God was rooted in his love, as is also the case of the pious, as against that of the sinners and the pagans whose religion is based on fear. However, love and reverence must be joined by thinking, since without it we do not know why to revere God and how to put it into practice. (30) True worship of God is based on the proper faith, which is *derived from reason,* and which is a combination of love, reverence and thinking. A faith based solely on love and reverence, i.e., without thinking, is incomplete. But there is also a kind of thinking which damages faith—this is the thinking of the atheists and of those philosophers who reject the faith of the Torah. Where this faulty thinking joins hands with bad feelings and a base character, the source of love is destroyed, and faith is completely ruined. (31) Religion presupposes reason; its perfection depends on the perfection of reason and of reasonable thinking. For since actions acceptable to God must be based on the golden mean they call for reason to establish it. Furthermore, only reason can lead man towards the proper way of knowing God, and on it the right reverence of God is based. (32) Once man has perfected reason, which is the fruit of the soul, he is beloved by God and man, for it is only perfect reason which leads the way to the proper reverence, love and fear of God. All three derive from reason, like three rivers which come from one source. Love, reverence and thinking without reason lack a root and foundation. (33) True love of God is not based on the fear of punishment or the expectation of reward, but on the recognition of God's greatness, which in turn necessarily leads up to the love of God. Man's love of God proves that his soul is divine, for man loves what is basically similar to him. Then man will try to emulate God in his deeds. (34)

We can do without presenting the details of the ethical teachings based on these principles, since they are neither original nor interesting. Yet we ought to get acquainted with the philosophical views which are occasionally presented in our work.

1. *Knowing God and the Divine Attributes*

In order to know the Creator we must reverse the direction which guides us towards the things created. These we come to know by knowing their definition, their quantity, their quality and their form. But since these are part of the creation, they do not exist with the Creator, Who existed before any creation. Thus he cannot be known through creation but through their non-existence, for everything has an opposite, and the opposite of the Creator is the things created. (35) The essence of every object lies in its qualities or attributes. By knowing them we acquire the knowledge of the essence of the things, while without knowing the attributes we cannot know the essence of the things. But we cannot know God's powers—these are His qualities—for in order to know something there must be a common bond between the one who seeks to know and the object to be known. (36) Now there cannot be such a bond between God and man, for He is the Creator and we are created; He is non-corporeal, and we are corporeal; He is unique and we are many; He is permanent and we are mortal. Therefore, since we cannot know God's attributes, we cannot know his essence either. But the very fact that we cannot know His being and His essence proves His true existence, for if we could do so, it would be somehow similar to our own being—and would thus prove His non-being. (37) The same holds true of all of God's attributes. The fact that we do not know them proves their very existence, and if we were to know them this would prove their non-existence, for we can recognize only that which proceeds from non-being to being and returns to non-being, while in reference to God the opposite is true. (38) Concerning the divine attributes, we know only that He is the unity and that His existence comprises all of His forces, attributes and qualities. Therefore we need only investigate His existence, which includes His wisdom, His power, His permanence and all other attributes. (39)

The doctrine that God cannot be known is connected with the teaching of the *negative attributes,* which, first found in Mutazilitic theology, was introduced into Jewish philosophical thinking by Bahya Ibn Paquda (40), and is also expressed in our work: No attribute—like life, wisdom, existence, unity—may be ascribed to the Creator. They do not apply to Him and must not be mentioned in reference to Him. If we do so nevertheless, it is because we find it in the Bible e.g., (Prov. 3:19) "The Lord by wisdom founded the earth". Furthermore, the statement "God exists" really means the exclusion of all the consequences of non-existence, for whatever does not exist has neither power nor effect in any manner. Similarly, "God is One" excludes all consequences of plurality, of separateness, relation, decrease and increase, etc. Whatever we say of God does not really describe Him but wishes to exclude that which would be the consequence of the opposite description. (41)

2. God the Creator

All sages agree that reason can grasp only two things—the Creator and things created, and that there is nothing besides these two; furthermore, that God is of all times, whereas everything else has been created; that the Creator has neither a beginning nor an end, while things created do have both. They also tell us the Creator is not in need of anything, for if He were, He would not be perfect. Since the Creator is perfect, He does not lack anything; therefore He did not create the world out of need of something, but in order to do good to those who acquire merit. (42) Therefore we read in the creation story that God created the heavenly bodies in order to illuminate the earth and not the heavens; it is not the heavens and God who are in need of them but rather the earth and its inhabitants. If that which has been created had been made for the benefit of the Creator, it would be as eternal as He is, for whatever benefits Him cannot be separated from Him but always joined with

Him. (43) Since the world has been created and is not eternal God did not need it before it was created, and since He did not need it before it existed, He is not in need of it afterwards either. God did create the world for the benefit of man, but not so for evil and sinful man (for this would contradict reason), but for the benefit of the pious, who recognize His divinity and serve Him in a fitting manner. But why create sinful men altogether? This touches on the important problem of the reason for the existence of evil, a problem which is decisive for the justification of the Jewish view of God. But his reply shows that the author did not understand the problem at all (44), for he justifies the existence of sinners in a way which is incompatible with the belief in God's omnipotence: *God created the world for the benefit of the pious, while the sinners were created unintentionally as it were, out of the nature of creation.* The fruit has a shell, and the purpose is what is inside—so are the pious the fruit of creation, and the evil-doers their shells. The sower is concerned with the growth of the wheat, yet weeds must be expected to grow also, just as thorns grow together with the rose. Thus does God intend to create only the pious; but the power of creation brings sinners forth at the same time. (45) The author uses also an analogy from the area of human activities. Every good artisan wants to create a beautiful and useful object. The intelligent potter wants to make beautiful containers. If one of them turns out to be ugly, crooked or imperfect, he will not put it together with the beautiful ones, but he will throw it out and destroy it. Similarly, God wants to create in the world only pious and good people. He rejects the sinners because *they do not fit in the work of creation.* The pious glorify the divine work of creation, while the sinners contribute to the profanation of the divine Name. (46) If one might object that the fact that God had to create the world proves that He was in need of it, the answer is that no power in the world can force God to do anything—it is His own power which forces the creatures to proceed from non-being to being. He does this so that His divinity be recognized, His glory be revealed, and that He may be happy with His creatures as a father is happy at having a wise and intelligent son who grants him the honor due to him. The creation of the world does therefore not stem from God's need, and yet it has an important reason, namely the glorification of God. As no king is a king unless he has subjects—as it says, "In the multitude of people is the king's glory" (Prov. 14:28)—so is God a Creator only after He has created, and God only if He has a nation, as it says, "I shall be your God, and you shall be My people" (Lev. 26:12). Although the name of God is not weakened by the absence of human beings, nor exalted through their existence, the name of God becomes His only through creation. Although the power of the Creator existed before the creation, the name of the divinity has been perfected by it. (47) By worshipping and revering God and by fulfilling His will, man reaches the highest perfection of his power, his reason and his status, thereby testifying to the perfection of his creator. (48)

3. Reason

Concerning all things which are grasped with the senses or through reason, we must distinguish between two forces—an inner, latent one, and a manifest one. This is already the case with the elements—each of them having a power which preserves it and distinguishes it from other objects, and another one, which can be noticed by the senses. Concerning fire, for instance, warmth is the inner power, and the visible form of the fire is the outer force. In the case of plants the inner force is nutrition and growth, it is the one which causes mobility, the activities of the senses and elementary warmth, while the fauna and flora themselves are the noticeable force. With man, the inner force is the thinking soul, while the other one is the body. In the case of the spheres the inner force is the common soul, which is even higher than the thinking one, and the outer force is the body of the spheres, and so mutatis mutandis with the angels. If our reason were able to grasp something even higher, we would distinguish there too two kinds of force. But such a distinction does not apply to God, since He is not accessible to reason. (49) As the powers of reason are different from, and higher than tangible ones, so are those powers which come from the Creator higher than reason. (50) Reason is, so to speak, the fruit of the thinking soul. A grain of seed, placed into the ground, reveals its force only after having been cared for; it grows out of the soil, and brings forth branches, buds, flowers and fruit—similarly the powers and effects of the soul, which cannot yet be noticed right after birth, develop slowly, so that, in the time of youth, the soul resembles a tree with its buds and blossoms, but then it perfects itself and turns into reason, which is the fruit of the soul. But as the quality of the fruit depends on that of the soil in which the tree is rooted, and also on the care given it, so does the quality of reason depend on that of the body, which represents the soil, on the soul, which represents the root, and on the moral discipline, which represents the care of reason. (51) In this manner does our author refer to the Averroistic teaching of the intellect. Concerning reason the philosophers have talked much, distinguishing between the act of knowing, the knower and the known. Some maintain that all three are really one, others that they are not one but three. But the question is without consequence one way or the other. (52) But in another connection he does side with Averroes, declaring that the act of knowing, the knower and the known to be the same. (53)

4. *The Soul*

Man's soul did not come into being like his body. Concerning the soul we do not read that God created it but that God breathed into man the breath of life, which means that God endowed man with part of His own glory. (54) Man's upright gait testifies already to his more exalted origin. While the animals walk bowing down—their soul comes from the ground and pulls them back to the ground—man walks upright because his soul, coming from the heavens above, pulls him to its source. (55) We may compare the relationship between the body and the soul to that of the wick and the light. (56) The body resembles the wick, and the soul resembles the spark which has been beaten out of the rock, and which kindles the wick. If one asks: "What was the soul before it was united with the body?", we answer that it was the same case as the light before it was united with the wick. As the flame was in the stone or in the iron only potentially, not really, until, kindled by the human hand, it united with the wick, so did the soul exist only potentially before being united with the body. (57) We see that the soul grasps what is close and what is distant, even to the end of the world, just as if it were standing right in front or behind it. Thus does the soul of the scholars grasp the spheres, their extent and nature. Therefore the soul must be around all things, and they must be contained in it. The soul must be above the objects and derive from a higher place, to which it returns after death. (58) The soul can recognize whatever is in the universe, and this is an insight by which it recognizes itself and its own knowledge. In this manner it comes close to the Creator and attains the highest rung, for by knowing itself it knows all there is to be known, since all this lies within the soul. (59) In the soul what is doing and what is being done are identical, although otherwise these two are separated; for by knowing itself the soul knows and is being known at the same time. These two are united in the soul because, standing between the Creator and the creation, it receives knowledge from the former, and being known from the latter. (60) A man's body is composed of the four elements, which are united in life but separated in death when they return to their elements;

similarly is *the soul composed of the four elements, namely, the exist-
ence, the life, the wisdom and the unity of God,* and, when separated
from the body, they return to their origin. But this is not accomplished
in such a manner that they separate again from each other upon arising;
for they have *one* place of origin, and the elements from which they de-
rive are not sepaarte but united, and they share in *one* carrier. (61)
Earthly man wishes to attain things above him, he wants to unite with
the angels and be like them; the angels again strive for things above them
and wish to recognize God, the stars and the spheres—and thus all
yearnings and strivings of the upper beings tend towards the unification
with the power of the Most High, the Creator. All their motions have one
purpose, to fulfill the will of the Creator, to Whom they feel attracted,
and for Whom they long. This is done through the thinking soul, which,
like all other emanations, yearns to return to its origin. Like the ele-
ments, which, having been forced into a direction contrary to their na-
ture, want to return to their natural place as soon as the force ceases, so
it is with the soul, which, coming from above, is tied to the body as the
flame is tied to the burning wood. As long as the soul is affected by the
forces of the body it cannot separate from that body; but when that effect
stops, it returns to its origin above. (62) The soul of the prophets at-
tains the rung of prophecy when it has reached its full purity and majesty
and feels entirely attracted by things above. Then it is close to the Crea-
tor, and, because of the exaltedness of its concepts, there is no wall which
separates it from prophecy and the Creator. If this is true of a soul which
is still tied to the body, it is even more true after its separation from
the body. For it is the body which prevents the soul from rising, like a
bird whose wings have been damaged so that it can rise again only after
the injury has been removed. This is also the case with the souls of the
pious and the sages, for, according to the Talmud (63), the sage stands
even higher than the prophet. If the soul has remained pious and pure,
then, on being separated from the body, it traverses the spheres, which
it had passed upon entering this world, and returns to its place of origin,
just as a bird returns to its nest after having been captive. But the sinful
soul is like a bird whose wings have been mutilated so that, deprived of
its flying power, has fallen into a ditch. He can leave that ditch only
after his wings have healed, and he can fly again. After their separation
from the body, the souls rest in the world to come, similar to the angels,
until, after the resurrection of the dead they will be reunited with the
body. Then this world too will be renewed. This world too, in which
perhaps the heavens and the earth will be granted new powers, as is

the case with the souls and the bodies, is called the world to come. (64) In it dwell the pious and the saints; there they worship God according to His will, they praise Him and gain new wisdom like that of the prophets. In that world there is neither eating nor drinking, for as long as man yearns for such things he is tied to his senses and cannot reach the highest goal of piety and saintliness. Now as everything connected with the renewal of the heavens and the earth and the resurrection of the dead is to be understood as a divine miracle, so is the fact that, after having been revived, the body can exist without eating and drinking. Once the human being is independent from these bodily needs—and thus not subject any longer to the sicknesses caused by them, sicknesses which weaken his organism and even lead to death—he will, in the world of Redemption, be immortal. (65)

NOTES

1) See N. Brüll's essay "Zur Geschichte der jüdisch-ethischen Literatur des Mittelalters" in Brüll's Jahrbücher fur jüdische Geschichte und Literatur, V and VI, pp. 71-93.

2) צואות הר׳ יהודה בן הרא״ש ואחיו הר׳ יעקב בעל הטורים ed. Schechter, p. 11: וגם תרגילו עצמיכם ללמוד בספר חובות הלבבות ובספר הישר ובאגרת תשובה לר׳ יונה ז״ל וכיוצא בהם.

3) צרור המור (ed. Venice 1567) commenting on the weekly portion נצבים fol. 153. col. 3. והנה תנאי התשובה הם רבים והמחברים דברו בהם, ואינני רוצה להאריך בהם, ומכלם לא ישרו בעיני אלא דברי ספר הישר שמתחיל אנא ד׳ הושיעה נא ואומרים שעשאו ר״ת ז״ל, ואיני זוכר דבריו על נכון שבעונותי אין לי ספר שכולם נשארו בפורטגאל, אבל כמדומה לי שהיה אומר שד׳ תנאי התשובה הם כנגד ד יסודות וגו׳.

4) This can be found, although with many changes, in the tenth chapter of the Sepher Hayashar. In the introductory formula אנא ד׳ הושיעה נא which are not to be found in our text, Brull (Ib.p.80, n.11) sees a mere formula added by a copyist. In two more places he mourns over the loss of his library (fol.23b, and fol. 33b. See Zunz, Zur Geschichte u. Literatur, p.232, Berlin, 1845).

5) See above, n.1

6) Or HaChayim (ed. Amsterdam) p.20: ספר הישר הוא ספר המידות מדובר בו נכבדות

7) See above, n.2

8) ראשית חכמה (Venice 1593) שער היראה ch. 12, p. 48b עוד, דברים דומים לזה כתב רבינו תם בספר הישר ib. שער האהבה ch. 10 p. 124a, ib. p. 129b, p. 164a, p. 187b, p. 228a — p. 311b

9) The essays collected in the anthology שתי ידות (Venice 1615) are from the period between 1570 and 1610. In the דרך החיים essay L. notes that 1500 years have elapsed since the destruction of the Temple (p. 115b: ואם בעל נפש הוא ידאג על חורבן המקדש וביזוי התורה וצרות ישראל ושבים וצערם וחלול שם הגדול המחולל בגוים, זה אלף ות״ק שנים, ib. p. 126b. זכור שם אל מחולל בעממים ודתו מאכולת אש ואורים, והם יחצו שונים והם קוראי

מקרא ואותו מאמירים, וזה שנים חמש מאות ואלף ועוד יותר ואל שותק לסרים.

In the ethical poem טובה תוכחת the time since the destruction of the Temple is given as 1540 years (p. 134a. וזה שנים חמש מאות ואלף וארבעים אשר חרב דביר

10) Yechiel Heilprin, in the Seder Hadoroth שמות ספרים s.v. attributed the work to the Tossafist R. Jacob of Orleans. וספר הישר לרבינו תם הוא רב יעקב מאורליינוש בעל התוספות מענייני התשובה ויראה ופרישות ש"ה.

This may merely be a vague assumption, made in order to maintain the tradition that a Tossafist R. Jacob was the author

11) שתי ידות p. 122a: וספר הישר המכונה לר"ת, ואיננו אמת, שר"ת חבר ספר וקראו ספר הישר, אך הוא חבור תלמודי ואינו נמצא, ואני שמעתי שספר הישר הזה שנדפס בקושטנדינא פעם אחד ובויניציא פעם אחד חברו הר' זרחיה היוני, ואיך שתהיה הוא חבור נחמד מאד.

Lonsano quotes frequently from our work. See p. 90b, 92b, 94a, 97b, 98b, 121b, 127b, 128b, 129b

12) See Azulay, Shem Hagedolim

13) Sepher Hayashar (ed. Amsterdam 1708), XIII, p. On

14) Preface כי ראיתי ספרים רבים ונכבדים בענין עבודת האל כגון ספר חובת הלבבות לחסיד רבי בחיי בן בקודה ז"ל וספרים אחרים רבים ונכבדים. ibid: וע"כ הוצרכו להיות להם ספר הנותן אמרי שפר כגון ספר חובת הלבבות וזולתי כולל עבודת האל ית' והיה להם למשיב נפש ולמורה צדק יזכירם אם ישכחו ויזהירם אם ישגו וילמדם מה שקיצרו ויורם מה שלא ידעו וכו'.

. . . Among other works, only the fables Kalila Va-damna are mentioned, ib. XIII, ואל יהיה דומה לגבר במשלי כלילה ודמנה כי החתול כשהזקין וקצר ידו לטרוף טרף ונעשה נזיר ובטחו בו החיות היראות ממנו, עד אשר נלכדו ברשתו וגרם עצמותם.

Two anonymous quotations are from the poems of Judah Halevi (1086-1145). The first one has been mutilated in all editions and is hardly recognizable. In the Amsterdam edition it reads (XIII): כאשר אמר המשורר: נחנו בעולם הזה כדובים אשר חשבו חושב והם ישעו Here is the proper text of the poem titled לא הענגים, as found by Dukes (Ginze Oxford, p. 19f. Brody, Diwan des Abul-l-Hassan Judah Halevi 1. 68, p. 95 . . .) נחנו בעולם הזה ככוכבים אשר חשבו נוחים, והם ישעו ומה טוב אמר האומר. עבדי זמן עבדי עבדים הם עבד ד' הוא לבד חפשי.

The second quotation (XIII): which is quoted by Jacob Gawison in the name of Judah Halevi, can be found in a poem published by Luzzatto (Diwan, ed, Lyck, p. 18a) (see Dukes נחל קדומים p. 52, Geiger, Diwan S. Abdul-Hasan, p. 152, Brull, ib., p. 81, n.6) Poems and statements by sages are quoted in other instances too (introduction 11, VII, XIII, and there a quotation from Kalila Va-damna, and also Die Erzahlung von einem Bussfertigen XIII, p. 36b)

15) The Averroistic teaching mentioned above (V, V, VII) was so well known at that time that it could also have been taken from Hebrew sources.

16) Steinschneider, Hebraische Uebersetzungen des Mittelalters, p. 373ff.

17) See above. Isaac Aboab, who used our essay in his Menorat Hamaor (Brüll ib. p. 8 n.5) is later than Judah ben Asher (Brull, p. 82)

18) Brull ib. p. 81 n.7

19) See below

20) Maimonides wrote about "The Healing of the Human Soul", and how sicknesses in the area of morals ought to be treated according to the rules of general medicine (introduction to his commentary to the Ethics of the Fathers, ch. 4. See Rosin: *Die Ethik des Maimonides,* p. 83) and the following excerpt from our work (VII), recalls that teaching: "When the body becomes sick we apply a method which combats that sickness, and the more the sickness tends towards one side of the center, the stronger must the medicine be towards the opposite side. If, for instance, the body is too hot, we must cool it, for the heat must be turned towards the proper measure by applying cold means. The same holds true of the soul, for instance if someone loves money too much. Then he must learn to be more generous, etc."

21) II, (end of chapter): החלק השני עבודת חסרי לב לפי קוצר
דעתם אשר לא יכירו הבורא ית' כי אם במבחן הפלאות כפתאים
והסכלים ואין יתרון להם משאר האוילים בדעת הבורא ית'.

Already in the first edition (Venice 1544) there is a gap; the editor of the Amsterdam edition has corrected it in parenthesis

22) Introduction, והזהרנו חקיו ומשפטיו הנחמדים על פי'שני עדים
ע"פ השכל ראשונה וע"פ הנביאים אחרונה.

23) I וזה שהקדמתי ראיות השכל על ראיות הכתוב, מפני שהלב יקבל אותם מהרה יותר מראיות הכתוב ויתיישבו בנפש השומע בעבור האותות והמופתים הבאים עליהם.

24) IV והרביעי לרחק מהסתכל בחכמות החיצונות, לבד מה שידע ויאמין כי תתחזק בו אמונתו, וצריך שילמוד ממנו כמשפט ואל יעמיק בו, כי אם יעמיק, האמונה מנגד עיניו ירחיק, ובחשבו כי ידו באמת תחזיק, ימצא הבל וריק.

25) VI אך כונת הפילוסופיא ותכונתה היא לדעת ייחוד השם וכשידענו אז יעבדנו.

26) VI

27) XIII ואם כי אין כונתו כי אם לטוב לדעת ייחוד הבורא מדרך המופת, אין לו די בקבלה ובדברי רבותינו ז"ל והוא כמו שלא יספיק בחלקו וירצה לבקש גדולות ונפלאות ממנו.

28) VII אחרי אשר הנפש יש בה אלה הכחות, נאמר כי אם תגבר בה כח היודעת דרכי האל יתברך ועניניו . . . זאת הנפש לא תמות כלל, אך אם תחלש זאת הכח, תהיה בה אולת, ובידוע כי זאת הנפש תמות, כאשר תמות נפש הבהמה, ועל כן לא נאמר, כי נפש החכם כשיהיה רשע היא נקראת נפש יודעת, כי אין כונתינו לחכמות הזרות כי אם אל החכמות ישרות, אשר ילמוד אדם מהם דרכי אל, לזה יקרא חכם, וזאת תחיה ולא תמות נפשו כלל.

29) II עתה אחרי התבאר, כי עמודי האהבה שלשה ופירשנו כל אחד בדרך קצרה, נאמר כי יסוד הספר וכונתו הוא עבודה, אשר בה ישיג האדם רצון האל.

30) II

31) III

32) III

33) V

34) XIII See Maimonides, *More Nebuchim* 1 ch. 39; III ch. 28, and 51. Many other statements concerning the dependence of the reverence of God on reason remind one often of Maimonides.

35) Judah Halevi too had taught that God cannot be defined (Kuzari IV 25), also Abraham ibn Daud (Emunah Ramah p. 46) Joseph ibn Zaddik (Microcosm III 6) [See בית עקד ספרים vol. II, p. 778 item 230] Maimonides Moreh Nebuchim 1, 52

36) This is explained by referring to the reflexes of the various senses. See Kaufmann *Die Sinne* p. 117, p. 168 n.12

37) VIII כי העדר ידיעת מציאותו יתחייב להיות נמצא, כאשר ואילו תושג See III. השגת מציאותו יתחייב לבל יהיה נמצא. אחדותו לא היה לו אחדות, ובטול השגתינו לדעתו הוא לאות על כי דעתו אמתית ובטול השגתינו היותו הוא לאות על כי היותו אמתית.

38) Similarly Bahya, *Duties of the Heart* 1,9 (ed. Stern p. 75) ותכלית דעתך אותו שתודה ותאמין שאתה בתכלית הסכלות באמתת עצם כבודו. ib. p. 77 וכיון שהבורא ית' נעלם מכל נעלם ורחוק מכל רחוק מצד עצם כבודו אצלינו, לא השיג השכל זולתי ענין מציאותו לבד ואם שישתדל להשיג אמתת עצם כבודו או לדמותו תהיה מציאותו נעדרת ממנו אחרי המצאו, מפני שהשתדל בדבר שאינו ביכלתו וכו'

39) VIII וכשנרצה לדעת מדות הבורא ית' וכחותיו ותאריו נאמר, כי הבורא הוא כלל הכל ואחדותו היא כוללת תואריו וכחותיו ומדותיו, אם כן אין צריך לחקור אלא על מציאותו לבד וכו'
Somewhere else the author points out that the soul's power of recognition is not limited to God, since God is the subject and not the object of cognition. The soul can only know God's ways, attributes and effects but not His essence (VII)

40) See Kaufmann: *Die Theologie des Bachja ibn Pekudah,* p. 73ff.

41) III

42) I, Similarly Joseph ibn Zaddik, who devotes a special chapter to the fact that God is not in need of anything (*Microcosm* p. 52) אם יצטרך לדבר שברא, היא חסרון בעצמו ולא יוכל לברא אותו. והואיל והתבאר שהוא עשיר, הוא ברא העולם לרוב נדבתו וחסדו ולא לדבר אחר

43) ib. p. 52. ואם הוצרך התחדש בו, לא ימלט או שהתחדש בו כהתחדש החום בגוף אחר הקור והתנועה אחר השכון, ואם כן יהיה אז נערך אל החדושים וכל נערך לחידושים מחודש וכו'.
He also states that if God's needs were not eternal but had arisen at some time, God Himself would not be eternal.

44) Similarly strange is another observation which refers to the prob-
lem of theodicy. Man's sufferings are a sign of divine love, while a
peaceful, non-suffering life proves that man is not beloved by God.
IX,   ועוד כשיבואו על אדם ייסורין וחליים וצרות או יגלה מארצו,
ידע כי הבורא אוהב אותו ויסרהו כאשר ייסר איש את בנו, ואם יראה
כי שקט ובוטח בלא ייסורין וחליים והוא עומד בשלוה ולא עברו עליו
נסיונות, ידע כי אין הבורא אוהב אותו.

45) I, ועוד נדע ונבין, כי העולם לא בראו הבורא בעבור הרשעים
והמכעיסים אותו, כי זה לא יחייב אותו בשכל, ואולם בראו בעבור
החסידים היודעים אלוהותו והעובדים אותו כראוי, וכל כוונתו היתה
לברוא החסידים, אך נבראו הרשעים מכח טבע הבריאה, וכאשר יש
לפרי קליפה והמבחר הוא מה שבתוך הקליפה, כן החסידים הם פרי
בריאת העולם והרשעים הם כמו הקליפות וכאשר נראה כוונת הזורע
להצמיח החטה לבדה אבל כח הצמח יוציא עם החטה באשה ועם
השושנה מיני קוצים, כך כוונת הבורא לברוא החסידים אבל כח
הבריאה יוציא עם החסידים רשעים.

46) II וכאשר האומן החכם בעשותו מלאכה נאה, יתפאר בה לכל
רואיו, כן הבורא יתברך יתפאר בחסידיו כאשר אמר: ובישראל אתפאר
ואומר: ישראל אשר בך אתפאר, ויתפאר בחסידיו מפני שהם אות גדול
על תקון מלאכתו וראיה ברורה על יושר פעולותיו, והרשעים הפך מה
שאמרנו, כי הם נותנים פגם בבריאתו והם סבה לחלל שם כבודו וכו'

47) ibid. ואחרי אשר התבאר, כי לא נברא העולם לצורך, נאמר
כי נברא לסבה גדולה והוא עבודת הבורא ית' כי כאשר המלך לא
יקרא מלך עד אשר יהיה לו עם, כמו שנאמר ברוב עם הדרת מלך, כמו
כן שם הבורא לא נקרא בורא, עד אשר יהיה לו נברא ולא נקרא אלהים
עד אשר יהיה לו עם כמ"ש והייתי לכם לאלהים ואתם תהיו לי לעם,
ואע"פ ששם האלהות לא יחסר בחסרון בני אדם ולא יוסיף בהם, אך
בבריאת העולם היה ראוי להקרא שם הבורא . . . וכן הבורא לא יחסר
כחו בטרם נברא העולם, אך בבריאת העולם הוסיף שלמות שלו, וזו
היא הסיבה אשר למענה נברא העולם.

48) I כן מלכות הבורא ית' תוסיף שלמות והדור בעבודת בני
האדם ויראתם ממנו, ואע"פ שלא יחסר שלמותו לחסרון עבודתם, אך
כשישלים העבד רצון אדוניו יהיה העבד בתכלית השלמות בכחו
ושכלו וכל עניניו ותהיה שלמותו לאות על שלמות אדוניו.

49) III

50) III

51) III

52) V דע כי השכל הרבו לדבר עליו הפילוסופים ולחלק אותו להודיע ההפרש אשר בין השכל המשכיל והמושכל, כי יש מהם אומרים כי הכל אחד ויש אומרים כי אינו אחד אלא ג׳ וזה אין לנו תועלת בו ולא היזק

53) V כי היא כלו׳ הנפש יודעת והיא ידועה והיא הדעה, כאשר השכל והמשכיל והמושכל כח אחד.

54) V אמר הכתוב: וייצר ד׳ אלהים את האדם עפר מן האדמה, והנה זכר לך בריאת הגוף מן העפר ולא זכר בנפש בריאה אבל אמר: ויפח באפיו נשמת חיים ונבין ממלת ויפח, כי לקחה ממנו ולא בראו רק אצל חלק מחלקי כבודו ונתן אותו באדם.

55) I

56) Somewhere else (XII) we find another parable: God breathed the soul into the body as one might blow air into a tube.

57) V ואם תאמר, מה הייתה הנשמה קודם היותה בגוף, נשאלך מה היה הנר קודם שידבק בפתילה, ויהיה התשובה, כי שלהבת הנר באבן או בברזל עומדת בכח ולא יצאה לידי מעשה, עד אשר קדחת אותו בידך ויצאה ונקשרה בפתילה.

For the concept of reality the word מעשה is used instead of the more exact one פעל. Perhaps our author was not too well acquainted with the Hebrew translations of the philosophical writings. The same can be found with Abraham bar Chiyah (see Guttmann: Die philosophischen u. ethischen Anschauungen des Abr. b. Ch., in MGWJ vol. 44, p. 95, n.2).

58) V

59) V This doctrine of the self-recognition of the soul is neo-Platonic and can be found frequently in Gabirol. See Guttmann Die Philosophie des Salomon ibn Gabirol, p. 67, n.1 and passim.

60) VII אי אפשר להיות הפועל והפעול דבר אחד זולתי הנשמה לבדה, כי היא יודעת כל הדברים הידועים ויודעת עצמה, אם כן היא יודעת עצמה וידועה לעצמה . . . והשלישי הנשמה, אשר היא בינונית בין הבורא ובין הנברא וקבלה מכח הבורא להיות יודעת ומכח הנברא להיות ידועה.

61) V כי הנשמה אצולה ולקוחה מכחות עליונות, כי הבורא יתברך הברה מד׳ יסודות, מכח מציאותו וחיותו וחכמתו ואחדותו, ומכל הד׳ האלה נתחברה הנפש, וכאשר תפרד מן הגוף יקרה לה מה שיקרה לגוף, ישובו ד׳ יסודותיה איש אל מקומו ישוב המציאות ליסודו והחיים ליסודם והחכמה ליסודה (והאחדות ליסודה), ויסוד כל אלה הד׳ הוא במקום העליון למעלה מהגלגלים, וע״כ תשוב שם, ולא נאמר כי יפרדו ארבעה כחותיה בעלותה שם,, אך המקום אחד ואלה הד׳ יסודות הם אחדים בלי נפרדים, כי העצם הנושא אותם הוא אחד.

62) I, p. See Bahya, *Duties of the Heart* X, 1 p. 437 אבל מה ענין האהבה באלהים, הוא כלות הנפש ונטותה אל הבורא, כדי שתדבק באורו העליון, והוא שהנפש עצם פשוט רוחני נוטה אל הדומה לה מהאישים הרוחנים . . . וכשתרגיש הנפש בענין שיוסיף לה אור בעצמה וכח בנפשה,

63) V, . See Talmud B. Bathra 12a

64) Hillel ben Samuel also taught that, in the Talmud, the world to come has a variety of meanings: immediately after death; the period of the Messiah; the resurrection of the dead. See Tagmule haNefesh, p. 28b . . . הנה לך כי המלה הזאת ר״ל לעתיד לבא אין עניינה אחד בכל מקום אצל רבותינו ע״ה, אמנם פעם תורה על מה שמגיע לאדם תיכף אחר המות כמו שהוכחתי למעלה ופעם תורה לימות המשיח כמו שהראיתי עתה ופעם תורה על העה״ב כלומר עולם הנשמות. 29a: לכן צריך שיוקחו אלה המלות והשמות מורות בהכרח הוראות שונות כפי הענין המכוון מן המצטרף להם באותו מאמר או באותו הדרש שיפלו בו ולא יגדרם ענין אחד ולא תכללם הוראה אחת וזה הדבר הטעה כמה מן המפרשים ומן המחברים חדשים גם ישנים, כי הם לקחו כל מלת לעתיד לבא הבאה בתלמוד על ענין אחד וכן מלת עוה״ב גם כן על ענין אחד ובזה באו פירושיהם בתכלית השבוש.

Addendum II

THE LOVE AND THE FEAR OF GOD IN THE *SEFER HAYASHAR*

by G. Vajda

Translated from: *L'Amour de Dieu dans la Theologie Juive du Moyen Age*
(1957), p. 181 ff.

It is towards the end of the thirteenth century that the *Sefer Hayashar* seems to have been written. It is an anonymous work, and it deals with theology, and, above all, with ethics. (1)

The unknown author reveals a thorough knowledge of Rabbinical and Jewish philosophical literature, although he does not often quote literally from the latter source.

The problem about which he wishes to instruct his readers particularly is that of *Avodah:* how can we serve God properly? The answer can be given in one word: through *Emunah,* faith. But in the *Sefer Hayashar* faith is a many-faceted idea which derives from many virtues that influence each other and are in turn directed by faith. One might roughly state that faith is based on reason (or intelligence, *sekhel* in Hebrew), and the latter is composed of love, fear and wisdom. (2)

Now each of these three ideas calls for a detailed analysis, which is amply furnished in the book. The definitions may be found in the fifth chapter, (3) which bears this title: "Of the five pillars of worship: Reason, love, fear, wisdom and faith."

Reason, "the fruit of the mind", must be carefully considered. Whenever reason is put to proper use, "man is called perfect." Then he serves, loves and fears God, for these three attitudes—service, love and fear—derive from reason just as many rivers come from one source. On the other hand, any love, fear and wisdom which is not based on reason has neither roots nor foundation.

Whereas an intelligent person can easily draw the line between these three faculties, the fool cannot. (4)

"Now, we must explain each one of these. We will begin with love. The matter of love is a uniting quality between the lover and the beloved. Know that love can be divided into three parts. One type of love seeks a benefit, the second type of love is the love one has for society and friends, and the third is love of the good qualities which are to be found in the beloved; this third type of love is the firm and the true one. Moreover, it has the power within it of never altering or changing, because this love is sustained and bound by the qualities of the beloved, and it is impossible for it to change unless the qualities of the beloved change. But it is not our intention to call to mind the qualities which change, but rather the qualities which endure, and these are the qualities of the Creator, blessed be He. For when a man loves another man because of his intellect, his wisdom, his ethics, his humility and the other good qualities, such love is firm and will never change, because the cause which brings about this love does not change. Therefore, I say that this is the true and perfect love, when a man loves his God because of His power, because He is the Creator of all things and because He is compassionate, merciful and patient, and possesses all the other good qualities. Such a love will never depart or be removed, for the qualities of the Creator, may He be extolled, will never depart or be altered. Of the three types of love which we have called to mind, none will endure save this one, which is the true pillar of love. The other two will not endure, for they have not within themselves the essential quality of every lover and beloved."

"Know that love is joined of two parts, the qualities of the lover, and the qualities of the beloved. According to the qualities of the lover will be the strength of his love for the good qualities which exist in the one he loves. Now, I will explain the qualities of the lover and say that these are the good intellect, and a pure and refined soul, and when these qualities exist in the lover even to a small degree, he will be drawn to love everyone who possesses these qualities because every kind gravitates to his kind and keeps aloof from his opposite. Therefore, a man possessing a good intellect and a pure soul is drawn to the love of God, for within the Creator are these just and good qualities, all-embracing and true. Therefore, when a man is drawn to His worship, it is a sign that he, himself, has qualities of the Creator, blessed be He. (And) when you see a man separating himself from serving God, may He be extolled, know that there are not within him any of the qualities of God, but their opposites. . . ."

The love of God derives, therefore, from a pure soul and reason, and that love in turn comes from fear.

"Whenever a man loves another man because of good qualities that are within him this love becomes a yoke upon his neck and compels him to seek and fulfill the will of the beloved. He will find no rest unless he exerts himself in matters pertaining to the beloved and in such cases, the exertion will be sweeter to his palate more than rest. When the lover does for the beloved a thing which finds favor in the latter's eyes, then the soul of the lover becomes more precious in his own eyes, because he is able to find favor in the eyes of his beloved by doing a thing which is good in the eyes of his beloved. If the lover should chance to do a deliberate or an unpremeditated sinful act, or anything which does not please his beloved, then the lover will be confounded and ashamed and he will steal away, as an entire people will steal away when they are ashamed. This pertains to the power of love which is like an iron yoke upon him, to cause the love to yield to the beloved as Scripture says, (Song of Songs 8:6), 'For love is as strong as death.' "

As the author mentions repeatedly, the moving power of such love is the affinity between the outstanding virtues of the beloved and the modest ones of the lover. The lover offers himself totally to the beloved since the former recognizes the superiority of the latter, just as a student recognizes the superiority of his teacher or a slave that of his master. This feeling of inferiority generates fear.

Furthermore, the lover always hopes to learn from the virtues of the beloved, as the student learns from the knowledge and the instruction of his teacher. (8)

It would be useless to object that we should not compare the love or the friendship between two creatures with the love of God, since no yardstick can be applied to both God and man, no matter how perfect a man might be. (9) But even though the objects are incommensurable, the feeling ("the force", in the author's terminology) of love is identical in both cases.

"Therefore, the Creator, blessed be He, seeks nothing of a man but that he love Him with all his power, and this will be as important in His eyes as though he loved Him according to the love that is due to Him."

But love and fear alone are not enough. They must be joined by wisdom. (10)" For if the lover is without wisdom, he will not recognize the qualities which we have mentioned, nor will he recognize in his beloved his intellect, his wisdom and the other precious qualities. If he does not know his qualities, he will not know how to love him, for the power of folly which obscures the knowledge of the precious qualities of the beloved will nullify the love of the lover, just as we have said. For the love of a fool is not love." (11)

The more wisdom the lover possesses, the more will his love be intense and genuine. Certainly, if the beloved has no outstanding virtues, a minimum of wisdom will suffice to recognize them. But in that case we are not dealing with perfect love, and only in such a love are we interested here.

"Since we have established that these three, love, fear and wisdom are interdependent, that each is incomplete without the others, and that all are founded upon the worship of the Creator in perfect faith without flattery, we must therefore state that faith is the foundation of the worship of the Creator, blessed be He, even though worship and faith flow from the three principles mentioned above."

These words are of the utmost importance; for they show that, while our author shares with his medieval colleagues that division which is so dear to them, he has a very clear idea of the unity of spiritual life, and of the interdependence of all of its essential parts.

What follows immediately also shows how much he is interested in unity.

"Now, I will reveal to you a great secret in the worship of God, may He be extolled, and I say that it has three steps. . . . Now, the lowest step is study, understanding, the experiences of the world, and length of days. These are four pillars by which a man can acquire reason, and this is the lowest step. And from this lowly step, man can ascend to the step of love, fear and wisdom, which are three pillars. This is similar to the case of a tree. The farther the branches are from the tree the more abundantly they grow, and the closer they are to the trunk the more sparsely they grow. So it is with all created things. The farther they are from the Creator, blessed be He, the more their species and their varieties increase, while the closer they are, the more the number diminishes until it reaches one. The pillars of the lowest step then are four.

We now come to the second step, which has three pillars upon it (these are the three: love, fear and wisdom.) If a man conducts himself properly with these, he will ascend from them to the third step, which are faith and worship of God, and these are the two pillars. From these two, a man will ascend until he cleaves to the highest virtue, (12) which is one, and that is the yearning to attain the will of God, may He be extolled, and to cleave to Him. Pay close attention and see how a man begins to ascend by many steps to fewer steps until he reaches the one and there he stands, for beyond the one, which is the acme of intelligence, there is nothing else.

After having reached the goal, which is the attention of the worshipper who loves, we may ask: Now what benefit comes from all of this? And we answer that the all-embracing benefit which comes from the service of the Creator, blessed be He, and His love, is that the Creator should love the man that worships him as it is said (Isaiah 43:4), "Since thou art precious in My sight, and honorable, and I have loved thee." And it is written (Deuteronomy 7:13), "And He will love thee, and bless thee, and multiply thee."

God's love of man satisfies all human desires. Once this has been granted, one does not even have to ask any longer whether the soul of the beloved survives his death—love implies reward, no matter what it is. (13)

To the random ideas we have just analyzed, we must add several other passages which spell them out more precisely.

Chapter 2 (14) gives details about love and fear, and tries to determine their relations to each other.

In that connection we hear of three "pillars" of the worship of God. (15) The first one is a pure and good heart. As a matter of fact, if a man is liked by his fellow-man, he is also liked by God, as we find in the case of Samuel (1 Sam. 2:26.) The second pillar is the belief that everything except God is imperfect. The third pillar is the belief in God's perfection. If these three attitudes (16) exist in a man, his soul is naturally attracted to God, and if he loves Him, the service he gives Him is absolutely perfect. Indeed, love leads to fear, for whatever man loves he fears, whereas the opposite is not always true. God praises him not because of his fear but because of his love, as it says: "the descendants of Abraham who loved Me", not "who feared Me." (17)

Fear without love is for the wicked and the Gentiles, not for the righteous ones, to whom "Thou shalt love the Lord" (Deut. 6:5) is addressed. (18)

Man's love of God is characterized by these aspects:

1) To love the divine law.
2) To love divine worship more than anything else.
3) To despise those who despise God, and to love those who love Him.
4) The love of mundane goods must be nothing in comparison with the worship of God.
5) All pain, privations and sufferings are sweet if put to the service of God.

6) No personal matters are more important than divine ones.

7) To proclaim the love of God and to be proud of it.

8) Not to listen to the arguments of those who wish to turn one away from the service of God.

9) No occurrence—be it a happy or an unfortunate one—makes the lover forsake the service of God.

10) That service does not seek any reward, since in that case it would depend on something else (other than God.)

"Where these ten qualities exist in a person, he is called a lover of God, and he has reached the very summit of piety."

Abraham was adorned with all of these virtues, as prescribed in the book of Deuteronomy.

The genuine love of God is not without an echo. "As man loves God, so does He love him. A sage was asked: 'If a man serves God with all his heart and all his might, when does God want to see him?' He replied: 'When that man rejects the world and its vanities, when he detests life and desires death, then God wants to see him.' In other words: when man loves God truly, God loves him in turn." (19)

Following this insight into the love of God, the author approached the problem of fear. Unfortunately this page is quite unclear (confused) and its lack of clarity does not stem solely from the alterations which were probably introduced in the course of the transmission of the text. Here is at least the doctrine which seems to emerge from it.

When love and fear are based on some kind of an expectation, (20) they cannot be permanent, since they must disappear as soon as the expectation has been fulfilled or frustrated. It was merely an accidental cause whose effect could not be a permanent one. We must abide by the ten criteria we have just spelled out. They are absent from the worship of God which is inspired by fear, and if they are there, it is so only as far as fear emerges from love. It is true that the love of God inspires fear in the lover, but fear must not have the upper hand, for then it would weaken love and the virtues which characterize it. A proper balance must therefore be maintained between love and fear, and in regard to this men are judged. The Bible and tradition refer to most saintly people as "those who fear God." Fear however is sometimes meant as a very intensive love. Such fear endures since it comes from proper love.

There is a lack of clarity because of the disparity of the facts on which this chapter is based. The author wants absolutely to maintain the primacy of disinterested love as against fear. Yet he is troubled by the fact that the Bible does underline the importance of fear, since even such a model of love as Abraham is called "fearing God", and that at the very time when he is about to offer the supreme sacrifice of love. We must also ask ourselves why our author, like other Jewish theologians, does not simply refer to the idea of reverential fear. At any rate, his analyses do not succeed in clarifying entirely the relationship of love and fear.

Love and fear, which implicate each other, although the latter is subordinated to the former and has a rather secondary character compared with it, are joined by the third pillar, which is knowledge (wisdom).

"When knowledge combines with love, the subject can obtain whatever he desires and grasp everything that can be known." (21) Without knowledge perfect love is impossible, for even if an ignorant man can love his Creator, he does not know how to do His will. Ignorant of the ways of the Lord, he forbids what is permitted, and vice versa (22); thus he sins without being aware of it. His love is like a branch without a root, like a building without foundation. But when a loving man acquires knowledge, he knows the details of worship, what to add and what to leave out. He knows the secret of worship, its modes and paths. The same holds true of many other areas. Without knowledge man does not do the right thing, for new situations arise which had been unknown to him at the time of his studies. But an intelligent person is not troubled by this, for once he has mastered the principles he can figure out the consequences so well that he can grasp the new facts which puzzle an unintelligent man. Thus we realize that, in order to be perfect, worship must be founded on these three virtues, and that love and knowledge cannot combine as long as fear is not integrated with them.(23)

Faith, the subject of chapter 3, (24) comes from the three virtues which we have dealt with. Yet this is not done in a direct way but through an intermediary step, namely reason, which is the synthesis of love, wisdom and fear. In case of need, faith can be merely the basis of love and fear, but then it would be imperfect. On the other hand, it is possible that the evil contained in certain wisdom will destroy him who is lacking in faith, for example, the wisdom of 'atheists', (25) heretics and philosophers, who do not believe in the Holy Torah, and this is because of the evil contained in their wisdom. Then when there are joined to this wicked wisdom an evil heart and unworthy qualities, the faith will be utterly destroyed. For the quality of love will be lacking in this combination, (26) not only because of the evil heart, but because of the study of evil wisdoms, and new and evil matters will enter the heart. (27) These will destroy the source of love, and then the very spring of love will be a corrupt and muddy fountain. When the lack of love is combined with evil wisdom, all faith is lost. Therefore, I must say that the true service of God comes from the power of faith, and faith, in turn, comes from the power of these three qualities, and these are wisdom, love and fear. To these there are added many powers, for example, insistence upon the unity of God, trust in God, humility and moral conduct. (28) But we have not come to explain these other qualities at this time, but to explain rather the three that are the principal ones and these three come from the power of reason, as we have previously said. Therefore, we come now to explain briefly the matter of reason, and afterwards we will explain all the matter pertaining to love, fear and wisdom. (29) From all of these there will emerge the mystery of faith."

But that section (30) is somewhat disappointing. For, as is stated repeatedly, reason consists of love, fear and wisdom and is not really a virtue of its own. It rather has the function of a balance, trying to establish the golden mean *(mishor)* so that none of the three virtues goes to any extreme.

In short, we find here again an idea which was so dear to Saadia and Bahya, namely, that of moderation, which, according to the spirit of the Torah, is a basic principle of spiritual life. We also find the idea of Maimonides, which has been accepted by Jewish theological thinking at large, that without the proper knowledge of an object, love and fear cannot really exist.

The doctrine of the *Sefer Hayashar* is thus characterized by the primacy of the love of God as against fear, which may be called a by-product of love, although it completes it in a manner which is not too well defined. Love can neither be genuine nor work properly without knowledge: the practical yet rational knowledge of the Law of the Beloved, and a theoretical knowledge or rather the recognition of God's infinite perfections. Yet we must not speak of "intellectual love" in the sense of Maimonides, Gersonides and many others, since philosophy is considered right away as being dangerous and leading to faulty knowledge, and therefore is inimical to faith. Faith again is not clearly defined, it is a general attitude which encompasses all of the believer's virtues and subjects them to the service of God. This can only mean that man's very purpose is to serve God with all the moral intellectual resources of a mind whose faculties tend towards unity. This is the conclusion of the spiritual progression whose goal is the union with a God Who responds to man's love by granting him gifts which make all questions concerning the destiny of the blessed soul useless.

This teaching borders on mysticism. It does not wish to have anything to do with philosophy, and if it has any connection with the *Kabbalah,* it is so vaguely suggested that it is hardly discernible at all.

NOTES

1) The author undoubtedly takes this title to mean "The Book of Recti-
tude." As in much of the Hebrew literature of the Middle Ages, it is based
on a Biblical expression, in our case 2 Sam. 1:18.

This text really deserves an extended study, to replace the otherwise good
and useful essay by J. Guttmann: *Die ethische Schrift Sepher hajashar und
ihre philosophischen Anschauungen,* MGWJ, LXIII, 1919, pp. 291-314. No
critical edition exists. Our quotations refer to the Frankfurt edition of 1850,
with which we have compared the Hebrew ms. 719 (fol. 60-106) of the
Bibliotheque Nationale in Paris, and occasionally the first edition, Con-
stantinople about 1516-18. We cannot make a valuable contribution to the
problem of the author. Ignoring the puzzling Zerahiah ha-Yevani, who can
be found in many bibliographies and catalogues, we have no reason either
to accept the thesis of Rabbi J. M. Toledano (in the Hebrew review
Hatzofeh XI, 1927, p. 239), who attributes the work to Jonah ben Abraham
Gerondi. Nor is there a clear opinion in G. Scholem's Hebrew work on the
beginnings of the Kabbalah, *Reshith ha Kabbalah,* pp. 155ff.

2. The Hebrew word is *Hokmah,* a word very vaguely used in the He-
brew terminology of medieval writers—as we have already stated in a
translation of an excerpt by Yakob Anatolio—and particularly in our text.
Sometimes it means "wisdom" (a virtue, a natural gift, etc.) at other times
"knowledge" (the technical knowledge of some positive discipline); un-
fortunately our translations reflect that vagueness.

3) Pp. 63ff. (Frankfurt edition.)

4) The terminology is inexact (see also n.2). The "Wisdom" of the fool
would be a contradiction in terms if "wisdom" did not include positive
knowledge, especially in the area of the law, but also in that of philosophy,
which a fool may acquire mechanically by blindly following the authorities.
Basically, the yardstick for wisdom and its opposite here is faith, although
wisdom is one of its components! This is certainly a vicious circle for a
logical thinker, and yet it is a more or less proper translation of the uncon-
tested unity of the spiritual life.

5) These distinctions are derived from the *Nicomachean Ethics,* and we
have already found them with Yakob Anatolio.

6) The author seems to mean "as long as", since the permanence of
human virtues is not certain.

7) An allusion to 2 Sam. 19:4.

8) Hope certainly inspires fear, since one is afraid of seeing the relations
with the person of whom one expects something disturbed. It is perhaps
not easy to harmonize this attitude with the total disinterest which ought to
characterize divine love. The following considerations try to eliminate this

difficulty. The perfection of the love of God is in the object, not in the human subject, whose limitations are only too obvious.

9) This alludes to the reservations made by Aristotle in his *Ethics:* see below p. 139.

10) See above. Note 2.

11) The last statement explains somehow the previous one, which, if torn out of context, would constitute a gross vicious circle. What follows shows even better that these distinctions make sense only with the viewpoint of the unity of the life of faith.

12. Literally: "the supreme disposition" *(hatekunah haelyonah.)*

13) On the level of beatitude or the mystical union, we would find here an answer to the famous controversy between the disciples of Averroes and their adversaries, concerning the immortality of the individual soul. The difference concerning that blessedness is even more outspoken in chapter 9, as cited by Guttmann (op. cit., p. 305): a man's this-world sufferings are a sign of divine love, while, were he to live in peace, he would have to consider that love to be absent. This passage has the same limitations as the Talmudic concept of "chastisement of love" or the Rabbinic one of the restlessness of the righteous man who is afraid of having received his entire reward in this world.

14) See 8ff. (Frankfurt edition.)

15) Namely, love, fear and wisdom. But the following statements discuss the three-fold basis of love, where the same term "pillar" is applied to other spiritual approaches. This leads to some confusion. Here again the method of dividing and deriving seems to be artificial. Love cannot be divided into various attitudes, nor does it derive from them, but it *is* the Whole, of which the others are aspects.

16) Or "virtues" (the text always has "forces", *kohot.)*

17) The proof texts vary here a little, but the sense is clear.

18) Here the author discusses exegetically those Biblical texts which do not agree with his interpretation.

19) The author dodges the meaning of this sentence borrowed from some anthology of philosophical maxims. Clearly the text has nothing to do with the love between God and man but with the problem of death. See Yudah ben Nissim, p. 12, n.2.

20) The text reads "hope", which must be understood in both ways.

21) This means approximately: the preliminary conditions of spiritual perfection are realized. As in other cases, the author's terminology is faulty.

22) These are termini technici of Talmudical legislation. Here wisdom refers to practical matters, just as the ritual law, while in ch. 5 the author has in mind the knowledge which a lover has of the outstanding qualities of the beloved.

23) Love may also be considered to be an "inherent" quality of the soul, together with other qualities and faculties. Here the problem arises as to under what circumstances, and regarding whom, the subject applies such a faculty. This question is dealt with in ch. 4, but only summarily, and without adding anything to the doctrine which is presented in the other parts of the book.

24) See p. 33 (Frankfurt edition.)

25) In Rabbinic literature this term is approximately the equivalent of the "libertins" of 17th century France.

26) The terminology is awkward. In the preceding chapter the author had stressed that goodness of the heart is one of the pillars of love. Here he wants to state that if moral imperfection lessens the intensity of love, it is irremediably corrupted, but only through the heterodox opinions which faulty knowledge stirs up.

27) The text is not clear. Following the printed text, we should rather translate: ". . . originate in the heart." Yet the meaning is the same in either version.

28) The first three are spiritual virtues and have often been clarified (Cf. Bahya); the fourth term is vague.

29) If we take the text literally, the author has almost said the contrary, namely, that reason is the synthesis of those three virtues. In reality we see again that the spiritual virtues are mutually interdependent, and tend towards unity.

30) see pp. 38-42 (Frankfurt edition.)